《列子》成书研究

Study of generation on the book of *Liezi*

葛刚岩 著

人民出版社

国家社科基金后期资助项目
出版说明

后期资助项目是国家社科基金设立的一类重要项目,旨在鼓励广大社科研究者潜心治学,支持基础研究多出优秀成果。它是经过严格评审,从接近完成的科研成果中遴选立项的。为扩大后期资助项目的影响,更好地推动学术发展,促进成果转化,全国哲学社会科学工作办公室按照"统一设计、统一标识、统一版式、形成系列"的总体要求,组织出版国家社科基金后期资助项目成果。

全国哲学社会科学工作办公室

目　　录

序

在先秦诸子中，本名列御寇而被人习称"子列子"的列子其人似乎最具仙气。庄子在《逍遥游》中说他"御风而行，泠然善也，旬有五日而后反"。后来的陆机《要览》、任昉《述异记》由此生发，更说他常在立春日乘风而游八荒，立秋日则游于风穴，风至则草木皆生，去则草木尽落。这样一位可以驾风远行、逍遥自在甚至可以改变自然节候的人物，令人既生出无限的神往，也连带着对其真实性产生怀疑。

与这位贵虚尚无的"子列子"相伴，那部记载了"愚公移山"、"夸父逐日"、"杞人忧天"、"两小儿辩日"等众多寓言故事的《列子》一书，也成为一部疑窦最多的奇书。一方面，《列子》现存8篇，有西汉刘向所作序。到了东汉之初，班固《汉书·艺文志》即著录了该书，并说列子"名圄寇，先庄子，庄子称之"。东晋人张湛继为《列子》作注，其后的《隋书·经籍志》、《旧唐书·经籍志》、《新唐书·艺文志》、《宋史·艺文志》等正史文献目录，也都录有此书。这说明，《列子》一书自汉迄宋，历代皆有传本存世。另一方面，到了唐代，这部书更被皇室尊为《冲虚真经》，与《老子》、《庄子》一起，成为道举科考的指定书目，至北宋时又被加封"至德"尊号，名为《冲虚至德真经》，其地位一路走高。然而，怀疑其为伪书者也大有人在，如唐代的柳宗元、南宋的朱熹即首发疑问，明代的宋濂，清代的钱大昕、俞正燮、李慈铭，近代的梁启超、胡适等，都曾围绕该书的内容、思想倾向、所涉史实和语言，谓其部分内容为东晋时人的伪作。近人马叙伦在《列子伪书考》中说："盖列子晚出而早亡，魏晋以来好事之徒聚敛《管子》、《论语》、《山海经》、《墨子》、《庄子》、《尸佼》、《韩非》、《吕氏春秋》、《韩诗外传》、《淮南》、《说苑》、《新序》、《新论》之言，附益晚说，假为向《序》以见重。"时至当代，杨伯峻著《列子集释》一书，进一步申述前人看法，并在提出若干新证的同时指出："今天流传的《列子》八篇，肯定不是班固所著录的原书"，至于过去许多学者认为作伪者为张湛的说法，也是不对的，"此书伪作于张湛以前，张湛或者也是上当受骗者之一。"杨书撰著于20世纪30年代，至1958年、1979年数度修订再版，在众多《列子》伪书说中，可谓后来居上，影响甚大，由此形成关于《列子》一书的主流观点。

综合《列子》伪书说者的主要依据，约有三点：其一，今本《列子》中存有佛教内容;其二,《列子》中出现了魏文帝曹丕;其三,《列子》中有大量重出于他书的内容及汉后出现的词语及语法。对这些依据以及由此形成的《列子》为"魏晋伪书说"的主流观点,究竟是信从还是质疑,便摆在了每位文史学者特别是治先秦文史的学者面前。信从,人云亦云,自然会省去许多翻检资料的辛苦和麻烦;质疑,则需逆流而上,在浩如烟海的古代典籍中摸爬滚打,提出令人信服的证据来。葛刚岩君的这部《〈列子〉成书研究》,便是一部在占有相当证据基础上大胆质疑旧说、勇于立异的新著。

《〈列子〉成书研究》一书共分四章,分别围绕"列子其人与《列子》其书"、"《列子》非'魏晋伪书'考辨"、"《列子》的成书"、"《列子》与寓言"四大中心展开讨论,而其主要用力点又在第二章之"伪书"考辨。针对"魏晋伪书说"的三条主要依据,葛著以文献材料为基础,以逻辑推理为辅助,逐一梳理辨析,分别指出:

其一,佛教在中原地区传布的首次史志记录虽始自汉明帝永平年间,但早在汉明帝之前,佛教文化已在河西、中原地区传播,这符合文化传播途径多元性、复杂性的历史规律。《列子》中存有佛教特色的故事传说,这不是证明《列子》抄袭晋世佛典《生经》的充分证据,更不应据此断言《列子》乃"魏晋伪书"。

其二,研究者仅根据"火浣布"之传说就武断地将《列子·汤问篇》中的"皇子"定性为魏文帝曹丕,有失偏颇。此"皇子"更可能是先秦时代的思想家、宋国皇父充石的后裔皇子告敖。

其三,先秦及两汉之初,文献之间文字重出现象极为普遍,此类现象不是判断文献抄袭的充足理由;即使《列子》中出现了《庄子》等书的内容,也不能就此判断前者出自魏晋之后。杨伯峻的《〈列子〉著述年代考》至多能够证明《列子》非先秦成书,但不能说明成自魏晋。

以上几点辨析,因其涉及面广,且多为专门性知识,一般读者恐尚难遽定其是非正误,现仅择其辨"皇子"、"萧叔"、"火浣布"之一二小节,看其论证过程,以求窥斑见豹。

事情的最初起因是这样的:在今存《列子·汤问篇》中,有这样一段记载:"周穆王大征西戎,西戎献锟铻之剑,火浣之布。……皇子以为无此物,传之者妄。萧叔曰:'皇子果于自信,果于诬理哉!'"对这段文字,后代研究者多据《抱朴子·论仙》、《三国志·魏书》裴注引《搜神记》的相关记述,认为"皇子"指魏文帝曹丕,"萧叔"为曹丕同时代人,并由此得出结论:既然《列子》中出现了魏文帝,则其书必伪无疑。

对这一观点,也有学者提出反对,如日人武内义雄,国人岑仲勉、马达等均曾著文，认为"皇子"乃泛称，而与魏文帝无涉。但这些意见因无确切证据，其反驳的力度自然不强。而要将证据坐实，又非下深心大力不可。葛著继承并超越前人处，在于从以下诸方面提出了若干推论和佐证：

首先进行一般性推论：一是从文献记载看，《搜神记》《抱朴子》诸书由不信一物，增为二物，似多得于传闻，给人一种渐传渐似、由似即是之感觉；二是从古代典章制度看，"皇子"只能解释为皇帝的儿子，而曹丕为太子时曹操尚未称帝，则其身份只能是魏太子，而不可能是"皇子"；三是萧叔若果为曹丕近臣，魏晋史志中应有提及，但在现存文献中完全不见其人，这不合常理。

接着对"皇子"、"萧叔"展开考索。一是从《尔雅疏》引《尸子》"皇子贵衷，……列子贵虚"以及《庄子·达生篇》齐士皇子告敖与齐桓公的一段对话，说明皇子"贵衷"的主导思想；二是依据《左传》相关记载，找到了"萧叔大心"其人，而其生活时代和活动地域与皇子告敖均相吻合，二人有对话的条件；三是经详细考证得出萧叔是周代宋国人，而从皇氏的源起考察，周代不仅有皇氏，而且其中的源头之一即宋国的公族子姓。如此，《列子》中与萧叔对话的"皇子"是皇子告敖的几率便得到进一步提高。

再下来，从中原与西北地区早期交往的角度，广引《史记》、《逸周书》、《管子》等众多史籍，考察了西北禺氏、昆崙诸地所产美玉、织皮等及中原人对其物产的认知；又从出土文物、文献论证了殷商时期西北与中亚诸民族交往的情形，论证了在这一大背景下，周穆王时期诸如"火浣布"、"锟铻剑"之类的物品经西戎传入中原的可能性。

最后，将目光转向更直接的史料，考察了周穆王两次征伐西戎而"行流沙千里"之事迹，引用《孔丛子·陈士义篇》"周穆王大征西戎，西戎献锟铻之剑、火浣之布"的记载以及《搜神记》、《神异经·南荒经》、郭璞注《山海经·大荒西经》、《博物志》引《周书》等关于"火浣布"的说法，最后几经辗转，反复推核，认为《列子·汤问篇》所记周穆王得锟铻剑、火浣布应是史实，后世学者不明皇子身份，仅据曹丕与皇子不信火浣布这一相同情节，而误认为皇子为魏文帝，并将此作为《列子》晚出的重要依据，实乃错上加错。

以上所述，仅是葛著的一个局部，但从中不难看出作者非常重视直接证据和间接证据的搜寻，注意人事细节的史实爬梳，并放开视野，在中西交往的大背景下，将若干重要环节组成证据链，使其为中心题旨发挥作用。换言之，作者看重的不只是结论的获取，更在于获取结论的过程，当诸多史料指向上古时期确有皇子、萧叔其人且此二人具有对话条件时，所谓皇子指魏文帝曹丕以及据此论证《列子》成书于魏晋之际的说法，自然就失去了学理的支撑。

与此相类,葛著对今本《列子》中存有佛教内容和重出于他书之文字等"伪书说"者所持证据,也都做了较系统的辨析和反驳,最后得出一个历时性的成书过程判断:

《列子》"魏晋伪书"说不足以成立,相较而言,成书于汉的"汉代说"更为可靠,而且其时间可以限定于汉初至汉成帝之间,或可以确定成于刘向之手。其大致轨迹是:先秦时期,列御寇及其后学形成"贵虚"思想——此后口耳相传或单篇流传——经秦火后,部分内容出现残损——西汉时期,《列子》内容以篇卷的形式汇集聚藏于汉室府库——汉成帝建始年间经刘向校理成书,《列子》定本始成——永嘉之乱中,张湛先人以刘向定本为序再次聚篇成书——张湛作注,即今传本之蓝本。

这一判断是否正确? 能否成为定谳? 尚难必言,而且因早期资料之欠缺,葛著在论证过程中也还存在若干推论的成分,未必能一一坐实。但就其判断的内在理路及主要依据言,却是可以成立的;就其提出问题的角度和思考的深度而言,也能给人以相当的启发,对重新认识《列子》一书颇有助益。在论证方法上,该书以实证为主,借鉴历史——文化研究、传播学研究等方法之长,既重史实考证,不放过关键细节,又能开阔视野,从历史发展的必然过程和传播规律予以整体观照,其中既有针对成说的"破",也有学术推考性的"立",由破到立,破立结合,证以古说,附以己见,在大胆质疑的同时,又留有余地和进一步展开的空间,由此呈现出一种平实稳健的风貌。

此外,在重点讨论《列子》成书及其真伪的同时,葛著还对列御寇的身份、《列子》中寓言手法之使用等若干问题作了考察,认为"子列子"这一特殊称谓,实与周代称谓制度、习俗相关。列子名御寇,出身郑国贵族,以"子列"为氏,省称"列氏",遂有了"子列子"、"列子"之不同称谓。至于《列子》中的寓言,只能将之视为一种寄寓式的表述手法,尚不能定性为"寓言体"。也就是说,《列子》中的寓言尚处于"言"的阶段,是一种寄寓式的言,只有到了魏晋之后,更保守的说法,是到了唐代,寓言才具备了"体"的特质,成为文体中的一类。葛著这些论述,多能跳出前人窠臼,用材料说话,借助细密的逻辑辨析,另辟蹊径,自出新意。

刚岩君研究《列子》历时已久。21 世纪初,他从赵逵夫教授读博士时虽以《文子》研究为中心,但已关注到《列子》真伪问题的讨论,并对此书产生浓厚兴趣。2004 年,他从兰州来到武汉大学博士后流动站,很快就确立了以《列子》研究为中心的选题,并在不太长的时间中,完成出站报告,得到评议专家的一致肯定。在此后的十多年中,刚岩尽管也曾因其他课题而调整关注重点，但对《列子》的兴趣却始终未减，偶有心得，便跑来和我交流。尤其难能的是，他组织门下研究生开展了颇为系统认真的读书活动，一周一次，雷打不动，从《左传》、《国语》到十三经中的《礼记》等，无不爬梳剔抉，深研细探，由此发现了大量前人未曾留心的学术问题，同时，也为进一步研治《列子》积累了若干新的史料。正是在此基础上，已获国家社科基金后期资助的《〈列子〉成书研究》，经持续修订得以告竣，并展现出新的面貌。刚岩书成，索序于我，义不当辞，遂略述梗概如上，并期望这部书的出版，能对当下的《列子》研究起到应有的推动作用。

尚永亮

辛丑夏匆草于珞珈山寓所

前　言

　　关于列子的信息，就目前的文献所记及学术研究成果来看，一般认为，列子本名御寇（亦作圄寇，或围寇），乃郑国圃田人。关于他的生活时代，依据钱穆《先秦诸子系年》的考证，列御寇的生年当在公元前 450 年至公元前 375 年之间，大致与郑缪（或作"穆"）公、郑相子阳生活在同一时代。在学术思想上，列子崇尚虚无，①合于道家，《尸子·广泽》篇、《吕氏春秋·不二》篇将其立为先秦学术派别之一，与老子、墨子、孔子等相提并论。

　　《列子》是古代流传下来的一部重要典籍文献，以道家思想为主体，兼采诸子之言，主张顺性体道，由静致虚，在中国思想史上有着重要地位。同时，因为该书中保留着大量的上古史话、寓言故事、神话传说，叙述语言谲诡荒诞，独具特色，所以在中国文化史、文学史上也据有一席之地。

　　《列子》同时又是一部问题多多、争议很大的学术著作，该书的内容真伪、成书时间、成书过程以及内容归属等一系列问题，历代聚讼纷纭，至今难有定论。笔者在细致阅读《列子》一书的基础上，结合所见文献记载，从考据学、传播学等相关角度，总论之，条辨之，对《列子》研究中某些自己感兴趣的问题进行了系统考论，证以古说，附以己见。尤其是关于《列子》乃"魏晋伪书"一说，笔者广采众家之论，条分缕析，察微究渐，对这一说法的几个关键证据逐一细考，依据成论。

　　首先，《列子》中出现了佛家思想。这一论说最早可以从张湛的《列子序》中找到一些质疑的痕迹，"然所明往往与佛教相参"。其后，朱熹的《观〈列子〉偶书》、高似孙的《子略》、宋濂的《诸子辩》、黄震的《黄氏日钞》、姚际恒的《古今伪书考》、钱大昕的《十驾斋养心录》、陈三立的《读列子》、梁启超的《古书真伪及其年代》、马叙伦的《列子伪书考》等后世文献，都沿袭了这一看法，并从《列子》的文字内容中寻见一些例证，对这一论说予以补充说明。如朱熹《观〈列子〉偶书》中所说，"又观其言'精神入其门，骨骸反其根，我尚何存'者，即佛书'四大各离，今者妄身当在何处'之所由出也。

---

①　《战国策·史疾为韩使楚》中史疾答楚王问时，提及列子思想"贵正"一说，其哲学内涵与列子的贵虚思想并不相悖，详见本书第一章。

他若此类甚众,聊记其一二于此,可见剽掠之端云"①。宋濂《诸子辩》中更是罗列了六处内容,以证其说。那么以上这些例证能否证明《列子》中的相关思想内容一定出自佛家之说呢?目前依然争论不休,难以确认。在此,我们讨论的问题焦点不在于《列子》中是否存有佛教思想,而在于《列子》是否抄袭了魏晋时期的佛教经典。也就是说,即使朱熹等人所列举的内容确实与佛家思想之间具有文字、理念或思想上的关联性,也依然不足以证明传世本《列子》乃成书于魏晋的伪书,因为上述现象出现的原因实在太过复杂,不能仅仅根据此一点迹象即认定该书为后世伪作。关于这方面的具体探讨,详见本书第二章第一节《〈列子〉与佛教的传播》。

其次,《列子》书中出现了晚于列子生活时代的历史人物,尤其是清代俞正燮提出了《列子》中记载有魏文帝曹丕一说之后,使得《列子》乃魏晋伪书一说似乎可以坐实。那么,这条证据是否能够真正坐实"魏晋伪书"这一说法呢?在本书第二章第二节《〈列子〉中的"人""物"考论》中,笔者用具体史料对本问题进行了细致的梳理论证,条析了有关"皇子"的学术界说,提出了自己的学术研判:《列子·汤问》篇中的"皇子"不能界定为魏文帝曹丕,应是春秋时期的思想者"皇子告敖"。

再次,也有人根据《列子·周穆王》篇与汲冢竹书(西晋咸宁五年,即279 年出土)《穆天子传》在内容上有相似之处,因而论定《列子》抄袭了汲冢行书《穆天子传》,并据此得出《列子》为"魏晋伪书"的结论。关于这一点,笔者认为,早期信息多以口耳相传,战国秦汉时期诸子论辩著述之时,纷纷采成"言"于当世,故而文献之间出现内容文字的相同或相似现象,并不能轻易断言谁抄袭谁的问题,如若仅仅根据《列子·周穆王》篇与汲冢竹书《穆天子传》的少量文字内容有相似之处即论定前者抄袭了后者,并进而断言《列子》乃后出伪书的话,那么早期《论语》、《礼记》、《国语》、《左传》、《说苑》、《史记》等一大批文献之间亦有类似的现象,又当如何解释呢?所以我们认为此条依据至少不足以证明《列子》一书后出于晋世。这一问题的具体探讨详见本书第二章第三节《〈列子·周穆王篇〉与〈穆天子传〉》。

在以诸多笔墨分析辩驳了《列子》"魏晋伪书"一说之后,笔者在本书的第三章中又对该书的生成过程进行了大致梳理,系统辨析,最终给出了一个时段性的成书时间的判断。

关于当今传世《列子》(简称今本)一书的成书时间有多种说法:先秦说、汉代说、魏晋之后说。我们依据目前所掌握的文献资料综合来看,首先,

---

① (宋)朱熹:《观〈列子〉偶书》,杨伯峻:《列子集释》录引,中华书局 2013 年版,第 303 页。

"先秦说"存有一些难以解释的问题,比如《列子》中出现了若干列御寇之后的历史人物,如魏牟、孔穿、宋康王、公孙龙等,所以《列子》不太可能成于列御寇一人之手;其次,《列子》中出现了大量与他书重合的文字内容(详见本书附录二),或本书自身在文字内容上也有重出现象。这些都让我们不得不怀疑今本《列子》成书"先秦说"的可信度,更有可能完成于"燔灭文章"的秦代之后;最后,杨伯峻先生在《〈列子〉著述年代考》一文中考证鉴定了《列子》中存有许多汉代出现的字词,这进一步强化了我们否定《列子》成书于先秦一说的想法。至于"魏晋之后"说,我们在第二章中对支撑这一说法的几条所谓的证据进行了一一辩驳,让这一说法成立的可能性微乎其微。况且,这一说法如要成立,难免会遇到一个棘手的问题:如何看待刘向的《列子叙录》? 为了回避这一诘难,有研究者干脆将《列子叙录》也同样视为伪书,以便清除横亘在《列子》"魏晋伪书"说面前的障碍,但这种简单粗暴的解释缺乏有力的证据。综上所述,经过全面分析比照,我们更倾向于今本《列子》成书于"汉代"一说,成书的时间段大致为:上限在西汉惠帝解除挟书令"求遗书于天下"之后,下限在汉成帝年间刘向校理群书之时;如若再进一步大胆推测的话,我们的意见是:今本《列子》篇章内容的确定、八篇内容的汇总成书当成于向、歆父子之手,时间应在汉成帝年间。具体辨析详见本书第三章《今本〈列子〉的成书》。

　　另外,针对《列子》一书,我们又对其中争议较大的三个问题进行了具体观照和深入辨析。

　　其一,关于列子其人的身份问题。关于列子其人,目前学界的普遍共识是:列氏,名御寇,郑国人,与郑缪公、郑相子阳生活在同一时代。我们在此基础上,结合周代姓、氏等称谓制度,梳理了同一时代诸多历史人物的名、字等称谓现象,找出周人名、字称谓的规律性认识,并有针对性地对列子其人的身份问题、"子列子"等称谓问题进行了深入的剖析考辨,提出了一些新的看法,对列御寇的身份做了新的界定:出身于郑国公族,姬姓,以子列为氏,略称为列氏。

　　其二,书中的内容重复问题。《列子》书中存有大量的重复内容,包括与它书之间的内容重复和该书自身篇卷之间的内容重复。笔者从文献流传聚散的角度,对上述问题予以分析,认为该书的某些篇章内容在流播过程中很可能曾经散佚,经后人整理增补,随即出现同书文字重出现象。或许,这一现象的出现亦与刘向、刘歆父子校理该书有关。

　　其三,《列子》与寓言叙事。以寓言方式寄理叙事,是《列子》行文的主要特色之一。但《列子》中的寓言是否可以视为文体"寓言"? 是寓言修辞,还是寓言文体？《列子》中的寄寓之言又有哪些特色？这也是笔者在书中着力论述的问题之一，详见本书第四章《〈列子〉与寓言》。

整体来看，本书主要探讨了《列子》的成书问题，既有学术争议性的"破"，也有学术推考性的"立"。所谓的"破"，就是对已有的成说，主要是"魏晋伪书说"，进行考释驳辩；所谓的"立"，就是为该书的生成提出自己的看法，并提供相关的论证依据。当然，因学识所限，笔者虽有"名山"之志，恐难免"盖酱"之论，故褊浅鄙陋之处，敬请方家指正。

第一章　列子其人与《列子》其书

吴筠《冲虚真人》一诗中写道："冲虚冥至理，体道自玄通。不受子阳禄，但饮壶丘宗。泠然竟何依，挠挑游大空。未知风乘我，为是我乘风。"①诗中对列御寇给予了高度评价：参悟大道，体道合真；淡视名利，万物归虚。这既是列御寇一生的写照，也是《列子》所极力宣扬的道德思想。

第一节　列 子 其 人

对于列子其人，先秦文献多有记载，但由于这些记载大多出自道家著述，再加上记载中经常对列子的言行予以虚构性的夸张描写，所以列子多给后人留下一种仙风道骨、不食人间烟火的半神半人的感觉。"神明久不死，宇宙一鸟翔。若人据槁枯，中自含宫商。其游车泠风，其息形坐忘。豆山瀛泗等，念往即褰裳。盖云任去来，岂谓符弛张。老商顾之笑，是事何轻扬。云风驾旬余，日月辐两傍。抚掌一戏笑，何异侏儒场。后人致引慕，竹林焚馨香。飘飘大人赋，气夺千丈强。吾闻孔仲尼，道盛涵化光。雅言书当理，不见一日长。放乎子列子，君其乐彷徉。"②甚至，有人怀疑历史上是否有列子这个人的存在，"然观太史公史殊不传列子，如庄周所载许由、务光之事。汉去古未远也，许由、务光往往可稽，迁独疑之；所谓御寇之说，独见于寓言耳，迁于此诋得不致疑耶！周之末篇叙墨翟、禽滑釐、慎到、田骈、关尹之徒以及于周，而御寇独不在其列。岂御寇者，其亦所谓鸿蒙、列缺者欤？"③那么，在历史上到底有无列御寇其人呢？此人又是什么样的身份？他与我们今天所看到的《列子》一书到底是何关系？

《孟子·万章下》中云："颂其诗，读其书，不知其人，可乎？是以论其世也。"④为了更好地掌握《列子》一书，让我们尊奉亚圣的教导，先来了解列子其人及其所生活的时代。

---

① （清）彭定求等编：《全唐诗》，中华书局 1986 年版，第 9653 页。
② （宋）王东牟：《东牟集·画列子图和韵》，《文渊阁四库全书》第 1132 册，第 305 页。
③ （宋）高似孙：《子略》、（唐）柳宗元：《辨列子》，见杨伯峻：《列子集释》附录，中华书局 2013 年版，第 303 页。
④ 杨伯峻：《孟子译注》，中华书局 2005 年版，第 251 页。

一、古籍文献中的列子

关于列子的个人信息，《汉书·艺文志》道家类在《列子》书后注释说："名圄寇，先庄子，庄子称之。"①这让我们知道了列子名御寇，而且生活年代与庄周大致相同，而又稍稍早于庄周。除了这几条信息之外，班固的记载过于简略，让我们对列子其人的情况了解得太少。在《庄子》、《列子》等道家文献中也留存有一些关于列御寇的故事传说，如《庄子》中的《逍遥游》"故夫知效一官"章、《应帝王》"郑有神巫曰季咸"章、《至乐》"列子行食于道从"章、《达生》"子列子问关尹曰"章、《田子方》"列御寇为伯昏无人射"章、《让王》"子列子穷"章、《列御寇》"列御寇之齐"章等。但由于这些有关列子的信息多出自寓言故事，所以很难被视为实录之笔，也很难取信于人，"所谓御寇之说，独见于寓言耳"②。

基于上述情况，历代研究者对于列子其人及其生活的年代，各执其辞，说法不一。刘向《列子书录》认为，列子是郑国人，生活时间与郑缪公（前627—前605年）同时③；柳宗元《辨列子》一文辩解说，列子当是鲁缪公（前407—前375年）时人，刘向《列子书录》误将鲁缪公记为郑缪公；叶大庆《考古质疑》中又解释说，刘向误以"繻"为"缪"，所以列子应与郑繻公（前422—前395年）同时④；高似孙在《子略》一书中直接对列子其人的真实存在提出了质疑，怀疑该人与《庄子》寓言中的鸿蒙、列缺一样，都是子虚乌有之人，"周之末篇叙墨翟、禽滑釐、慎到、田骈、关尹之徒以及于周，而御寇独不在其列。岂御寇者，其亦所谓鸿蒙、列缺者欤？"⑤

很显然，上述的文献资料对列子其人而言，略显单薄，甚至无法确定这

---

① （汉）班固：《汉书·艺文志》，中华书局1962年版，第1730页。
② （宋）高似孙：《子略》，中华书局1985年版，第24页。
③ 刘向在《列子书录》中说"列子者，郑人也，与郑缪公同时，盖有道者也。其学本于黄帝、老子，号曰道家。"
④ （宋）叶大庆：《考古质疑》卷三："因观《庄子·让王》篇云：'子列子穷，貌有饥色。客有言于郑子阳曰：列御寇，有道之士也，居君之国而穷，君无乃不好士乎？子阳即令官遗之粟。列子再拜而辞。使者去。其妻曰：妾闻为有道者之妻子皆得佚乐，今有饥色。君过而遗先生食，先生不受，岂不命耶？列子笑曰：君非自知我也。以人之言而遗我粟；至其罪我也，又且以人之言，此吾所以不受也。其卒，民果作难而杀子阳。'观此，则列子与郑子阳同时。及考《史记·郑世家》，子阳乃繻公时二十五年杀其相子阳，即周安王四年癸未岁也。然则列子与子阳乃繻公时人。刘向以为缪公，意者误以'繻'为'缪'欤？虽然，大庆未敢遽以向为误，姑隐之于心。续见苏子由《古史列子传》亦引辞粟之事，以为御寇与繻公同时。又观吕东莱《大事记》云：'安王四年，郑杀其相驷子阳'遂列列御寇之事，然后因此以自信。盖列与庄相去不远。庄乃齐宣、梁惠同时，列先于庄，故庄子著书多取其言也。"
⑤ （宋）高似孙：《子略》，中华书局1985年版，第24页。

一人物的历史存在问题。令人欣慰的是，除了以上文字记载之外，在其他文献中也可以找到一些列子的历史信息，为我们定位列子提供了难能可贵的佐证。

查考早期文献，除《庄子》记载列御寇事迹之外，《尸子》、《韩非子》、《吕氏春秋》、《战国策》中也多处记载或提及列子其人。这些信息有的见之于人物对话中，如《战国策·韩策二》：

> 史疾为韩使楚。楚王问曰："客何方所循？"曰："治列子圉寇之言。"曰："何贵？"曰："贵正。"王曰："正亦可为国乎？"曰："可。"王曰："楚国多盗，正可以圉盗乎？"曰："可。"曰："以正圉盗，奈何？"顷间，有鹊止于屋上者。曰："请问楚人谓此鸟何？"王曰："谓之鹊。"曰："谓之乌，可乎？"曰："不可。"曰："今王之国有柱国、令尹、司马、典令，其任官置吏必曰廉洁胜任，今盗贼公行而弗能禁也，此乌不为乌，鹊不为鹊也。"①

有的列子信息载之于故事叙述中，如《韩非子·喻老》篇、《吕氏春秋·审已》篇、《吕氏春秋·观世》篇所记：

> 夫物有常容，因乘以导之，因随物之容。故静则建乎德，动则顺乎道。宋人有为其君以象为楮叶者，三年而成。丰杀茎柯，毫芒繁泽，乱之楮叶之中而不可别也。此人遂以功食禄于宋邦。列子闻之曰："使天地三年而成一叶，则物之有叶者寡矣。"故不乘天地之资而载一人之身，不随道理之数而学一人之智，此皆一叶之行也。故冬耕之稼，后稷不能羡也；丰年大禾，臧获不能恶也。以一人力，则后稷不足；随自然，则臧获有余。故曰："恃万物之自然而不敢为也。"②
>
> 子列子常射中矣，请之于关尹子。关尹子曰："子知子之所以中乎？"答曰："弗知也。"关尹子曰："未可。"退而习之三年，又请。关尹子曰："子知子之所以中乎？"子列子曰："知之矣。"关尹子曰："可矣，守而勿失。"非独射也，国之存也，国之亡也，身之贤也，身之不肖也，亦皆有以。圣人不察存亡、贤不肖，而察其所以也。③

---

① （汉）刘向：《战国策》，上海古籍出版社1978年版，第992页。
② （清）王先慎：《韩非子集解》，中华书局1998年版，第165—166页。
③ 许维遹：《吕氏春秋集释》，中华书局2016年版，第179页。

　　子列子穷,容貌有饥色。客有言之于郑子阳者,曰:"列御寇,盖有道之士也,居君之国而穷,君无乃为不好士乎?"郑子阳令官遗之粟十秉。子列子出见使者,再拜而辞。使者去,子列子入,其妻望而拊心曰:"闻为有道者之妻子,皆得逸乐。今妻子有饥色矣,君过而遗先生食。先生又弗受也。岂非命也哉?"子列子笑而谓之曰:"君非自知我也,以人之言而遗我粟也,至已而罪我也,又且以人言。此吾所以不受也。"其卒民果作难,杀子阳。受人之养而不死其难,则不义;死其难,则死无道也。死无道,逆也。子列子除不义、去逆也,岂不远哉?且方有饥寒之患矣,而犹不苟取,先见其化也。先见其化而已动,远乎性命之情也。"①

　　也有的列子信息出现在后世学人对前代思想学术的归纳总结中,如《尸子·广泽》篇、《吕氏春秋·不二》篇等:

　　《尔雅疏》引《尸子·广泽》篇云:"墨子贵廉,孔子贵公,皇子贵衷,田子贵均,列子贵虚,料子贵别,囿其学之相非也,数世矣而已,皆弇于私也。"②

　　老耽贵柔,孔子贵仁,墨翟贵廉,关尹贵清,子列子贵虚,陈骈贵齐,阳生贵己,孙膑贵势,王廖贵先,兒良贵后。(高诱注解列子说:"体道人也,壶子弟子。")③

　　《尸子》、《韩非子》、《吕氏春秋》、《战国策》等文献的信息可信度明显高于《庄子》、《列子》,而且其中关于列子的信息量虽然少,但信息的内容却清晰明白。

　　再从两汉文献资料来看,司马迁的《史记》中虽未给列子立传,但目录学鼻祖刘向在《列子书录》中较为详备地陈述了列子的身份状况,"列子者,郑人也。与郑缪公同时,盖有道者也。其学本于黄帝、老子,号曰道家。道家者,秉要执本,清虚无为,及其治身接物,务崇不竞,合于《六经》"④。其后不久班固等人又在《汉书》中不止一处地记载了列御寇:一处是《艺文志》中录曰"《列子》八篇",并注曰:"名圄寇,先庄子,庄子称之";一处是《古今

---

①　许维遹:《吕氏春秋集释》,中华书局2016年版,第349—350页。
②　(晋)郭璞注,(宋)邢昺疏:《尔雅注疏》,上海古籍出版社2010年版,第15页。
③　许维遹:《吕氏春秋集释》,中华书局2016年版,第405—406页。
④　杨伯峻:《列子集释》,中华书局2013年版,第292页。

人表》中,列子被列于"中中",位于老子之下,庄子之上。

以上述材料记载为参证,可以断言先秦时期确有列子其人,而且还是一位思想巨匠。

从以上简略零散的文献记载中,我们也能大概看出列子的一些身世特征:名御寇,或圄寇。以壶子为师,思想主体崇尚虚无,与老子道家相类,① 生活年代当在庄周稍前,与郑国子阳的生活时代相当,学术地位也稍显于庄周,故庄子称之,慕之,世人尊称其为列子或子列子。唐天宝初,奉旨册为冲虚真人。

二、列子与列氏的起源

目前而言,人们所掌握的有关列子身份的信息有如下内容:世人尊称其为列子或子列子;名御寇,或圄寇。以壶子为师,思想主体崇尚虚无,与老、庄相类,生活年代当在庄周稍前,与郑国子阳的生活时代相当。关于列子的身份,几千年来始终存在一个待解的信息矛盾点:人们尊称御寇,或为列子,或为子列子,为什么同一个人,可以有着两种不同的称谓?"子列子"中的前后两个"子"字又当如何诠释?它们与周代的名、字制度有何关联?我们又当如何解释类似于"子列子"、"子张子"、"子墨子"之类的人物称谓?我们试图从列子的身份入手就上述现象谈一下个人看法。

关于御寇的姓氏,一般学者认为,御寇以列为氏,因为《庄子》的《逍遥游》、《应帝王》、《至乐》以及《尸子·广泽》、《韩非子·喻老》、《淮南子·缪称训》中都明确称其为"列子",这如同孟子、荀子的称谓一样,氏后加"子",以示尊重。更何况,《吕氏春秋·观世》、《庄子·田子方》、《庄子·列御寇》、《战国策·韩策二》、《汉书·艺文志》中亦直呼其为"列御寇"、"列固寇"或"列子圄寇"(按:御、固、圄,乃方言之别),所以,一般人认为御寇以

---

① 或许有人会提出质疑:先秦文献《尸子》、《韩非子》、《吕氏春秋》、《战国策》中记载的列子思想,或称"贵虚",或称"贵正",二者岂不是矛盾吗?又当如何看待列子的思想呢?刘佩德先生对此曾在《列子贵虚与贵正思想辨析》(《商丘师范学院学报》2016年4月)一文中作过专门讨论。文章中认为,"正"的本义是指遵照一定的法则行事,不能偏离大的方向。"正"的思想,是诸多学术流派共同持守的法则标准,如《管子》、《荀子》、《吕氏春秋》、《论语》、《老子》中都力主这一思想法则。换句话说,"正"并非先秦学术的具体流派思想,而是已经内化为诸子思想精髓的、为道、儒、法等诸多流派所共同认可的世界观,就如当今世界三大宗教(基督教、佛教、伊斯兰教),虽然有制度仪式上的彼此差异,但教人从善,却是彼此之间共同认可的思想追求。而道家的"虚静"也要遵循"正"这一基本要求,"正已内化为符合规律的通理,只有符合这一通理,(虚静思想)才能不偏离规律,最终达到圣人的境地"。从这一角度去理解,史疾答楚王问时称列子思想"贵正",是没有问题的。

"列"为氏应是可信的。但问题是：即以列为氏，尊称列子，那为什么又称其为"子列子"呢？列子真的以列为氏吗？为了更深入地了解御寇的姓氏，我们先来看看目前对于列氏起源的几种不同说法：

其一，源于姜姓，是神农氏之后，因先祖的名、字而得氏。朱震在《汉上易传》中转引王洙所称《山海经》的记载说："王洙曰：《山海经》云：'伏羲氏得河图，夏后因之，曰《连山》；黄帝氏得河图，商人因之，曰《归藏》；列山氏得河图，周人因之，曰《周易》。'"①《帝王世纪》："炎帝神农氏，姜姓也。母曰任姒，有乔氏之女，名女登，游于华阳，有神龙首，感女登于尚羊，生炎帝。人身牛首，长于姜水。有圣德，以火德王，故号炎帝。初都陈，又徙鲁。又曰魁隗氏，又曰连山氏，又曰烈山氏。"②有人认为列子即是烈山氏之后。

其二，源于芈姓，也是以先祖名、字为氏。《路史》记载，列氏源出自春秋时期楚国公族潘崇之后的列宗氏。春秋时期，楚成王芈頵（熊恽）执政期间（前671—前626年），楚国公族斗氏家族中有一位著名的政治家叫潘崇，他先是以芈商臣的老师身份活跃于楚国的政坛，后来因为帮助芈商臣篡位成功而被封为太师，开始全权掌管廷下环列之尹。因为诸位大大小小的令尹又皆为芈姓宗亲，所以潘崇又被称为"列宗之尹"。后因潘崇的后裔子孙中有以潘崇掌管环列之尹一职为姓氏者，故称列宗氏，后省文简改为单姓列氏或宗氏，世代相传至今。芈姓的列氏族人大多尊奉鬻熊为自己的得氏始祖，也有少数人尊奉斗伯比或潘崇为得氏始祖，今河南荥阳、台湾等地的列氏族人来源于此。

其三，源于先祖的职业，是以职业称谓为氏。古代水稻种植中有一项重要的农耕工序——列，执行和操作这项工序的人就被称作"列者"。《周礼·地官·稻人》曰："以列舍水。"③意思是将稻田四畔间的地平整好，在种植水稻时，灌入的水方能均匀布于稻田中。《稻人》随后注释云："列者，其町畦，必使平垣，则水可止舍也。"④就那个时代的技术水平来看，平整稻田是一种要求很高的技术性工作，需由经验丰富的"列者"来做。春秋战国时期，"列者"归由农官稻人管辖，隶属于地官府司。后来，在列者的后裔子孙中，有以先祖职业称谓或官职称谓为姓氏者，称列者氏、列人氏，后省文简改为单姓列氏，世代相传至今。

---

①　宋人朱震的《汉上易传》见《文渊阁四库全书》经部的《易》类，此则王洙所说的材料不见于今传诸本《山海经》。
②　徐宗元：《帝王世纪辑存》，中华书局1964年版，第11页。
③　（清）孙怡让：《周礼正义》，中华书局1987年版，第1188页。
④　（清）孙怡让：《周礼正义》，中华书局1987年版，第1188页。

其四,源于鲜卑族。魏晋六朝时期,鲜卑族中有一支拔列氏部落,其在北魏孝文帝推行汉化改革过程中将拔列氏改为汉姓梁氏,"拔列氏,后改为梁氏"①(《魏书·官氏志》),其中亦有部分族人取谐音汉字为巴氏或列氏。

其五,源于女真族,也属于少数民族的人名称谓汉化为氏的。金国时期的女真族部落中有女奚列氏,亦称女奚烈氏,其在辽国时期称为"敌烈氏"。到了元朝,女奚列氏被称为"亦气烈氏",后演变为列氏。

在以上"列氏"的五种起源中,虽然说法很多,但至于列子姓氏的由来,却偶尔提及,更不可能给出详细的阐释,也没有提出令人信服的源头出处,只是含糊其辞地认为列御寇的姓氏源出烈山氏,又由于列氏家谱中列御寇的名气最高,所以又将列御寇视为"列氏"正宗,至于它们之间关联的内容,一概缺失。

对于"列御寇"的"列"字的解读,有解读为"姓"的,如张湛、成玄英等。《列子·天瑞》篇:"子列子居郑圃,四十年人无识者。"张湛注曰:"载子于姓上者,首章或是弟子之所记故也。"②张湛称"列"为姓;成玄英在《南华真经·逍遥游》篇疏证中解释说:"姓列,名御寇。"③亦称"列"为姓。也有解读为"氏"的,如殷敬顺。他在《列子释文》中说:"冠子氏上者,著其为师也。"④殷敬顺认为,"列"应是氏。也有解读为"字"的,如今人沈善增。沈先生在《"子列子"的含义》⑤一文中大胆假设,"列御寇"是字"列",名"御寇"。对于"列御寇"以"列"为氏,笔者并不怀疑,因为我们都知道,三代之前,姓、氏分而为二,男子多称氏,如赵盾,以"赵"为氏,韩厥以"韩"为氏,范蠡以"范"为氏。只有妇人才以"姓"相称,如文姜、哀姜、怀嬴等,从目前的传世文献记载来看,周代男子很少以"姓"相称,所以"列"不应是御寇之姓。此处,我们最不解的一个问题是:御寇既以"列"为氏,后人尊称其为"列子",那么为什么《吕氏春秋》、《庄子》、《列子》等早期文献中又称他为"子列子"呢? 这一现象背后是否隐藏有关于御寇身份的某些文化信息呢? 这是一个值得我们进一步探究的学术问题,因为对它的追溯有可能同时可以解开子墨子、子宋子、子华子、子桑伯子、子司马子、子女子、子北宫子、子公羊子等同类现象所产生的学术疑问。

---

① (北魏)魏收:《魏书·官氏志》,中华书局 1974 年版,第 3007 页。
② 杨伯峻:《列子集释》,中华书局 2013 年版,第 1 页。
③ (清)郭庆藩:《庄子集释》,中华书局 1961 年版,第 19 页。
④ 杨伯峻:《列子集释》,中华书局 2013 年版,第 1 页。
⑤ 沈善增:《"子列子"的含意——"古文嚼字"之一》,《咬文嚼字》2000 年第 11 期。

三、"子列子"称谓的解读

对于"子列子"的称谓,张湛《注》中有所阐释,"载子于姓上者,首章或是弟子之所记故也",殷敬顺的《释文》中也有解说,"冠子氏上者,著其为师也"①,对于第一个"子"的含义,二人都认为是弟子对于老师的敬称,至于后一"子"字,二人皆未涉及。如果真如二人所说,那么后一"子"字,又当如何解释呢?我们认为,无论是张湛,还是殷敬顺,他们的解释都不足信。按照惯例,"某氏+子"这一称谓中,"氏"后之"子"才应是敬称,如孔子、孟子等,而张湛和殷敬顺都把本属第二个"子"的解释错误地冠于第一个"子"字之上,这是有违常识的。

或曰:"子列子"中的第一个"子"字是否属于传抄讹误呢?我们认为,这不太可能,因为这一称谓仅在《列子》中就有多达五十余处,另外《庄子》等文献中也有多处此等称谓,所以这一现象有别于偶尔的传抄讹误。

下面,笔者就"子列子"这一称谓入手,谈一下自己对御寇姓氏身份的看法,并同时涉及周代名、字文化的某些制度化现象。

春秋时代,等级森严,出身对于每一个人及其家庭、后代,尤为重要,犹如国君的同母弟一定要在名字前加上"母弟",才能彰显其身份地位,"《春秋》之例,母弟称弟,系兄为尊,以异于其余公子"②。所以,天子周王下一世的继承人才有资格称太子某,或世子某,如周襄王登基之前称为太子郑,其他的儿子可以称为王子某,如周厉王之子王子友、周景王的庶长子王子朝、周桓王之子王子克、周庄王之子王子颓、周釐王之子王子虎、周惠王之子王子带等;天子周王的孙子可以称为王孙某,如周襄王之孙王孙满;天子周王的弟弟可以称为王某某,如周定王之母弟王季子。尤其是那些任职于诸侯国的周王之后,许多人不舍自己高贵的出身血统,遂以王孙自称,如楚国大夫王孙圉、王孙由、卫国大夫王孙贾、齐国大夫王孙挥、吴国的王孙雒,甚至他们的后代也多以王孙自称,如王孙贾之子王孙齐,以此来显示自己身份的不同以及家族的高贵。

天子以下的诸侯国国君有两个通称:一个是"君",所有诸侯国不论大小,一律可以称其君主为"君",表示其为一国之长。国君的另一个通称为"公",这只是一种尊称,而且多用于死后的谥号,如齐桓公、郑庄公等。

所以,诸侯国国君的儿子都可以称"公子+名",如郑穆公之子公子去

---

① 杨伯峻:《列子集释》,中华书局 2013 年版,第 1 页。
② 《阮刻毛诗注疏》,浙江大学出版社 2020 年影印传古楼本,第 627 页。

疾、公子喜、公子騑、公子发、公子嘉、公子舒，鲁桓公之子公子友，晋襄公之子公子捷、齐僖公之子公子纠、齐灵公之子公子牙等，而且"公子+名"这一形式中的"公"字有时也可以省略，如公子纠，又称子纠；公子疊，又称子疊。

国君的孙子可以称"公孙+名"，"公孙氏。春秋时，诸侯之孙亦以为氏者，曰公孙氏，皆贵族之称。"①"古封公之后，自皆称公孙，故其姓多，非一族也"②，如齐国前庄公之孙公孙无知、晋国晋襄公之孙公孙谈、鲁国鲁桓公之孙公孙敖、公孙兹，鲁文公之孙公孙婴齐，宋国宋桓公的孙子公孙友，郑国郑穆公的孙子公孙申等，仅《钦定古今图书集成·明伦汇编·氏族典》中记录的有周一代以"公孙+名"作为称谓的就有 47 人之多。"公孙+名"称谓中的"公"字有时也被省略，直接称"孙+名"，如晋悼公原称"公孙周"，又略称"孙周"，或尊称"周子"。或云：荀况，字卿，又称字"孙卿"，大概也属于同一文化现象吧。

除了姓、氏、名之外，字也是古人显示身份的一种符号形式。《礼记·曲礼》云："男子二十弱冠而字"③，也就是说，古代男子到了弱冠之年才能有"字"，但并不是所有的人都有此资格，只有那些有身份的人才能享受这一特权。而且类似于"名"一样，西周及春秋时期，以"子+某"为字的人一般都是天子或诸侯国君的后裔，"子"在此不是"美"的意思，而是代表着出身，代表着尊贵，所以《左传》《国语》中以"子+某"为名、为字的人，他们的祖上一般都与天子或诸侯国君有着血缘上的关系，如公子贞、字子囊，其父亲为周庄王；公子偃、字子游，其父亲乃郑穆公；公孙虿，字子蟜，公孙楚，字子南，公孙黑肱，字子张，三人的祖父皆为郑穆公；赵衰，字子余，其祖上为赵城之君造父；孔伋，字子思，其祖上为宋国国君微仲；臧僖伯，字子臧，鲁孝公之子；叔孙辄，字子张，鲁国三桓叔孙氏之后。

假设此类人有朝一日没落了，或被边缘化了，他们也不会轻易丢掉自己高贵的身份，总要通过名或字的形式展示给世人，如周平王庶子王子狐，作为人质被交换到郑国，平王死去之后，狐被迎回洛邑为天子，可惜的是，还没举行登基大典，狐即一命呜呼。但他在郑国的后代却始终没有忘记自己天子后裔的身份，始终以王子为氏，如王子伯廖。类似的还有齐国的大夫王子成父、楚国的太子傅王子燮等，皆属此类。

天子的后裔重视自己的高贵出身，诸侯及卿大夫的后裔亦如此。国君

① （宋）郑樵：《通志》第一册，中华书局 1987 年版，第 473 页上。
② 周祖谟：《广韵校本》，中华书局 1960 年版，第 120 页。
③ （清）孙希旦：《礼记集解》，中华书局 1989 年版，第 49 页。

的后裔从曾孙开始就不能再直接以"公孙+名"或"公孙+字"作为自己的称谓了,但可以以其祖父(或国君的儿子,或国君的孙子)的字为氏,这样同样可以达到彰显自己出身的目的,如鲁桓公十四年的郑国子人,"夏,郑子人来寻盟,且修曹之会",该人名弟语,字子人,其后人以其字为氏——子人氏,杜预注曰:"子人即弟语也,其后为子人氏"①。再鲁僖公七年郑太子子华所言中即有子人氏,"洩氏、孔氏、子人氏三族,实违君命"②。鲁僖公二十八年的子人九即其后人。此等例证在春秋时期尚有许多,且多出自宗族谱系中嫡长子之外的旁支,例如鲁国孟孙氏的旁支仲孙佗(或作"它"),字子服,谥孝(或懿),孟献子之子,孟庄子之弟,其嫡孙回以祖父仲孙佗之字"子服"为氏,"子服氏;姬姓,鲁桓公之子、公子庆父元孙孟懿伯字子服,其后以为氏"③,称子服回,又称子服昭伯,并以其祖父仲孙佗为本宗宗主,尊称为子服孝伯,同时尊称先考孟椒为子服惠伯,又称子服椒。之后,子服回的后人皆以"子服"为氏,如子服何、子服厉伯等。再如鲁大夫叔齐子,其祖父子叔肸,乃鲁文公之子、鲁宣公同母弟,字子叔。子叔齐子即以其祖父之字"子叔"为氏,立宗子叔氏,并尊肸为子叔氏之宗,称子叔肸,同时尊先考婴齐为子叔婴齐,又称子叔声伯。

　　"子"的本意是儿女、子息,如《礼记·哀公问》所说,"子也者,亲之后也"。随着历史文化的发展,"子"的含义由单纯的血缘范畴扩展至尊尊范畴,于是"子"又有了尊称的内涵,"子者,称所尊敬之辞"④,"子,有德之称"⑤,可以置于氏、谥之后,以示尊重,如孔子、孟子、庄子、季武子、陈文子、叔仲子、赵简子等,"诸侯之上大夫卿、下大夫、上士、中士、下士凡五等,亦称'子',若宣子、武子之类是也"⑥。在众多的"氏"中,有些氏是以"子+某"的形式存在,如上文所及之子人氏、子服氏、子叔氏等。依类相推,对于此类"氏"的尊称也就变成了"子+某+子"的形式,如子服子、子叔子等。鲁大夫子服惠伯在《左传》鲁襄公二十八年中即称子服子,"叔孙穆子曰:'叔仲子专之矣,子服子始学者也'"⑦;鲁大夫子叔老在《左传·鲁襄公十四年》中称为子叔齐子,"于是子叔齐子为季武子介以会,自是晋人轻鲁币,而益敬

---

① (晋)杜预注,(唐)孔颖达疏:《春秋左传正义》,北京大学出版社2000年版,第203页。
② (晋)杜预注,(唐)孔颖达疏:《春秋左传正义》,北京大学出版社2000年版,第350页。
③ (宋)郑樵:《通志》第一册,中华书局1987年版,第460页中。
④ 《阮刻毛诗注疏》,浙江大学出版社2020年影印传古楼本,第606页。
⑤ (清)郭庆藩:《庄子集释》,中华书局1961年版,第890页。
⑥ (宋)赵彦卫撰,傅根清点校:《云麓漫钞》,中华书局1996年版,第50页。
⑦ (晋)杜预注,(唐)孔颖达疏:《春秋左传正义》,北京大学出版社2000年版,第1084页。

其使"①,其子叔弓在《左传·鲁昭公二年》中称作子叔子,"叔向曰:'子叔子知礼哉'"②。此类例证中,被称作"子家子"的子家羁在《左传》中记载的最多。

子家羁,春秋时期鲁庄公玄孙,其祖父公孙归父(公孙归父的祖父乃鲁庄公,故称公孙)字子家,其后人遂以其字为氏,即子家氏,并尊公孙归父为子家氏始祖。公孙归父之子名析,又称子家析或子家文伯;其孙名羁,又称子家羁,死后谥号为懿,又是嫡长子,故又称子家懿伯。

《左传》中称其为子家羁的,例如《左传·昭公五年》所记:

> 晋侯谓女叔齐曰:"鲁侯不亦善于礼乎?"对曰:"鲁侯焉知礼!"公曰:"何为? 自郊劳至于赠贿。礼无违者,何故不知?"对曰:"是仪也,不可谓礼。礼所以守其国,行其政令,无失其民者也。今政令在家,不能取也,不能取也有子家羁,弗能用也。"③

杜预注云:"羁,庄公玄孙懿伯也。"④
《左传》中称其为子家懿伯的,例如《左传·昭公二十五年》所记:

> 公以告臧孙,臧孙以难。告郈孙,郈孙以可,劝。告子家懿伯,懿伯曰:"谗人以君徼幸,事若不克,君受其名,不可为也。舍民数世,以求克事,不可必也。且政在焉,其难图也。"公退之。⑤

杜预注云:"子家羁,庄公之玄孙。"⑥
根据当时以"氏子"为尊称的常例,子家羁又被尊称为子家子,这在《左传》中不乏其例,如《左传·昭公二十五年》所记:

> 九月戊戌,伐季氏,杀公之于门,遂入之。平子登台而请曰:"君不察臣之罪,使有司讨臣以干戈,臣请待于沂上以察罪。"弗许。请囚于

---

① (晋)杜预注,(唐)孔颖达疏:《春秋左传正义》,北京大学出版社 2000 年版,第 919 页。
② (晋)杜预注,(唐)孔颖达疏:《春秋左传正义》,北京大学出版社 2000 年版,第 1176 页。
③ (晋)杜预注,(唐)孔颖达疏:《春秋左传正义》,北京大学出版社 2000 年版,第 1400 页。
④ (晋)杜预注,(唐)孔颖达疏:《春秋左传正义》,北京大学出版社 2000 年版,第 1400 页。
⑤ (晋)杜预注,(唐)孔颖达疏:《春秋左传正义》,北京大学出版社 2000 年版,第 1679—1680 页。
⑥ (晋)杜预注,(唐)孔颖达疏:《春秋左传正义》,北京大学出版社 2000 年版,第 1679 页。

费,弗许。请以五乘亡,弗许。子家子曰:"君其许之! 政自之出久矣,隐民多取食焉,为之徒者众矣。日入愿作,弗可知也。众怒不可蓄也,蓄而弗治,将蕰。蕰蓄,民将生心。生心,同求将合。君必悔之!"弗听。

孟氏执郎昭伯,杀之于南门之西,遂伐公徒。子家子曰:"诸臣伪劫君者,而负罪以出,君止。意如之事君也,不敢不改。"公曰:"余不忍也。"与臧孙如墓谋,遂行。

齐侯曰:"自莒疆以西,请致千社,以待君命。寡人将帅敝赋以从执事,唯命是听。君之忧,寡人之忧也。"公喜。子家子曰:"天禄不再。天若胙君,不过周公。以鲁足矣。失鲁而以千社为臣,谁与之立? 且齐君无信,不如早之晋。"弗从。臧昭伯率从者将盟,载书曰:"戮力壹心,好恶同之。信罪之有无,缱绻从公,无通外内!"以公命示子家子。子家子曰:"如此,吾不可以盟。羁也不佞,不能与二三子同心,而以为皆有罪。或欲通外内,且欲去君。二三子好亡而恶定,焉可同也? 陷君于难,罪孰大焉? 通外内而去君,君将速入,弗通何为? 而何守焉?"乃不与盟。昭子自阚归,见平子。平子稽颡,曰:"子若我何?"昭子曰:"人谁不死? 子以逐君成名,子孙不忘,不亦伤乎? 将若子何?"平子曰:"苟使意如得改事君,所谓生死而肉骨也。"昭子从公于齐,与公言。子家子命适公馆者执之。①

再如《左传·昭公二十七年》所记:

孟懿子、阳虎伐郓,郓人将战。子家子曰:"天命不慆久矣,使君亡者,必此众也。天既祸之,而自福也,不亦难乎! 犹有鬼神,此必败也。呜呼,为无望也夫! 其死于此乎!"公使子家子如晋。

冬,公如齐,齐侯请飨之。子家子曰:"朝夕立于其朝,又何飨焉? 其饮酒也。"乃饮酒,使宰献,而请安。

子家子乃以君出。十二月,晋籍秦致诸侯之戍于周,鲁人辞以难。②

---

① (晋)杜预注,(唐)孔颖达疏:《春秋左传正义》,北京大学出版社 2000 年版,第 1680—1683 页。
② (晋)杜预注,(唐)孔颖达疏:《春秋左传正义》,北京大学出版社 2000 年版,第 1711—1713 页。

再如《左传·昭公二十八年》所记:

二十八年,春,公如晋,将如乾侯。子家子曰:"有求于人,而即其安,人孰矜之? 其造于竟。"弗听,使请逆于晋。①

再如《左传·昭公二十九年》所记:

二十九年,春,公至自乾侯,处于郓。齐侯使高张来唁公,称主君。子家子曰:"齐卑君矣,君祗辱焉。"公如乾侯。

公将为之椟。子家子曰:"从者病矣,请以食之。"乃以帏裹之。②

再如《左传·昭公三十一年》所记:

夏,四月,季孙从知伯如乾侯。子家子曰:"君与之归。一惭之不忍,而终身惭乎?"公曰:"诺。"众曰:"在一言矣,君必逐之!"

子家子曰:"君以一乘入于鲁师,季孙必与君归。"公欲从之。③

再如《左传·昭公三十二年》所记:

十二月,公疾,徧赐大夫,大夫不受。赐子家子双琥、一环、一璧、轻服,受之。④

再如《左传·定公元年》所记:

夏,叔孙成子逆公之丧于乾侯。季孙曰:"子家子亟言于我,未尝不中吾志也。吾欲与之从政,子必止之,且听命焉。"子家子不见叔孙,易几而哭。叔孙请见子家子,子家子辞曰:"羁未得见,而从君以出。君不命而薨,羁不敢见。"叔孙使告之曰:"公衍、公为实使群臣不得事

---

① (晋)杜预注,(唐)孔颖达疏:《春秋左传正义》,北京大学出版社 2000 年版,第 1714 页。
② (晋)杜预注,(唐)孔颖达疏:《春秋左传正义》,北京大学出版社 2000 年版,第 1726—1728 页。
③ (晋)杜预注,(唐)孔颖达疏:《春秋左传正义》,北京大学出版社 2000 年版,第 1749—1750 页。
④ (晋)杜预注,(唐)孔颖达疏:《春秋左传正义》,北京大学出版社 2000 年版,第 1758 页。

君。若公子宋主社稷,则群臣之愿也。凡从君出而可以入者,将唯子是听。子家氏未有后,季孙愿与子从政。此皆季孙之愿也,使不敢以告。"对曰:"若立君,则有卿士大夫与守龟在,羁弗敢知。若从君者,则貌而出者,入可也;寇而出者,行可也。若羁也,则君知其出也,而未知其入也,羁将逃也。"①

根据以上分析,我们推断:"子列子"这一称谓中的"子列"亦属上文"子叔子"、"子人子"、"子家子"、"子桑子"等同类名氏现象。"列子"本人的身份应是郑国公族,姬姓,名御寇,其家族宗主辈是以"子列"为字的,后人以宗主的字为氏,称子列氏,所以御寇亦应以"子列"为氏,故世人尊称其为"子列子"。

还有一种情况,就是御寇本人即以"子列"为字,其后人以其字为氏,尊御寇为子列氏宗主,世人亦可尊称其为子列子,正如鲁国大夫臧僖伯,名彄,字子臧,其后人以其字"子臧"为氏,省称臧氏,其子即称臧哀伯,臧哀伯生臧孙瓶,臧孙瓶生臧孙辰,臧孙辰生臧孙许,臧孙许生臧孙纥。山东汶上县《姬氏志》中亦有类似记载:"臧姓,源于姬姓,其先出自鲁孝公之子驱(当为'彄'字),字子臧,其孙以王父字为氏。"类似的例子尚有许多,如姬喜,字子罕,其孙即以其字为氏,省"子"称罕虎、罕魋,其曾孙称罕婴齐、罕朔,其玄孙称罕达,姬喜被视为罕氏之宗;姬騑,字子驷,其孙即以其字为氏,省"子"称驷带、驷乞,其曾孙称驷偃、驷歂,其玄孙称驷丝、驷弘,子驷被视为驷氏之宗;姬去疾,字子良,其孙即以其字为氏,省"子"称良宵,其曾孙称良止,子良被视为良氏之宗;姬舒,字子印,其孙即以其字为氏,省"子"称印段,其曾孙称印癸,子良被视为良氏之宗;姬平,字子丰,其孙即以其字为氏,省"子"称丰施,其曾孙称丰卷,子丰被视为丰氏之宗;姬偃,字子游,其孙即以其字为氏,省"子"称游眅,其曾孙称游良,其玄孙称游吉,游吉之子为游速,等等。

以上两种情况皆能解释"子列子"称谓的缘由,或类似于子服何、子家羁;或类似于鲁大夫臧喜伯、宋大夫子游。无论哪一种,都可以"子列"为氏,皆可尊称为"子列子"。

或有人还会提出另外的疑问:如以"子列"为氏的话,为什么御寇又称为"列子"呢?

---

① (晋)杜预注,(唐)孔颖达疏:《春秋左传正义》,北京大学出版社2000年版,第1765—1766页。

其实这是姓氏发展史中的一种称谓简化现象，如周共王姬繄扈执政之时，姬虎又称王叔虎，其后裔子孙即因"王叔"为氏，尊姬虎为王叔氏之宗，其后人的一支省"叔"字简化为单姓王氏，一支仍传袭"王叔氏"。不仅上文"氏"中的"叔"字可以省免，"氏"中的"孙"字，也可以省免，如鲁国公族三桓之一的孟孙氏，可以省称孟氏，如孟穆伯、孟文伯、孟惠叔、孟献子、孟孝伯等；季孙氏，可以省称为季氏，如季文子、季悼子等。同样，"氏"中的"子"也可以省免，如上文提到的子叔氏可以省称为叔氏，子叔肸亦称叔肸，子叔婴齐亦称叔婴齐，子叔齐子亦称叔老，子叔弓亦称叔弓，"（子叔）：姬姓，鲁文公之子公子叔肸之子子叔声伯之后为子叔氏，亦为叔氏"①。再如子国氏。郑穆公之子公子发，字子国，其孙辈即以其字为氏，即子国氏。子国参（子国之孙，子产之子）；子国珍（子产之孙，子国参之子）；子国卑（子国参之孙，子国珍之子）。后辈尊公子发为子国氏之宗，称子国发②。其后省"子"为"国氏"，子国参，又称国参③。此类简化现象尚有多例，如子桑氏简文为桑氏，臧孙氏简文为臧氏，子罕氏简文为罕氏，子驷氏简文为驷氏，子国氏简文为国氏，子丰氏简文为丰氏，子游氏简文为游氏，子印氏简文为印氏，子良氏简文为良氏，子然氏简文为然氏，等等。据此，我们可以说，子列氏是可以简化为列氏的，因此后学之辈既可尊称御寇为子列子，亦可尊称其为列子。

以上我们解释了"子列子"称谓的源出，认为御寇的身份很不一般，应该出身于郑国公族。关于这一点，我们再以《天瑞》篇里面的一段内容作为佐证，证明御寇与公族之间非同一般的关系。

> 子列子居郑圃，四十年人无识者。国君、卿、大夫眂之，犹众庶也。④

御寇居住于郑圃40年，如果他出身庶民，或是一般的贵族，又如何能够招致郑国国君、卿及大夫们的普遍关注呢？尤其这里的"犹众庶也"，"犹"是"如同"、"犹如"之意，这言外之意就是：御寇不是庶人，只是形同庶人。这进一步印证了我们前面的推测分析。

---

① （宋）郑樵：《通志》第一册，中华书局1987年版，第460页中。
② 《世本》（《丛书集成初编》本）卷三："郑穆公生子国发。发生子产侨，简成子。侨生子思参。参生子玉珍，生子乐卑，显庄子，为子国氏。"
③ 《世本》（《丛书集成初编》本）卷三的"子国氏"后，张澍按曰："春秋武子珍，子产家，止谓之国氏。"
④ 杨伯峻：《列子集释》，中华书局2013年版，第1页。

另外,关于御寇的"国籍"的问题,我们也想简单谈一下我们的看法。
《天瑞》篇第一章中有一段文字可供参考:

> 国不足,将嫁于卫。①

按周代的称谓习惯,如果叙述者和叙述对象(人)与所称国家之间皆无
关联的话,那么在称谓该国时,一般直接称该国的名称"某",如鲁僖公七年
经文"公子友如齐"②、鲁僖公十七年传文"晋太子圉为质于秦"③;如果叙述
者称呼叙述对象(人)的国家,一般称"其国",如鲁庄公四年经文"纪侯大去
其国"④、鲁僖公十八年传文"梁伯益其国而不能实也"⑤。如果叙述者与叙
述对象(人)是同一国家的人,那么在称谓叙述对象(人)的国家时,一般直
接称"国",如鲁文公十四年传文,"子叔姬妃齐昭公,生舍。叔姬无宠,舍无
威。公子商人骤施于国,而多聚士,尽其家,贷于公、有司以继之。夏,五月,
昭公卒,舍即位。"⑥此处之国,是指叙述对象公子商人的母国——齐国。再
如鲁文公十八年传文,"莒纪公子生大子仆,又生季佗,爱季佗而黜仆,且多
行无礼于国。"⑦此处之国,是指叙述对象莒纪公的母国——莒国。按此惯
例,我们不仅可以推知列御寇是郑国人,而且可以知道《天瑞》篇第一章内
容生成的发源地也是郑国。

根据以上说法,我们大概可以推知子列子的身份:子列子,姬姓,名御
寇,郑国公族,或本人以"子列"为字,后人以其字为氏,尊其为列氏之宗;或
其某一先人以"子列"为字,后人以该人之字为氏,称子列氏。御寇承先人
子列氏而尊称为"子列子"或"列子"。

先秦诸子中,此类"称谓"现象应该还有一些,如墨翟,即可尊称墨子,
亦可尊称子墨子;如宋钘,即可尊称宋子,亦可尊称子宋子(见《荀子》的《天
论》篇、《正论》篇、《解蔽》篇)。这些人的身份大概也如同御寇一样,属于
周代公族,因自己或先人的字而得氏,既可尊称"墨子"、"宋子",也可尊称
"子墨子"、"子宋子"。

---

① 杨伯峻:《列子集释》,中华书局 2013 年版,第 1 页。
② (晋)杜预注,(唐)孔颖达疏:《春秋左传正义》,北京大学出版社 2000 年版,第 400 页。
③ (晋)杜预注,(唐)孔颖达疏:《春秋左传正义》,北京大学出版社 2000 年版,第 447 页。
④ (晋)杜预注,(唐)孔颖达疏:《春秋左传正义》,北京大学出版社 2000 年版,第 256 页。
⑤ (晋)杜预注,(唐)孔颖达疏:《春秋左传正义》,北京大学出版社 2000 年版,第 449 页。
⑥ (晋)杜预注,(唐)孔颖达疏:《春秋左传正义》,北京大学出版社 2000 年版,第 633 页。
⑦ (晋)杜预注,(唐)孔颖达疏:《春秋左传正义》,北京大学出版社 2000 年版,第 661 页。

由上述"子列子"称谓的释读观之,任何一种文化现象都有它自身独有的生成环境和历史背景。对于它们的文义解读一定要回归它的生存时代,了解它的生成土壤,然后才有可能给出一个贴合实际的研究答案。当然,这种文化土壤的剖析是有难度的,时代环境的回归也是有难度的。正因如此,才会导致许多历史文化现象直至今天依然难以给出令人信服的解读答案。

第二节　《列子》其书

列御寇虽不求闻达于时,却也并非完全游离于世,正如朱哲所论,列子等人是"以一种超然冷静的眼光来看人间世,以一种独立不阿的批判态度和'以德抗权''以道抑尊'的精神回到现实世界,因而他们对社会的乱和人民的苦看得更为真切、深刻。他们以博古通今的历史教养,深观社会矛盾运动,冷静分析和总结历史经验,实际上具有较高的治世才能"[1]。正因如此,长期处于隐居状态的列御寇才能为我们留下深邃的哲学思想,也才有了传世的《列子》8篇。

"夫庄子之未生,而列子之道已汪洋汗漫充满于太虚,而无形呼可闻也,故著书发扬黄老之幽隐,剖抉生死之根柢。"[2]宋人陈景元以为,列子早于庄子,列子之学也早在庄周之前就已被广泛传播。刘向《列子新书目录》中说,"其学本于黄帝老子……孝景皇帝时贵黄老术,此书颇行于世。"[3]在某些学人看来,列子思想发端于老子之学,在战国和秦汉之时,列子之学就曾受世人重视。

刘向《列子新书目录》(又简称《列子书录》或《列子叙录》)中确定《列子》全书共8篇,依次是:《天瑞》篇第一,《黄帝》篇第二,《周穆王》篇第三,《仲尼》篇第四,《汤问》篇第五,《力命》篇第六,《杨朱》篇第七,《说符》篇第八。刘向所述与今天所见传世本《列子》在篇目数量及序次上完全一致。

由《尸子》、《吕氏春秋》的记载来看,列子本人的思想核心是贵虚,那么我们今天所看到的《列子》一书在思想内容上与《尸子》、《吕氏春秋》所说是否一致呢?下面我们先来浏览分析诸篇的思想内容,然后再通篇观照,最后对上述问题做一解答。

---

① 朱哲:《先秦道家哲学研究》,上海人民出版社2000年版,第39页。
② (宋)陈景元:《列子冲虚至德真经释文序》,杨伯峻:《列子集释》引,中华书局2013年版,第296—297页。
③ 杨伯俊:《列子集释》,中华书局2013年版,第292页。

一、《天瑞》篇第一

"瑞,节信也。"天瑞,讲的是天的感召变化情况,也可以说是自然存亡变化情况。通观全篇,整个看来它回答了一个命题——我是谁?从哪里来?到哪里去?

"从哪里来?"这是自然的本源问题。"玄牝之门"、"天地之根",是"道"也是超自然的神,它无形无象,无始无终,无生无死,是一切的本源,"有形谓之物,无象谓之神"。由本源到自然万物,需要经历四个阶段:太易、太初、太始、太素。太易阶段,混沌一片,"未见气也";太初阶段,如同母体之感孕,"气之始也",这是宇宙"大化"的开始;太始阶段,"形之始也",由无形无象到形、象的初始,也是天地万物的萌芽期;太素阶段,"质之始也",万物的实质已经形成,特征已经显现。

"到哪里去?"道(或称为神)是万物之源,是生者,是化者,其自身是"不生不化者",对万物而言却是生生者,化化者。相比于道,万物则是被生者、被化者,是有形有象的。有形有象则意味着有生有死,有阴有阳,也意味着有始有终,它的终点即是本形本相的实质性变化。永恒不变的是道,始终处于变化的是物,物象的每一次变化既是新物的开始,又是旧物的结束。这是天地万物生命的必然走向,"——婴孩、少壮、老耄,走向本我生命的死亡。"也是我们人类的永恒宿命。

"我是谁?"列御寇认为,世间万物皆是变化链条中的一环,皆有其始,有其终,都是道的"生者"和"化者"——这就是"我":道的生物,变化链条中的一环,宇宙的一个分子——万物自天成,盗者本无心,光阴若逆旅,生死不及情。

二、《黄帝》篇第二

从表面来看,全篇讨论的重点是养身冶物之道,但其实探讨的依然是列子思想的关注点——虚无之辨。作为道的派生之物——人,是有形有象、有生有死的。处于生死之间的人,应该如何处置自己与外物的关系,这是本篇花费大量笔墨去着力谈论的核心话题,也就是吕思勉所说的"自处之道"。①

人与外物之间之所以有碍,原因在于任情背道,不能保其真性。那么如何达到与万物无碍的关系呢? 全篇以列子御风、伯昏临渊、商丘诚信、梁鸯饲虎、津人撮舟、吕梁济水、佝偻承蜩等多则寓言故事启发人们,要应理处

---

① 吕思勉:《先秦学术概论》,中国大百科全书出版社 1985 年版,第 46 页。

顺,物我两忘,只有这样才能所适常通,无所凝滞。在方法上,必须"壹其性,养其神",做到全性保真,心无逆顺。如此,才能利害全消,让自我形体进入一种虚静状态,物我之间才能真正达到无累、无滞的境界。同时,文中又借用海上沤鸟、赵襄子狩猎神巫季咸、列子之齐、杨朱之沛、杨朱过宋等故事指出,通往利害全消、虚静凝独境界的通途是"含其德",要求应理处顺,修养内在道心,韬光养晦,与世无违。

三、《周穆王》篇第三

生与死之间原本就是无法替代的,个体生命因此而具有无比宝贵的唯一性。这种唯一性,带来了对生的渴望和对死的恐惧。如何看待生与死,如何面对死亡,这是人类谈论已久的永恒话题,也是道家学派关注的核心思想。本篇谈论的依然是生与死的关系问题,并给出了自己的答案——养虚无之心,视生死齐一。

全文通过8则寓言故事,提出了4个哲学范畴:形、化、觉、梦。形,指的是机体实际的存在形式;化,指的是物质实体变换的形态;觉,指的是机体与外物的真实性接触;梦,指的是机体与外物的精神性接触。通过对形、化、觉、梦的哲学分析,有了"生实暂来,死实暂往"的人生观,最后给出了对待生死的终极认识——生死齐一、达生乐死。

在"贵虚"思想的阐述过程中,浮生若梦的虚幻意识过于明显,给人一种万物皆为虚幻、所有终归消亡的悲观情绪,甚至暗含一种随波逐流、及时行乐的消极思想倾向。

四、《仲尼》篇第四

本篇又名《极智》篇,顾名思义,就是最高的"智"。那么,什么才是最高的智慧呢?本篇通过孔子与其弟子颜回之间的对话给出了道家思想的答案:"无乐无知,是真乐真知"。

智的本义是智慧,是聪明。儒家充分肯定人的智慧,鼓励人们奋其才智,建功立业。其实道家也不否定智,只是反对依情违理的巧智。更直接地说,道家追求的是自然之智,是符合道的本性的智,是忘情任理的智,要求智者按照自然本性去认识和把握世间万物,"体神而独运,忘情而任理"。那么,如何实现这一目标呢?《仲尼》篇给出的方法是"寂然玄照",要求内心虚静,全性保真,不以物累形,用"心斋"、"坐忘"等体道方式去凝神悟道,抱持一份圆融静定的安宁心态,"体合于心,心合于气,气合于神,神合于无"。如此,自然惠及天下,"不治而不乱,不言而自信,不化而自行,荡荡乎民无能名焉。"

五、《汤问》篇第五

　　《汤问》篇的内容比较复杂，刘向《列子书录》中明确表示，《汤问》篇"迂诞恢诡，非君子之言也"。也就是说，本篇内容迂阔荒诞，不合事理，有的纯属神话传说，与实际生活相离甚远，甚至有悖于生活实情，如第一章描写渤海之东的五山时，写到"所居之人皆仙圣之种；一日一夕飞相往来者，不可数焉。而五山之根无所连箸，常随潮波上下往还，不得蹔峙焉"；有的内容直接就是笔者的个人想象，如第十章，写郑国琴师文高超的演奏技能时写道："于是当春而叩商弦以召南吕，凉风忽至，草木成实。及秋而叩角弦以激夹钟，温风徐回，草木发荣。当夏而叩羽弦以召黄钟，霜雪交下，川池暴沍。及冬而叩徵弦以激蕤宾，阳光炽烈，坚冰立散。将终，命宫而总四弦，则景风翔，庆云浮，甘露降，澧泉涌"，满篇不实之言，荒诞不经。但通读全篇，你会发现，《汤问》篇驳杂荒诞的内容背后贯穿着一条主线：如何体悟"道"？极力宣扬夸张外物的真实目的是为了提示人们，世人无论多么博识，囿于他们视听的都只是浅知陋识，"世齐所见以限物"，因为"智之所限知，莫若其所不知"。那最终如何去体悟大道呢？就是去除所有的外在差异，追求自然的本质，"去形全生以通其情"，只有这样才能最终悟其道，合其道，"情通性达以契其道也"。

六、《力命》篇第六

　　"力"与"命"，是虚拟的两位对话者，从全篇作者所表达的思想看，本篇的"力"指的是人力，即人对外界的干预能力；"命"指的是天命，即上天之神对个体命运的预先安排。

　　全篇共十三章，从始至终总共讲了两个层面的道理：其一，天命的强大；其二，人力的必要。在讲解第一层面含义时，又从正反两个角度分别予以论证。正面是：顺者昌。从生到死，天命已为我们安排好了一切，不以个体意志所转移，"生生死死，非物非我，皆命也"，听由天命的安排，是生命个体生来就应遵循的，是合于自然之道的，"迎天意，揣利害，不如其已"。反面是：逆者亡。或贵或贱，或生或死，或寿或夭，都已命中注定，不可干预，更不可触犯，"天地不能犯，圣智不能干，鬼魅不能欺"。凡有违逆抗命者，都不可避免地要受到上天神的惩戒，"可以生而不生，天罚也；可以死而不死，天罚也"。第二个层面主要强调人力的不可忽略。虽然人力在与天命的关系上总是处于次要地位，总要服从于天命的决定作用，"力者，进取之力，非命不就"，但如果一味地依赖天命，抛弃人力，同样也会一事无成，"命者，必定之分,非力不成",显示了客观与主观的辩证统一。

七、《杨朱》篇第七

《杨朱》篇又名《达生》篇,因为全篇所论都是当生之乐的"唯贵放逸"思想。儒家"仁"学思想的核心是克己复礼,就是战胜自己的天性欲望,用礼去规范自己的言行举止。《杨朱》篇中借用杨朱之口,提出了相反的人生态度和社会观点。人生苦短,只是一气之暂聚、一物之暂灵,终将消失灭亡,不复永存,所以生当之时而好逸恶劳是人之天性。天性不可灭,天理不可违,所以"当生之所乐者,厚味、美服、好色、音声而已耳"。

为了进一步说服人们要及时行乐,作者又用虚实之辨来证明及时行乐的必要。在具体章节里面,作者列举了许多儒家推崇的历史名人,如伯夷、管仲、舜、禹、周、孔等,以他们为例详细阐明,儒家所宣扬的名声都是虚无的浮光掠影,对于本人而言,毫无实际意义,"凡彼四圣者,生无一日之欢,死有万世之名。名者,固非实之所取也。虽称之弗知,虽赏之不知,与株块无以异矣。"所有的生前盛名、死后荣耀都是伤生害性的人为桎梏,是有悖于自然之道的,"不能肆性情之所安,耳目之所娱,以仁义为关键,以礼教为衿带,自枯槁于当年,求余名于后世者,是不达乎生生之趣也"。反之,又借用儒家批驳的历史人物,如夏桀、商纣等,以他们为例进一步证明,唯有乐生逸身、任性纵情,才是悟道真人,"彼二凶也,生有从欲之欢,死被愚暴之名。实者,固非名之所与也,虽毁之不知,虽称之弗知,此与株块奚以异矣。彼四圣虽美之所归,苦以至终,同归于死矣。彼二凶虽恶之所归,乐以至终,亦同归于死矣。"故而早期研究者纷纷质疑《杨朱》篇与《列子》一书的关系,"其《杨朱》、《力命》,疑其杨子书"[1]。

八、《说符》篇第八

"说",即论说;"符",即符节,是古代出入城门关卡的一种凭证。或以竹制,以木制;或以玉制,铜制而成,刻上特有的符号,然后分作两半,各取其一,使用时以相合为凭。此"说符"之"符",引申为应验之意。所谓"说符",即是用事情发生的最终结局对因果预判准确性的一种验证。

本篇共 33 章内容,但明确阐释应验思想的不过三、五章而已。整体来看,本篇思想较为驳杂,既有道家思想的宣扬,如"子列子学于壶丘子林"章,也有儒家思想的认同,如"色盛者骄"章;既有事物规律性发展的明确校

---

① （唐）柳宗元:《辨列子》,杨伯峻:《列子集释》附录,中华书局 2013 年版,第 302 页。

验,如"宋人有好行仁义者"章,也有"理无常是"观念的事例印证,如"鲁施氏有二子"章,更有多章内容无法找到它们置于此篇的合理理由。那么《说符》篇为什么会出现这种情况呢? 我们怀疑本篇内容并非原貌。据我们粗略统计,本篇内容与它书内容相合者达 20 章之多。全篇内容 5800 余字,与它书文字相合者 3000 余字,占比 53%,这让我们很容易想到抄袭杂凑一说,所以我们判断,该篇内容已非最初之貌,很可能在后世流播过程中增窜了其他内容(详见书后附录二)。

从以上《列子》诸篇的分析来看,《列子》全书虽然道家思想意味浓厚,与庄周思想较为相似,其中大量篇幅也确实宣扬了虚无思想,这与《尸子》、《吕氏春秋》中所说的"列子贵虚"思想较为吻合,但同时我们也能感觉到,《列子》8 篇的思想倾向并非完全一致,不仅篇与篇之间在思想上很难融为一个整体,而且一篇之内都存在错乱抵牾的现象,正如刘向所说,该书内容整体上纷乱驳杂,甚至相互乖背,已非一家之言。所以从整体看来,我们今天所看到的《列子》一书并非一部原生态的、思想体系完善的哲学著作。但这并没有销蚀掉该书在学术界的崇高地位,尤其在道家、道教领域,历代皆给予了该书至高无上的思想定位,以至于有唐一代尊名为《冲虚真经》,大宋景德四年又敕加至德二字,号曰《冲虚至德真经》。

第三节　《列子》与列御寇及其后学的关系

先秦古籍,多数不是某人一蹴而就之作,其成书惯例可分为两类:其一,某人的思想开始以单篇或单卷的形式渐次流传,后由弟子或后学将其流传的内容整理成册,不随意添加他人思想言语,内容的来源比较纯粹,正如余嘉锡所说:"古人著书,多单篇别行;及其编次成书,类出于门弟子或后学之手。"①此类文献如《论语》、《老子》等;其二,某人的思想开始以单篇或单卷的形式渐次流传,后由弟子或后学将其流传的内容整理成册,整理过程中,弟子或后学将自己的阐释发挥一并塞入其中,造成该书虽称"某子",但其实是该人及其后学思想认识的杂烩之作,如《庄子》、《荀子》等。

如同《庄子》、《荀子》一样,《列子》一书,《汉书·艺文志》也将其归在列御寇名下。但《列子》何时成书? 是否为列御寇一人所作? 都是我们阅读研究《列子》一书时需要思量的学术问题。我们在对照《列子》与他书内容的基础上(详见本书附录二)认为,单从《列子》文本自身来判断,至少其

---

① 余嘉锡:《古书通例》,上海古籍出版社 1985 年版,第 30 页。

中有些内容不应该出自列御寇之手,而应该归于列子弟子及其后学,甚至有些内容的生成时间很晚,或是后人伪窜。

第一,一些内容发生在列御寇之后,明显属于后人所记。如《仲尼》篇第十三章:

> 中山公子牟者,魏国之贤公子也。好与贤人游,不恤国事;而悦赵人公孙龙。乐正子舆之徒笑之。公子牟曰:"子何笑牟之悦公孙龙也?"子舆曰:"公孙龙之为人也,行无师,学无友,佞给而不中,漫衍而无家,好怪而妄言。欲惑人之心,屈人之口,与韩檀等肆之。"公子牟变容曰:"何子状公孙龙之过欤?请闻其实。"子舆曰:"吾笑龙之诒孔穿,言'善射者能令后镞中前括,发发相及,矢矢相属;前矢造准而无绝落,后矢之括犹衔弦,视之若一焉。'孔穿骇之。龙曰:'此未其妙者。逢蒙之弟子曰鸿超,怒其妻而怖之。引乌号之弓,綦卫之箭,射其目。矢来注眸子而眶不睫,矢隧地而尘不扬。'是岂智者之言与?"公子牟曰:"智者之言固非愚者之所晓。后镞中前括,钧后于前。矢注眸子而眶不睫,尽矢之势也。子何疑焉?"乐正子舆曰:"子,龙之徒,焉得不饰其阙?吾又言其尤者。龙诳魏王曰:'有意不心。有指不至。有物不尽。有影不移。发引千钧。白马非马。孤犊未尝有母。'其负类反伦,不可胜言也。"公子牟曰:"子不谕至言而以为尤也,尤其在子矣。夫无意则心同。无指则皆至。尽物者常有。影不移者,说在改也。发引千钧,势至等也。白马非马,形名离也。孤犊未尝有母,非孤犊也。"乐正子舆曰:"子以公孙龙之鸣皆条也。设令发于余窍,子亦将承之。"公子牟默然良久,告退,曰:"请待余日,更谒子论。"

文中所提"中山公子牟",即魏文侯(前446—前396年)之子魏牟,公元前427年魏文侯伐得中山,并以其地封与公子牟,故又名中山公子牟。张湛注曰:"公子牟,文侯子,作书四篇,号曰道家。魏伐得中山,以邑子牟,因曰中山公子牟也。""公孙龙"即战国时期名家代表人物,赵国人,曾为平原君赵胜的门客,据钱穆《先秦诸子系年》考证,其人大概生活于公元前325年至公元前250年之间。① "孔穿"乃孔子六世孙,字子高,曾问辩于公孙龙,钱穆考证该人生活的时间大约在公元前320年至公元前245年之间。根据刘向《列子书录》所说,列御寇乃郑缪(当为"缥")公时人;据《新序》记载,郑

---

① 钱穆:《先秦诸子系年》,中华书局1985年版,第434—435页。

相驷子阳曾经打算在生活上接济列子,这说明列御寇与驷子阳曾经共同生活于郑繻公的时代,而子阳死于公元前398年,郑繻公死于公元前396年。公元前398年至公元前320年,相隔近80年。从文献记载来看,子阳接济列子时,列子已是声名鹊起的有道之士,年岁至少应在30岁左右,子阳死后,即使列子再长寿,也不太可能延后80年的寿命。所以从生活时间上判断,《仲尼》篇第十三章所记的公孙龙、公子牟等人都是列御寇之后的历史人物,不可能出现在列子言说的内容中,"其言魏牟、孔穿皆出列子后,不可信"①,所以该章内容不应出自列子之手。所以叶大庆质疑说:"若列子为郑繻公时人,彼公孙龙乃平原之客。赧王十七年赵王封其弟胜为平原君,则公孙龙之事盖后于子阳之死一百年矣。"②

此类内容还有其他几处:

《黄帝》篇第二十一章,文中所提"宋康王"即宋国末代国君偃(前328—前286年),谥号康王,"《战国策》、《吕氏春秋》皆以偃谥曰康王也。"③可以断言,惠盎见宋康王一事发生在列御寇去世之后。叶大庆同样质疑说:"宋康王事又后于公孙龙十余年,列子焉得而预书之?"④

《杨朱》篇第十三章,讲述杨朱与梁王讨论治理天下一事,梁(魏)之称王,始于魏惠王(前370—前318年)元年,即公元前370年,此章即称魏国君为"王",显然应是公元前370年之后的事情。

《说符》篇第十一章中论曰:"齐、楚、吴、越皆尝胜矣,然卒取亡焉,不达乎持胜也。"齐之亡于公元前221年,楚之亡于公元前223年,既然言及齐、楚之亡,所论时间应在公元前221年之后。

以时间为判断标准,以上几章所记内容都是列御寇之后所发生的历史事件,不可能与列御寇有关。

第二,许多章节中称呼列御寇为"子列子"或"列子",这些内容也不应该出自列御寇本人,而是列子后学所集录。古人称呼某人时,凡在姓氏后加"子"者,多是对他人老师的一种尊称,如孔子、庄子、荀子、鲁连子等。《春秋公羊传·隐公十一年》:"子沈子曰:'君弑,臣不讨贼,非臣也。不复仇,非子也。葬,生者之事也。春秋,君弑贼不讨不书葬,以为不系乎臣子也。'"何休注曰:"沈子称子,冠氏上者,著其为师也,不但言子曰者,辟孔子

---

① (唐)柳宗元:《辨列子》,杨伯峻《列子集释》附录,中华书局2013年版,第302页。
② (宋)叶大庆:《考古质疑》卷三,中华书局1991年版,第25页。
③ (汉)司马迁:《史记·宋微子世家》,(唐)司马贞索引,中华书局1959年版,第1632页。
④ (宋)叶大庆:《考古质疑》,中华书局1991年版,第25页。

也;其不冠子者,他师也。"①《论语·学而》:"子曰:'学而时习之,不亦乐乎?'"皇侃疏曰:"'子'是有德之称。古者称师为子也。"②《列子》中称呼列御寇为"子"的内容共有十五章,分见于《天瑞》篇第一、第二、第三、第四、第十、第十二章,《黄帝》篇第十四章,《周穆王》篇第二、第三章,《仲尼》篇第五、第六、第七章,《说符》篇第一、第四、第五章。除以上 15 章内容中称列御寇为"子列子"外,《列子》中尚有五章内容称列御寇为"列子",分见于《黄帝》篇第三、四、十三章,《说符》篇第二、三章。按古人称谓之通例,以上20 章内容也不应归于列御寇所作。

接下来我们要探讨的问题是:传世本《列子》一书的内容是否最后完成于列子弟子或其后学之手? 单从文献记载来看,我们无从查考这一问题,但细读《列子》文本,我们就会发现,这一假设成立的可能性不大。因为书中思想杂乱、观点相悖之处随处可见。今举其要,以证是论。

第一,贵虚与贵实思想并存。

由《尸子·广泽》篇、《吕氏春秋·不二》等先秦文献记载来看,崇尚虚无是列子哲学思想的主体,《列子》中的许多章节也确实体现了这一思想。如《天瑞》篇第十章:"或谓子列子曰:'子奚贵虚?'列子曰:'虚者无贵也。'子列子曰:'非其名也,莫如静,莫如虚。静也虚也,得其居矣;取也与也,失其所矣。事之破毁而后有舞仁义者,弗能复也。'"要求人们摒弃世俗的得失,排除人为的名利,始终保持一种虚默清静的心性。再如《天瑞》篇第十三章、《黄帝》篇第二章、《仲尼》篇第二章,在内容上都宣扬一种万物归虚、任其自然的虚无思想。

但同时,《列子》中也有一些内容体现出"贵实"的思想倾向,如《杨朱》篇第三章:"然而万物齐生齐死,齐贤齐愚,齐贵齐贱。十年亦死,百年亦死。仁圣亦死,凶愚亦死。生则尧舜,死则腐骨;生则桀纣,死则腐骨。腐骨一矣,孰知其异? 且趣当生,奚遑死后?"人的最终结局都是一样的。即使像尧舜一样贤明一生,死后也是腐骨一堆,哪怕像桀纣一样残暴一世,死后同样也是腐骨一堆。既然生命的终点都一样,我们有必要恪守律己,追求虚妄的美名吗? 倒不如以实际为务,享受当生的快乐。《杨朱》篇第二章、第四章,《说符》篇第二十章、第二十六章、第三十二章等,都体现了一种避虚求实的人生态度,与前文主张的"贵虚"思想截然相反。

第二,在处世态度上出现正反两种不同的观点。

---

① (汉)何休注,(唐)徐彦疏:《春秋公羊传注疏》,上海古籍出版社 2014 年版,第 112 页。
② (魏)何晏集解,(梁)皇侃义疏:《论语集解义疏》,中华书局 1985 年版,第 1 页。

《杨朱》篇第三、第五、第七、第八、第十一、第十三章中,宣扬了一种任性而行、放逸肆情的自由主义的人生态度,如第五章云:"可在乐生,可在逸身。故善乐生者不窭,善逸身者不殖。"非常露骨地宣扬,人生正确的生活方式在于使生命快活,使身心逸乐。第七章云:"肆之而已,勿壅勿阏。"活着就要无所顾忌,尽情享受人生的乐趣,不要担心死后的得失与恶名。第八章云:"为欲尽一生之欢,穷当年之乐。唯患腹溢而不得恣口之饮,力惫而不得肆情于色;不遑忧名声之丑,性命之危也。"人活一世就要享受活着的快乐,尽量满足食欲、情欲的要求,不要过多忧虑名声的丑恶、性命的安危。

同时,《列子》中也有一些内容劝诫人们要谨慎其行,修身立德,近乎孔孟之学。《说符》篇第十五章:"楚庄王问詹何曰:'治国奈何!'詹何对曰:'臣明于治身而不明于治国也。'楚庄王曰:'寡人得奉宗庙社稷,愿学所以守之。'詹何对曰:'臣未尝闻身治而国乱者也,又未尝闻身乱而国治者也。故本在身,不敢对以末。'楚王曰:'善。'"通过詹何之言,告诫庄王,只有修其身,养其德,才能治其邦国,安其社稷。《说符》篇第二十二章:"利出者实及,怨往者害来。发于此而应于外者唯请,是故贤者慎所出。"指出:利人者才能利己,害人者等于害己,所以有德之人都会谨其言,慎其行。

第三,对于"智"的态度,也出现了两种矛盾的主张。

《老子》认为"智慧出,有大伪",所以主张"绝圣弃智"。可以说,反对用"智",是先秦道家思想的主要哲学态度之一。《列子》中也有相同的看法,如《仲尼》篇第十四章:"尧治天下五十年,不知天下治欤,不治欤?不知亿兆之愿戴己欤?不愿戴己欤?顾问左右,左右不知。问外朝,外朝不知。问在野,在野不知。尧乃微服游于康衢,闻儿童谣曰:'立我蒸民,莫匪尔极。不识不知,顺帝之则。'尧喜问曰:'谁教尔为此言?'"童儿曰:"'我闻之大夫。'问大夫。大夫曰:'古诗也。'尧还宫,召舜,因禅以天下。舜不辞而受之。""识"通"智",意为智慧、智谋。借"尧治天下"的故事,提出顺物之情、摒弃圣智技巧的主张,反对那些任逞意志、违背自然的做法。

同时,《列子》中也有重视"智"、利用"智"的内容。如《杨朱》篇第十五章云:"人肖天地之类,怀五常之性,有生之最灵者也。人者,爪牙不足以供守卫,肌肤不足以自捍御,趋走不足以从利逃害,无毛羽以御寒暑,必将资物以为养,任智而不恃力。"与飞禽走兽相比,人类没有尖利的爪牙用来防卫,没有坚硬的皮肤用来抵御外敌的攻击;不可能像鸟兽一样快跑如飞,以逃避灾祸,身上又没有厚厚的毛羽,来抵挡风寒。所以人要想存活,就必须依靠智慧。接着又进一步强调:"智之所贵,存我为贵;力之所贱,侵物为贱。"正是从保存自身的角度出发,得出智贵力贱的价值判断,智慧之所以高贵,就在于它能够保全自身。《说符》篇第六章："且天下理无常是,事无常非。先日所用,今或弃之;今之所弃,后或用之。此用与不用,无定是非也。投隙抵时,应事无方,属乎智。智苟不足,使若博如孔丘,术如吕尚,焉往而不穷哉?"极力突出智谋在人们处世生存过程中的作用。如果智谋不足,即使博学如孔子,御兵如姜太公,也照样处处碰壁。同样的例证还有《黄帝》篇第十九章:"宋有狙公者,爱狙;养之成群,能解狙之意;狙亦得公之心。损其家口,充狙之欲。俄而匮焉,将限其食。恐众狙之不驯于己也,先诳之曰:'与若芧,朝三而暮四,足乎?'众狙皆起而怒。俄而曰:'与若芧,朝四而暮三,足乎?'众狙皆伏而喜。物之以能鄙相笼,皆犹此也。圣人以智笼群愚,亦犹狙公之以智笼众狙也。名实不亏,使其喜怒哉!"狙公所以能够达到目的,正是智谋使之然也。

第四,在对待"天人感应"的态度上,前后同样存有差异。

一方面,认为人体的盈虚变化与天地相互通接,与外物相互感应。《周穆王》篇第三章曰:"觉有八征,梦有六候。……奚谓六候? 一曰正梦,二曰蘁梦,三曰思梦,四曰寤梦,五曰喜梦,六曰惧梦。此六者,神所交也。不识感变之所起者,事至则惑其所由然,识感变之所起者,事至则知其所以然。知其所以然,则无所怛。一体之盈虚消息,皆通于天地,应于物类。"人体的各种特征变化是与外物相感应的。如果认识不到这种感应产生的根本,那么即使事情发生了,也会困惑不解。如果对天、人之间的变化感应有了根本的认识,就不会对发生的事情感到迷惑恐惧了。

另一方面,《列子》中又对"天人感应"学说提出了质疑,对上文"天人感应"思想予以否定和批判。《说符》篇第二十八章:"齐田氏祖于庭,食客千人。中坐有献鱼雁者,田氏视之,乃叹曰:'天之于民厚矣! 殖五谷,生鱼鸟以为之用。'众客和之如响。鲍氏之子年十二,预于次,进曰:'不如君言。天地万物与我并生,类也。类无贵贱,徒以小大智力而相制,迭相食;非相为而生之。人取可食者而食之,岂天本为人生之? 且蚊蚋噆肤,虎狼食肉,非天本为蚊蚋生人、虎狼生肉者哉?'"面对宾客所献鸡鸭鱼雁,阳氏发表议论说,上天对我们太关照了,它繁殖五谷、生育飞禽走兽来供养我们吃喝享受。鲍家十二岁之子反驳说,天地万物与人之间各成其类,弱肉强食、相互制约本来就是自然之道,不存在谁为谁生的说法,也不存在上天供养人类的道理。实际上是借鲍家之子,反驳了天人相通的思想,批判了上天安排人事的神学观念。

以上对比分析说明,《列子》一书不只是出于列子及其后学一派之手,书中明显掺杂了其他学派的内容,比如庄子学派。这从《黄帝》篇第五章中可以看出：

> 列御寇为伯昏无人射，引之盈贯，措杯水其肘上，发之，镝矢复沓，方矢复寓。当是时也，犹象人也。伯昏无人曰："是射之射，非不射之射也。当与汝登高山，履危石，临百仞之渊，若能射乎？"于是无人遂登高山，履危石，临百仞之渊，背逡巡，足二分垂在外，揖御寇而进之。御寇伏地，汗流至踵。伯昏无人曰："夫至人者，上窥青天，下潜黄泉，挥斥八极，神气不变。今汝怵然有恂目之志，尔于中也殆矣夫！"

此段内容在思想上主要说明，至人的最高境界在于忘记万物，心与自然混为一体。从哲学思想的主体来看，此章内容与道家自然无为的思想倾向较为一致，应属于庄子学派所为。文中的主要人物伯昏无人，乃庄子学派推崇的得道之人。文字描写上极力宣扬伯昏无人的道行之高，贬低甚至丑化列御寇的道行之低，"御寇伏地，汗流至踵。"查《庄子》一书，《田子方》中果然记载有同样内容的故事。由此可以证明，我们上述推测是有一定道理的。

综上所述，《列子》中既有列御寇或者后学所作内容，也有他书或他人掺杂的内容。这一点，前人的研究中已经有所察觉。刘向《列子书录》中指出："《穆王》、《汤问》二篇，迁诞恢诡，非君子之言也。至于《力命》篇，一推分命；杨子之篇，唯贵放逸，二义乖背，不似一家之书。"宋濂《诸子辨》中也怀疑《杨朱》《力命》二篇非《列子》原文，"书本黄老言，决非御寇所自著，必后人会萃而成者……至于《杨朱》、《力命》则'为我'之意多；疑即古杨朱书，其未亡者剿附于此。"①

---

① （明）宋濂：《诸子辨》，杨伯峻：《列子集释》附录三，中华书局 2013 年版，第 307 页。

第二章 《列子》非"魏晋伪书"考辨

《列子》一书,因生成久远,加之内容驳杂、思想乖背而为世人所疑。其中许多学者怀疑该书乃魏晋时伪作,更有人直接将伪作之嫌落实到晋人张湛身上。那么这一说法是否毫无来由呢?客观地说,也不尽然。因为持这一说法的学者也陆陆续续地提供了一些支撑该说法的依据。至于这些依据能否立住脚,是否能够支撑上述说法的确立,我们在后文有详细的考证论辩。

据笔者粗略了解,支撑"魏晋伪书说"的主要依据大致有以下几条:一是佛教传入中原地区的明确时间是在汉明帝永明年间,而今传本《列子》中存有佛教思想,甚至出现了佛教故事;二是曹丕乃汉末曹魏时期的历史人物,《列子》中居然出现了曹丕的记载;三是《列子》中有汉代新出现的语词。以上这些证据的成立与否,是判断《列子》一书是否是魏晋伪书的关键所在。所以我们有必要对这些所谓的"证据"进行详细考辨,以正视听。

第一节 《列子》与佛教的传播

对于《列子》一书的内容,张湛的《列子序》中有言:"其书大略明群有以至虚为宗,万品以终灭为验;神惠以凝寂常全,想念以著物自丧;生觉与化梦等情,巨细不限一域;穷达无假智力,治身贵于肆任;顺性则所之皆适,水火可蹈;忘怀则无幽不照。此其旨也。然所明往往与佛经相参,大归同于老庄。"①这是《列子》注疏研究中首次论及该书与佛教内容相关涉之处。如果说,张湛所论仅是感觉《列子》的某些内容与佛教思想相类似,那么宋代朱熹则明确提出抄袭一说,"又观其言'精神入其门,骨骸反其根,我尚何存'者,即佛书'四大各离,今者妄身当在何处'之所由出也。他若此类甚众,聊记其一二于此,可见剽掠之端云"②,认为《列子》抄袭了佛教的某些思想内容。而高似孙则举出具体内容,以证前人之说,"至于'西方之人有圣者焉,不言而自信,不化而自行',此故有及于佛,而世犹疑之……佛之为

---

① (汉)张湛:《列子注·列子序》,中华书局1978年版,第1页。
② (宋)朱熹:《观列子偶书》,杨伯峻:《列子集释》附录三,中华书局2013年版,第303页。

教已见于是,何待于此者乎!然其可疑可怪者不在此也。"①宋濂则举出《列子》中多达六条内容以证该书与佛教思想的关联,"间尝熟读其书,又与浮屠言合。所谓'内外进矣,而后眼如耳,耳如鼻,鼻如口,无弗同也。心凝形释,骨肉都融,不觉形之所倚,足之所履',非'大乘圆行说'乎?'鲵旋之潘(合作番)为渊,止水之潘为渊,流水之潘为渊,滥水之潘为渊,沃水之潘为渊,沈水之潘为渊,雍水之潘为渊,汧水之潘为渊,肥水之潘为渊',非'修习教观说'乎?'有生之气,有形之状,尽幻也。造化之所始,阴阳之所变者,谓之生,谓之死;穷数达变,因形移易者,谓之化,谓之幻。造物者其巧妙,其功深,固虽穷难终。因形者其巧显,其功浅,故随起随灭。知幻化之不异生死也,始可以学幻',非'幻化生灭说'乎?'厥昭生乎湿,醯鸡生乎酒,羊奚比乎不笋,久竹生青宁,青宁生程,程生马,马生人,人久入于机,万物皆出于机,皆入于机',非'轮回不息说'乎?'人胥知生之乐,未知生之苦;知死之恶,未知死之息',非'寂灭为乐说'乎?'精神入其门,骨骸反其根,我尚可存?'非'圆觉四大说'乎?中国之与西竺,相去一二万里,而其说若合符节,何也?岂其得于心者亦有同然欤?近世大儒谓华梵译师皆窃庄列之精微,以文西域之卑陋者,恐未为至论也。"②至姚际恒《古今伪书考》,始以《列子》内容的"佛教"疑点为依据,提出该书出自汉明帝之后的说法,"至于言'西方圣人',则直指佛氏;殆属明帝后人所附益无疑。佛氏无论战国未有,即刘向时又宁有耶?则向之《序》亦安知不为其人所托而传乎?"③将《列子》归为张湛伪作的是民国时期的古文字学家顾实,他在《重考古今伪书考》一书中明确断言,张湛伪造了《列子》,"据张湛《序》文,则此书原出湛手,其即为湛托无疑。"此后,《列子》为魏晋伪书,甚或张湛伪作的说法渐起。如姚鼐、俞正燮、何治运、李慈铭、梁启超等都持此说。1949 年季羡林先生的文章《〈列子〉与佛典——对于〈列子〉成书时代和著者的一个推测》中又进一步论证了《列子》抄袭佛教故事的说法,使得原本微弱的质疑之声更加沉寂。

回顾《列子》与佛教之间的关联,可以看出,抄袭佛教的说法是逐渐由质疑发展到确指,由式微演变为壮大,直至近现代,这一说法已被学术界基本认同。那么,这一说法到底有无推翻的可能呢?下面我们从佛教文化传播的角度对这些问题进行考辨论析。

---

① (宋)高似孙:《子略》,中华书局 1985 年版,第 24—25 页。
② (明)宋濂:《诸子辨》,杨伯峻:《列子集释》附录引,中华书局 2013 年版,第 307—308 页。
③ (清)姚际恒:《古今伪书考》,中华书局 1985 年版,第 27 页。

关于佛教的传入，韩愈认为始自汉明帝，[①]后世学者多认同韩氏之说，"此二语殆成为二千年来公认之史实。"[②]将汉明帝世定为佛法东传之始，主要因为古籍文献中记有汉明帝求法一事。汉明帝求法，发生在永平年间（58—76 年），所以学术界又称"永平求法"。此事最早见录于牟融的《理惑论》：

> 昔孝明皇帝，梦见神人，身有日光，飞在殿前，欣然悦之。明日博问群臣："此为何神？"有通人傅毅曰："臣闻天竺有得道者，号之曰佛，飞行虚空，身有日光，殆将其神也。"于是上悟，遣使者张骞、羽林郎中秦景、博士弟子王遵等十二人，于大月支写佛经四十二章，藏在兰台石室，第十四间。时于洛阳城西雍门外起佛寺，于其壁画千乘万骑，绕塔三匝。又于南宫清凉台，及开阳城门上，作佛像。[③]

后来袁宏《后汉纪》、范晔《后汉书》等正史也将此事采纳其中，这无形中提高了人们对"永平求法"这一说法的认可。[④] 后世学者在研究佛教东传时，一般都将此事作为考量的重要依据，认定佛教始传于中国的时间当在汉明帝永平年间。

我们也认为，汉明帝之世佛教已入中原，这一说法是能够成立的，因为除了"永平求法"的记载之外，同期的楚王英也有信奉浮屠的文献记录，"（楚王）英少时好游侠，交通宾客，晚节更喜黄老，学为浮屠斋戒祭祀。八年，诏令天下死罪入缣赎。英遣郎中令奉黄缣白纨三十匹诣国相曰：'托在蕃辅，过恶累积，欢喜大恩，奉送缣帛，以赎愆罪。'国相以闻。诏报曰：'楚王诵黄老之微言，尚浮屠之仁祠，洁斋三月，与神为誓，何嫌何疑，当有悔吝？其还赎，以助伊蒲塞桑门之盛馔。'因以班示诸国中傅。英后遂大交通方

---

① （唐）韩愈《论佛骨表》曰："伏以佛者，夷狄之一法耳，自后汉时流入中国，上古未尝有也。……汉明帝时，始有佛法。"也有人认为，佛教进入中原的时间当在汉哀帝元寿元年（前 2 年），大月氏王使臣伊存口授浮屠经文。《三国志》裴松注所引鱼豢的《魏略·西戎传》记载，"昔汉哀帝元寿元年，博士弟子景庐受大月氏王使伊存口授《浮屠经》。回复立（豆）者，其人也。《浮屠》所载临蒲塞、桑门、伯闻、疏问、白疏问、比丘、晨门，皆弟子号。"这是中国史书上关于佛教传入中国最早的记载。

② 梁启超：《佛学研究十八》篇，中华书局 1989 年版，第 19 页。

③ （汉）牟子：《理惑论》，石峻主编：《中国佛教思想资料选编》（一），中华书局 1981 年版，第 10 页。

④ 《四十二章经序》、《老子化胡经》、《高僧传·佛图澄传》等文献也载有此事。

士,作金龟玉鹤,刻文字以为符瑞。"①现在我们的问题是:汉明帝之世是否是中国传有佛教之始呢? 之前的西汉、秦代乃至战国时期,是否一定没有佛教文化的输入呢? 下面,我们拟从文化传播史的角度对这一问题予以商讨。

一、文化交流史中的三种传播形态

文化是一个内容极为宽泛的概念,既包括物质的内容,如衣、食、住、工具及一切器物,也包含精神的内容,如文学、语言、艺术、哲学、道德、宗教、风俗等。依此推之,文化传播的内涵也是极其丰富的,既包括物质性的物物交流,如工具的交换、工艺品的买卖等;也包含精神性的知识、信息的传播,如故事传说的口耳相传、哲学理念的交流、渗透等。从人类发展史的角度看,文化传播的历史又是十分久远的,可以说自有人类开始,人们就依靠表情、语言、手势、符号等各种交流手段来沟通情感、传递信息、交换物品,没有一刻停止。

如此纷繁复杂的文化传播活动,在经历了成千上万年的岁月淘洗之后,展现在我们面前的并非都是原生态的传播信息。那些流载入史的,信息记载就较为准确、详细;那些失录于史的,多被淹没于浩瀚辽远的历史长河中,变得无迹可寻。根据这些传播信息的流传情况,我们将人类文化史上的传播活动分为显性传播、隐性传播和模糊性传播三种不同的传播形态。

所谓显性传播,是指那些留有准确详细记录的传播活动。这类传播,后人可以通过文献的阅读、资料的查对等方式,清晰再现具体的传播过程、传播内容以及传播结果等。

纵观人类文化的传播交流史,凡与统治者的政治统治或自身行为有关联的传播活动,都容易被史家载于史册,流传后人。比如,汉武帝时张骞两次出使西域,促进了汉政府与西域诸国的官方往来,也促进了中西之间文化的交流。对此,史家不仅要记其传播过程,也要记录它的传播内容,甚至于记录这次传播活动带来的影响,记录者也都有评价。司马迁《史记·大宛列传》中就对张骞的两次出使作了较为详细的记录:建元(前140—前134年)中,张骞应募出使月氏,跟随的侍从、所走的路径、途经匈奴地的遭际、出使西域的境况,甚至在匈奴地娶妻生子之事也都记录下来。元鼎三年(前114年),张骞再次奉旨出使西域,随从的人数、携带的物品、出使的国家,也有准确的记录。对于张骞出使西域所带来的直接后果以及长远影响,司马迁也有表述,"其后岁余,骞所遣使通大夏之属者皆颇与其人俱来,于

---

① (宋)范晔:《后汉书》,中华书局2000年版,第1428页。

是西北国始通于汉矣。然张骞凿空,其后使往者皆称博望侯,以为质于外国,外国由此信之。……诸使外国一辈大者数百,少者百余人,人所赍操大放博望侯时。"①再如,汉武帝时中国船队曾远航到达今天的东南亚地区,与当地居民进行贸易往来。班固《汉书·地理志》即录有此事。② 汉和帝永元年间(89—105 年),班超平定西域,使诸国重新称臣纳贡,又派遣甘英出使大秦,一直到达西海之边,广泛见识了中西亚地区的风土人情。对此,范晔《后汉书·西域传》都有记载。③

总之,上述这些文化传播活动,或本身就是国家政治活动的内容,或与国家政治活动有关联,都属于政府行为,所以有专人负责整理记录,自然容易见载于文献,代代相传。④

在人类文化传播活动中,有一些传播活动是很难载于文献的,比如民间商贩之间的物物交换、街谈巷语中的故事交流、私人之间的信息传递,等等。从活动性质上看,这类传播都是非政府行为,不可能有专人负责记录。从行为特点上看,既琐碎,又随意,也很难进入文人墨客的法眼并引起他们的兴趣。最后的结果就是:此类传播既不见于正史官文,也很难见录于文人的野史笔记。我们将这类传播称为隐性传播,意指历史上曾经发生过却又始终处于隐匿状态,没有文献予以载录,后世研究者也无法查阅验对。对于这类传播活动,后人即使偶尔探寻到一点蛛丝马迹,也是云中见龙、管中窥豹,可以见其一斑,难以见其传播的详细路径。下面列举几例,以为佐证。

中亚妫水流域、南亚印度半岛与我国的四川盆地相隔千里之遥,但早在西汉初期就有蜀物流通于此。张骞出使大夏时,就曾见到蜀地出产的布、竹

① (汉)司马迁:《史记》,中华书局 1959 年版,第 3169—3170 页。
② (汉)班固:《汉书·地理志》:"自日南障塞、徐闻、合浦船行可五月,有都元国;又船行可四月,有邑卢没国;又船行可二十余日,有谌离国;步行可十余日,有夫甘都卢国。自夫甘都卢国船行可二月余,有黄支国,民俗略与珠厓相类。其州广大,户口多,多异物,自武帝以来皆献见。有译长,属黄门,与应募者俱入海市明珠、璧流离、奇石异物,赍黄金杂缯而往。所至国皆禀食为耦,蛮夷贾船,转送致之。亦利交易,剽杀人。"
③ (宋)范晔:《后汉书·西域传》:"(汉和帝永元)三年,班超遂定西域,因以超为都护,居龟兹。……六年,班超复击破焉耆,于是五十余国悉纳质内属。其条支、安息诸国至于海濒四万里外,皆重译贡献。九年,班超遣掾甘英穷临西海而还。皆前世所不至,《山经》所未详,莫不备其风土,传其珍怪焉。于是远国蒙奇、兜勒皆来归服,遣使贡献。"
④ 据《周礼》记载,周朝时就设有太史、小史、内史、外史、御史等职。这些史官各司其职,"大史掌建邦之六典,以逆邦国之治,掌法,以逆官府之治,掌则,以逆都鄙之治。""小史掌邦国之志,奠系世,辨昭穆。若有事,则诏王之忌讳。""内史掌王之八枋之法,以诏王治:一曰爵,二曰禄,三曰废,四曰置,五曰杀,六曰生,七曰予,八曰夺。""外史掌书外令,掌四方之志,掌三皇五帝之书,掌达书名于四方。若以书使于四方,则书其令。""御史掌邦国都鄙及万民之治令,以赞冢宰。凡治者受法令焉,掌赞书,凡数从政者。"

杖等，"及元狩元年，博望侯张骞使大夏来，言居大夏时见蜀布、邛竹杖，使问所从来，曰'从东南身毒国数千里，得蜀贾人市。'"①蜀地的物产是如何输送到南亚的？什么时间开始流通的？古代文献没有交代。如果没有张骞的西域之行，后人对这一文化的传播活动可能永远不得而知。

古代印度在冶炼钢铁方面技术发达，公元前4世纪之前，印度钢就已大量输出国外。就是这样一个产钢强国，也曾经大量进口中国钢。季羡林先生通过对印度梵文文字的解构分析发现，中原铁器不仅输入到了古印度，而且数量不小，古印度人还专门为这些来自中国的铁器创造了新字：cinaja，"cina 就是'支那'，指中国；ja 的意思是'生'。合起来这个字的意思是'生在中国的'。这肯定指明了，中国冶炼的钢，在某一个时期，通过某一条渠道，输入到了印度。"②以此来看，中国的铁器大量输入印度确实发生过，但是如何输出的？什么情况下输出的？古人没有留下文献记载。如果不是通过文字解构这一方法了解到一点线索的话，我们恐怕永远也不知道中国的钢还出口过古代印度。

棉花的原产地是南亚的印度。中国在魏晋之前，中原地区是不生产棉花的，人们填充枕褥只能用木棉。中国的棉花，最早是由印度传入的，而且传入早期仅在边疆地区种植，直到宋末元初内地才有所种植。这一点学界基本达成共识。丘濬的《大学衍义补》卷二十二《贡赋之常》中说，"宋元之间始传其种于中国，关、陕、闽、广首得其利，盖此物出外夷，闽、广通海舶，关、陕通西域故也。"③但在20世纪的七八十年代，在福建省崇安镇出土了一块平纹棉布，④经鉴定，棉布形成的年代距今大约有3000多年的历史，相当于我国的商周之际。很明显，这块棉布应是来自于印度或西亚。至于它是通过什么途径传入中国的？我们同样无据可查。但就像李学勤先生所说，这块布的出土问世却告诉我们一个事实：中印文化交流的历史可能要比人们想象的早得多。

上述文化现象说明，在人类文化传播过程中，有大量的传播活动，或曾经见录于文献，但文献遗失；或根本没有记录于文献。这样的文化传播活动，对于我们后人而言，就很难了解它，掌握它。但我们在进行文化研究时，必须承认这类传播活动的存在，承认它在人类发展过程中的作用。

---

① （汉）司马迁：《史记》，中华书局1959年版，第2995页。
② 季羡林：《交光互影的中外文化交流》，《中外文化比较研究》中国文化书院讲演录第二集，三联书店1988年版。
③ （明）丘濬：《大学衍义补》，上海书店出版社2012年版，第203—204页。
④ 高汉玉：《崇安武夷山船棺出土的纺织品》，《福建文博》1980年第2期。

文化传播史中,除了显性传播和隐性传播之外,还有一种介乎二者之间的传播形态,我们称之为模糊性传播。所谓模糊性传播,是指古籍文献对该传播活动有所载录,但信息不准,叙述不详。模糊性传播活动又可分为两种情况:

其一,传播活动见于史册,所记情况基本属实,但记载过于简略,传递的信息模糊不清,内容解读容易产生分歧。比如《史记·匈奴列传》记载:

> 其明年春,汉使骠骑将军去病将万骑出陇西,过焉支山千余里,击匈奴,得胡首虏万八千余级,破得休屠王祭天金人。①

文中对于"金人"的记载只是一笔带过,未作详解,结果历代学人对其争议很大。一种意见认为,此金人即是佛像。北魏崔浩即有此论,"胡祭以金人为主,今浮图金人是也。"②颜师古、张守节等人也有同样看法。③ 另一种意见认为,此"金人"只是一尊铜制神像,与佛教无关。孟康《汉书音义》即解释说:"匈奴祭天处本在云阳甘泉山下,秦夺其地,后徙之休屠王右地,故休屠有祭天金人,象祭天人也。"④吴焯先生也有同样认识,"'金人'云者,以今日想象,可能为一铜制神像,匈奴祭天时拿它来作为神主,供奉其上,以祈福佑,如是而已,与佛教本无关系,亦非佛陀之像。"⑤如此一来,这一文化传播活动即使见于文献,我们也无法准确地把握它。

其二,传播的内容、途径或者过程有书可查,叙述也较为详细,但记载的书籍多是野史外传、笔记小说之类,传播的载录情况都有一定程度的演绎或篡改,有的甚至增添了一些荒诞怪异的内容。这样,展现在我们面前的只是真假混杂、虚实难辨的传播信息。如火浣布输入中原一事,即属于这类情况。

> 斯调国有火洲,在南海中。其上有野火,春夏自生,秋冬自死。有木生于其中而不消也,枝皮更活,秋冬火死则皆枯瘁。其俗常冬采其皮

---

① (汉)司马迁:《史记》,中华书局 1959 年版,第 2908 页。

② (汉)司马迁:《史记》,司马贞:《索隐》注引,中华书局 1959 年版,第 2909 页。

③ 《汉书·匈奴传》:"明年春,汉使骠骑将军去病将万骑出陇西,过焉耆山千余里,得胡首虏八千余级,得休屠王祭天金人。"颜师古注曰:"作金人以为天神之主而祭之,即今佛像是其遗法。"张守节《史记正义》云:"金人即今佛像,是其遗法,立以为祭天主也。"

④ (汉)司马迁:《史记》,裴骃:《集解》注引,中华书局 1959 年版,第 2909 页。

⑤ 吴焯:《佛教东传与中国佛教艺术》,浙江人民出版社 1991 年版,第 99 页。

以为布,色小青黑;若尘垢污之,便投火中,则更鲜明也。(《异物志》)

汉桓帝时,大将军梁冀以火浣布为单衣,常大会宾客,冀阳争酒,失杯而污之,伪怒,解衣曰:"烧之。"布得火,炜晔赫然,如烧凡布,垢尽火灭,粲然洁白,若用灰水焉。(《傅子》)

南荒之外有火山,长三十里,广五十里,其中皆生不烬之木,昼夜火烧,得暴风不猛,猛雨不灭。火中有鼠,重百斤,毛长二尺余,细如丝,可以作布。常居火中,色洞赤,时时出外而色白,以水逐而沃之即死,续其毛,织以为布。(《神异经》)①

昆仑之墟,地首也。是惟帝之下都,故其外绝以弱水之深,又环以炎火之山,山上有鸟兽草木,皆生育滋长于炎火之中,故有火澣(浣)布。非此山草木之皮枲,则其鸟兽之毛也。汉世,西域旧献此布,中间久绝;至魏初时,人疑其无有。文帝以为火性酷裂,无含生之气,著之《典论》,明其不然之事,绝智者之听。及明帝立,诏三公曰:'先帝昔著《典论》,不朽之格言。其刊石于庙门之外及太学,与石经并,以永示来世。'至是西域使人献火浣布袈裟,于是刊灭此论,而天下笑之。(《搜神记·典论刊石》)②

火浣布,就是我们今天用石棉织成的布。汉魏时即有此物,并且已经传入中原,这一点应该是可信的,此物不怕火烧的特点也同样值得信赖,但上述文献对于此物的描述,明显增添了一些诡谲怪诞的内容,使得这一文化传播信息变得真假难辨。难怪曹丕等人对火浣布提出质疑。

以上分析说明,人类史上的文化传播活动历经岁月的淘洗,最终以不同的形态展现在今人面前。我们既要承认那些有文字可查的传播活动的价值,也要承认那些无迹可寻的传播活动的存在。

二、佛教在西域的传播

在论述佛教文化向中原地区传播之前,我们有必要先对佛教的产生、发展以及在西域地区的传播做一简略回顾。

佛教的产生,学术界的普遍看法是公元前6世纪到公元前5世纪,由古印度迦毗罗卫国(今尼泊尔境内)王子悉达多·乔答摩(即释迦牟尼)所创。

---

① 以上《异物志》、《傅子》、《神异经》引文皆引自《三国志·三少帝纪》,裴松之注,中华书局1959年版,第117—118页。

② (晋)干宝撰,汪绍楹校注:《搜神记》,中华书局1979年版,第165页。

创立之初,传布范围仅限于恒河流域的局部地区。直到公元前 268 年阿育王登基之后,佛教的传播才有了迅猛发展。

阿育王(前 268—前 232 年),又译作阿输迦,是古印度摩揭陀国孔雀王朝国王,在位期间几乎统一了印度全境,建立了空前的大王国。公元前 261年,在征服羯饮迦过程中,受高僧尼瞿驼教化,皈依佛门,虔心事佛。公元前 251 年,为确保未来芸芸众生的幸福安稳,阿育王在华氏城(即今印度比哈尔邦巴特那)举行了第三次佛教结集,随后派遣传道僧到古印度各地以及周边诸国传教布道。日本学者羽溪了谛根据锡兰(今斯里兰卡)传说以及相关文献,对这次传教活动进行了全面考证,关于人员的派遣情况他有如下总结:

> 入罽宾及犍陀罗者,为末阐提,赴摩醯娑慢陀罗者,为摩诃提婆,往婆那婆私者,为勒弃多,到阿波兰多迦者,为昙无德;赴摩诃勒陀者,为摩诃昙无德;往臾那世界者,为摩诃勒弃多,末示摩则伴迦叶,末利提婆,度陀比恩诺沙及沙剌沙提婆入雪山边,须那及郁多罗二人则至金地国,摩呴陀,则偕一地臾、郁帝夜、参婆楼、拔陀沙罗——四人皆目连子之弟子——渡海而至师子国。①

罽宾,乃西域古国,汉代时居于今喀布尔河下游及克什米尔一带,以循鲜城(今克什米尔斯利那加附近)为都,唐代称箇失密,或迦湿弥罗。犍陀罗,西域古国,又作乾陀罗,或犍驮逻,地理位置相当于今天巴基斯坦之白沙瓦及其毗连的阿富汗东部一带,公元前 4 世纪末马其顿国王亚历山大入侵后,始受希腊文化影响。在派遣的僧侣中,末阐提负责到印度西北境的罽宾及犍陀罗一带布教。据羽溪了谛介绍说,末阐提布道的目的、传教的规模、教化的结果,锡兰传说中都有详细交代。"据锡兰所传,末阐提之入迦湿弥罗国及健驮罗国,盖为感化犷悍之野蛮人龙族,以解脱其罪业,龙族王阿罗婆楼被说皈依正法,于是夜叉盘茶鬼之妻诃梨帝耶亦共其五百弟子皈依佛法。其后上座(末阐提)复对两国人民说《上座譬喻经》,信奉者八万人,剃度为僧者十万人。《善见律》所记此时受五戒者八万四千人,得天眼者,八万人,出家者一千人。此数之正确与否,固不能信,然据此传说而观,末阐提之在迦湿弥罗及健驮罗布教,其收效甚为宏大,盖彰彰明也。"②羽溪了谛所

---

① [日]羽溪了谛:《西域之佛教》,贺昌群译,商务印书馆 1999 年版,第 32 页。
② [日]羽溪了谛:《西域之佛教》,贺昌群译,商务印书馆 1999 年版,第 36 页。

提及的"臾那",即今天的阿富汗地区。当时雅发那斯人居住于此,摩诃勒弃多被派遣到此宏扬佛法。

罽宾、犍陀罗的北部横亘着兴都库什山脉,再往北就是阿姆河流域。在兴都库什山脉与阿姆河之间,是一片丰饶的土地,自古以来即已开发,原本属于古代波斯帝国东方的领土,公元前 3 世纪初,亚历山大东侵,该地纳入马其顿帝国版图,成为希腊文化的东方中心地。亚历山大西归后,即遣瑟诺诃接任该地区的统治权。瑟诺诃死后,其子安提阿所特(Antiochos Soter)、其孙安提阿懋斯(Antiochos Theos)相继即位,继续统治该地区。阿育王弘布佛教于该地区时,正值安提阿懋斯统治时代(前 261—前 246 年)。此事有《石碑》第十三记为证:

> 王惟正法之胜利,即最上之胜利,而王复于其领土相距六百由旬之邻国——希腊王安堤阿之所在,于其北则托勒密、安提峨那斯、马加斯及亚历山大四王之所在,于其南,则绰那王国、判达雅王国及锡兰,皆遍被正法。即王领地所在之地,臾那人、堪波加斯人、内布刺喀之内布刺旁谛斯人、贺札斯人及比丁利喀斯人、安提那斯人及普林达斯人之间,皆得法胜,到处皆为王令归顺正法之宣谕。虽王使所未到之处,亦有归顺正法之刺教,及闻皈依之说法,先后皆当行之。①

据羽溪了谛考证,刺令中的安堤阿即是安提阿懋斯。由此知道,阿育王时期佛教已经传播到中亚的广大地区。所以,羽溪了谛结论说:"阿育王之竭力弘布佛教,其广被之区域,远及于印度境外之波斯及巴克特里亚,犹不止也,更进而包括希腊、埃及,皆有王所遣派之使臣,固可知矣。"②

公元前 248(或前 250 年),巴克特里亚守将第奥多特斯背叛安提阿懋斯二世而独立,占据阿姆河两岸,建立了大夏国。大夏国建立后,历代统治者都非常重视佛教的传播,其中尤以公元前 2 世纪中叶的麦曼特儿王最为著名。据学者推考,该人即为《那先比丘经》中所说的弥兰王。麦曼特儿王是一位虔诚的佛教信徒,他统治期间发行的货币上,就曾铸有佛陀的身像。③ 麦曼特儿王统治时期,巴克特里亚已经成为兴都库什山以北的佛教中心,一时之间有小王舍城之称。巴克特里亚之所以能成为周围地区的佛

---

① [日]羽溪了谛:《西域之佛教》,贺昌群译,商务印书馆 1999 年版,第 34 页。
② [日]羽溪了谛:《西域之佛教》,贺昌群译,商务印书馆 1999 年版,第 35 页。
③ [日]羽溪了谛:《西域之佛教》,贺昌群译,商务印书馆 1999 年版,第 39 页。

教中心,除了大夏统治者的推崇之外,也与它的地理位置有着很大关系。大夏国南部紧邻孔雀王朝统治下的印度西北境,中间仅隔兴都库什山脉,只要翻越大雪山山口就可以互通往来。据文献所记,两地之间的贸易交往早已有之。《史记·大宛列传》记载:"大夏在大宛西南二千余里妫水南。……其都曰蓝市城,有市贩贾诸物。其东南有身毒国。骞曰:臣在大夏时,见邛竹杖、蜀布。问曰:'安得此?'大夏国人曰:'吾贾人往市之身毒。身毒在大夏东南可数千里。其俗土著,大与大夏同,而卑湿暑热云。其人民乘象以战。其国临大水焉。'"①这条交通线方便两地商贸的往来,也有助于佛教文化向阿姆河流域的传播。据当时流传下来的沙门报告记载,许多传教者都是通过这条路线进入大雪山以北地区的。报告中还记载,当时曾有印度僧人遗书于亚历山大·坡里喜斯特。② 这些都能够说明,中亚地区的佛教传播是比较早的。

通过以上所述,可以说,在公元前 3 世纪中叶,佛教传播的区域已经非常广泛,其中由印度向北传播的一支已经到达阿姆河流域及其周围地区,"阿育王时代,佛教之传播,虽远及于印度以外极远之地方,而就中以印度西北境之迦湿弥罗、健驮罗及巴克特里亚(大夏)诸地,教化所及,实为佛教东渐之端绪"③。

三、佛教传入中原

作为文化传播的内容之一,佛教的传播也存在着显性传播、隐性传播和模糊性传播三种传播形态。

如果将佛教在中原地区的传播划分为早期和晚期的话,那么隐性传播活动多集中于早期。这一时期,佛教在中原的传播仅处于萌芽阶段,对于绝大多数中原人来说,尚不知佛教为何物,更不可能以宗教信仰的态度去崇拜它,所以,当时的一些佛教传播活动即使发生了,也不会引起人们多大的重视,更谈不上将其载于文献。比如,孔望山摩崖石刻中就有许多佛像,有立佛,有卧佛,有坐佛,姿态各异、栩栩如生。至于佛教文化何时传入这一地区?摩崖佛像何人所刻?雕刻的目的是什么?当时的人们没有为我们留下任何的文献记录,使得这次传播活动的目的、过程等信息如同石沉大海,难寻踪迹。

---

① (汉)司马迁:《史记》,中华书局 1959 年版,第 3164—3166 页。
② [日]羽溪了谛:《西域之佛教》,贺昌群译,商务印书馆 1999 年版,第 39 页。
③ [日]羽溪了谛:《西域之佛教》,贺昌群译,商务印书馆 1999 年版,第 35 页。

　　在佛教东传的萌芽期,有时候人们即使接触到了某种佛教文化,也只是一种无意识的接受行为,不会将其作为一种文化传播活动记载下来。比如月兔的故事传说。"月中有兔"的说法最早起源于古印度,"从公元前一千多年的《梨俱吠陀》起,印度人就相信,月亮里面有兔子。梵文的词汇就可以透露其中的消息。许多意思是月亮的梵文字都有 sasa(兔子)这个字作为组成部分,譬如 sasadhara 和 sasabhrt,意思是'带着兔子的';sasalaksana,sasalaksmana 和 sasalaksman,意思都是'有兔子的影像的'。"①许多佛经故事中也都将兔子和月亮联系起来,巴利文《佛本生经》第 316 个故事、《六度集经·兔王本生》、《菩萨本缘经·兔品》、《生经·兔王经》、《菩萨本生鬘论·兔王舍身供养梵志缘起》中都有这方面的记载。这个故事是佛本生故事中的一个,是释迦牟尼去世之后由佛教信徒们在民间故事的基础上加工而成,借以讲解释迦牟尼前身五百世不断转世的过程,生成的时间大约是公元前 10 世纪左右,故事的大致情节是这样的:天帝下凡化为饥饿的老人。老人向森林里的狐狸、兔子和猿猴讨要食物,结果狐狸叼来了鲤鱼,猿猴采来了花果,唯有兔子一无所有。惭愧之余,为了表示自己的赤诚之心,兔子纵身跳入大火之中,想把自己烧死,把自己的肉奉献给老人。天帝被兔子的诚心感动,伤感之余就将兔子送上了月宫,从此月亮里面就有了一只可爱的小白兔。针对这一故事的起源,季羡林先生在《中印文化交流史》中认为这一故事生成于印度,"根据这个故事在印度起源之古、流布之广、典籍中记载之多,说它起源于印度,是比较合理的"②。后来这一佛教故事经由某种渠道、某种未知的方式流入到了中原。我国战国时期,"月中有兔"的理念就已经在中国内地有所传播,并在中国文化中有所体现。屈原《天问》中就曾问道:"厥利惟何,而顾菟在腹?"③至于具体的传播过程,是无法在史传笔录中找寻它的痕迹的。

　　再比如,秦代以前昆仑地区的一些部族,如赤乌之人、曹奴之人、刳闾之人、智氏、文山之人等,已经接受了佛教的膜拜之礼。《穆天子传》卷二记载:"天子乃赐□之人□吾,黄金之环三五,珠带、贝饰三十,工布之四。□吾乃膜拜而受。"郭璞注释说:"今之胡人礼佛,举手加头,称南膜拜者即此

---

① 季羡林:《印度文学在中国》,《比较文学与民间文学》,北京大学出版社 1991 年版,第 100 页。

② 季羡林:《中印文化交流史》,三联书店 1982 年版,第 11 页。

③ 洪兴祖、朱熹皆注云:"菟,一作兔",又皆注云"菟,与兔同"。(参见洪兴祖:《楚辞补注》,中华书局 1983 年版,第 89 页;朱熹:《楚辞集注》,上海古籍出版社 1979 年版,第 52 页。)

类也。"①日本学者小川琢治也认为,《穆天子传》中的"膜拜"就是印度文化的内容,"佛在周穆王时尚未降生,昆仑以西近印度,战国时当已受佛教影响。"上述部族在接受佛教膜拜之礼时,仅仅将其视作一种普通的文化习俗而已,不可能将这一文化传播活动专门传录下来,留待于后人查考。

汉代以降,佛教传播逐渐进入它的成熟期,一方面,大量的佛经有了汉译本;另一方面,许多中原人开始信奉佛法,有些还出家当了僧人。前文说过,隐性传播多集中于佛教传播的早期,但我们并不否认它的成熟期也有隐性传播活动。比如,这一时期的许多佛教故事就是以隐性传播形态流传于世的。

元魏时期,僧人吉迦夜翻译了佛典《杂宝藏经》,该经书卷一《弃老国缘》中记有大臣之父"智称巨象"的故事:天神询问称大象之法,众人无以应。一大臣回家问其父,父告之曰:"置象船上,著大池中,画水齐船,深浅几许。即以此船,量石著中,水没齐画,则知斤两。"早在三国时期,这个充满智慧的佛教故事已经在中原地区流传了。《三国志·武文世王公传》中记载:曹操欲称大象之重,问群臣,群臣莫能言。曹冲献策说:"置象大船之上,而刻其水痕所至,称物以载之,则校可知矣。"②

南朝萧齐时期,天竺僧人求那昆地将《百喻经》译成汉文。该经卷三《医治脊偻喻》中讲述了"治驼背"的故事:有一人得了脊偻病,请医生为自己治疗。医生先在他身上涂满酥油,然后上下夹上木板用力挤压,结果病人双目并出,气绝身亡。三国时,这一故事已经流传,当时的文人邯郸淳编选的故事集《笑林》中就选录了这一故事:"平原人有善治伛者,自云:'不善,人百一人耳。'有人曲度八尺,直度六尺,乃厚货求治。曰:'君且卧。'欲上背踏之。伛者曰:'将杀我。'曰:'趣令君直,焉知死事。'"③

以上例证说明,在佛典传播之前,其中的一些故事已经通过各种渠道传入中原,成为中原人熟知的故事传说。至于具体传入时间、传播途径,也同样无法查找。这也说明,即使在佛教传播的成熟期,隐性传播形态依然大量存在。

在佛教传播的早期,也有一些传播活动是以模糊性传播形态进行的。与隐性传播相比,模糊性传播活动虽然真假混杂,但终究可以寻到一点蛛丝马迹。比如释利防等僧侣到中原传教一事,就经过了后人篡改演绎,变得离

---

① (晋)郭璞注:《穆天子传》,上海古籍出版社1990年版,第8页。
② (晋)陈寿撰,(宋)裴松之注:《三国志》,中华书局1959年版,第580页。
③ 王利器辑录:《历代笑话集》,上海古籍出版社1981年版,第6页。

奇荒诞。后来此事又多载于野史笔记之类的文献，传播真相变得愈加模糊不清。如《拾遗记》卷四中所记的"尸罗来朝"一事：

> 燕昭王七年（前218年），沐胥之国来朝，则申毒国之一名也。有道术人名尸罗，问其年，云"百三十岁"。荷锡持瓶，云"发其国五年，乃至燕都。"善炫惑之术，于其指端出浮屠十层，高三尺，及诸天神仙，巧丽特绝。①

再如隋费长房《历代三宝纪》卷一引朱士行《经录》云：

> 始皇时，有诸沙门释利防等十八贤者。赍经来化，始皇弗从，遂禁利防等。夜有金刚丈六人来破狱出之。始皇惊怖稽首谢焉。②

法琳《破邪论》中也有类似记载：

> 始皇之时，有外国沙门释利防等一十八人贤者，赍持佛经，来化始皇。始皇不从，乃囚防等，夜有金刚丈六人来，破狱出之。始皇惊怖，稽首谢焉。③

再如干宝《搜神记》卷十三云：

> 汉武帝凿昆明池，极深，悉是灰墨，无复土。举朝不解。以问东方朔。朔曰："臣愚不足以知之。"曰："试问西域人。"帝以朔不知，难以移问。至后汉明帝时，西域道人入来洛阳，时有忆方朔言者，乃试以武帝时灰墨问之。道人云："经云：'天地大劫将尽，则劫烧。'此劫烧之余也。"乃知朔言有旨。④

释慧皎《高僧传》卷一《汉洛阳白马寺竺法兰》中有类似记载：

> 昔汉武穿昆明池底得黑灰。以问东方朔，朔云"不委，可问西域

---

① （梁）萧绮，王兴芬译注：《拾遗记》，中华书局2019年版，第154页。
② 《大正新修大藏经》卷四十九，佛陀教育基金会1990年印赠。
③ 释道宣：《广弘明集》卷第十一，《四部备要》本。
④ （晋）干宝撰，汪绍楹校注：《搜神记》，中华书局1979年版，第162—163页。

人。"后法兰既至,众人追以问之,兰云"世界终尽,劫火洞烧,此灰是也。"①

《拾遗记》《历代三宝纪》《搜神记》本属于异闻野史之类,所记尸罗来朝、劫烧、沙门释利防等人传教一事可能有所演绎,在史志文献中又难以得到印证,所以多不为研究者所认可。但我们不能因此而完全否定它的史料价值,正如前文所述,有些文化传播活动是不可能载录于史的。这一点,梁启超先生有着相同的看法,"但最当注意者,秦始皇实与阿育王同时(秦始皇:西纪前二四三——二一七,阿育王:西纪前二六六——二三〇),阿育王派遣宣教师二百五十六人于各地。其派在亚洲者,北至俄属土耳其斯坦,南至缅甸,俱有确证,且当时中印海陆交通似已开,阿育王所遣高僧,或有至中国者,其事非不可能。"②即是说,史料虽不可全信,其中或有妄篡,但其事或有可能。

再如汉明帝信佛一事,虽然见录于官修正史,但也同样增添了后人妄改的成分,变得神秘起来。《魏书·释老志》记载:

> 后孝明帝夜梦金人,项有日光,飞行殿庭,乃访群臣,傅毅始以佛对。帝遣郎中蔡愔、博士弟子秦景等使于天竺,写浮屠遗范。愔仍与沙门摄摩腾、竺法兰东还洛阳。中国有沙门及跪拜之法,自此始也。愔又得佛经《四十二章》及释迦立像。明帝令画工图佛像,置清凉台及显节陵上,经缄于兰台石室。愔之还也,以白马负经而至,汉因立白马寺于洛城雍关西。摩腾、法兰咸卒于此寺。③

以夜梦佛陀的形式表述汉明帝的佛缘,就显得过于离奇神秘。但明帝信佛,应该实有其事,这从同期的楚王英信佛以及孔望山摩崖佛像即可得到印证。至于派遣使臣出使印度一事,也不能武断地一票否决。宋佩韦先生《东汉宗教史》中也同样认为,《释老志》所记"大部分是可靠的"。④

模糊性传播的内容,虽然无法为我们提供清晰、全面、准确的信息,但我们不能因此而抹杀这些材料的价值,忽视其中蕴藏的文化传播信息。相反,它所体现出来的这种若隐若现、模糊朦胧的信息现象,恰好反映了佛教文化

---

① （梁）释慧皎:《高僧传》,中华书局1992年版,第3页。
② 梁启超:《佛教之初输入》,《佛学研究十八》篇,中华书局1989年版,第19—20页。
③ （北魏）魏收:《魏书》,中华书局1974年版,第3025—3026页。
④ 宋佩韦:《东汉宗教史》,商务印书馆1931年版,第22页。

早期传播的真实状态。正如顾敦鍒先生所说,"从春秋到三国,五百年间,关于佛教初进中国的记载,是极尽其恍惚迷离之致。研究历史的人要根据这些记载来指出佛教在什么时候进中国,是一件不容易的事。但是从社会学的研究看来,这种不完全的史料,正反映出一种初输入的新文化,其特征是它的独异性,其状态是若隐若现、若有若无。所以我们根据现有的材料论,只能浑概地说,佛教输入的时候总在东汉以前。前到什么时候? 现在不能说,因为异性文化的记录,大多是不完全的。以佛教而论,起初只有少数外国和尚来诵经礼佛。也有少数好奇的中国人,去看看问问,略知一二,学习了一些皮毛。"①

　　经过很长一段时间的文化渗透之后,佛教才逐渐在中原得以立足。到了东汉时期,中原地区已经开始有人信奉佛法,佛教活动也开始与社会上层发生联系,以显性状态传播的佛教活动也逐渐多了起来。比如,汉桓帝就是一位佛教信徒,他曾于宫中设坛祭祀佛陀。由于这一行为乃帝王所为,所以很多文献都收录此事。刘宋时期,范晔编修《后汉书》时也将此事收纳其中。

　　随着佛教在中原地区的进一步发展,一些民间的佛事活动初具规模,影响力也日益扩大,并开始引起统治者及其修史者的注意。比如东汉末年丹阳人笮融广造佛寺,传布佛教,极力扩大佛教的影响。此事广为人知,影响极大,许多史书都有记载,《三国志·吴书》记录说:"笮融者,丹杨人,初聚众数百,往依徐州牧陶谦。谦使督广陵、彭城运漕,遂放纵擅杀,坐断三郡委输以自入。乃大起浮图祠,以铜为人,黄金涂身,衣以锦采,垂铜槃九重,下为重楼阁道,可容三千余人,悉课读佛经,令界内及旁郡人有好佛者听受道,复其他役以招致之,由此远近前后至者五千余人户。每浴佛,多设酒饭,布席于路,经数十里,民人来观及就食且万人,费以巨亿计。"②《后汉书》、《资治通鉴》、《太平御览》等都收录了此事。

　　到了南北朝时期,佛教与政治联系得更加紧密,许多帝王将相都信奉佛陀,所以这一时期的佛教传播活动就容易采入官修史书中,如《南齐书·张敬儿列传》记载,永明元年(483 年),齐武帝萧赜在华林园设八关斋戒,以示尊崇佛法。《魏书·世宗纪》记载,景明二年(501 年),宣武帝元恪在宫廷亲自给僧侣和朝臣宣讲《维摩诘经》。有些史书中还设立专门的篇章介绍佛教,如《魏书·释老志》就是一篇专门讲述佛教的史志,较为系统地记述

　　① 顾敦鍒:《佛教与中国文化》,载张曼涛主编:《佛教与中国文化》,上海书店 1987 年版,第49 页。
　　② (晋)陈寿撰,(宋)裴松之注:《三国志》,中华书局 1959 年版,第 1185 页。

了北魏孝文帝之前佛教在中原地区的传播情况。有的史书中还为历代高僧立传,详细介绍他们的生平事迹,如李昉奉勒监修的《太平广记》中就为许多僧人立传,如卷八十七的释摩腾、竺法兰、康僧会、支遁;卷八十八的佛图澄;卷八十九的释道安、鸠摩罗什、法朗、李恒沙门等。

如果说,隐性传播和模糊性传播贯穿于整个佛教传播史的话,那么显性传播活动大多出现在佛教传播的成熟期,因为只有在这个时期,佛教文化的传播活动才能为众人普遍接受,才会引起统治者的重视。

以上分析说明,在佛教文化东传的过程中,有些传播的信息能够流传下来,为后人所知,也有许多的信息失于载录,淹没于浩渺的历史星空之中,后人无法了解。这就要求我们今天的研究工作者,不能仅仅依靠文献记录去设定标尺,否则就会犯本本主义的错误,容易造成文化研究中的冤假错案。对于佛教文化进入中原的时间界定,许多人就抱定文献记录这一标尺,将始传时间认定为汉明帝永平年间,这只是关注了佛教文化传播中的显性传播内容,而忽视了隐性传播内容。连云港孔望山摩崖佛像①的考古发现,已经印证了上述界定的不合理。换句话说,未见于史志文献记载的文化传播活动是切实存在的。还有些研究者又以汉明帝永平(58—75 年)求法为时间标准,去评判、断定古籍文献的真伪以及产生时间等问题,恐怕就错上加错了。

四、《列子》佛典"抄袭说"辩证

1949 年 2 月,北京大学的季羡林先生写成了《〈列子〉与佛典——对于〈列子〉成书时代和著者的一个推测》一文。针对《列子》与佛典内容上的关联,季先生首先梳理了历代研究者的评论和看法,在肯定了前人成果与贡献的基础上,指出了前人研究中的不足,"这些意见有的都很中肯;但类似上面举出的这些记载散见佛典,我们虽然可以说《列子》剽掠了佛典,我们却不能确切地指出剽掠的究竟是哪一部,因而也就不能根据上面这些证据推测出《列子》成书的年代。"②然后,以《列子·汤问》篇第五章内容为证,认

---

① 孔望山摩崖造像,位于连云港市南两公里处的孔望山南麓,分布在东西长 17 米、高 8 米的峭崖上。此处依山岩的自然形势雕有 13 个组体的各种形态的造像。1980 年中国历史博物馆研究员史树青先生首次指出摩崖群像中有佛教造像,如像群中有高肉髻、顶光、莲花、施无畏印、结伽趺坐等,并有表现佛本生故事的萨埵那太子舍身饲虎图等。摩崖画像东侧约 70 米处,有一石雕大象,略大于真相,长鼻巨牙、卷尾粗足,上刻有一身着丁字形头饰的象奴,手执钩鞭,脚戴镣铐,右书"象石"二字。南侧约 150 米处,有一圆雕石蟾蜍。这两座石雕,特别是石象,气势雄伟,造型精美。
② 《季羡林文集》第六卷,江西教育出版社 1996 年版,第 44—45 页。

为《列子》抄袭了佛典《生经》，"我们比较这两个故事，内容几乎完全相同"①，"《列子》与《生经》里机关木人的故事绝不会是各不相谋的独立产生的，一定是其中的一个抄袭了另外一个。现在我们既然确定了印度是这个故事的老家，那么，《列子》抄袭佛典恐怕也就没有什么疑问了。"②最后以此为据，进一步推定《列子》抄袭《生经》的时间不早于晋武帝太康六年，"《列子》既然抄袭了太康六年译出的《生经》，这部书的纂成一定不会早于太康六年。……所以，就我们现在所发现的材料来说，《列子》抄的最晚的一部书就是《生经》。"③

季先生此文不同于他人的地方在于，文章具体指明了《列子》抄袭的佛经内容，显得很有道理，很具说服力。下面，让我们来看一下季先生所举例证。

《列子·汤问》篇第十三章：

> 周穆王西巡狩，越昆仑，不至弇山。反还，未及中国，道有献工人名偃师，穆王荐之，问曰："若有何能？"偃师曰："臣唯命所试。然臣已有所造，愿王先观之。"穆王曰："日以俱来，吾与若俱观之。"越日偃师谒见王。王荐之，曰："若与偕来者何人邪？"对曰："臣之所造能倡者。"穆王惊视之，趣步俯仰，信人也。巧夫锸其颐，则歌合律；捧其手，则舞应节。千变万化，惟意所适。王以为实人也，与盛姬内御并观之。技将终，倡者瞬其目而招王之左右侍妾。王大怒，立欲诛偃师。偃师大慑，立剖散倡者以示王，皆傅会革、木、胶、漆、白、黑、丹、青之所为。王谛料之，内则肝、胆、心、肺、脾、肾、肠、胃，外则筋骨、支节、皮毛、齿发，皆假物也，而无不毕具者。合会复如初见。王试废其心，则口不能言；废其肝，则目不能视；废其肾，则足不能步。穆王始悦而叹曰："人之巧乃可与造化者同功乎？"诏贰车载之以归。夫班输之云梯，墨翟之飞鸢，自谓能之极也。弟子东门贾禽滑厘闻偃师之巧以告二子，二子终身不敢语艺，而时执规矩。

《生经》卷三《国王五人经》：

> 时第二工巧者转行至他国。应时国王喜诸技术。即以材木作机关

---

① 《季羡林文集》第六卷，江西教育出版社1996年版，第46页。
② 《季羡林文集》第六卷，江西教育出版社1996年版，第47页。
③ 《季羡林文集》第六卷，江西教育出版社1996年版，第48—49页。

木人,形貌端正,生人无异,衣服颜色,黠慧无比,能工歌舞,举动如人。辞言:"我子生若干年,国中恭敬,多所馈遗。"国王闻之,命使作技。王及夫人,升阁而观。作伎歌舞,若干方便。跪拜进止,胜于生人。王及夫人,欢喜无量。便角眨眼,色视夫人。王遥见之,心怀忿怒。促敕侍者,斩其头来:"何以眨眼,视吾夫人?"谓有恶意,色视不疑。其父啼泣,泪出五行。长跪请命:"吾有一子,甚重爱之。坐起进退,以解忧思。愚意不及,有是失耳。假使杀者,我当共死。唯以加哀,愿其罪辜。"时王恚甚,不肯听之。复白王言:"若不活者,愿自手杀,勿使余人。"王便可之。则拔一肩楣,机关解落。碎散在地。王乃惊愕:"吾身云何嗔于材木? 此人工巧,天下无双,作此机关,三百六十节,胜于生人。"即以赏赐亿万两金。即持金出,与诸兄弟,令饮食之,以偈颂曰:观此工巧者,多所而成就。机关为木人,过逾于生者。歌舞现伎乐,令尊者欢喜。得赏若干宝,谁为最第一。①

《国王五人经》讲的是:有一国王,名曰"大船",其有五子,一曰智慧,二曰工巧,三曰端正,四曰精进,五曰福德。正如他们的名称所示,五人各怀所长,都以为自己乃天下第一。为决出到底谁是天下第一,五人决定现丈夫之相,各自远游他国,"自试功德"。最后福德王子胜出,在他国被立为国王,遂召集其他四位兄弟,各令得所。以上所引,即为工巧王子游历他国时所经历的故事。据季羡林先生考证,《国王五人经》这个大故事源于印度,既然工巧王子作机关木人的故事属于这个大故事的一部分,所以它也应该出自印度,"这个小故事既然嵌在那个大故事里面,所以我相信,它的老家也一定就是印度。"②后来,这些故事又在中亚等其他佛教传布地区广为流传。

从情节来看,《国王五人经》与《列子·汤问》篇所记确实较为接近,应属于同一情节母题,正如季羡林先生所说:"看了这两个故事这样相似,我想无论谁也不会相信这两个故事是各不相谋的独立产生的,一定是其中的一个抄袭的另外一个。"③但是,故事情节相似就一定存在抄袭关系吗? 这一命题要想成立,必须满足一个前提——佛教故事传播到其他地域的唯一途径只能借助佛典的输入。但从现实情况来看,这一前提是不能成立的。

文化的交流、信息的传播,并不总是按照人们的预定路线去进行,它有

---

① 大正新修《大藏经》卷一,佛陀教育基金会 1990 年印赠。
② 《季羡林文集》第六卷,江西教育出版社 1996 年版,第 47 页。
③ 《季羡林文集》第六卷,江西教育出版社 1996 年版,第 47 页。

自身的随意性、偶然性和多样性。佛教内容在中原的流传也具有这些特征，传播途径是多条线路的，传播方式是随意的。就我们所知，佛教内容的传播至少有两条信息链。其一，有些佛教内容是在佛典输入中原后，方才开始传播，这类内容的信息链可以归结为：佛典输入中原——译成汉文——佛教内容逐渐流布开来。以《旧杂譬喻经》为例，此经在三国时就已输入中原，东吴康僧会（？—280年）将其译成汉文。此后，《旧杂譬喻经》中的许多佛教故事广为传播，为时人所熟知，其中有些故事还被中原文人纳入到自己的作品中。比如上卷中有"鹦鹉救火"的故事：

> 昔有鹦鹉，飞集他山中，山中百鸟畜兽，转相重爱，不相残害。鹦鹉自念："虽尔（乐），不可久也，当归耳。"便去。却后数月，大山失火，四面皆然。鹦鹉遥见，便入水，以羽翅取水，飞上空中，以衣毛间水洒之，欲灭大火。如是往来往来。天神言："咄！鹦鹉！汝何以痴！千里之火，宁为汝两翅水灭乎？"鹦鹉曰："我由（固）知而不灭也。我曾客是山中，山中百鸟畜兽，皆仁善，悉为兄弟，我不忍见之耳。"天神感其至意，则雨灭火也。①

刘宋时期，小说家刘义庆（403—444年）编撰《宣验记》时，就将"鹦鹉救火"的故事编入其中，虽然略有改动，但故事情节基本一致。

> 有鹦鹉飞集他山。山中禽兽，辄相爱重。鹦鹉自念："虽乐，不可久也。"便去。后数月，山中大火，鹦鹉遥见，便入水沾羽，飞而洒之。天神言："汝虽有志意，何足云也！"对曰："虽知不能救，然尝侨居是山，禽兽行善，皆为兄弟，不忍见耳。"天神嘉感，即为灭火。②

可以说，这类佛教内容在中原的传播是源于佛典的输入，佛典（尤其是中译佛典）在整个信息链中承担着不可或缺的桥梁作用，它是佛教内容在他域传播过程中的信息源。

其二，也有一些佛教内容在中原地区的传播，并非借助佛典的输入，而是通过其他途径进入了中原，正如季羡林先生后来所总结的"一个民族创造出那样一个美的寓言或童话以后，这个寓言或童话绝不会只留在一个地

---

① 《大正新修大藏经》卷四，佛陀教育基金会1990年印赠。
② 鲁迅：《古小说钩沉》，人民文学出版社1951年版，第553页。

方,它一定随了来往的人,尤其是当时的行商,到处传播,从一个人的嘴里到另外一个人的嘴里,从一村到一村,从一国到一国,终于传遍各处。"①换言之,在这类佛教内容的信息传播链中,没有中译佛典的位置。比如《杂宝藏经》乃元魏时期(493—534 年)吉迦夜翻译,但在此之前,其中的一些佛教故事就已经在中原地区流传,有些还被纳入到中原文化典籍中。比如卷一《弃老国缘》中记载有大臣之父"智称巨象"的故事:

> 天神又复问言:"此大白象,有几斤两?"群臣共议,无能知者。亦募国内,复不能知。大臣问父。父言:"置象船上,著大池中,画水齐船,深浅几许。即以此船,量石著中,水没齐画,则知斤两。"即以此智以答。②

这一故事,早在三国时期就在中原流传了,陈寿(233—297 年)编撰的《三国志·武文世王公传》中就载有此故事,无非故事的主人公已由"大臣之父"改为了"曹冲":

> 邓哀王冲字仓舒。少聪察岐嶷,生五六岁,智意所及,有若成人之智。时孙权曾致巨象,太祖欲知其斤重,访之群下,咸莫能出其理。冲曰:"置象大船之上,而刻其水痕所至,称物以载之,则校可知矣。"太祖大悦,即施行焉。③

这说明,在佛典《杂宝藏经》译成汉文之前的二百多年中,"智称巨象"的佛教故事就已经在中原开始流传。

再比如《百喻经》卷三《医治脊偻喻》中所讲的治驼背故事:

> 有人卒患脊偻,请医疗之。医以酥涂,上下著板,用力痛压,不觉双

---

① 季羡林:《从比较文学的观点上看寓言和童话》,载《比较文学与民间文学》,北京大学出版社 1991 年版,第 45 页。

② 大正新修:《大藏经》卷四,佛陀教育基金会 1990 年印赠。

③ 季羡林先生在《从比较文学的观点上看寓言和童话》一文中说:"曹冲称象的故事毫无可疑地是来自印度,我们只要想一想,象这东西产生的地方,就可以明白了。"陈寅恪先生《三国志曹冲华佗传与佛教故事》一文中说:"象为南方之兽,非曹氏境内所能有,不得不取其事与孙权贡献事混成一谈,以文饰之,此比较民俗文学之通例也。……总而言之,三国志曹冲华佗二传,皆有佛教故事,辗转因袭杂糅附会于其间,然巨象非中原当日之兽,华佗为五天外国之音,其变迁之迹象犹未尽亡,故得赖之以推导史料之源本。"

目一时併出。

我国古代的笑话集《笑林》中就记有此事：

> 平原人有善治伛者，自云："不善，人百一人耳。"有人曲度八尺，直度六尺，乃厚货求治。曰："君且卧。"欲上背踏之。伛者曰："将杀我。"曰："趣令君直，焉知死事。"①

《百喻经》乃僧伽斯那所撰，南朝萧齐时期（479—502 年），天竺僧人求那毗地将其翻译成汉文，而《笑林》乃汉、魏间文人邯郸淳所编，粗略计算，该故事的流传也要比《百喻经》的翻译早二百多年。

实际上，当时还有一些印度古籍根本就没有中文译本，但其中的一些故事内容也照样在中原地区广为流传。如明代刘元卿《应谐录》记载的"猫号"寓言：

> 齐奄家畜一猫，自奇之，号于人曰"虎猫"。客说之曰："虎诚猛，不如龙之神也。请更名曰龙猫。"又客说之曰："龙固神于虎也。龙升天，须浮云，云其尚于龙乎？不如名曰云。"又客说之曰："云霭蔽天，风倐散之，云故不敌风也。请更名曰风。"又客说之曰："大风飙起，维屏以墙，斯足蔽矣。风其如墙何？名之曰墙猫可。"又客说之曰："维墙虽固，维鼠穴之，墙斯圮矣。墙又如鼠何？即名之曰鼠猫可也。"东里丈人嗤之曰："噫嘻！捕鼠者故猫也，猫即猫耳，胡为自失本真哉！"②

此故事即源自印度的"老鼠结婚"寓言，该寓言在梵文故事集《故事海》和《五卷书》中都有，但这些印度古籍直到 20 世纪才陆续有人将其翻译成中文译本，为便于比较，今引录季羡林先生翻译的《五卷书》译本如下：

> 从前一个隐士拾到一只从鹰爪里掉出来的小老鼠，觉得很可怜，于是就运用神通力把它变成一个少女，带到自己隐居的地方去。当他看到她已经长大了的时候，他想替她找一个有力的丈夫。他先把太阳喊来，对太阳说："娶这个女孩子吧！我想把她嫁给一个有力的丈夫。"太

---

① 王利器辑录：《历代笑话集》，上海古籍出版社 1981 年版，第 6 页。
② 王利器辑录：《历代笑话集》，上海古籍出版社 1981 年版，第 163—164 页。

阳回答说:"云比我还有力,他一会儿的工夫就把我遮起来。"隐士听了,把太阳放走,又把云喊了来,让他娶她。云回答说:"风比我还有力,只要他高兴,他可以把我吹到天空里任何地方去。"隐士听了,又把风喊了来,仍然向他做同样的建议。风回答说:"山比我更有力,因为我不能够移动他们。"这个隐士听了,就把喜马拉雅山喊来,想把女子嫁给他。山回答说:"老鼠比我更有力,因为他们能够在我身上挖洞。"这隐士听了这些聪明的神们的回答,就喊来一只林鼠,对它说:"娶这个女孩子。"它回答说:"请你告诉我,她怎样钻进我的穴子里去?"隐士说:"它最好还是变成一只老鼠。"于是他又把她变成老鼠,嫁给那只雄鼠。①

同样的例证尚有许多,如《太平广记》卷二百八十七引录《出潇湘记》中"木鹤飞车"的故事,也同样源自《五卷书》卷一中的第八个故事。

以上例证说明,中原地区流传的佛教故事至少有两条传播途径。一条是借助佛典的输入;另一条是通过人们的口耳相传。对于后者,陈寅恪先生在《三国志曹冲华佗传与佛教故事》一文中已有所论述,他在解释"智称巨象"这一故事传播时说:"(佛经)或虽未译出,而此故事仅凭口述,亦得辗转传至于中土"②。

五、《列子》中佛教内容的来源猜想

对于上述第二条传播途径,有人难免要问:口耳相传只是一种近距离的传播方式,西域远在千里之外,又如何实现口耳相传呢? 由于事隔久远,已很难追溯清楚。但中西之间的商旅往来应是一条重要的传播途径。

据研究者证明,早在先秦时期,中原与西域之间就有了较为频繁的商旅来往。张骞出使西域后,两地的交往更加畅通,规模也愈加庞大,"驰命走驿,不绝于时月;商胡贩客,日款于塞下"③,"诸使外国一辈大者数百,少者百余人"④。其中的许多商人、使臣又是知识广博的佛教信徒,如安息商人安玄就通晓佛经,他于东汉灵帝(168—189 年在位)末年抵达洛阳后,和严佛调合译了《法镜经》。再如东晋时的印度商人竺难提也是一位著名的译经家。这些商人在忙于商业贸易之际,也会将佛教故事传播于周围受众,甚

---

① 季羡林译:《五卷书》,人民文学出版社 1981 年版,第 297 页。
② 陈寅恪:《寒柳堂集》,上海古籍出版社 1980 年版,第 158 页。
③ (宋)范晔:《后汉书》,中华书局 1965 年版,第 2931 页。
④ (汉)司马迁:《史记》,中华书局 1959 年版,第 3170 页。

至也会主动参与布道传教的活动,如《洛阳伽蓝记》卷五中就记载了胡商参
与传教的具体事例:

> 于阗王不信佛法,有商胡将一比丘尼名毗卢旃在城南杏树下,向王
> 伏罪云:"今辄将异国沙门来在城南杏树下。"王闻忽怒,即往看毗卢
> 旃。旃语王曰:"如来遣我来,令王造覆盆浮图一所,使王祚永隆。"王
> 曰:"令我见佛,当即从命。"毗卢旃鸣钟告佛,即遣罗睺罗变形为佛,从
> 空而现真容。王五体投地,即于杏树下置立寺舍,画作罗睺罗像,忽然
> 自灭,于阗王更作精舍笼之。①

《魏书·西域传》记载:"城南五十里有赞摩寺,即昔罗汉比丘卢旃为其
王造覆盆浮图之所。"②可证《洛阳伽蓝记》所言不虚。以上所述说明,在佛
教传播过程中,商人确实发挥了很大的作用。通过他们的口耳相传,将一些
佛教故事传入中原也是符合情理的。

1979年,巴基斯坦伊斯兰堡真纳大学、联邦德国海德堡大学和法国巴
黎法兰西学院所属亚洲研究所组成联合考察队,沿着古代著名的中西商
道——罽宾道一路考察,发现了许多佛教岩刻,其中有相当一部分都是公元
1世纪的作品。③ 这次考察的结果说明,古代的商道基本上就是古代的佛
道,很多佛教传播活动都是借助商旅往来传到异域他国的。这些商旅之人
穿梭于中原和西域之间,通过他们的口耳相传,许多西域故事就会在中原地
区流传开来。《隋书·裴矩列传》就有胡商介绍其国山川、习俗、传闻的记
载,"(裴)矩知帝方勤远略,诸商胡至者,矩诱令言其国俗山川险易,撰《西
域图记》三卷,入朝奏之。"④

有些佛教故事在流传过程中,很可能会出现局部的改动,染上中原文化
的色彩,如"治驼背"故事中的"有人"改为"平原人","智称巨象"故事中的
"大臣之父"改为"曹冲","老鼠结婚"寓言中的"老鼠"改成了"猫"。这种
故事的"篡改",都是文化交流传播中经常出现的现象。对于传播过程中的
这种"篡改"现象,季羡林先生总结说:"一个民族创造出那样一个美的寓言
或童话以后,这个寓言或童话绝不会只留在一个地方。它一定随了来往的

---

① (魏)杨衒之:《洛阳伽蓝记》,中华书局2012年版,第354页。
② (北魏)魏收:《魏书》,中华书局1974年版,第2262页。
③ 李正晓:《中国内地早期佛教造像研究》,中国社会科学院研究生院博士学位论文,2002
　年,第14—15页。
④ (唐)魏徵:《隋书》,中华书局1973年版,第1580页。

人,尤其是当时的行商,到处传播,从一个人的嘴里到另外一个人的嘴里,从一村到另一村,从一国到一国,终于传遍各处。因了传述者爱好不同,他可能增加一点,也可以减少一点;又因了各地民族的风俗不同,这个寓言或童话,传播既远,就不免有多少改变。但故事的主体却无论如何不会变更的。所以,尽管时间隔得久远,空间距离很大,倘若一个故事真是一个来源,我们一眼就可以发现的。"①

由以上分析可以看出,除了借助佛典之外,佛教故事还可以通过行人的口头方式输入中原。这一点,季羡林先生在1958年写成的《印度文学在中国》一文中也予以认可,"印度故事中国化可能有很多种方式;但是大体上说起来,不外乎两大类:一是口头流传;一是文字抄袭。"②所以说,《列子·汤问》篇与《佛说国王五人经》在故事情节上的相似性,不能说明前者一定抄袭了佛典。

从内容上说,《列子·汤问》篇第十三章与《佛说国王五人经》之间确实存在着某种联系,至于这种联系的发生过程,我们可以作出以下两种猜想。

第一种:正如季羡林先生所说,二者之间存在"抄袭"关系。但在抄袭时间上,不一定是《列子》"成书"时所抄,也有可能是《列子》在流传过程中,后人根据汉译佛典抄袭增窜所致。

第二种:《佛说国王五人经》的故事原产于古代印度,随着佛教的传布,而在西域广为流传。据季羡林先生查考,近世出土的吐火罗文A方言(焉耆文)残卷中就保存有这一故事,这说明该故事流传的地区也包括我国新疆境内的天山南北地区。后来"机关木人"的故事又通过商旅、使臣等人的口耳相传,从西域传至中原。《列子》的编撰者(或整理者)又将民间流传的"机关木人"的故事编入《列子》中,从而出现了与《生经》故事情节相似的情况。

除《汤问》篇第十三章之外,众人论及《列子》中染有佛教色彩的内容(更确切地说法是,染有西域色彩的内容),还有《周穆王》篇第一章、第四章,《仲尼》篇第三章,《汤问》篇第十三章等。从这些章节内容来看,都富有故事性,适合民间流传,难怪梁启超先生将其归类于"神话","《列子》中多讲两晋间之佛教思想,并杂以许多佛家神话,显系后人伪托无疑。……张湛

---

① 季羡林:《从比较文学的观点上看寓言和童话》,载《比较文学与民间文学》,北京大学出版社1991年版,第45—46页。
② 季羡林:《印度文学在中国》,载《比较文学与民间文学》,北京大学出版社1991年版,第105页。

生当两晋,遍读佛教经典,所以能融化佛家思想,连神话一并用上。"①这也能够从侧面说明,我们以上的这种解释是有一定道理的。

　　将《列子·汤问》篇与《佛说国王五人经》所记"机关木人"的故事加以比较,就能够感觉到前者沾有西域特色。比如故事发生的时间已改为周穆王时,地点也改为周穆王巡视西北的途中,主人公也由工巧王子和国王变为偃师和周穆王。其所以将故事移置于周穆王身上,大概是与周穆王游幸西方的传说有关。从行文格式来看,《佛说国王五人经》属于典型的佛经韵文形式,而《汤问》篇所记"机关木人"故事乃是散文形式,更加接近口语,适合于口耳相传。从语言风格上看,《汤问》篇所记明显具有民间故事修饰夸张的色彩。比如,为了突出偃师的高超技艺,结尾拿巧匠公输班、墨翟二人作比,"夫班输之云梯,墨翟之飞鸢,自谓能之极也。弟子东门贾禽滑厘闻偃师之巧以告二子,二子终身不敢语艺,而时执规矩。"戏谑夸大之辞,溢于言表。

　　在《列子》中,除了《汤问》篇第十三章之外,还有其他一些章节内容也明显带有西域特色。如《周穆王》篇第一章,"周穆王时,西极之国有化人来,入水火,贯金石;反山川,移城邑;乘虚不坠,触实不碍。千变万化,不可穷极。"化人,又称眩人,即幻术师。据司马迁所说,幻术最早在中亚、西亚地区较为盛行,"条枝(今伊拉克)在安息西数千里,临西海……国善眩。"同一章又曰:"(周穆王)已饮而行,遂宿于昆仑之阿,赤水之阳。别日升于昆仑之丘,以观黄帝之宫;而封之以诒后世。遂宾于西王母,觞于瑶池之上。西王母为王谣,王和之,其辞哀焉。"昆仑、赤水、瑶池、西王母,或为地理名称,或为传说中的人物,都与西域有关联。

　　总之,《列子·汤问》篇第十三章与《佛说国王五人经》所记"机关木人"故事虽然情节近似,但二者之间并不一定存在抄袭的关系。

六、"西方圣人"与佛教文化的早期传播特点

　　任何民族、地域的文化都不能孤立地存在、单线地发展,都要和域外文化发生关系,并在相互冲撞中完成吸纳、融合的自我演变过程。在华夏文化与外来文化的交往过程中,对其冲击最大、影响最为久远的当属佛教文化的传入。佛教在中原的传播,可以分为输入、碰撞、融合、本土化几个阶段。在传播方式、方法上,每个阶段都各有特色。《列子》一书即体现了佛教文化在中原地区的早期传播特点。

---

　　①　梁启超:《古书真伪及其年代》,中华书局1962年版,第8—9页。

（一）传播地域的层递性

地域之间的文化传播，从传播模式上可分为直接传播和间接传播。对于相隔较远的区域，初始阶段多以间接传播为主，展示出传播地域的层递性，就如一粒石子投入池塘中荡起的波纹，由中心向四周层递性扩散，覆盖面越来越大，波及力却渐趋减弱。佛教由印度向中原传播的过程中即有如此特点。

佛教创立之初，传布范围仅限于恒河流域之一部分。直到公元前268年阿育王登基之后，佛教的传播才有了迅猛发展。公元前251年，阿育王派遣传道僧到古印度各地和国外布教。其中西北一路先是传到安息、罽宾、犍陀罗，然后通过罽宾、犍陀罗北部的兴都库什山山口往北到达大夏。后来，佛教文化又往北传播到康居（今哈萨克斯坦南部、乌兹别克斯坦），往东翻越葱岭传至我国新疆境内，最后再经河西走廊到达中原地区。

区域传播的层递性，使传播内容在传播过程中难免受到过渡地区的影响。如《列子·汤问》篇第十三章中，周穆王巡游西北，"越昆仑，至弇山"，返还途中有偃师献歌舞倡者，"巧夫錭其颐，则歌合律；捧其手，则舞应节。千变万化，惟意所适。"穆王奇之，携盛姬妃嫔并观之。表演接近尾声时，倡者以眼色挑逗穆王姬妾，"王大怒"，欲诛偃师，偃师剖散倡者以示王，皆为革、木、胶、漆等组装而成，穆王叹服。① 这一故事源自佛典，西晋竺法护译的《生经》卷第三《佛说国王五人经》中即有此故事，讲的是工巧王子以木材做机关木人，"形貌端正，生人无异，衣服颜色，黠慧无比，能工歌舞，举动如人。"②木人之子为国王及夫人作伎歌舞时，色视夫人，惹王大怒，命斩之。机关木人拔掉肩部机关，材木散落于地，共三百六十节。两相比较，《汤问》篇所记已带有过渡地区的区域印记。故事发生的时间已改为周穆王时，地点已改成周穆王巡视西北的途中，主人公也由工巧王子和国王变为偃师和周穆王。之所以将故事移置于周穆王身上，大概也与周穆王游幸西方的传说有关。今天我们所发现的吐火罗文A方言（焉耆文）残卷中，仍能找到《佛说国王五人经》的记载，这说明该故事在天山南北曾有流传。

佛教传播地域的层递性特征，还表现在众多传教师的来源上。据佛教文献所记，佛教在中原地区传播初期，那些来此布教的传教师多来自于罽宾、犍陀罗、大夏、大月氏以及康居等国，如汉桓帝时期的安世高，就来自安息，原为安息国太子，将王位让给叔父之后离开安息，四处布教。汉桓帝建

---

① 杨伯峻：《列子集释》，中华书局2013年版，第188—190页。
② 《大正新修大藏经》卷一，佛陀教育基金会1990年印赠。

和二年(148年)来到洛阳,历20余年,翻译佛经30余部。与安世高同一时期来到中原的传教师还有安息的安玄、大月氏的支娄迦谶等。另外,三国时的支谦、西晋时的竺法护,都来自大月氏,东晋时的僧迦跋澄、僧伽提婆、卑摩罗叉、佛陀耶舍来自罽宾,昙伽难提来自吐火罗。正是缘于地域和交通的条件,使得汉魏两晋时期的传教师多来自更靠近中原的中亚地区。

（二）对本土文化的依附性

文化是对人的种群或类的本质及表象特征的描述,它具有民族性和地域性的特征。不同民族的文化、不同地域的文化,它们在深层结构上都是民族文化符号长期积累和沉淀的后果,这使得文化本身天生就具有一种内在的稳定性。与此相对应,它也具有相对的排外性。因此,当一种文化进入另一地区时,要想被该地区民众所接受,它首先要克服一定程度的排斥心理,而克服这种心理障碍的最好途径就是采取依附的方法。具体而言,就是尽可能地将外来文化与本土文化黏着在一起,以本土文化为依附的土壤,种下外来文化的种子,以达到借鸡生卵的目的。

佛教在流布中原之初,也采取了这种办法,把自己与中原传统的儒、道主流文化捆绑在一起。"为使异国宗教——佛教在中国传布,唯一的手段和方法就是尽量让它和中国固有的风俗、习惯、思想、信仰等结合调和起来,并且必须配合道士和方术家所提倡的长生不老术来进行。"[1]《理惑论》中,牟融即将佛教视为九十六种"道术"之一,并用儒、道理论来解释佛法教义,"或问曰:'佛法何出? 生宁有先祖? 及国邑不(否)? 皆何施行? 状何类乎?'牟子曰:'……老子曰:孔德之容,唯道是从。其斯之谓也。'"[2]《四十二章经》中更是直接将佛教称为"佛道"。

佛教传播初期对中原地区本土文化的依赖性,在《列子》中也有体现。《列子·仲尼》篇第三章虚构了一段对话:

> 商太宰见孔子曰:"丘圣者欤?"孔子曰:"圣则丘何敢,然则丘博学多识者也。"商太宰曰:"三王圣者欤?"孔子曰:"三王善任智勇者,圣则丘弗知。"曰:"五帝圣者欤?"孔子曰:"五帝善任仁义者,圣则丘弗知。"曰:"三皇圣者欤?"孔子曰:"三皇善任因时者,圣则丘弗知。"商太宰大骇,曰:"然则孰者为圣?"孔子动容,有间曰:"西方之人有圣者焉,不治

<hr>

[1] ［日］镰田茂雄撰,郑彭年译,力生校:《简明中国佛教史》,上海译文出版社1986年版,第20页。

[2] （汉）牟子:《理惑论》,载石峻主编:《中国佛教思想资料选编》（一）,中华书局1981年版,第2—3页。

而不乱,不言而自信,不化而自行,荡荡乎民无能名焉。丘疑其为圣。弗知真为圣欤? 真不圣欤?"商太宰嘿然心计曰:"孔丘欺我哉!"

商太宰列举三皇、五帝以及孔子本人,询问孔子"孰者为圣"? 孔子对商太宰所列举逐一否认,最后说:"西方之人有圣者焉,不治而不乱,不言而自信,不化而自行,荡荡乎民无能名焉。丘疑其为圣。"三皇、五帝本是儒家推崇的古代圣君,孔子又是儒家最具权威的代言人,此处佛教传播者假孔子之口,将"圣人"之名冠于"西方之人",对抬高佛教地位是再有利不过了。文中之所以没有明言"西方之人"即为佛,是因为佛教传入之初,东土之人尚不知晓佛为何许人也,直接以释迦牟尼取代三皇、五帝的圣贤地位,易于激起受众的抵触心理。以"西方之人"模糊代之,既可以避免文化理念的冲突,又能引起受众的好奇心理。其中对"西方之人"的品评言论也是借用了道家无为而治的思想,《老子》第五十七章曰:"故圣人云:我无为而民自化,我好静而民自正,我无事而民自富,我无欲而民自朴。我无情而民自清。"①在道家理念中,无为而治乃圣人之所能为,佛教传播者偷梁换柱,将此标准加于"西方之人"身上,那么结论自然就是:"西方之人"即是圣人。

　　这种依附式传播带来的后果就是,中原人将佛教与儒、道混为一团,没有严格的学派之分。比如东汉时期,汉桓帝就将浮屠与老子一起供奉,"设华盖以祠浮图、老子","又闻宫中立黄、老、浮屠之祠"②。有人甚至将浮屠视作老子弟子,"《浮屠》所载与中国《老子经》相出入。盖以为老子西出关,过西域之天竺,教胡。浮屠属弟子别号,合有二十九,不能详载,故略之如此。"③在孔望山摩崖石刻中,也是将儒、释、道三派人物相互掺杂刻在一起。以上这些文化现象,都反映了佛教早期传播的一种原始状态。

　　(三) 传播手段的俗易性

　　外来文化接受的途径,可分为自上而下和自下而上两种。

　　所谓自上而下,就是由统治者出面,借助官方的力量,向社会民众实施由上而下的文化传播。这一途径既简便易行,又可以获得较好的传播效果。但由于文化之间固有的冲突性,外来文化的侵入容易扰乱本地区原有的社会理念,动摇统治者原来的秩序,所以很难取得统治者的认可和支持。《破邪论》记载,秦始皇时,外国沙门释利防等一十八人来到东土,企图化教嬴

---

① (魏)王弼注:《老子道德经注》,中华书局 2011 年版,第 154 页。
② (宋)范晔:《后汉书》,中华书局 2000 年版,第 320 页。
③ (晋)陈寿撰,(宋)裴松之注:《三国志·魏书》,裴松之注引:《魏略·西戎传》,中华书局 1959 年版,第 859—860 页。

政,结果被秦始皇投入狱中。或以为此条材料不可信。但释利防等人来中原时,在时间上与阿育王派遣传道士于四方弘布佛教正好吻合。我们以为《破邪论》所记,未必全信,但此时有西域传道士来中原布教,倒是值得考虑,而且极有可能受阿育王布教方式的启发,刚来中原时,也想借助政权之力,实施自上而下的传播方式,但结果以失败告终。既然自上而下的传播方式在中原地区行不通,所以只好采取自下而上的传播途径。

所谓自下而上,就是传播者深入民间,直接向大众布教,由社会底层逐渐向全社会传播蔓延。在向大众直接传教的过程中,由于传播对象多为接受能力较低的普通民众,所以要求布教者必须采用一些通俗易懂、生动有趣的手段去吸引受众。反映在《列子》中,就是将佛教传播与一些历史故事、民间传说糅合。如上举将西方"圣者"与孔子相联系,将佛经故事与周穆王西征的历史传说相结合,让受众在轻松愉悦的氛围中不知不觉地接受了佛教的熏染。在后世的布教过程中,这种"俗讲"的形式仍被相继沿用,唐代变文即是这一传教形式发展的必然产物。

(四)传播内容的复合性

文化是一个社会群体所特有的文明现象的总和,它包括科学、信仰、艺术、道德、法律、习俗以及作为社会成员的人所具有的一切其他规范和习惯。这决定了其在传播过程中必然具有复合性的特征。换言之,文化作为一种复合体,当其中的某一项内容被作为传播目标输往其他地域时,必然附带着相关的其他内容。随着佛教东传中原,天竺、大秦(古罗马)以及中亚各国的艺术、伦理等也都沿着河西走廊这条文化通道一同涌入,给我国传统的文化艺术注入了新鲜血液,焕发出勃勃生机,这在《列子》中主要表现为幻化之术的入传中国。

幻术,又称魔术,是指术士用来眩惑人的法术。与中国传统的方仙之术不同,幻术主要是借助物理、化学原理以及各种机械装置来表演水火物体的增减隐现变化,造成观众视、听感官上的错位。幻术最早在中、西亚地区较为盛行,《史记·大宛列传》记载张骞出使西域时,在条枝(今伊拉克)见到当地非常流行这一技艺,"条枝在安息西数千里,临西海……国善眩。"应劭注曰:"相诈惑。"颜师古说:"今吞刀、吐火、殖瓜、种树、屠人、截马之术皆是也。"[1]由于佛徒经常借用幻术作为传播佛教的手段,幻术自然经常嵌于佛经中。当佛经传入中原时,这种原本盛行于西域地区的戏法技巧也与之俱来。《酉阳杂俎·怪术》中载录,"有梵僧难陀,得如幻三昧,入水火,贯金

---

[1] (汉)司马迁:《史记》,中华书局 1959 年版,第 3164 页。

石,变化无穷。"①在其之前的《列子》中即有相类的记载,《周穆王》篇说,穆王时"西极之国(严北溟注云:古代对于玉门关以西地区的总称,包括亚洲中西部、印度半岛、欧洲东部和非洲北部)有化人来,入水火,贯金石;反山川,移城邑;乘虚不坠,触实不碍。千变万化,不可穷极。"而且营造了一个奇妙的虚幻世界:

> 王执化人之祛,腾而上者,中天乃止。暨及化人之宫。化人之宫构以金银,络以珠玉;出云雨之上,而不知下之据,望之若屯云焉。耳目所观听,鼻口所纳尝,皆非人间之有。王实以为清都、紫微、钧天、广乐,帝之所居。王俯而视之,其宫榭若累块积苏焉。王自以居数十年不思其国也。化人复谒王同游,所及之处,仰不见日月,俯不见河海。光影所照,王目眩不能得视;音响所来,王耳乱不能得听。百骸六藏,悸而不凝。意迷精丧,请化人求还。化人移之,王若殒虚焉。既寤,所坐犹向者之处,侍御犹向者之人。

化人,即有幻术的人。《周穆王》篇中所描述的这种幻术的表演过程和表演方式,有些类似于我们今天的催眠术,让周穆王在冥冥之中,尽情畅游,醒来后发现,刚才的观览所见皆为梦中所游。

在后来的佛教传播中,幻术继续作为传播手段之一,在许多寺院中经常上演。《洛阳伽蓝记·景乐寺》记载,"召诸音乐,逞伎寺内。奇禽怪兽,舞抃殿庭,飞空幻惑,世所未睹。异端奇术,总萃其中。剥驴投井,植枣种瓜,须臾之间,皆得食之。"②

上文所述,只是佛教东传早期所表现出来的一些特点。随着佛教传播的日益深入,这些早期特点逐渐淡化,许多新的特点随后出现,如佛教教规的世俗化、佛教教义的本土化等。

总之,佛教文化的传播是一个长期复杂的过程,传播的方式灵活多样,既有官方的正式往来,也有民间的随意交往;既有僧侣专业性布道,也有使者、商人无意识的文化传播。方式的多样性,决定了展现在我们面前的佛教传播形态也是多样的:既有载入史册的显性传播,又有埋没无迹的隐性传播,还有若有若无、似是而非的模糊性传播。当我们跨越时空去探寻它、研究它的时候,不能仅仅局限于书籍所记的内容,也应该考虑到那些失录于文

---

① (唐)段成式:《酉阳杂俎》,中华书局1981年版,第54页。
② 周祖谟:《洛阳伽蓝记校释》,中华书局2013年版,第41页。

献的隐性传播。

七、杨朱与《〈列子·杨朱篇〉伪书新证》

除了季羡林先生之外，陈旦先生也举出具体例证，来证明《列子》抄袭了佛典内容。他在《〈列子·杨朱篇〉伪书新证》①一文中说，《杨朱》篇第三章"剽窃了《阿含经》之思想，实有赃证可据，非空言之诬也。"为说明此论有据可寻，陈氏举二例以示证明。其一认为《杨朱》篇第一、第二章抄袭了《长阿含经》第十七卷第三分《沙门果经》。为便于分析，今将陈氏所举例文引录于下。

> 杨朱游于鲁，舍于孟氏。孟氏问曰："人而已矣，奚以名为？"曰："以名者为富。""既富矣，奚不已焉？"曰："为贵。""既贵矣，奚不已焉？"曰："为死。""既死矣，奚为焉？"曰："为子孙。""名奚益于子孙？"曰："名乃苦其身，燋其心。乘其名者，泽及宗族，利兼乡党；况子孙乎？""凡为名者必廉，廉斯贫；为名者必让，让斯贱。"曰："管仲之相齐也，君淫亦淫，君奢亦奢。志合言从，道行国霸。死之后，管氏而已。田氏之相齐也，君盈则己降，君敛则己施。民皆归之，因有齐国；子孙享之，至今不绝。若实名贫，伪名富。"曰："实无名，名无实。名者，伪而已矣。昔者尧舜伪以天下让许由、善卷，而不失天下，享祚百年。伯夷叔齐实以孤竹君让，而终亡其国，饿死于首阳之山。实伪之辩，如此其省也。"（《杨朱》篇第一章）
>
> 杨朱曰："百年，寿之大齐。得百年者千无一焉。设有一者，孩抱以逮昏老，几居其半矣。夜眠之所弭，昼觉之所遗，又几居其半矣。痛疾哀苦，亡失忧惧，又几居其半矣。量十数年之中，逌然而自得亡介焉之虑者，亦亡一时之中尔。则人之生也奚为哉？奚乐哉？为美厚尔，为声色尔。而美厚复不可常餍足，声色不可常玩闻。乃复为刑赏之所禁劝，名法之所进退；遑遑尔竞一时之虚誉，规死后之余荣；偶偶尔顺耳目之观听，惜身意之是非；徒失当年之至乐，不能自肆于一时。重囚累梏，何以异哉？太古之人知生之暂来，知死之暂往；故从心而动，不违自然所好；当身之娱非所去也，故不为名所劝。从性而游，不逆万物所好；死后之名非所取也，故不为刑所及。名誉先后，年命多少，非所量也。"

---

① 陈旦：《〈列子·杨朱篇〉伪书新证》，载杨伯峻：《列子集释》附录引，中华书局1979年版，第328—335页。

（《杨朱》篇第二章）

白佛言，我（阿阇世王自称）昔一时，至散若昆罗梨子所问言："大德！如人乘象马车，习于兵法，乃至种种营生，皆现有果报。今者此众现在修道，现得报不（否）？"彼（指外道）答我言："现有沙门果报，问如是答，此事如是，此事实，此事异，此事非异，非不异。大王！现无沙门果报，问如是答，此事如是，此事实，此事异，此事非异，非不异。大王！现有无沙门果报，问如是答，此事如是，此事实，此事异，此事非异，非不异。大王！现非有非无沙门果报，问如是答，此事如是，此事实，此事异，此事非异，非不异。"（《沙门果经》）[1]

陈氏分析认为，"所谓'实无名，名无实。名者，伪而已矣。'亦即'太古之人知生之暂来，知死之暂往；故从心而动，不违自然所好；当身之娱非所去也，故不为名所劝。从性而游，不逆万物所好；死后之名非所取也，故不为刑所及。名誉先后，年命多少，非所重（量）也'之意乎？故《杨朱》篇之无名主义，实糅杂佛老之说。"对于此条论据的分析，陈氏至此而已，未再作进一步说明。

陈氏还认为，《杨朱》篇第三章也抄袭了《长阿含经》第十七卷第三分《沙门果经》，"且尤可异者，伪造《杨朱》篇者，竟直译《寂志果经》（《沙门果经》的竺昙无兰译本）一段，而攘为己有。"

杨朱曰："万物所异者生也，所同者死也。生则有贤愚、贵贱，是所异也；死则有臭腐、消灭，是所同也。虽然，贤愚、贵贱非所能也，臭腐、消灭亦非所能也。故生非所生，死非所死；贤非所贤，愚非所愚，贵非所贵，贱非所贱。然而万物齐生齐死，齐贤齐愚，齐贵齐贱。十年亦死，百年亦死。仁圣亦死，凶愚亦死。生则尧舜，死则腐骨；生则桀纣，死则腐骨。腐骨一矣，孰知其异？且趣当生，奚遑死后？"（《杨朱》篇）

我于一时，至阿夷多翅舍钦婆罗所，问言……彼报我言，受四大人，取命终者。地大还归地，水还归水，火还归火，风还归风，皆奚坏败，诸根归空。若人死时，床舆举身，置于冢间，火烧其骨，如鸽色，或变为灰土；若愚若智，取命终者，皆悉坏败，为断灭法。（《沙门果经》）

对于此条证据，陈氏云："读者试将《沙门果经》下面一段文字，与上文《杨

---

[1] 《大正新修大藏经》卷一，佛陀教育基金会1990年印赠。

朱》篇一段相较,自可透露此中消息。"至于其中的具体"消息",陈氏未作分析。

　　由上举两条证据来看,除了所论思想偶有相似之外,我们看不出二者之间存在剽窃的任何迹象。但思想上的粗似,并不能说明《列子》一定抄袭了《沙门果经》,因为这种情况在古籍文献之间是很常见的,即使在佛经与其他诸子文献之间,也经常出现这种情况。比如《老子》思想主张顺应自然,"人法地,地法天,天法道,道法自然"①,这与佛教所谓的"随顺法性"、"情与无情同圆种智"是较为相似的;《尚书·吕刑》篇曰:"上帝监民,罔有馨香德,刑发闻惟腥。"②说的是上天也以慈悲为怀,以此为由,希望为政者都能修德行善。这种哲学观点与佛教的大慈大悲思想也是相契合的。此外,《庄子》、《荀子》、《吕氏春秋》中的有些思想观点,都与某些佛教教义有相近之处。如果仅以思想上的相类,就断定二者之间存在剽掠抄袭的话,那么,上述《尚书》、《老子》、《庄子》等先秦著作是否也抄袭了佛经呢? 所以,我们认为陈氏所谓《列子》剽窃佛典的说法,难以服人。

　　总而言之,《列子·汤问》篇"周穆王西巡狩"章与《佛说国王五人经》的某一个故事在情节上虽然相同,但不一定存在抄袭关系,也可能《列子》中的"机关木人"故事是由商旅间的口耳相传输入中原的,在民间流传过程中逐渐本土化,掺杂了一些中原文化的色彩,最后有人将这一故事收录于《列子》中。至于陈旦先生所说,"伪造《杨朱》篇者,则受印度思想之激荡,而又渗透《老子》哲理,其袭取之印度佛教,实为小乘教理,即当时流行最广的丛书体裁之四《阿含经》。"仅仅是根据哲学思想上的相似之处而提出来的抄袭说法,过于牵强,缺乏说服力。

第二节　《列子》中的"人""物"考论

　　《列子》的内容中涉及许多历史人物,如周穆王、商汤、赵襄子、杨朱、孔子等,其中绝大多数人物的身份都比较明晰,但也有少数人物的身份比较模糊。对这些身份模糊的人物的解读结果可能会牵扯到《列子》一书的生成问题。此类人物中最为典型的,当属"皇子"和"萧叔"。《列子·汤问》篇第十七章云:

　　　　周穆王大征西戎,西戎献锟铻之剑,火浣之布。其剑长尺有咫,炼

---

　　①　《王弼集校释》,中华书局 1980 年版,第 65 页。

　　②　(汉)孔安国传,(唐)孔颖达传:《尚书正义》,上海古籍出版社 2007 年版,第 771 页。

钢赤刃;用之切玉如切泥焉。火浣之布,浣之必投于火;布则火色,垢则布色;出火而振之,皓然疑乎雪。皇子以为无此物,传之者妄。萧叔曰:"皇子果于自信,果于诬理哉!"①

有些研究者认为此处的"皇子"当是魏文帝曹丕,并据此论定《列子》乃魏晋伪书。那么,《列子》中的"皇子"真的是魏文帝曹丕吗? 如果不是,那又是谁呢? 下面,我们带着这一问题对《列子》中"皇子"和"萧叔"的身份进行细致考辨。

一、"文帝说"的提出及其疑点

"文帝说"的提出始于清代,最早见于《癸巳存稿》。俞正燮认为《汤问》篇中所记应是魏文帝之事,并将其作为《列子》晚出的重要依据。

> 《抱朴子·论仙》云:魏文帝"谓天下无切玉之刀、火浣之布。及著《典论》,尝据言此事其间。未期二物毕至,帝乃叹息,遽毁斯论。"今案文帝谓世称火鼠毛为布,垢则火浣如新者,妄也。火无生育之性,鼠焉得生其间? 为《典论》,刻之太学。明帝世有奉此布来贡者,乃刊去此碑。而《列子·汤问》篇云:"周穆王征西戎,得锟铻之剑,火浣之布。布浣则投之火,出火而振之,皓然疑乎雪。皇子以为无此物,传之者妄也。萧叔曰:皇子果于自信,果于诬理哉!"《列子》,晋人王浮、葛洪以后书也。以《仲尼》篇言圣者,《汤问》篇言火浣布知之。②

之后,何治运、光聪谐、马叙伦、刘汝霖、杨伯峻、严北溟等先贤皆认同此说。

> 余少读《列子》,见其言不能洪深,疑其伪而不敢质。……又称火浣布事"皇子以为传之者妄。萧叔曰:皇子果于自信,果于诬理哉。"案:魏文博极群书,使得见此书,则典论中所云云者早已刊削,是其书又出典论后矣。
>
> ——何治运《书列子后》(《何氏学》卷四)
>
> 列子,《史记》无传,难定其时世。……今考《汤问》篇末言火浣布,

① 杨伯峻:《列子集释》,中华书局 2013 年版,第 199—200 页。
② (清)俞正燮:《癸巳存稿》,辽宁教育出版社 2003 年版,第 292 页。

皇子以为无此物,传之者妄,正指魏文典论中非火浣布事。皇子者,魏文也。是建安时尚有人增窜,则距处度作注时不远矣。

　　　　　　　　　　　　　——光聪谐《有不为斋随笔》卷己

　　《汤问》篇记皇子以火浣布为妄,魏文帝著论不信有火浣布,疑为作伪者所本。

　　　　　　　——马叙伦《列子伪书考》(见《天马山房丛著》)

　　由此张湛《序》知道张湛的本子是由几种残缺的本子相合而成。他的原本只有《杨朱》、《说符》两篇,此书既经一次变乱,各篇的残缺,必定不少。里面就不免有许多后人补充的材料,真伪搀杂,所以后人因之怀疑全书。我现只举一个很显明是后人加入的例子于下。《汤问》篇载:"周穆王大征西戎,西戎献锟铻之剑,火浣之布。其剑长尺有咫,炼钢赤刃,用之切玉如切泥焉。火浣之布,浣之必投于火,布则火色,垢则布色。出火而振之,皓然疑乎雪。皇子以为无此物,传之者妄。萧叔曰:'皇子果于自信果于诬理哉!'"《抱朴子·论仙》说:"魏文帝谓天下无切玉之刀,火浣之布。及著典论,常据言此事其间。未期二物毕至,帝乃叹息,遽毁斯论。"《魏志》景初三年二月,西域重译献火浣布,注曰:"汉世西域旧献此布,中间久绝。至魏初,时人疑其无有。文帝以为火性酷烈,无含生之气,著之典论,明其不然之事,绝智者之听。……至是西域使至而献火浣布焉,于是刊灭此论,而天下笑之。"可以知道《列子》所说"皇子"的事情就是魏文帝的事情。再考魏文帝著典论的时候。《意林》引《典论》道:"余蒙隆宠,忝当上嗣,忧惶蹴踏,上书自陈,欲繁辞博称,则父子之间不文也。"可以知道《典论》之作,正在魏文帝为太子时。由太子或王子的名字转为皇子,补《列子》的人,误把皇子认作人名。所以把这段采入。

　　　　　　　　　　——刘汝霖《周秦诸子考·列御寇》

　　然此皇子则指魏文帝无疑。

　　　　　　　　　　——杨伯峻《列子集释·汤问》篇注释

　　皇子——即皇太子。历代注家皆以"皇子"为魏文帝曹丕。

　　　　　　　　　　——严北溟《列子译注·汤问》篇注释

　　较早对"文帝说"提出质疑的是日本学者武内义雄,他在《列子冤词》一文①中认为"文帝说"只是研究者个人的想象而已,不可信从。

————————

　　①　江侠菴编译:《先秦经籍考》中册,商务印书馆 1931 年版,第 360—373 页。

岑仲勉、马达等研究者亦赞同此说。马达在《〈列子〉真伪考辨》一书中进一步推测皇子"应是与列子同时或略早于列子的人,也就是皇子应是春秋末或战国时人。"①陈广忠《中国道家新论》中虽然反对"文帝说",但亦将"皇子"视作泛称词,解释为"周穆王的儿子"。岑仲勉《〈列子〉非晋人伪作》一文中引用《庄子·达生》以及俞樾的《列子》平议、《广韵》等文献材料进一步驳斥了"文帝说"之虚妄,并推测"皇子"很可能即是先秦时的人物,"等是'皇子'耳,《庄子》《尸子》之无证,可以非伪,《列子》之无证,可以为伪,然未闻特殊之论据也。"②

主张"文帝说"的研究者不仅人多势众,而且所论有一定的材料作依据。持"否定说"的研究者,到目前为止只有武内义雄、岑仲勉、马达等人,他们虽然对"文帝说"提出了一些质疑,但没有对"皇子"以及对其责难的"萧叔"作出令人信服的解释,因而显得说服力不足。两相比较,"文帝说"目前占有绝对性优势,几成定论。那么,《汤问》篇中的"皇子"是否真的就是魏文帝曹丕呢?如果不是,他又是谁呢?下面先让我们对"文帝说"本身谈一下看法。

追索"文帝说"的提出,大概依据了以下几条材料。

《三国志》卷四《魏书》中记载:

> (景初三年)二月,西域重译献火浣布,诏大将军、太尉临试以示百僚。③

裴松之注引《搜神记》曰:

> 昆仑之墟,有炎火之山,山上有鸟兽草木,皆生于炎火之中,故有火浣布,非此山草木之皮枲,则其鸟兽之毛也。汉世西域旧献此布,中间久绝;至魏初时,人疑其无有。文帝以为火性酷烈,无含生之气,著之《典论》,明其不然之事,绝智者之听。及明帝立,诏三公曰:"先帝昔著《典论》,不朽之格言,其刊石于庙门之外及太学,与石经并,以永示来世。"至是西域使至而献火浣布焉,于是刊灭此论,而天下笑之。④

---

① 马达:《〈列子〉真伪考辨》,北京出版社 2000 年版,第 55 页。
② 岑仲勉:《两周文史论丛》,中华书局 2004 年版,第 317 页。
③ (晋)陈寿:《三国志》,中华书局 1982 年版,第 117 页。
④ (晋)陈寿:《三国志》,中华书局 1982 年版,第 118 页。

《抱朴子内篇·论仙》云：

> 魏文帝穷览洽闻，自呼于物无所不经，谓天下无切玉之刀，火浣之布，及著《典论》，尝据言此事。其间未期，二物毕至。帝乃叹息，遽毁斯论。①

以上材料与《列子·汤问》篇所记，确实有相似之处，即魏文帝与皇子皆不信有火浣之布、锟铻之剑，都认为那是虚妄之说，不然之事。虽然如此，"文帝说"仍有可疑之处。

第一，干宝《搜神记》中仅记载不信"火浣布"一物，没有提及"锟铻剑"。待葛洪《抱朴子》中已记为"魏文帝谓天下无切玉之刀，火浣之布"，由不信一物，增为二物，与《列子·汤问》篇所记已经比较接近。清代以降，研究者便直接依据《魏书》和《抱朴子》，认定"皇子"即是魏文帝曹丕。将这些材料前后联系起来看，不免给人一种渐传渐似，由似即是的感觉。

第二，从古代的典章制度看，"皇子"这一称呼只能解释为：皇帝的儿子。其他诸侯王之子可以称呼为王子或太子，但不能称呼为"皇太子"或"皇子"。曹魏政权取代刘氏王朝之后，才追谥曹操为魏武帝，但曹操生前从未登基称帝，所以曹丕的身份只能是王太子或王子，而不能是"皇太子"和"皇子"。从魏晋人的著作记载来看，曹操生前被汉献帝封为魏王，曹丕称帝之前也多称魏太子，但从来不称"皇子"。对此，主张"文帝说"的刘汝霖解释说，"由太子或王子的名字转为皇子，补《列子》的人，误把皇子认作人名，所以把这段采入。"这一解释过于勉强，说服力不足。

第三，在《列子·汤问》篇中，对于皇子不信周穆王时有火浣布一事，萧叔批评说"皇子果于自信，果于诬理哉！"文中的"萧叔"，严北溟注释说，"当为与魏文帝曹丕同时代的人"②，并在《列子译注》中将该人确定为当时的一位大臣。如果文中的皇子真是魏文帝曹丕的话，那么敢以如此严厉口气批评他的，或如严北溟所云，是一位德高望重的大臣，或为曹丕身边的近臣。而这样的人，魏晋史志中应有所记载，至少会提及。但是，检对《后汉书》、《三国志》、《晋书》等相关史志，我们找不到"萧叔"其人，这是不符合常理的。

通过以上分析，我们发现，"文帝说"的主要依据是，魏晋时期的文献中

---

① 王明：《抱朴子内篇校释》，中华书局1985年版，第15—16页。
② 严北溟、严捷：《列子译注》，上海古籍出版社1986年版，第138—139页。

记载有曹丕不信"火浣布"一事；反之，如果将《汤问》篇中的"皇子"真的认定为魏文帝的话，又确实存有难以解释的疑问。其矛盾的焦点就在于"皇子"，如果我们能够确定"皇子"以及对其责难的"萧叔"的身份，那么，这一争议自然就会不攻自破，不辩自明。

二、"皇子"、"萧叔"身份考论

查对古籍，我们发现先秦时期不仅有皇子与萧叔，而且二人生活于同一时代，甚至同一国家，活动地域也比较接近。

先看皇子其人。《尔雅疏》引《尸子·广泽》篇云：

> 墨子贵兼，孔子贵公，皇子贵衷，田子贵均，列子贵虚，料子贵别，囿其学之相非也，数世矣而已，皆弇于私也。①

《左传·昭公六年》："叔向曰：'楚辟，我衷，若何效辟？'"杜预注云："辟，邪也。衷，正也。"②衷，为正当、纯正之意，与邪相对。《宋本广韵》解释相同，"衷：善也，正也，中也。"③"皇子贵衷"说明皇子的主导思想是主正去邪的，这与齐国贤士皇子告敖的思想言论相吻合。《庄子·达生》篇记载：

> 桓公田于泽，管仲御，见鬼焉。公抚管仲之手曰："仲父何见？"对曰："臣无所见。"公反，诶诒为病，数日不出。齐士有皇子告敖者曰："公则自伤，鬼恶能伤公！夫忿滀之气，散而不反，则为不足；上而不下，则使人善怒；下而不上，则使人善忘；不上不下，中身当心，则为病。"桓公曰："然则有鬼乎？"曰："有。沈有履，灶有髻。户内之烦壤，雷霆处之；东北方之下者，倍阿鲑蠪跃之；西北方之下者，则泆阳处之。水有罔象，丘有峷，山有夔，野有彷徨，泽有委蛇。"公曰："请问，委蛇之状何如？"皇子曰："委蛇，其大如毂，其长如辕，紫衣而朱冠。其为物也，恶闻雷车之声，则捧其首而立。见之者殆乎霸。"桓公辴然而笑曰："此寡人之所见者也。"于是正衣冠与之坐，不终日而不知病之去也。④

齐桓公受惊吓而误以为见鬼，神魂不宁而致病。皇子告敖首先为其解

---

① （晋）郭璞注，（宋）邢昺疏：《尔雅注疏》，上海古籍出版社 2010 年版，第 15 页。
② （晋）杜预注，（唐）孔颖达疏：《春秋左传正义》，北京大学出版社 1999 年版，第 1232 页。
③ （宋）陈彭年：《宋本广韵》（张氏泽存堂本影印），中国书店 1982 年版，第 4 页。
④ （清）郭庆藩：《庄子集释》，中华书局 1961 年版，第 650—654 页。

释致病之因，"公则自伤，鬼恶能伤公！"然后又从心理学角度让桓公相信，他所见到的只是大泽中常有的一种鬼神，而见到这种鬼神的人，不仅不会有灾疫，而且还会带来好运，对于桓公而言，即预示着要称霸天下，从而消解了桓公的恐惧心理，结果自然是"不终日而不知病之去也"。

　　表面看来，皇子是在讲鬼、信鬼，但分析后我们发现，皇子是不相信存在鬼神的，更不相信鬼神伤人这种虚妄之说。如果说有，那只能解释为处处有鬼，在灶，在户内；东北方有之，西北方有之；水中有之，丘上有之，山上有之，野中有之，泽中有之。究其实，人们所谓的鬼怪只是一些不常见或未曾见过的实有之物，"夫物之所自造，无一而非天。天则非人见闻之可限矣。"①如果人们相信那些荒诞邪说，那么一旦见到这些"未尝见者"，就很难不感到恐惧了，"神不宁者，物动之。……见所未尝见者，弗怪而弗惧，愈难矣。"②正是由于不相信鬼神伤人之说，皇子才会确信齐桓公致病的原因在于"自伤"，乃妄系而成，才会敢来为桓公解疑。也正是因为不相信这些邪曲之说，他才会根据桓公的心理需求，而对鬼怪随意阐释，"见之者殆乎霸"，从而消解了桓公内心的恐惧，"輾然而笑曰：'此寡人之所见者也。'"

　　可以看出，皇子其人的主导思想是主正非邪的，不相信鬼神灵异、妖孽怪诞之说，在他看来，鬼神妖孽都是由于人们自己心神不守，见到"未尝见者"之后胡乱妄想所致，其根本皆源于心知，正如王夫之《庄子解》所云："心知本无妄，而可有妄；则天下虽无妄，而岂无妄乎？使人终身未见豕，则不知豕之可以悦口，而且怪之矣。知天下之无所不可有，则委蛇之怪犹豕耳。"

　　在认知能力相对较低的先秦时期，相信鬼神，敬畏鬼神，成为人们对于未知世界的一种普遍认识。皇子能够特立独行，主正去邪，自然会成为当时反对虚妄邪说的一面旗帜，所以《广泽》篇在总结诸子哲学特点时，重点突出了皇子的"贵衷"思想。

　　再看"萧叔"其人。

　　《左传·庄公十二年》："十二年秋，宋万弑闵公于蒙泽。遇仇牧于门，批而杀之。遇大宰督于东宫之西，又杀之。立子游，群公子奔萧，公子御说奔亳，南宫牛、猛获帅师围亳。冬十月，萧叔大心及戴武宣穆庄之族，以曹师伐之，杀南宫牛于师，杀子游于宋，立桓公。"杜预注曰"叔，萧大夫名。"孔颖达疏曰："卿大夫采邑之长则谓之宰，公邑之长则曰大夫。此则是宋萧邑大夫也。以此年有功，宋人以萧邑别封其人为附庸。二十三年《经》书：'萧叔

---

① （明）王夫之：《庄子解》，中华书局 1964 年版，第 161 页。
② （明）王夫之：《庄子解》，中华书局 1964 年版，第 161 页。

朝公。'附庸例称名,故杜以叔为名。"①

又《春秋·庄公二十三年》记载,二十三年夏,"公及齐侯遇于谷,萧叔朝公。"杜预注:"萧,附庸国。叔,名。"孔颖达疏曰:"无爵而称朝,知是附庸国也。邾仪父贵之,乃书字。此无所贵,知叔为名也。"②

根据以上材料,可以大致看出萧叔的身份:宋大夫,名叔。也有人认为,萧叔,字叔,名大心。③ 因平定宋内乱有功而被封,采邑于萧,属于宋的附庸国。鲁庄公二十三年,曾经在谷朝见过鲁庄公。《汉书·古今人表》也记有萧叔大心,列在中中,生活时代与管仲相近。

我们之所以认为该人是《列子》中与皇子对话的"萧叔",可从两方面求证。

第一,从生活时代看。齐桓公在位时间为公元前685年到公元前643年,据《史记·齐太公世家》记载,桓公在执政七年(前679年)会诸侯于甄,"于是始霸"。由《庄子·达生》篇所记,皇子告敖问病于桓公时,桓公尚未称霸。换言之,皇子告敖问病一事发生在公元前679年以前。《春秋左传》中两次提及萧叔,一次是鲁庄公十二年,即公元前682年;一次是鲁庄公二十三年,即公元前671年。在生活时间上,可以肯定皇子告敖与萧叔属于同一时代的人。

第二,从活动地域看,宋国在齐、鲁的西南面,彼此接壤。萧国又在宋的东部,《张氏春秋集注》:注曰:"萧,今徐州萧县。"④张守节《史记正义》引《括地志》云"徐州萧县,古萧叔之国,春秋时为宋附庸。"⑤该国东部靠近齐、鲁,公元前671年萧叔朝见庄公的地点——谷,即为齐地,胡安国注曰:"谷,齐地。萧叔,附庸之君也。"⑥从地域上说,萧叔与皇子告敖是有条件对话的。

从以上分析看,萧叔与皇子告敖的活动地域较为接近,如果再进一步探

---

① (晋)杜预注,(唐)孔颖达疏:《春秋左传正义》,北京大学出版社1999年版,第247—248页。

② (晋)杜预注,(唐)孔颖达疏:《春秋左传正义》,北京大学出版社1999年版,第275—276页。

③ (宋)刘敞《春秋权衡》卷三:"萧叔朝公。杜云:叔者,萧君名,非也。邾、萧同是附庸,邾与鲁盟得襃称字,萧来朝公犹不免名,何哉?且叔之为字,可不疑矣。专以名解,不亦泥乎?凡春秋襃贬自有轻重,圣人所以教后世赏罚也。若盟而蒙加等之赏,朝而无劳,来之意则赏罚已乱,于春秋何能教人?"齐召南《春秋左氏传注疏考证》卷九:"十二年,《传》:萧叔大心。似此人字叔,名大心也。杜以附庸之君例称名,故以叔为名耳。"

④ (宋)张洽:《张氏春秋集注》,《文渊阁四库全书》本,第156册,第39页。

⑤ (汉)司马迁:《史记》,中华书局1959年版,第323页。

⑥ (清)秦蕙田:《五礼通考》卷二百二十八,《文渊阁四库全书》本,第141册。

究的话,萧叔与皇子告敖有无可能是同一国家的人呢? 如果这一假设成立的话,《列子》中与萧叔对话的"皇子"是皇子告敖的几率就会进一步提高。

萧叔,是周代宋国人,那么皇子告敖有无可能也是宋国人呢? 下面我们从皇氏的源起去追溯这一问题的答案。

清人桂含章辑《春秋左传类纂六卷》云:"(皇氏)出自子姓。宋戴公(? —前 766 年)之子充石,字皇父,其子孙以王父字为皇父氏,或去父称皇氏。"也就是说,周代不仅有皇氏,而且其中的源头之一来自宋国的公族子姓。此说不妄。《左传·文公十一年》记载:

> 初,宋武公之世,鄋瞒伐宋,司徒皇父帅师御之,耏班御皇父充石,公子谷甥为右、司寇牛父驷乘,以败狄于长丘,获长狄缘斯,皇父之二子死焉。①

《左传》中的司徒皇父,杜预注曰:"皇父,戴公子。充石,皇父名。"孔颖达《左传正义》疏曰:"皇父,戴公子,《世本》文。古人连言名字者,皆先字后名。且此人子孙以'皇'为氏,知皇父字,充石名。"②宋戴公之子、宋武公之庶兄公子充石,字皇父,宋武公时为宋国司徒,此人骁勇善战。周平王十七年(公元前 754 年),北方游牧部落长狄鄋瞒国举兵入侵宋国,武公遂派其弟充石率军抵御。充石率二子(将军子谷甥、司寇子牛父)在长丘(今河南封丘)与长狄鄋瞒展开激战,最终大败长狄人,俘获其将领缘斯,而充石及其二子也在战斗中阵亡。充石的后裔子孙中,有以充石之字"皇父"为氏者,即皇父氏,尊皇父充石为皇父氏宗主,也称皇甫氏③,后部分子孙省文简

---

① (晋)杜预注,(唐)孔颖达疏:《春秋左传正义》,北京大学出版社 1999 年版,第 535—536 页。

② (晋)杜预注,(唐)孔颖达疏:《春秋左传正义》,北京大学出版社 1999 年版,第 536 页。

③ 《风俗通义》记载,春秋时宋国有皇父充石,世代为上卿。汉代有皇父鸾,从鲁地迁徙茂陵,改为皇甫氏。《元和姓纂》记载:"皇甫,子姓,宋戴公之子充石,字皇父,子孙以王父为氏。汉兴,改父为甫。"《古今姓氏书辩证》云:"皇父氏,出自子姓,宋戴公白,生公子充石,字皇父,为司徒。生季子来,来生南雍缺,以王父字为氏,缺六世孙孟之,生遇,避地奔鲁、裔孙鸾,汉兴,自鲁徙茂陵,改父为甫。"《新唐书·宰相世系表》载:"春秋时,宋戴公之子充石,字皇父,生季子来,来又生南雍缺,为支庶孙,遂以祖父之字'皇父'为氏,即'皇父氏',名皇父缺。其六世孙皇父孟之,生子皇父遇,公元前 286 年宋国被齐国所灭,皇父遇逃奔鲁国,西汉时,后裔皇父鸾自鲁迁徙茂陵,改为皇甫氏。"此外,《姓解》:"《春秋公子谱》云:'宋戴公生皇甫充石。'"《姓苑》又云:"后汉皇父鸾、徙居茂陵,改父为甫,遂称皇甫氏。"《通志·氏族略》载:"宋戴公之子充石,字皇父,其后以王父字为氏。汉兴,改父为甫。"《广韵》云:"宋有皇父充石公族也。汉有皇父鸾自鲁徙居茂陵,改父为甫。"

化复姓皇父为单姓,即皇氏①。郑文公(前672—前628年在位)、郑穆公(前628—前606年在位)时期的皇武子,郑襄公(前605—前587年在位)时期的皇戌,郑成公时期的皇辰,鲁襄公(前575—前542年)二十六年的皇颉,与皇子告敖一样,都应是皇氏子孙,皇父充石之后。

> 宋及楚平,宋成公如楚。还,入于郑。郑伯将享之,问礼于皇武子。对曰:"宋,先代之后也,于周为客,天子有事膰焉,有丧拜焉,丰厚可也。"郑伯从之。(《左传·鲁僖公二十四年》)②
> 郑穆公使视客馆,则束载、厉兵、秣马矣。使皇武子辞焉,曰:"吾子淹久于敝邑,唯是脯资饩牵竭矣。为吾子之将行也,郑之有原圃,犹秦之有具囿也,吾子取其麋鹿,以间敝邑,若何?"(《左传·鲁僖公三十三年》)③

《左传》中的皇武子,杜预注云:"皇武子,郑卿"。

> 郑皇戌使如晋师,曰:"郑之从楚,社稷之故也,未有贰心。楚师骤胜而骄,其师老矣,而不设备。子击之,郑师为承,楚师必败。"(《左传·鲁宣公十二年》)④
> 夏,六月,郑伯侵宋,及曹门外。遂会楚子伐宋,取朝郏。楚子辛、郑皇辰侵城郜,取幽丘,同伐彭城,纳宋鱼石、向为人、鳞朱、向带、鱼府焉,以三百乘戌之而还。(《左传·鲁成公十八年》)⑤

历史上记载的皇氏人物还有一些,如春秋时的夫皇颉、汉代的琅琊相皇运、三国吴国的皇象、东晋的皇初平、南朝梁的皇侃、皇犬子、宋代的皇汉杰等。

宋国不仅是"皇氏"的起源国,也是"萧氏"的起源国。春秋早期宋国微子启的后裔大心诛南宫长万有功,被分封于萧,并升萧邑为宋的附庸国,大心即为萧国君主,《通志·氏族略》:"萧氏,古之萧国也,其地即徐州萧县,后为宋所并,微子之孙大心平南宫长万有功,封于萧,以为附庸"⑥。鲁宣公

---

① 秦朝时,皇氏部分族人为避秦始皇的帝号而改"皇氏"为谐音的"黄氏",此即黄氏的源起之一。

② (晋)杜预注,(唐)孔颖达疏:《春秋左传正义》,北京大学出版社1999年版,第424页。

③ (晋)杜预注,(唐)孔颖达疏:《春秋左传正义》,北京大学出版社1999年版,第474—475页。

④ (晋)杜预注,(唐)孔颖达疏:《春秋左传正义》,北京大学出版社1999年版,第643页。

⑤ (晋)杜预注,(唐)孔颖达疏:《春秋左传正义》,北京大学出版社1999年版,第807页。

⑥ (宋)郑樵:《通志》,中华书局1987年版,第451页。

十二年(前597年),萧为楚所灭,大心子孙复国未得,遂以国为氏,即萧氏,"宣(鲁宣公)十二年楚灭之,子孙因以为氏",尊叔大心为萧氏之祖,或称萧叔大心,或称萧叔。其后人有战国时期的乐师萧史、秦汉时期的政治家萧何、西汉时期的鸿儒萧望之等。

根据以上分析,我们大致有以下认识:齐桓公时期有"皇子"其人,"姓皇子,字告敖,齐之贤人也"①,与宋大夫萧叔生活于同一时代,甚或同一母国——宋国。此人主正去邪,反对邪辟虚妄之说,《尸子》将其思想特点总结为"贵衷"。以上看法,俞樾先生曾有过提及,"《广韵·六止》'子'字注:'复姓十一[氏],《庄子》有皇子告敖。'则以皇子为复姓。《列子·汤问》篇末载锟铻剑火浣布事,云皇子以为无此物,殆即其人也"②,只是未做深考,也没有得到学人的重视,今略作考辨,以为俞氏之佐证。

三、中原与西北地区的早期交往

锟铻剑,古剑名,或称锟铻刀。锟铻亦作"昆吾"、"琨琞"。昆吾氏,乃夏时侯伯,祝融氏之后,以善冶闻名。③ 据余太山先生《"昆吾"考》④一文考证,昆吾氏原居中原,夏亡后,一部分经山西、陕西逐步西迁,最远可能迁至今新疆地区。⑤ 锟铻剑主要用于切玉,故而有时迳称"切玉刀"。⑥ 火浣布,石棉织成的布。古人不明白石棉的性质,以为此布是用火山上的不烬之木或火鼠皮编织而成,所以神异无比。⑦

---

① (晋)王叔之:《庄子义疏》,(清)郭庆藩:《庄子集释·达生》篇注引。《元和姓纂》亦将"皇子"视为复姓。又(晋)司马彪:《庄子注》将"皇子告敖"解为"皇姓,告敖字,齐之贤士也",可备一说。

② (清)郭庆藩:《庄子集释》,中华书局1961年版,第653页。

③ 《逸周书》卷四《大聚解》:"(武王)乃召昆吾,冶而铭之金版,藏府而朔之。"孔颖达注曰:"昆吾,古之利冶。"

④ 余太山:《昆吾考》,《中华文史论丛》第58辑,上海古籍出版社1999年版,第245—257页。

⑤ (唐)李吉甫《元和郡县图志·陇右道下·伊州》:"《禹贡》九州之外,古戎地。古称昆吾,周穆王伐西戎,昆吾献赤刀。"《山海经·中山经》云:"又西二百里,曰昆吾之山,其上多赤铜。"郭璞注曰:"此山出名铜,色赤如火,以之作刀,切玉如割泥也,周穆王时西戎献之,《尸子》所谓昆吾之剑也。"(袁珂《山海经校注》,上海古籍出版社1980年版)根据《中山经》及郭璞所说,昆吾之剑的出处应该离河洛之地不应很远。

⑥ 《博物志》卷二:"昆吾氏献切玉刀。……刀切玉如腊。"

⑦ 《异物志》:"斯调国有火州,在南海中。其上有野火,春夏自生,秋冬自死。有木生于其中而不消也,枝皮更活,秋冬火死则皆枯瘁。其俗常冬采其皮以为布,色小青黑;若尘垢污之,便投火中,则更鲜明也。"《三国志》卷四《魏书》杜预注引《神异经》:"南荒之外有火山,长三十里,广五十里,其中皆生不烬之木,昼夜火烧,得暴风不猛,猛雨不灭。火中有鼠,重百斤,毛长二百余,细如丝,可以作布。常居火中,色洞赤,时时出外而色白,以水逐而沃之即死,绩其毛,织以为布。"

俞正燮认为,火浣布"东汉时始至中国"。然而《汤问》篇言周穆王时即得西戎所献锟铻之剑、火浣之布,这一说法是否符合历史事实呢?下面我们从中西交往史的角度,对其做一探讨。

《史记·大宛列传》云:"大宛之迹,见自张骞。"①司马迁认为张骞出使西域之后,"西北国始通于汉",所以他把张骞的西域之行称为"凿空"之举。后世研究者多以此为据,将中原与西域交通的开辟与张骞的出使等同起来。但实际上,早在先秦时期,中西之间的交往就已经开始了,这从传世文献和出土文献中都能找到佐证。

传世文献中,中原与西北地区的早期交往材料不是很多,主要见于《逸周书》《管子》等古籍文献。今择其要,录于下:

《逸周书·王会解》:

> 汤问伊尹曰:"诸侯来献,或无马牛之所生而献远方之物,事实相反,不利。今吾欲因其地势所有献之,必易得而不贵,其为四方献令。"伊尹受命,于是为四方令曰:"臣请……正西昆仑、狗国、鬼亲、枳已、阗耳、贯胸、雕题、离丘、漆齿,请令以丹青、白旄、纰罽、江历、龙角、神龟为献;正北空同、大夏、莎车、姑他、旦略、豹胡、代翟、匈奴、楼烦、月氏、蟣犁、其龙、东胡,请令以橐驼、白玉、野马、騊駼、駃騠、良弓为献。"汤曰:"善。"②

"昆仑、狗国、鬼亲、枳已、阗耳、贯胸、雕题、离丘、漆齿",孔颖达注曰:"九者,西戎之别名也。"根据《逸周书》所记,早在商汤时代,西部、北部诸国都已经与商王朝之间建立了臣属关系,并时时纳贡献物。

《管子·国蓄》篇:

> 玉起于禺氏,金起于汝汉,珠起于赤野,东西南北距周七千八百里,水绝壤断,舟车不能通。先王为其途之远,其至之难,故托用于其重,以珠玉为上币,以黄金为中币,以刀布为下币。③

《管子·揆度》篇:

① （汉）司马迁:《史记》,中华书局1959年版,第3157页。
② （晋）皇甫谧撰,（清）宋翔凤、钱宝塘辑:《逸周书》,辽宁教育出版社1997年版,第63页。
③ 黎翔凤:《管子校注》,中华书局2004年版,第1279页。

　　桓公问管子曰:"吾闻海内玉币有七筴,可得而闻乎?"管子对曰:"阴山之礝碈,一筴也;……禺氏边山之玉,一筴也。此谓以寡为多,以狭为广,天下之数尽于轻重矣。①

《管子·轻重甲》篇:

　　桓公曰:"四夷不服,恐其逆政游于天下而伤寡人。寡人之行,为此有道乎?"管子对曰:"……禺氏不朝,请以白璧为币乎? 昆崙之虚不朝,请以璆琳琅玕为币乎? 故夫握而不见于手,含而不见于口,而辟千金者珠也;……然后,八千里之禺氏可得而朝也。簪珥而辟千金者,璆琳琅玕也;然后,八千里之昆崙之虚可得而朝也。故物无主,事无接,远近无以相因,则四夷不得而朝矣"。②

　　"禺氏"为月氏的古称,其先居住在祁连山一带,③以出产良马和玉闻名。④"昆崙",西北地区的古国名,盛产美玉、织皮。⑤ 上述《管子》所记,周时中原与周边诸国相隔较远,"水绝壤断,舟车不能通",但仍互有往来,禺氏之玉、昆崙之璆琳、琅玕也被周朝视为上等的流通货币。在意识领域,当时的人们已经意识到,不同国家、民族之间必须加强往来,因为它是为政者实现霸业的重要举措之一,"物无主,事无接,远近无以相因,则四夷不得而朝矣。"

　　日本学者小川琢治在《〈穆天子传〉考》一文中,根据汲冢竹书中的《穆天子传》中的记载,认为华夏文明与西域乃至中亚文明的交往可以上溯至周代,"以上所述,回顾前稿之结论,东都洛阳与塞外西方之缘边地方,其交通上,完全得自由行动。至战国赵时,昆仑之玉,均由此路为供给甚明。"⑥

---

① 黎翔凤:《管子校注》,中华书局 2004 年版,第 1382 页。
② 黎翔凤:《管子校注》,中华书局 2004 年版,第 1440 页。
③ 《史记·大宛列传》:"大月氏在大宛西可二三千里,居妫水北。……始月氏居敦煌、祁连间。"王国维先生《月氏未西徙大夏时故地考》推测,战国时月氏居于雁门之西北,黄河之东,"则战国时之月氏,当在中国正北。"王氏所云,可备一说。
④ (明)刘绩:《管子补注·揆度》篇:"北用禺氏之玉,南贵江汉之珠。"房玄龄注曰"禺氏,西北戎名,玉之所出。"
⑤ 《书经集传·禹贡》:"织皮,昆崙析支渠搜,西戎即叙。"蔡沈注曰:"昆崙,即河源所出,在临羌。析支,在河关西千余里。渠搜,《水经》曰:'河自朔方东转,经渠搜县故城北。'盖近朔方之地也。三国皆贡皮衣,故以织皮冠之。皆西方戎落,故以西戎总之。"
⑥ [日]小川琢治:《〈穆天子传〉考》,江侠菴:《先秦经籍考·下》下册,上海商务印书馆 1931 年版,第 249 页。

　　最近几十年,大量的地下出土文物、文献,进一步验证了中原与西域诸国之间的交往开始得很早。

　　1976—1978 年,在新疆阿拉沟古墓葬中,发现了许多来自于我国东南沿海的海贝以及战国时期的中原漆器。其中第二十八号墓测定为春秋墓葬,从里面出土了一件凤鸟纹刺绣,"在长、宽均二十多厘米的素色绢地上,用绿色丝线锁绣出凤鸟图案。由于原件已残破,完整图案形象已难明。但残余部分仍可见到凤鸟的躯体、微细的腿、爪。这件文物,不论是丝绢本身,还是其上的凤鸟图案,一目了然,属于中原地区的产品无疑。"①

　　俄罗斯戈尔诺—阿尔泰斯克是俄罗斯联邦阿尔泰共和国首府,位于阿尔泰山北麓,南面临近我国的新疆维吾尔自治区,在该省的乌拉干区发现了著名的巴泽雷克古墓葬群,其中第五号墓为公元前五世纪的墓葬,时间上相当于我国的春秋末、战国初。陪葬品中有一块精致的茧绸,"上面的刺绣,是用彩色丝线以链环状的丝脚绣成。刺绣主题——凤栖息于树上,凰飞翔于树间的素底间——的形象是极其多样化的。"B.M.阿列克谢耶夫院士考证说:"这类丝织品是中国制造的,供最富有的人们、特别是供'公主'出嫁时用的。刺绣的题材,大概与古代关于凤凰的故事有联系。认为凤凰是飞翔在壮硕的梧桐树之间,并按朱子的注疏,它还象征着宫廷的昌隆。"②

　　在中原地区的考古发掘中,也发现了一些早期由西北地区传入的物品。

　　1976 年在商王武丁配偶"妇好"墓中,发掘出玉器 756 件,"大部分属青玉,白玉较少,青白玉、黄玉、墨玉、糖玉更少。这几种玉料大体上都是新疆玉",其中"三件小型白玉雕(393 怪鸟,364 羊头,419 牛),经鉴定都是新疆籽玉。"③

　　在殷墟出土的人头骨中,据专家测量观察,还包括有许多外来人种,"计蒙古人种、海洋类黑人种、少数高加索人种二具。"饶宗颐先生据此推断,"证明殷商时期已与中亚高加索民族互有往来。"④另外,在陕西扶风召陈乙区西周建筑遗址中,出土了一枚蚌雕,上有一个外来人种头像,"其人高鼻深目,系白色人种",该人头顶刻有"十"字符号,据饶宗颐先生考订,这种在头部、肩部刻"十"字的做法,应是古代西方的习俗。根据这一系列的考古材料,饶宗颐先生认为,"远古丝路,必有长期交往,非今日所能想象的到。但互有接触,当不能免,此中正透露一点长期以来被埋没的人类文化交

① 王炳华:《西汉以前新疆和中原地区历史关系考索》,《新疆大学学报》1984 年第 4 期。
② [苏]C.N.鲁金科:《论中国与阿尔泰部落的古代关系》,《考古学报》1957 年第 2 期。
③ 郑振香、陈志达:《近年来殷墟新出土的玉器》,《殷墟玉器》,文物出版社 1982 年版,第 11 页。
④ 饶宗颐:《符号·初文与字母——汉字树》,上海书店出版社 2000 年版,第 78 页。

流的消息。"①

以上材料可以说明,早在商、周时代,也许更早,中原与西北地区就已经互有往来。正如张星烺先生所说,"鄙意秦皇以前,秦国与西域交通必繁,可无疑义。"②在中西交往的这一大背景下,周穆王时期诸如"火浣布"、"锟铻剑"之类的西北物品,经西戎传入中原,是不违背历史事实的,更不能简单地将其视为传说故事。

四、《列子》中"火浣布"、"锟铻剑"考辨

西戎,古时我国西北少数民族的总称,周代时主要分布在黄河上游及河西走廊一带。周穆王征伐西戎,《竹书纪年》、《穆天子传》以及《史记》的《周本纪》、《秦本纪》、《赵世家》皆有记载,前后共征伐两次。

第一次发生在周穆王十二年(前998年),《竹书纪年·卷下》记载:"十二年,毛公班、共公利、逢公固帅师从王伐犬戎。冬十月,王北巡狩,遂征犬戎。十三年春,祭公帅师从王西征。次于阳纡。秋七月,西戎来宾。徐戎侵洛。冬十月,造父御王入于宗周。"③此次西征,规模较大,历时两年之久。据《周本纪》载录,第一次征伐的结果是:"得四白狼四白鹿以归,自是荒服者不至。"④

第二次发生在周穆王十七年(前993年),"十七年王西征昆仑丘,见西王母。其年西王母来朝,宾于昭宫。"⑤西王母,古时部族名,居住在昆仑、河西一带。《史记正义》引《括地志》云:"昆仑山在肃州酒泉县南八十里。《十六国春秋》云前凉张骏酒泉守马岌上言:'酒泉南山即昆仑之丘也,周穆王见西王母,乐而忘归,即谓此山。'"⑥这次征伐,跋涉距离较远,已经到达今天甘肃省酒泉、张掖一带。沈约注《竹书纪年》云:"王北征,行流沙千里,积羽千里,征犬戎取其五王以东。西征于青鸟,所解西征,还履天下,亿有九万里。"⑦《史记集解》引《地理志》曰:"流沙在张掖居延县。"⑧根据西王母

① 饶宗颐:《符号·初文与字母——汉字树》,上海书店出版社2000年版,第88页。

② 张星烺编注,朱杰勤校订:《中西交通史料汇编》第一册,中华书局2003年版,第9页。

③ (清)朱右曾辑,王国维校补,黄永年校点:《古本竹书纪年辑校》,辽宁教育出版社1997年版,第88页。

④ (汉)司马迁:《史记》,中华书局1959年版,第136页。

⑤ (清)朱右曾辑,王国维校补,黄永年校点:《古本竹书纪年辑校》,辽宁教育出版社1997年版,第89页。

⑥ (汉)司马迁:《史记》,中华书局1959年版,第176页。

⑦ (清)朱右曾辑,王国维校补,黄永年校点:《古本竹书纪年辑校》,辽宁教育出版社1997年版,第89页。

⑧ (汉)司马迁:《史记》,中华书局1959年版,第12页。

期年来朝看,第二次征伐的结果较为理想。

《列子》所记,到底发生在哪一次,已难以查考。然就周穆王得火浣布、锟铻剑一事而言,应该视为史实,因为此事在《周书》中也有记载。《汤问》篇"周穆王大征西戎"章,张湛注曰:"此《周书》所云。"《周书》之名,说法不一,然其所记为周代史实,应该无疑。依张湛所云可知,他所见《周书》中就录有周穆王得火浣布、锟铻剑一事。上述推论还可以从其他文献中找到佐证。

《孔丛子》卷中《陈士义》篇云:

> 秦王得西戎利刀,以之割玉如割木焉,以示东方诸侯。魏王问子顺曰:"古亦有之乎?"对曰:"周穆王大征西戎,西戎献锟铻之剑、火浣之布,其剑长尺有咫,炼钢赤刃,用之切玉如泥焉,是则古亦有也。"王曰:"火浣之布,若何?"对曰:"《周书》:火浣布垢,必投诸火,布则火色,垢乃灰色,出火振之,皭然,疑乎雪焉。"王曰:"今何以独无?"对曰:"秦贪而多求,求欲无厌,是故西戎闭而不致此,以素防绝之也。然则人主贪欲,乃异物所以不至,不可不慎也。"①

《孔丛子》的成书时代、整理编撰者虽有争议,但书中内容不应该一律视为后人凭空捏造,从而完全否定它的史料价值。书中"锟铻之剑、火浣之布"一事,明确标为《周书》有录,证明这一材料是有出处源流的,并非子虚乌有。

《神异经·南荒经》云:

> 南荒外有火山,其中生不尽之木,昼夜火然,得暴风不猛,猛雨不灭。不尽木中有鼠,重千斤,毛长二尺余,细如丝。但居火中洞赤,时时出外而毛白,以水逐而沃之即死。取其毛绩纺,织以为布用之;若有垢浣,以火烧之则净。②

《博物志》卷二亦云:

> 《周书》曰:"西域(戎)献火浣布,昆吾氏献切玉刀。火浣布污则烧

---

① 《孔丛子》,上海古籍出版社1990年版,第44—45页。
② (汉)东方朔:《神异经》,中华书局1991年版,第11—14页。

之则洁。刀切玉如腊。布,汉世有献者。刀则未闻。"①

　　范宁《博物志校正》校改"西域"为"西戎",今从之。我们今天所见到的《周书》(又称《逸周书》)并非原本,其中多有散佚,火浣布、锟铻剑亦在散佚之列,"《博物志》引《周书》'西域献火浣布,昆吾氏献切玉刀',亦当在此篇(笔者按:即《王会解》篇)中,今缺。"②

　　另外,此事还见之于其他一些文献。《搜神记》:"昆仑之墟,地首也,是惟帝之下都,故其外绝以弱水之渊,又环以炎火之山。山上草木鸟兽,皆生育滋长于炎火之中。故有火瀚布,非此山鸟兽之皮枭,则其鸟兽之毛也"③。《十洲记·凤麟洲》:"昔周穆王时,西胡献昆吾割玉刀及夜光常满杯,刀长一尺……刀切玉如切泥。"④《山海经·中山经》云:"又西二百里曰昆吾之山,其上多赤铜。"郭璞注曰:"此山出名铜,色赤如火,以之作刀,切玉如割泥也,周穆王时西戎献之,《尸子》所谓锟铻之剑也。"⑤《大荒西经》云:"其下有弱水之渊环之,其外有炎火之山,投物辄然。"郭璞注曰:"今去扶南东万里,有耆薄国。去耆薄东五千至许,有火山国。其山虽雷雨,常然。火中有白鼠,时出在山边求食。人捕得之,以其毛作布,今之火浣布是也。即此火山之类也。"⑥

　　根据以上几则材料我们认为,《列子·汤问》篇所记周穆王得锟铻剑、火浣布应该是史实,此事在《孔丛子》、《博物志》所引《周书》中亦有所记载,并于后世有所流传。但锟铻剑、火浣布的历史博物记载并不能证明魏文帝曹丕与《列子》中"皇子"是同一人物身份,二者之间纯属风马牛不相及的关系。⑦

　　总之,我们认为《列子·汤问》篇中的"皇子"即为齐桓公时代的皇子告敖,其母国可能是宋国,为宋戴公之子充石皇父的后代子孙。与其对话的"萧叔",乃同一时代、同一国家的宋大夫萧叔大心,因平乱有功,被封于萧地。周穆王得锟铻剑、火浣布一事应是流传较广的历史事实,在流传过程

---

① (晋)张华:《博物志》,上海古籍出版社 1990 年版,第 11 页。
② (晋)孔晁:《逸周书》,中华书局 1985 年版,第 256 页。
③ (晋)干宝:《搜神记》,上海古籍出版社 2012 年版,第 111 页。
④ (汉)东方朔:《十洲记》,上海古籍出版社 1990 年版,第 3 页。
⑤ (晋)郭璞注,(清)毕沅校:《山海经》,上海古籍出版社 1989 年版,第 54 页。
⑥ 袁珂:《山海经校注》,上海古籍出版社 1980 年版,第 407—408 页。
⑦ 可参看岑仲勉的《〈列子〉非晋人伪作》一文(《两周文史论丛》,中华书局 2004 年版)及马达的文章《火浣布·皇子·魏文帝——兼论〈列子〉非魏晋人所作》(《衡阳师专学报》1990 年第 4 期)、《从汉语史角度论〈列子〉非魏晋人伪作》(《枣庄师专学报》1996 年第 2 期)。

中,二物被人们描述得越来越神异,以至于许多人质疑其有无,这其中可能就有曹丕。后世学者不明皇子身份,仅据曹丕与皇子不信火浣布这一相同情节,而误将皇子认定为魏文帝,有些研究者又将此作为《列子》晚出的重要依据,更是错上加错。至于《汤问》篇所记皇子与萧叔之间的争辩,可有两种理解:其一,无论从时间方面,还是活动地域方面,可能实有其事;其二,皇子贵衷,与墨子贵兼、孔子贵公、田子贵均、列子贵虚、料子贵别并称于世。火浣布、锟铻剑一事,世人或有不信,故意捏造皇子、萧叔之辩,借皇子为招牌,予以自证。

第三节 《列子·周穆王》篇与《穆天子传》

《列子·周穆王》篇有一段文字与《穆天子传》中的部分内容较为接近,马叙伦、陈文波等学者据此认为,《列子》一书出于晋后,"《周穆王》篇有驾八骏见西王母事,与《穆天子传》合。《穆传》出晋太康中,列子又缘何得知?或云《史记》略有所载,然未若此之诡论也。盖汲冢书初出,虽杜预信而记之,作伪者艳异矜新,欲以此欺蒙后世,不寐其败事也。"[1]马氏、陈氏等人的推断逻辑是这样的:《列子·周穆王》篇与《穆天子传》之间部分文字相近——《周穆王》篇与《穆天子传》之间存在抄袭关系——《穆天子传》出土于晋武帝时期——所以《列子》当在晋武帝之后成书。

对于以上的推理论断,我们有着不同的看法。单从《周穆王》篇与《穆天子传》的内容上看,部分文辞确实近似,二者之间存在抄袭关系是极有可能的,但是问题在于,即使确信《周穆王》篇抄袭了《穆天子传》,就一定能够证明《列子》出于晋后吗?我们认为这种论断不能成立,原因在于逻辑推理上存在不严密之处。

对于《列子·周穆王》篇与《穆天子传》中相近的文字内容,陈文波先生已经有所比较,为便于分析,兹录于下:

《周穆王》篇	《穆天子传》
不恤国事,不乐臣妾,肆意远游。命驾八骏之乘,右服骅骝而左绿耳,右骖赤骥而左白义,主车则造父为御,(泰丙)?为右;次车之乘,	癸酉,天子命驾八骏之乘:右服□骝,而左绿耳,右骖赤蘎,而左白义。天子主车,造父为御,□□为右。次车之乘,右服渠黄而左踰轮,

① 马叙伦:《列子伪书考》,杨伯峻:《列子集释》附录引,中华书局 2013 年版,第 318 页。

右服渠黄而左逾轮,左骖盗骊而右山子,柏夭主车,参百为御,奔戎为右。驰驱千里,至于巨搜氏之国。巨搜氏乃献白鹄之血以饮王,具牛马之湩以洗王之足,及二乘之人。已饮而行,遂宿于昆仑之阿,赤水之阳。别日升于昆仑之丘,以观黄帝之宫;而封之以诒后世。遂宾于西王母,觞于瑶池之上。西王母为王谣,王和之,其辞哀焉。西观日之所入。一日行万里。王乃叹曰:"於乎! 予一人不盈于德而谐于乐。后世其追数吾过乎!"穆王几神人哉! 能穷当身之乐,犹百年乃徂,世以为登假焉。(第一章)

右骖盗骊而左山子。柏夭主车,参百为御,奔戎为右。天子乃遂东南翔行,驰驱千里,至于巨蒐氏。巨蒐之人□奴乃献白鹄之血,以饮天子。因具牛羊之湩,以洗天子之足,及二乘之人。(卷四)

丁巳,……天子已饮而行,遂宿于昆仑之阿,赤水之阳。……□吉日辛酉,天子升于昆仑之丘,以观黄帝之宫,而封□隆之葬,以诏后世。(卷一)

吉日甲子,天子宾于西王母。……乙丑,天子觞西王母于瑶池之上。西王母为天子谣。曰:"白云在天,山陵自出。道里悠远,山川间之。将子无死,尚能复来。"天子答之曰:"予归东土,和治诸夏。万民平均,吾顾见汝。比及三年,将复而野。"(卷三)

天子曰:"於乎! 予一人不盈于德,而辨于乐,后世亦追数吾过乎!"(卷一)

(为便于对照,相近的文字皆加下划线。)

从以上比较来看,两者之间确实存在内容上的相近之处。细考其相近原因,可提出与马、陈相异的几种解释方法:

第一种解释:汲冢竹书出土以后,时人将其中的部分内容增窜于《列子·周穆王》篇。

从内容数量来看,《周穆王》篇与《穆天子传》之间相同的文字只有二百余字,不算太多,后人根据新出土的《穆天子传》,对《列子》予以少量增窜是很有可能的。《周穆王》篇第一章的内容可分为两部分,第一部分由开头至"王大悦",讲述西极化人导引周穆王游览化人之宫的故事;第二部分从"不恤国事"至章尾,主要描写周穆王驾车西游的故事。前后两部分虽同处一章,但又可以独立成篇。从相同文字的分布来看,与《穆天子传》相近的内容都集中在第二部分中。这让我们不得不怀疑,这部分内容有可能是后人增窜所致。

第二种解释,即使判定《周穆王》篇抄袭了《穆天子传》,但抄袭的时间也可能发生在汲冢竹书出土之前。

《穆天子传》出土于战国古墓中,说明先秦时该书就已流传。《汉书·艺文志》中不见《穆天子传》,说明该书在刘向之前已经佚失。晋武帝太康二年(281 年)①汲县民众不准盗发古墓后,《穆天子传》方才重新面世。换言之,到晋武帝时,《穆天子传》就经历了问世流传——佚失——重新面世的过程。马叙伦、陈文波等人的推论,只注意了《穆天子传》重新出土之后的流传,而忽视了该书佚失之前的流传情况。

关于汲冢的墓主,存有两种说法,据当时参加竹书整理工作的荀勖介绍,墓主当为魏襄王(前 318—前 295 年),他在上呈晋武帝御览的《穆天子传序》中说:

> 古文《穆天子传》者,太康二年,汲县民不准盗发古冢所得书也。皆竹简,素丝编。以臣勖前所考定,古尺度,其简长二尺四寸,以墨书,一简四十字。汲者,战国时魏地也。案所得《纪年》,盖魏惠成王子——今王之冢也。于《世本》,盖襄王也。②

另据东晋史学家王隐所述,墓主应是魏安釐王(前 276—前 242 年),他在《晋书·束皙传》中说:

> 大康元年,汲郡民盗发魏安釐王冢,得竹书,漆字,科斗之文。科斗文者,周时古文也,其字头粗尾细,似科斗之虫,故俗名之焉。大凡七十五卷,《晋书》有其目录,其六十八卷皆有名题,其七卷折简碎杂,不可名题。有《周易》上下经二卷,《纪年》十二卷,《琐语》十一卷,《周王游行》五卷,说周穆王游行天下之事,今谓之《穆天子传》。此四部,差为

---

① 关于《穆天子传》的出土时间,或言咸宁五年(279 年),如《晋书·武帝纪》云:"(咸宁五年)冬十月戊寅,匈奴余渠都督独雍等帅部落归化。汲郡人不准掘魏襄王冢,得竹简小篆古书十余万言,藏于秘府";或言太康元年(280 年),如杜预《春秋左传注疏后序》云:"大康元年三月,吴寇始平,余自江陵还襄阳,解甲休兵,乃申杼旧意,修成《春秋释例》及《经传集解》。始讫,会汲郡汲县有发其界内旧冢者,大得古书。皆简编科斗文字。发冢者不以为意,往往散乱。科斗书久废,推寻不能尽通。始者藏在祕府,余晚得见之。"
② (晋)郭璞注:《穆天子传》,上海古籍出版社 1990 年版,第 2 页。

整顿。汲郡初得此书,表藏祕府,诏荀勖和峤以隶字写之。勖等于时即已不能尽识其书,今复阙落,又转写益误,《穆天子传》世间偏多,《史记·魏世家》云:哀王二十三年卒,子昭王立十九年卒,子安釐王立。哀王是安釐王之祖,故安釐王之冢藏哀王时之书,哀王二十一年是赧王之十七年,并下秦、韩、赵、楚、燕、齐之年,皆《史记·六国年表》文也。①

　　无论是魏襄王,还是魏安釐王,都能说明,战国末年《穆天子传》仍流传于世。以本人之见,今天我们所见到的《列子》当成书于刘向之前的西汉时期(后有详文),依墓主为魏襄王计算,离西汉初年只有八十多年。如果依墓主为魏安釐王计算,只有短短的三十多年。以此看来,《穆天子传》在西汉前期仍流传于世是有可能的。

　　另外,从传世文献来看,西汉时期,确实有周穆王西游的材料流传于世。如《史记·秦本纪》中记载:"造父以善御幸于周缪(穆)王,得骥、温骊、骅骝、騄耳之驷,西巡狩,乐而忘归。"司马迁所述与《穆天子传》基本一致,是否采自后者,唯未可知。

　　如果西汉前期《穆天子传》仍流传于世,则《列子》的编撰者(或整理者)就有可能摘录《穆天子传》的内容,收入书中。

　　总之,《周穆王》篇与《穆天子传》之间虽有相同文字内容,但二者之间关系复杂,不能轻易断言《周穆王》篇抄袭了《穆天子传》。即使存在抄袭关系,也不能断定《列子》成书于晋后,因为抄袭的时间有可能发生在西汉时期。

　　综合以上分析可以看出,今本《列子》为"魏晋伪书"一说的所谓证据都难以确立。当然,除了前文分析的这几条所谓"证据"之外,此说的坚守者还有其他一些所谓的"证据",如有人依据司马迁不为列子立传而怀疑《列子》一书为张湛伪托,"列子先于庄子而书最后出,史迁不为立传,学者遂疑为依托"②。其实,关于这一条,刘向早在《列子书录》中即已给出解释,"孝景皇帝时贵黄老术,此书颇行于世。及后遗落,散在民间,未有传者。且多寓言,与庄周相类,故太史公司马迁不为列传"③。刘向说得已经很明白,因为与庄子思想相类,二人可归为同一学术流派,既然选取了庄周为其立传,就无需再选列御寇。任继愈也认同刘向之说,并对这一质疑给予了批驳,

---

① (晋)杜预注,(唐)孔颖达疏:《春秋左传正义》,北京大学出版社1999年版,第1722页。

② (清)秦恩复:《列子卢重玄注序》,杨伯峻:《列子集释》引,中华书局1979年版,第299页。

③ (汉)刘向:《列子书录》,杨伯峻:《列子集释》附录引,中华书局2013年版,第292页。

"我们不能因为《荀子》未提孙膑、公孙龙,《天下》未提管子、晏子、商鞅,《不二》未提庄子,《要略》未提老子、孟子,就说这些人物和学派不存在……司马迁很可能认为列子已融入庄子学派,故提庄略列"①。再如有人因为该书思想不尽一致,尤其许多内容与"贵虚"、"贵正"思想相背离,故而怀疑该书为后时伪作,"其文或浅近卑弱,于《韩策》所称贵正,《尸子》、《吕氏春秋》所称贵虚之旨,持之不坚,故先儒多疑其伪。"②这一点,并不能证明《列子》出于魏晋伪作。总之,我们认为,就目前文献所见,并不能证明《列子》后出于魏晋,更不能证明张湛伪作此书。

---

① 任继愈:《中国哲学发展史》(魏晋南北朝卷),人民出版社 1988 年版,第 262 页。
② (清)汪继培:《列子序》,杨伯峻:《列子集释》附录引,中华书局 2013 年版,第 300 页。

第三章 《列子》的成书

前文我们已经对《列子》一书的"魏晋伪书"、"张湛伪书"等诸家学说予以了辩驳,质疑了这些说法的立足依据,并对其中影响较大的几条,如掺有佛教思想、皇子乃魏文帝曹丕、《列子》抄袭汲冢竹书等,进行了逐条辨析,消除了它们证明《列子》晚出于魏晋一说的证明力。那么,接下来自然就会有人问下一个问题:既然《列子》不是魏晋伪书,那么它究竟成于何时?这即是本章所要讨论的主要议题。

第一节 前人对《列子》成书时间的研究

在《列子》研究中,该书的形成时间是历代研究者关注的焦点,他们在这一问题上倾注了大量的心血,收集了许多宝贵的资料,提出了一些很有见地的意见。大致归纳,其中较有影响的看法主要有四种。

第一种:先秦说。

前人的研究成果中,虽然许多人都没有明确提出《列子》出自先秦,但能够看出,他们都将《列子》默认为列御寇的作品。刘向《列子书录》中指出《穆王》《汤问》二篇"非君子之言",《力命》《杨朱》二篇"不似一家之书",疑其非真,但对于《列子》的主体内容出自列御寇却没有提出怀疑。班固《汉书·艺文志》也将《列子》八篇归于列御寇:"《列子》八篇。名圄寇,先庄子,庄子称之。"①张湛《列子序》对该书内容有较为全面的介绍评述:"其书大略明群有以至虚为宗,万品以终灭为验;神惠以凝寂常全,想念以著物自丧;生觉与化梦等情,巨细不限一域;穷达无假智力,治身贵于肆任;顺性则所之皆适,水火可蹈;忘怀则无幽不照。此其旨也。然所明往往与佛经相参,大归同于老庄,属辞引类特与《庄子》相似。"②张湛虽然感觉到书中有杂入的内容,但对于该书的主体仍默认为先秦之作,"庄子、慎道、韩非、尸子、淮南子、《玄示》、《旨归》多称其言,遂注之云尔。"③

---

① (汉)班固:《汉书》,中华书局1962年版,第1730页。
② (汉)张湛:《列子序》,杨伯峻:《列子集释》附录引,中华书局2013年版,第293—294页。
③ (汉)张湛:《列子序》,杨伯峻:《列子集释》附录引,中华书局2013年版,第294页。

之后的许多研究者,尤其是清代以前的论者,多以刘向、班固之说为是,认同该书形成于先秦时期,如刘勰、卢重玄、柳宗元、陈景元、洪迈、刘埙、王世贞等。①

此说以文字的形式明确提出,还是近来的事情。岑仲勉《〈列子〉非晋人伪作》指出:"据'子孙享之,至今不绝'而推,似《列子》成书最早不过宣王之世,合诸前文楚顷襄王之时代计算,可信其在战国之末,即赧王时也。"②马达《〈列子〉真伪考辨》认为:"《列子》定本整理汇集成书当在公元前278年至公元前237年之间。大体上约在战国后期公元前255年左右,距列子卒年约120年。"③

比较而言,两宋之前历代学人多持此说。有宋以来,怀疑《列子》晚出的研究者越来越多,尤其在清末、民国时期,受疑古思潮的影响,几乎无人再坚持先秦一说。追究其原因,主要有二:其一,先秦时,《列子》一书不见于他书引录;其二,该书掺杂有晚出内容。

第二种:汉代说。

就目前所见,持"汉代说"的研究者只有两位。一位是日本汉学家武内义雄,他在《列子冤词》中逐一辩驳了马叙伦所提的二十条理由,然后提出《列子》出于汉代的观点,"向《序》非伪,《列子》八篇非御寇之笔,且多经后人删改。然大体上尚存向校定时面目,非王弼之徒所伪作。姚氏以郑缪公之误,断为《序》非向作,因一字之误,而疑《序》之全体,颇不合理。况由后人之伪写,抑由向自误,尚未可知"④,并进而推测,《列子》乃道家言杂凑之作,最后整理成书于刘向之手,"今《列子》想亦是搜辑道家言之编纂物。然《庄子》一书,由淮南王门下所编辑,《列子》则异其流传,想由刘向所整理,

---

① 刘勰《文心雕龙·诸子》:"列御寇之书,气伟而采奇。"柳宗元《辨列子》:"其文辞类《庄子》,而尤质厚,少伪作,好文者可废耶?"陈景元《列子冲虚至德真经释文序》:"夫庄子之未生,而列子之道已汪洋汗漫充满于太虚,而无形可闻也,故著书发扬黄老之幽隐,剖抉生死之根柢。堕殁解帙,决疣溃痈。语其自然而不知其然;意其无为而任其所为。辞旨纵横,若木叶千壳,乘风东西,飘飘乎天地之间,无所不至。而后庄子多称其言,载于论说。"洪迈《容斋续笔·列子书事》:"列子书事简劲宏妙,多出庄子之右。"刘埙《隐居通议·列子精语》:"按《列子》书凡八篇,其粹者莫出于《天瑞》一篇。传者云:御寇先庄子,故庄子称之。然后世多宗《南华》,而谈《冲虚至德》者反寡,盖庄子得其说而善用之,所谓青出于蓝而青于蓝者。究其旨归,则漆园之言皆郑圃之余也。"王世贞《读书后·读列子》:"吾意《列子》非全文,其文当缺,而后有附会之者。"

② 岑仲勉:《两周文史论丛》,中华书局2004年版,第325页。

③ 马达:《〈列子〉真伪考辨》,北京出版社2000年版,第463页。

④ [日]武内义雄:《列子冤词》,江侠菴:《先秦经籍考》中册,商务印书馆1931年版,第361页。

而成今形。"①另一位是刘汝霖。他在《周秦诸子考》中首先承认,《列子》中
有魏晋以后的内容,如《汤问》篇"周穆王大征西戎"章。但在确定《列子》
时代时明确指出,该书的主体内容应是汉代时所作,"《列子》原书成立的年
代,也很有研究的价值。我看此书虽不是魏晋人伪造,却也不是先秦的作
品。《周穆王》篇称'儒生',儒生是秦以后的称呼。《汤问》篇引岱舆、员
乔、方壶、瀛洲、蓬莱,后三山始见于《史记》,就是神仙家骗秦始皇所称的三
神山。又称女娲氏炼五色石补天的故事,俱盛行于汉代,可以断定此书是汉
时的作品。《艺文志》已见著录,所以至晚是西汉晚年的作品,不过当时还
不大通行。"②

　　武内义雄和刘汝霖能够突破成说,力排众议,大胆提出"汉代说",可谓
眼光独到、勇气可嘉。但由于时代条件所限,《列子》研究中有几处疑点,武
内义雄、刘汝霖的研究结论中没有给出合理的解释,所以"汉代说"提出之
后,不为大家所接受。

　　第三种:魏晋之后说。

　　此说最早见于黄震的《黄氏日钞》,认为《列子》一书实非《汉志》之旧,
而是晋代人杂凑之作,"列子,郑人,而班、马不以预列传。其书八篇,虽与
刘向校雠之数合,实则典午氏渡江后方杂出于诸家。"③此说一经提出,迅速
得到学术界的认可。黄震之后,赞同此说者渐众,或归于魏晋人伪作,如钱
大昕、何治运、杨伯峻等;④或认为出自晋人之后,如俞正燮、李慈铭等。⑤

---

① 　[日]武内义雄:《列子冤词》,江侠菴《先秦经籍考》中册,商务印书馆 1931 年版,第
　　367 页。
② 　刘汝霖:《周秦诸子考》,杨伯峻:《列子集释》附录引,中华书局 1979 年版,第 328 页。
③ 　(宋)黄震:《黄氏日抄》,杨伯峻:《列子集释》附录引,中华书局 2013 年版,第 306 页。
④ 　(清)钱大昕《十驾斋养新录》卷十八"释氏轮回之说"条曰:"《列子·天瑞》篇林类曰:'死
　　之与生,一往一反,故死于是者,安知不生于彼。'释氏轮回之说,盖出于此。《列子》书晋
　　时始行,恐即晋人依托。"(清)何治运《书列子后》:"余少读《列子》,见其言不能洪深,疑
　　其伪而不敢质。后读《十驾斋养新录》,疑为魏晋人伪撰,而后知有识者果不异人意也。"
　　杨伯峻《著述年代考》:"《列子》托名为先秦古籍,却找出了不少汉以后的词汇,甚至是魏
　　晋以后的词汇,这是无论如何说不过去的。托名春秋作品的《老子》出现了战国的官名,
　　有人为之解脱,这是'杂人之注疏',虽然'通词知其所穷',但仍不失为'通词'。《列子》
　　的这种现象,恐怕连这种遁词都不可能有了。除掉得出《列子》是魏晋人的赝品以外,不
　　可能再有别的结论。"
⑤ 　(清)俞正燮《癸巳存稿》卷十"火浣布说"条:"《列子》,晋人王浮、葛洪以后书也。以《仲
　　尼》篇言圣者,《汤问》篇言火浣布知之。"(清)李慈铭《越缦堂日记》:"《列子》一书,后人
　　所缀辑,盖出于东晋以后,观湛所述甚明,本非《汉志》之旧。其书自唐开元后始大行,故
　　裴世期注《魏志》,章怀注《后汉书》,于火浣布皆不引《列子》。此条缀于《汤问》篇末,盖
　　裴、李诸人尚未见之,疑出于张湛以后,其《注》云云,亦非湛语也。"

第四种:张湛说。

此说始于梁启超《古书真伪及其年代》一书,梁氏在书中明确提出《列子》乃东晋张湛伪作,"有一种书完全是假的,其毛病更大。学术源流都给弄乱了。譬如《列子》乃东晋时张湛——即《列子注》的作者——采集道家之言凑合而成。真《列子》有八篇,《汉书·艺文志》尚存其目,后佚。张湛依八篇之目假造成书,并载刘向一序。"① 梁启超将《列子》归之于张湛,但没有予以论证,也没有提出令人信服的依据,所以只能算是当时的一种大胆猜想。梁氏之后,信从其说的研究者越来越多,并陆续举出一些例证,用来支持这一说法。如马叙伦、顾实、吕思勉、陈旦、陈文波等。② 其中论述最为详备、影响最大的当属马叙伦,他在总结前人研究成果的基础上,归纳出了二十条理由,③以证《列子》出自张湛之手,"魏晋以来,好事之徒,聚敛《管

---

① 梁启超:《古书真伪及其年代》,杨伯峻:《列子集释》附录引,中华书局 1979 年版,第 315 页。

② 顾实《重考古今伪书考》:"据张湛《序》文,则此书原出湛手,其即为湛托无疑。"吕思勉《列子解题》:"此书前列《张湛序》,述得书源流,殊不可信。而云'所明往往与佛经相参,大同归于老、庄','属辞引类,特与《庄子》相似。《庄子》、《慎到》、《韩非》、《尸子》、《淮南子》、《玄示》、《指归》多称其言',则不啻自写供招。"陈旦《〈列子·杨朱〉篇伪书新证》:"此正张湛自写供状,明言其取资之源。但张不肯自居著作之名。彼盖于无名主义,深造有得者。故更游移其词,遂成千古疑案。然尚肯诚实写出取资之源,待深思之士,默识其著书伪托之苦心,非欲以欺尽来学。故吾虽于人赃并获之际,并不以是为张氏之罪案也。"陈文波《伪造〈列子〉者之一证》:"据张湛《列子序》言:'《列子》原为八篇,及后汇集,并《目录》共十三卷。'古人所谓卷,往往指为篇;然则比原来《列子》多数卷——篇——矣。或者,当时张湛辈所汇集者,甚杂且富,因而删削以符原文八篇之数,亦未可知也。"

③ 一事,《列子叙录》乃依托之作。二事,《穆王》《汤问》二篇,迂诞恢诡;《力命》篇、《杨子》篇唯贵放逸,二义相乖,不与"列子贵虚"之言相应。另外,汉初百家未尽出,太史公没有理由不录列子书,不为列子传。三事,张湛云:"八篇出其外家王氏",晋世玄言极畅之时,列子求之不难,何以既失复得,不离王氏? 四事,《天瑞》篇"有太易有太始有太素"一章,湛曰:"全是周易乾凿度。"乾凿度出于战国之际,列子何缘得知? 伪作纂入耳。五事,《周穆王》篇有驾八骏见西王母事,与《穆天子传》合。穆传出晋太康中,列子又何缘得知? 六事,《周穆王》篇言梦,与周官占梦合。周官汉世方显,则其剿窃明矣。七事,《周穆王》篇记儒生治华子之疾,儒生之名,汉世所通行,先秦未之闻也。八事,《仲尼》篇言西方之人有圣者,乃作伪者缘晋言名理,剽取浮屠。作伪者囿于习尚,遂有斯失。九事,《汤问》篇与《山海经》同者颇多,《山海经》乃晚出之书,则亦艳异矜新,取掫可知。十事,《汤问》篇言方壶、瀛洲、蓬莱,殷敬顺《释文》引《史记》云:"此三神山在渤海中。"此事出于秦代,引以为注,足征前无所征。十一事,《汤问》篇云:"渤海之东,不知其亿万里,有大壑,实为无底之谷。"案《山海经》云:"东海之外有大壑,"郭璞《注》云:诗含神雾曰:"东注无底之谷",谓此壑也。此乃显窃《山海经》、《注》两文而成。不然,郭何为不引此而反援诗纬? 十二事,《力命》篇言颜渊寿十八,与《史记》等不一致。其说见于《淮南·精神训》高《注》及《后汉书·郎顗传》。此由作伪者耳目所近,喜其说新,忘其牾实也。十三事,《汤问》篇记皇子以火浣布为妄,魏文帝著《论》不信有火浣布,疑为作伪者所本。十四事,《汤问》篇

子》、《晏子》、《论语》、《山海经》、《墨子》、《庄子》、《尸佼》、《韩非》、《吕氏春秋》、《韩诗外传》、《淮南》、《说苑》、《新序》、《新论》之言,附益晚说,成此八篇,假为向叙以见重。"①

马叙伦《列子伪书考》发表之后,"张湛说"虽然未成定论,但《列子》晚出于魏晋这一说法基本为学界所接受。

综合历代研究来看,宋代以前,"先秦说"占据着主导地位。虽然宋前无人提出这一说法,但学人基本接受《列子》为列御寇所作这一事实。有宋以后,持"魏晋之后说"者渐多。清末民国以来,《列子》乃张湛伪作的观点成了学术界的主流看法。至于"两汉说",自始至终都处于弱势地位,不为学界所重视。那么,《列子》一书到底成于何时? 下面,就此问题谈一下自己的看法。

第二节　刘向与《列子书录》

《汉书·艺文志》云:

> 昔仲尼没而微言绝,七十子丧而大义乖。故《春秋》分为五,《诗》分为四,《易》有数家之传。战国纵横,真伪分争,诸子之言纷然肴乱。至秦患之,乃燔灭文章,以愚黔首。汉兴,改秦之败,大收篇籍,广开献书之路。迄孝武世,书缺简脱,礼坏乐崩,圣上喟然而称曰:"朕甚闵

记伯牙与钟子期事,汪中证钟子期即《史记·魏世家》之中旗、《秦策》之中期、《韩非子·难势》篇之钟期,则楚怀王顷襄王时人,《列子》何缘得知? 由作伪者既诬列子为六国时人,故一切六国时事,辄附之而不疑耳。十五事,《黄帝》篇列九渊,《庄子·应帝王》篇唯举其三,他无所用,伪作者从尔雅补足,并举九渊,失其文旨。十六事,《力命》篇记邓析被诛于子产,与《左传》被杀于驷歂不合,夫列子郑人,事又相及,何故歧误如此? 盖作伪者用《吕氏春秋·离谓》篇邓析难子产事影撰此文,故不痛与左氏抵牾也。十七事,《汤问》篇载孔子见小儿辩日事,桓谭《新论》所载略同。谭云,"小时闻闾巷言",不云出《列子》。《博物志·五》亦记此事,末云亦出《列子》。则华所据为新论,疑"亦出《列子》"四字为读者注语。不然,华当据《列子》先见之书也。此为窃新论影撰。对校谭记,确然无疑。十八事,《汤问》篇言"菌芝朝生晦死",陆德明《庄子释文》引崔撰曰:"粪上芝,朝生暮死。晦者不及朔,朔者不及晦。"此乃影射庄子之文,而实用崔氏之说。十九事,《力命》篇言彭祖寿八百,《庄子》言"彭祖上及有虞下及五伯",则其寿不止八百。宋忠《世本注》、王逸《楚辞注》、高诱《吕氏春秋》、《淮南子》注乃有七百八百之说,作伪者因以袭用。二十事,《天瑞》篇曰:"列姑射山在海河洲中,山上有神人焉。"庄子言藐姑射之山有神人,不云在海河洲中,此乃袭《山海经·海内北经》文也。彼文郭璞《注》曰,"庄子所谓藐姑射之山也",使《列子》非伪,郭何为不引此以注乎?

① 马叙伦:《列子伪书考》,杨伯峻:《列子集释》附录引,中华书局 2013 年版,第 321—322 页。

焉!"于是建藏书之策,置写书之官,下及诸子传说,皆充秘府。至成帝时,以书颇散亡,使谒者陈农求遗书于天下。诏光禄大夫刘向校经传诸子诗赋,步兵校尉任宏校兵书,太史令尹咸校数术,侍医李柱国校方技。每一书已,向辄条其篇目,撮其指意,录而奏之。①

此段文字清楚地告诉了我们《列子书录》的由来。而我们要谈论《列子》的成书时间问题,就要先谈谈刘向的《列子书录》,因为无论是持"张湛说",还是"魏晋之后说",都需要面对这样一个无法逾越的话题:如何看待《列子书录》? 也就是说,该书录的真假定位问题基本上决定了"张湛说"、"魏晋之后说"乃至于"汉代说"的成立与否。下面让我们对《列子书录》的真假问题作一探讨。

张湛注本《列子》前附有刘向《列子新书目录》一篇,记录了刘向等人收集、编定、校释《列子》的过程,介绍了列子其人、其学的大概情形,并对《列子》一书的篇目、内容、流传等情况予以分析、交代。今将该文录于下,以便查考。

天瑞第一 黄帝第二 周穆王第三 仲尼第四(一曰极知) 汤问第五 力命第六 杨朱第七(一曰达生) 说符第八

右新书定著八篇。护左都水使者光禄大夫臣向言:所校中书《列子》五篇,臣向谨与长社尉臣参校雠太常书三篇,太史书四篇,臣向书六篇,臣参书二篇,内外书凡二十篇。以校除复重十二篇,定著八篇。中书多,外书少。章乱布在诸篇中。或字误,以"尽"为"进",以"贤"为"形",如此者众。及在新书有栈,校雠从中书已定,皆以杀青,书可缮写。

列子者,郑人也。与郑缪公同时,盖有道者也。其学本于黄帝、老子,号曰道家。道家者,秉要执本,清虚无为。及其治身接物,务崇不竞,合于六经;而《穆王》、《汤问》二篇,迂诞恢诡,非君子之言也。至于《力命》篇一推分命;杨子之篇唯贵放逸,二义乖背,不似一家之书;然各有所明,亦有可观者。孝景皇帝时,贵黄老术,此书颇行于世。及后遗落,散在民间,未有传者。且多寓言,与庄周相类。故太史公司马迁不为列传。谨第录。臣向昧死上。护左都水使者光禄大夫臣向所校《列子书录》。永始三年八月壬寅上。②

---

① (汉)班固:《汉书》,中华书局1962年版,第1701页。

② (汉)刘向:《列子书录》,杨伯峻:《列子集释》附录引,中华书局2013年版,第291—292页。

　　对于《列子书录》，早期研究《列子》的名家张湛、柳宗元、高似孙等人皆未提出疑义。一直延至清代，始有学者疑其真假，疑古大家姚际恒在《古今伪书考》中首次提出疑问："向之序亦安知不为其人所托而传乎？"①此后二百年间，姚说无人呼应。一直到了民国时期，才有马叙伦、顾实、吕思勉、陈旦等人接续此说，并先后提出各自的立论依据，认定该书录乃后世伪托之作。把马叙伦等人所提出的"理由"予以归纳，大体可总结为以下几条：

　　第一，《列子书录》中有说法错误之处。《列子书录》云："列子者，郑人也。与郑缪公同时，盖有道者也。"柳宗元在《辨〈列子〉》一文中考证说："郑缪公"当为"鲁缪公"之误。② 依据此处之误，姚际恒认为《列子书录》当是伪作，"夫向博及群书，不应有郑缪公之谬，此亦可证其为非向作也。"马叙伦也有同样看法，"博闻如向，岂不省此？然则《叙录》亦出依托也。"③

　　第二，《列子》中有些说法有悖于实际情况。《史记》中司马迁没有为列子立传，也没有提及《列子》一书，加之汉初少有人引用《列子》，说明该书在汉初极为罕见，也可能根本没有。但《列子书录》却说"孝景皇帝时，贵黄老术，此书颇行于世。"伪书说持论者认为，《书录》所记与目前所见史料记载的事实不符，显然为后人伪托，"汉初百家未尽出，太史公未见《列子》书，不为传，何伤？ 顾云'孝景时其书颇行'，则汉初人引《列子》书者又何寡也？"④

　　第三，《列子》的部分内容染有佛教色彩。《列子·仲尼》篇第三章有言："西方之人有圣者焉，不治而不乱，不言而自信，不化而自行，荡荡乎民无能名焉。丘疑其为圣。弗知真为圣欤？ 真不圣欤？""伪书说"的持论者认为，此乃明言佛氏。而佛氏之入中原，应在汉明帝之后，所以《列子》一书"殆属明帝后人所附益无疑。佛氏无论战国未有，即刘向时又宁有耶？ 则向之序亦安知不为其人所托而传乎？"⑤

　　第四，《列子》中存在一些异己思想，与全书思想不符。《尸子·广泽》、《吕氏春秋·不二》、《庄子·应帝王》中皆已指出，列子思想的最大特点是"贵虚"。然而《列子书录》云："《穆王》《汤问》二篇，迂诞恢诡，非君子之言也。至于《力命》篇一推分命；杨子之篇唯贵放逸，二义乖背，不似一家之书。"已明言《穆王》《汤问》《力命》《杨朱》四篇与列子"贵虚"思想差异较

　　① （清）姚际恒：《古今伪书考》，杨伯峻：《列子集释》附录引，中华书局2013年版，第309页。
　　② （唐）柳宗元：《辨〈列子〉》，杨伯峻：《列子集释》附录引，中华书局2013年版，第302页。
　　③ 马叙伦：《列子伪书考》，杨伯峻：《列子集释》附录引，中华书局2013年版，第317—318页。
　　④ 马叙伦：《列子伪书考》，杨伯峻：《列子集释》附录引，中华书局2013年版，第318页。
　　⑤ （清）姚际恒：《古今伪书考》，杨伯峻：《列子集释》附录引，中华书局2013年版，第309页。

大,所以伪书说持论者认为,上述四篇不应出现在《列子》中,据此怀疑《书录》之真,"(《穆王》《汤问》《力命》《杨朱》)则不与三子(《尸子》《吕氏春秋》《庄子》)之言相应,而《别录》曷为入于道家?"①

针对第一条理由,日本汉学家武内义雄反驳说,"姚氏以郑缪公之误,断为《序》非向作,因一字之误,而疑《序》之全体,颇不合理。况由后人之伪写,抑由向自误,尚未可知。"②义雄先生所论极是,一字之争议,焉能否定全篇之内容。古籍的辨伪是一项复杂的工作,既有从真到伪的考订,也有从伪到真的辨识;既有整部古籍的真伪问题,也有古籍具体篇章的真伪问题。正如梁启超在《古书真伪及其年代》中所说:"中国古籍,许多是假的,有些一部分假,一部分真,有些年代弄错。"既然真伪考辨的工作如此复杂,我们怎能仅据其中的某个"字"的正误而去轻易判断一部古籍、一篇古文的整体真伪呢?

对于第二条理由,马达在《〈列子〉真伪考辨》一书解释说:"'颇'字是多义词,它既有'稍微'的意思,又有'很、甚'的意思。《广雅·释诂三》:'颇,少也。''很、甚'为后出之义。《列子叙录》'此书颇行于世'的'颇'字是'稍微'义。这样'此书颇行于世'后,又'遗落散在民间'就不足为怪了。"③马氏所论,可备一说。退一步讲,即使将"颇"解为"很、甚"之意,也同样不足以证明《列子书录》乃伪作。仅仅根据《史记》中列御寇传记、没有提及《列子》一书、汉初少有人引用《列子》这三点,就定义《列子书录》中所言"此书颇行于世"为讹误之说,难免有些武断。因为历史实际情况可能并不像我们所想象的那么简单,有可能有人的书中引用《列子》而该书未传于世;也可能当时《列子》仅以篇卷的形式零散地流于世上,尚未有《列子》整体书名供人引用;又或《书录》所言乃刘向征引他人之说,以讹传讹。总之,根据这种似是而非的疑点就断言《列子书录》乃伪作,是难以服众的。

对于上述情况,我们也同样认为,《列子书录》中的这两条材料确实有误,但错误的缘由并非因为后人伪托,而是刘向取用的前代材料本身有误。对于《别录》的撰写,余嘉锡先生总结说:"《别录》、《七略》,于史有列传而事迹不详,或无传者,则旁采他书,或据所闻见以补之。"④既然是采自他书之材料,其中偶有传误,也在情理之中。刘向校理群书,工程浩大,在偶尔使

---

① 马叙伦:《列子伪书考》,杨伯峻:《列子集释》引,中华书局2013年版,第318页。

② [日]武内义雄:《列子冤词》,江侠菴:《先秦经籍考》中册,上海商务印书馆1931年版,第362页。

③ 马达:《〈列子〉真伪考辨》,北京出版社2000年版,第11页。

④ (清)余嘉锡:《目录学发微》,《余嘉锡说文献学》,上海古籍出版社2001年版,第43页。

用错误材料时没有对其辨析清楚，以至于常将其定性为刘向之误，如叶大庆等，"刘向之误，观者不可不察"①。

　　实际上，这种文献记载出现错误、矛盾或者不清的现象不仅在刘向笔下有可能发生，在其他文献整理者甚至史家的笔下，也有可能发生。比如苏秦之死，《战国策》中《楚策一》、《赵策二》记载说，苏秦与燕王谋划灭齐，因事泄而被齐王车裂于市，"凡天下所信约从亲坚者苏秦，封为武安君而相燕，即阴与燕王谋破齐共分其地。乃佯有罪，出走入齐，齐王因受而相之。居二年而觉，齐王大怒，车裂苏秦于市。"②《史记·苏秦列传》却记为苏秦因与齐大夫争宠，遇刺而死，"易王母，文侯夫人也，与苏秦私通。燕王知之，而事之加厚。苏秦恐诛，乃说燕王曰：'臣居燕不能使燕重，而在齐则燕必重。'燕王曰：'唯先生之所为。'于是苏秦佯为得罪于燕而亡走齐，齐宣王以为客卿。……其后齐大夫多与苏秦争宠者，而使人刺苏秦，不死，殊而走。齐王使人求贼，不得。苏秦且死，乃谓齐王曰：'臣即死，车裂臣以徇于市，曰：苏秦为燕作乱于齐。如此则臣之贼必得矣。'于是如其言，而杀苏秦者果自出，齐王因而诛之。燕闻之曰：'甚矣，齐之为苏生报仇也！'苏秦既死，其事大泄。齐后闻之，乃恨怒燕。"③在苏秦死亡一事的记载上，《战国策》与《史记》显然必有一处记载错误，后人若取用了其中错误的记载，以讹传讹，自然难免有误。再如司马迁对老子年龄、名姓等信息的记载也属于此类情况，既言"老子百有六十余岁"，又说"或言二百余岁"；一方面认为"老子者，楚苦县厉乡曲仁里人也，姓李氏，名耳，字聃，周守藏室之史也。"另一方面又提出质疑，"或曰：老莱子亦楚人也，著书十五篇，言道家之用，与孔子同时云。""或曰儋即老子，或曰非也，世莫知其然否。老子，隐君子也。"④总之，无论司马迁，还是刘向，他们虽然博览群书，但所见前世文献材料中，或多或少都会有一些错误、不实甚至伪造的文献记载，这样一来，他们在判断、使用这些材料时也难免会出现判断不清、真假难辨甚至被误导的情况。所以贺次君先生在《史记志疑》的《点校说明》中总结说："单就史料整理来说就是非常艰巨的工作，贻误和矛盾之处在所难免。"⑤

　　第三条理由，它既不能证明《列子》一书出自魏晋，更不能证明《列子书录》乃伪作（相关论述详见于本书第二章，此不赘述）。我们在这里需要额

---

①　（宋）叶大庆：《考古质疑》卷三，《丛书集成》初编本，中华书局1991年版，第25页。
②　（汉）刘向：《战国策》，上海古籍出版社1978年版，第509页。
③　（汉）司马迁：《史记》，中华书局1959年版，第2265—2266页。
④　（汉）司马迁：《史记》，中华书局1959年版，第2139—2142页。
⑤　（清）梁玉绳：《史记志疑》，中华书局1981年版，第3页。

外补充的一点是:宋濂在《诸子辨》中连续举了六条例证,试图证明《列子》
思想中含有佛教思想,我们来细细地分析一下,看宋氏所提供的"证据"能
否证明《列子》是否抄袭了佛教内容。宋氏之论如下:

> 间尝熟读古书,又与浮屠言合。所谓"内外进矣;而后眼如耳,耳
> 如鼻,鼻如口,无弗同也;心凝形释,骨肉都融,不觉形之所倚,足之所
> 履",非"大乘圆行说"乎?"鲵旋之潘为渊,止水之潘为渊,流水之潘为
> 渊,滥水之潘为渊,沃水之潘为渊,沈水之潘为渊,雍水之潘为渊,汧水
> 之潘为渊,肥水之潘为渊",非"修习教观说"乎?"有生之气,有形之
> 状,尽幻也。造化之所始,阴阳之所变者,谓之生,谓之死;穷数达变,因
> 形移易者,谓之化,谓之幻。造物者,其巧妙,其功深,故难穷难终;因形
> 者,其巧显,其功浅,故随起随灭;知幻化之不异生死也,始可以学幻",
> 非"幻化生灭说"乎?"厥昭生乎湿,醯鸡生乎酒,羊奚比乎不笋;久竹
> 生青宁,青宁生程,程生马,马生人,人久入于机;万物皆出于机,皆入于
> 机",非"轮回不息说"乎?"人胥知生之乐,未知生之苦;知死之恶,未
> 知死之息",非"寂灭为乐说"乎?"精神入其门,骨骸反其根,我尚何
> 存",非"圆觉四大说"乎? 中国之与西竺,相去一二万里,而其说若合
> 符节,何也? 岂其得于心者亦有同然欤? 近世大儒谓华梵译师皆窃庄
> 列之精微以文西域之卑陋者,恐未为至论也。[1]

　　宋氏所举例证六条,其中两条文字内容重见于《庄子》,分别是第二条
和第四条:

《列子》内容	《庄子》内容
列子入,告壶子。壶子曰:"向吾示之以太冲莫眹,是殆见吾衡气几也。鲵旋之潘为渊,止水之潘为渊,流水之潘为渊,滥水之潘为渊,沃水之潘为渊,汃水之潘为渊,雍水之潘为渊,汧水之潘为渊,肥水之潘为渊,是为九渊焉。尝又与来!"明日,又与之见壶子。立未定,自失而走。壶子曰:"追之!"列子追之而不及,反以报壶子,曰:"已灭矣,已失矣,吾不及也。" ——《黄帝》	列子入,以告壶子。壶子曰:"吾向示之以太冲莫胜。是殆见吾衡气机也。鲵桓之审为渊,止水之审为渊,流水之审为渊。渊有九名,此处三焉。尝又与来。"明日,又与之见壶子。立未定,自失而走。壶子曰:"追之!"列子追之不及。反,以报壶子曰:"已灭矣,已失矣,吾弗及已。" ——《应帝王》

---

① (明)宋濂著,顾颉刚标点:《诸子辨》,朴社 1926 年版,第 15—16 页。

续表

《列子》内容	《庄子》内容
厥昭生乎湿。醯鸡生乎酒。羊奚比乎不笋。久竹生青宁,青宁生程,程生马,马生人。人久入于机。万物皆出于机,皆入于机。 　　　　　　　　　　——《天瑞》	颐辂生乎食醯,黄軦生乎九猷,瞀芮生乎腐蠸。羊奚比乎不筝,久竹生青宁;青宁生程,程生马,马生人,人又反入于机。万物皆出于机,皆入于机。 　　　　　　　　　　——《至乐》

如果根据《列子》的上述内容,就轻易断言该书具有了佛教"修习教观说"和"轮回不息说"的佛理思想的话,那么,我们是否可以同理断言,《庄子》一书亦具有上述佛教思想呢? 是否也可以据此断言《庄子》一书乃魏晋伪书呢? 此条理由成立与否? 一目了然。

至于第四条理由,从刘向校理群书的原则中即可找到解释。刘向校理群书时,对于存疑的内容,他没有妄加改动或删除,而是一律留存,比如校理《晏子》时,"又有复重,文辞颇异,不敢遗失,复列以为一篇;又有颇不合经术,似非晏子言,疑后世辩士所为者,故亦不敢失,复以为一篇,凡八篇。其六篇可常置旁,御观。"①说的已经很清楚。《列子》中,《穆王》《汤问》《力命》《杨朱》四篇,刘向也已质疑,但出于同样原因,一概留存,"然各有所明,亦有可观者。"所以说,上述四篇虽不合于列子主体思想,但仍然存于《列子》中,这是符合刘向校理群书的总体原则的。

如果说,以上分析是对《列子书录》"伪书"说所提证据的一种辩驳的话,那么,下面我们就具体内容谈一下《列子书录》不伪的理由。

第一,与《管子书录》《晏子书录》等进行比较,《列子书录》没有造伪的迹象。

刘向的《别录》,宋代已经佚失,但在其他文献中仍有部分佚文,其中就包括《列子书录》。清人严可均的《全汉文》中就收有《书录》十篇,包括《战国策书录》《管子书录》《晏子书录》《孙卿书录》《韩非子书录》《列子书录》《邓析书录》《关尹子书录》《子华子书录》《说苑叙录》。对于《别录》佚文,严可均辨析后认为,《关尹子书录》和《子华子书录》应是宋人伪作,"此叙(指《关尹子书录》)及《关尹子叙》疑皆宋人依托,今姑录之。"②而对于《列子书录》,严氏没有提出任何质疑。同时,清人姚振宗也认为《列子书录》不伪,并将其收入《快阁师石山房丛书》。张舜徽先生编著《文献学论

---

① 《晏子书录》,《七略别录佚文》,上海古籍出版社 2008 年版,第 40 页。
② (清)严可均:《全上古三代秦汉三国六朝文》,中华书局 1958 年版,第 333 页。

著辑要》时,直接剔除了《关尹子书录》和《子华子书录》,而将《列子书录》保留其中。①

第二,将《列子书录》定为后人伪作,不符合实际情况。

西汉河平二年(前27年),刘向等人受汉成帝之命,对天下图书进行系统整理,补脱删衍,订正讹误。每校订一种书,刘向都要为其撰写书录,介绍该书的收集整理、篇目、真伪等情况,以备皇帝御览。后来,刘向汇集众录,合为一书,取名《别录》,《列子书录》当在其中。刘向死后,其子刘歆又在《别录》基础上,撮其指要,著为《七略》。此后,《别录》与《七略》在世上长期流传,备受关注。阮孝绪《七录序》说:"昔刘向校书,辄为一录。论其指归,辩其讹谬,遂竟奏上,皆载在本书。时又别集众录,谓之《别录》,即今之《别录》是也"。②唐宋之际,《别录》《七略》尚流传于世,《旧唐书·经籍志》目录类云:"《七略别录》二十卷。刘向撰。《七略》七卷。刘歆撰。"③《新唐书·艺文志》目录类也有类似记载:"刘向《七略别录》二十卷。刘歆《七略》七卷。"④郑樵《通志·艺文略》目录类记曰:"《七略别录》二十卷。刘向撰。《七略》七卷。刘歆撰。"至于《别录》《七略》的佚失时间,学术界尚无定论,但目前的普遍看法认为,两本目录文献的亡佚时间不早于唐末、五代时期。

如果说《列子书录》是后人依托之作的话,那么应该定为刘向《列子书录》佚失之前伪作的呢?还是佚失之后的伪作?如果定为前者,如马叙伦所云,"魏晋以来,好事之徒,聚敛《管子》《晏子》《论语》《山海经》《墨子》《庄子》《尸佼》《韩非》《吕氏春秋》《韩诗外传》《淮南》《说苑》《新序》《新论》之言,附益晚说,成此八篇,假为向叙以见重。"那么我们要问,既然此时刘向所作《列子书录》尚在流传,又有谁会依托刘向之名,再伪作一篇《列子书录》呢?即使确有真假两篇《列子书录》同时流传于世,那么在几百年的流传过程中,历代搜奇好古之士也应该予以指出。但由卢重玄《列子叙论》⑤、

---

① 张舜徽:《文献学论著辑要》,陕西人民出版社1985年版,第89页。

② 阮孝绪:《七录》已佚,《七录序》见释道宣:《广宏明集》卷三,《四部备要》本。

③ (后晋)刘昫:《旧唐书》,中华书局1975年版,第2011页。

④ (宋)欧阳修:《新唐书》,中华书局1975年版,第1497页。

⑤ (唐)卢重玄《列子叙论》:"刘向云:'列子者,郑人也,与郑缪公同时,盖有道者也。其学本于黄帝老子,号曰道家。道家者,秉要执本,清虚无为,及其治身接物,务崇不竞,合于六经。而《穆王》《汤问》二篇,迂诞恢诡,非君子之言也。至于《力命》篇,一推分命;杨子之篇,唯贵放逸,二义乖背,不似一家之书。然各有所明,亦有可观者。且多寓言,与庄周相类,故太史公司马迁不为列传。'……我开元圣文神武皇帝知道为生本,至德非言,广招四方,傍询万宇,冀有达其玄理,将欲济于含生。小臣无知,偶慕斯道;再承圣旨,重考微言。谨寻《列子》之书,辄诠注其宗要。"

柳宗元《辨列子》①、陈景元《列子冲虚至德真经释文序》来看，唐代之前并不存在第二篇《列子书录》。如果定为后者，认为今传本《列子书录》乃刘向《列子书录》佚失之后所作，则显然又与张湛《列子序》、卢重玄《列子叙论》、柳宗元《辨列子》相矛盾。因为从三篇序、文所说情况看，张氏、卢氏、柳氏所见《列子书录》与今传本《列子书录》完全吻合，没有任何出入，应该视为同文。所以第二条假设也同样不能成立。

正是出于以上考虑，我们认为，姚际恒等人视《列子书录》为后人依托之作的说法难以成立。我们更愿意相信，今传《列子书录》即为刘向所作，其中所论《列子》的情况也是刘向当年所见之事实。

第三节　《列子》成书的时间下限

关于《列子》的成书时间，最晚的两种说法是"魏晋之后说"与"张湛说"，这两种说法之间虽有内容上的分歧，但他们都一致认为，《列子》一书晚出于魏晋。那么他们的说法是否能够站得住脚呢？下面我们先来看看这两种说法的支撑依据。

总括"魏晋之后说"与"张湛说"的诸多评论，我们可以把他们的主要依据总结为四条：

第一，《列子》中疑似记载有魏文帝曹丕之事。

《汤问》篇第十七章记载说，周穆王征伐西戎时得锟铻之剑、火浣之布。其剑切玉如切泥，其布以火焚烧之后皓然似雪。皇子以为无此物，传之者妄。

裴松之注引《搜神记》中说，昆仑之墟有炎火之山，山上有鸟兽草木，皆生于炎火之中，草木之皮枲、鸟兽之毛可做火浣布，汉世西域曾献之。魏初，文帝也不信有火浣布一物。

----

① （唐）柳宗元《辨列子》云："刘向古称博极群书，然其录《列子》，独曰郑穆公时人。穆公在孔子前几百岁，《列子》书言郑国，皆云子产、邓析，不知何何以言之如此？《史记》：郑繻公二十五年，楚悼王四年，围郑，郑杀其相驷子阳。子阳正与列子同时。是岁周安王四年，秦惠王、韩列侯、赵武侯二年，魏文侯二十七年，燕釐公五年，齐康公七年，宋悼公六年，鲁穆公十年，不知向言鲁穆公时遂误为郑耶？不然，何乖错至如是？其后张湛徒知怪《列子》书，言穆公后事，亦不能推知其时。然其书亦多增窜非其实。要之，庄周为放依其辞，其称夏棘、狙公、纪渚子、季咸皆出《列子》，不可尽纪。虽不概于孔子道，然其虚泊寥廓，居乱世远于利，祸不得逮于身，而其心不穷。《易》之'遁世无闷'者，其近是欤？余故取焉。其文辞类庄子，而尤质厚，少伪作，好文者可废耶？其《杨朱》《力命》，疑其杨子书。其言魏牟、孔穿皆出列子后，不可信。然观其辞，亦足通知古之多异术也，读焉者慎取之而已矣。"

据此,许多人认为《汤问》篇中的"皇子"即是魏文帝曹丕。持论者主要有俞正燮、何治运、光聪谐、马叙伦、刘汝霖、杨伯峻、严北溟等人。

第二,《列子》的部分章节,染有佛教色彩。

《周穆王》篇第一章记载,周穆王时,西极之国有化人来,携周穆王一同神游化人之宫。《仲尼》篇第三章讲述了商太宰与孔子的一段对话,对话中提及"西方之人有圣者焉"。许多研究者认为,这两章内容受到了佛教的影响,"今考辞旨所及,疑于佛氏者凡二章。其一谓周穆王时西域有化人来,殆于指佛。……其一谓商太宰问圣人于孔子,孔子历举三皇五帝非圣,而以圣者归之西方之人,殆于指佛。"①而对于佛教传入中原,多数学者认为始于汉明帝时期。如此一来,《列子》既然染有佛教色彩,当然应在佛教传入中国之后成书,"至其言西方圣人,则直指佛氏,殆属明帝后人所附益无疑。"②又有研究者进一步将其视作《列子》出于魏晋之后的重要证据之一,"《仲尼》篇言西方之人有圣者,乃作伪者缘晋言名理,剽取浮屠。"③

第三,《列子》抄袭了汲冢竹书的内容。

《周穆王》篇第一章先是讲述了周穆王与西极化人神游化人之宫,然后叙述了周穆王西游昆仑,会王母于瑶池的故事。其中第二部分内容与汲冢竹书《穆天子传》的部分文字基本一致,有人认为一定是《列子》抄袭了《穆天子传》。而《穆天子传》是西晋武帝时期才发掘出土的,所以《列子》成书理应在此之后。"《周穆王》篇有驾八骏见西王母事,与《穆天子传》合。《穆传》出晋太康中,列子又何缘得知?"④"(《列子》)为刘向所汇纂;而《汉志》亦载《列子》八篇。何以书中《周穆王》一篇,融合晋太康二年汲冢所出之《穆天子传》而成?"⑤

第四,《列子》中带有魏晋时代的思潮。

《杨朱》篇中有些章节极力宣扬肆情纵欲的享乐主义思想,如第二章云:"从性而游,不逆万物所好",第三章云:"且趣当生,奚遑死后?"第五章云:"可在乐生,可在逸身。故善乐生者不窭,善逸身者不殖。"第七章云:"肆之而已,勿壅勿阏。"都含有一种人生苦短、应该及时行乐的消极思想情绪。有学者指出这种思想与魏晋门阀士族推崇的腐朽淫乐的世界观相一

---

① (宋)黄震:《黄氏日抄》,杨伯峻:《列子集释》附录引,中华书局2013年版,第306页。
② (清)姚际恒:《古今伪书考》,杨伯峻:《列子集释》附录引,中华书局2013年版,第309页。
③ 马叙伦:《列子伪书考》,杨伯峻:《列子集释》附录引,中华书局2013年版,第319页。
④ 马叙伦:《列子伪书考》,杨伯峻:《列子集释》附录引,中华书局2013年版,第318页。
⑤ 陈文波:《伪造〈列子〉者之一证》,杨伯峻:《列子集释》附录引,中华书局2013年版,第336页。

致,所以认为《列子》应是魏晋人伪作,"《杨朱》篇乃一意纵恣肉欲,仰企桀、纣若弗及,真是为恶近刑,岂不大相刺谬哉? 此篇尤当出湛臆造,非有本已。"①

"魏晋之后说"与"张湛说"的以上四条依据能否成立呢? 让我们逐一分析论之。

对于第一条依据,我们认为不足为证。因为没有充分的证据能够证明《汤问》篇中的"皇子"就是魏文帝曹丕,持论者之所以认为"皇子"就是曹丕,仅仅凭借曹丕与皇子都曾不信有火浣布、锟铻剑一事,论证过于牵强。而且,既然皇子是曹丕,那么《汤问》篇中对其责难的"萧叔"又是谁呢? 持论者没有给予解释。通过翻检《左传》《庄子》等先秦文献,我们认为"皇子"应是春秋齐桓公时代的思想者皇子告敖,对其责难的"萧叔"应是同一时期的宋大夫萧叔大心(详见本书第二章第二节)。所以拿这条理由来证明《列子》出于魏晋之后,是难以成立的。

关于第二条依据,我们也有不同的看法。文化传播包含显性传播和隐性传播两种传播形态,前者的传播内容或与历史名人有联系,或与国计民生有关,这类内容的传播活动容易引起史学家或学者文人的注意,也容易载于史册文献。而通过民间口耳相传形式传播的文化内容,在传播形式上较为隐蔽随意,在传播内容上也更为通俗琐碎,在传播途径上多是普通民众之间的口耳相传,这些传播内容多是百姓之间的个体行为,轻易不会引起文人墨客的兴趣,也不会进入史学家的视野,很少见于文献记载。所以,隐性传播活动及其传播内容具有当下性和即时性等特点,加之历史中因战乱焚毁等外在客观因素造成的资料散轶,因此大多数的隐性传播活动是很难为后人所知晓的。如果仅仅以现存可见的文献记载为依据,将汉明帝永平求法作为佛教传播之始,在逻辑层面上未免显得机械刻板,在学术思维层面上也有武断之嫌,没能区别对待文化传播中的不同传播形态,容易忽视那些曾经发生过而又不曾见载于文献(或已散轶)的传播活动及其内容。

实际上,早在汉明帝之前,一些源自西域的故事、传说就已经通过中西之间的商旅来往传播至中原地区,并开始在民间流传,这其中可能包括一些佛教故事(如山东琅琊的摩崖石刻)。《列子》中被指认为染有佛教色彩的内容共有两章,分别为《周穆王》篇第一章、《仲尼》篇第三章,而这两章内容都属于故事性内容,适合于民间的口耳相传,属于文化传播中的隐性传播内容,即使这些内容的传播不见于史册记载,也不能断言这些内容的传播一定

---

① 顾实:《汉书艺文志讲疏》,杨伯峻:《列子集释》附录引,中华书局 2013 年版,第 325 页。

发生在魏晋之后。（详见本书第二章第一节）

对于第三条理由，通过分析我们发现，它的主要逻辑推理是这样的：《列子·周穆王》篇与《穆天子传》有相同的文字内容——《周穆王》篇抄袭了《穆天子传》——《穆天子传》出土于西晋武帝时期——《列子》当在晋武帝之后成书。排序之后，就会发现，这一推理存在逻辑上的不严密之处：即使断定了《周穆王》篇抄袭了《穆天子传》，就一定能断言《列子》的成书时间是在晋武帝之后吗？因为同样是抄袭，还有其他几种抄袭方式：其一，乃后人根据《穆天子传》增窜所致；其二，抄袭的时间发生在《穆天子传》佚失之前。（详见本书第二章第三节）所以，这条理由也不是证明《列子》晚出的有力证据。

至于第四条理由，我们认为也缺乏说服力。

首先，《杨朱》篇宣扬的思想不能以"纵恣肉欲"来概括，如果其中涉及这一思想的话，也是以此为例来表达一种放逸任性的人生观，比如其中最为人诟病的"子产相郑"章，先大讲公孙朝与公孙穆如何嗜酒好色，但最后邓析评曰："子与真人居而不知也，孰谓子智者乎？"真人，原指得道之人，此处是指本性率直天真之人。邓析将公孙朝与公孙穆二人定性为"真人"，可见此章的主旨在于宣扬任性率真的人生态度，而非"纵恣肉欲"的生活方式。

其次，退一步讲，即使《杨朱》篇中带有享乐主义思想，也不能证明《列子》是魏晋人伪作。因为早在魏晋之前，享乐主义的思想早已有之。先秦时期，《庄子·让王》《荀子·非十二子》中都有论述享乐主义思想的内容，比如《荀子·非十二子》中就将它嚣、魏牟等人定性为享乐主义者，"纵情性，安恣睢，禽兽行，不足以合文通治；然而其持之有故，其言之成理，足以欺惑愚众。是它嚣、魏牟也。"[1]由荀子所记可知，它嚣、魏牟的享乐思想比之魏晋门阀士族有过之而无不及。两汉时期，享乐主义思想仍然没有消失，《古诗十九首·其四》："今日良宴会，欢乐难具陈。弹筝奋逸响，新声妙入神。令德唱高言，识曲听其真。齐心同所愿，含意俱未伸。人生寄一世，奄忽若飙尘。何不策高足，先据要路津？无为守穷贱，轗轲长苦辛。"[2]富贵乃天下所乐，贫贱乃天下所厌。人生苦短，为何不尽情享受当下的欢乐呢？《古诗十九首·其十五》："生年不满百，常怀千岁忧。昼短苦夜长，何不秉烛游。为乐当及时，何能待来兹。愚者爱惜费，但为后世嗤。仙人王子乔，

---

① （清）王先谦撰，沈啸寰、王星贤点校：《荀子集解》，中华书局1988年版，第91页。

② 隋树森：《古诗十九首集释》，中华书局1955年版，第6—7页。

难可与等期。"①光阴易逝,时光难留。今生有限,不乐何为?

以上分析说明,第四条理由不能说明《杨朱》篇反映的就是魏晋思潮,自然也就不能证明《列子》是魏晋人伪作。

通过对以上四条理由的分析辩驳,可以见出,《列子》成书于魏晋或魏晋之后的说法缺乏有力依据。相反,我们在查检古籍过程中倒是发现了一些证据,能够说明《列子》一书早在魏晋之前就已经成书,并有所流传。

第一,魏晋之际的张华(232—300年)即见过《列子》一书。《博物志》第八卷《史补》中记载:

> 孔子东游,见二小儿辩斗。问其故,一小儿曰:"我以日始出时,去人近,而日中时远也。"一小儿曰:"以日出而远,而日中时近。"一小儿曰:"日初出时大如车盖,及日中时如盘盂,此不为远者小而大者近乎?"一小儿曰:"日初出沧沧凉凉,及其中而探汤,此不为近者热而远者凉乎?"孔子不能决,谓两小儿曰:"孰谓汝多知乎!"亦出《列子》。②

《列子·汤问》篇第七章记有同一内容的故事:

> 孔子东游,见两小儿辩斗。问其故。一儿曰:"我以日始出时去人近,而日中时远也。一儿以日初出远,而日中时近也。"一儿曰:"日初出大如车盖;及日中,则如盘盂:此不为远者小而近者大乎?"一儿曰:"日初出沧沧凉凉;及其日中如探汤:此不为近者热而远者凉乎?"孔子不能决也。两小儿笑曰:"孰为汝多知乎?"

张华所记与《列子》基本一致。《博物志》中补充说,此故事"亦出《列子》",说明张华作《博物志》时即已见到《列子》,至少见到了《列子·汤问》篇。这条材料可以说明,《列子》在曹魏之前即已成书。对于这条材料,马叙伦辩解说:"《汤问》篇载孔子见小儿辩日事,桓谭《新论》所载略同。谭云,'小时闻闾巷言',不云出《列子》。《博物志》五亦记此事,末云亦出《列子》。则华所据为《新论》,疑'亦出《列子》'四字为读者注语。不然,华当据《列子》先见之书也。此为窃《新论》影撰。"③马氏所论,缺乏证据,当为

① 隋树森:《古诗十九首集释》,中华书局1955年版,第22—23页。
② (晋)张华撰,范宁校正:《博物志校证》,中华书局1980年版,第94—95页。
③ 马叙伦:《列子伪书考》,杨伯峻:《列子集释》附录引,中华书局2013年版,第320页。

臆测,而且从文字对比来看,《博物志》所载与《新论》所记有很大差别,但与《列子》所记几乎完全一致。

第二,东汉末年,《列子》一书即已流传。这一点,通过张湛《列子序》①中所述基本可以断定:

> 湛闻之先父曰:吾先君与刘正舆、傅颖根,皆王氏之甥也,并少游外家。舅始周,始周从兄正宗、辅嗣皆好集文籍,先并得仲宣家书,几将万卷。傅氏亦世为学门。三君总角,竞录奇书。及长,遭永嘉之乱,与颖根同避难南行,车重各称力,并有所载。而寇虏弥盛,前途尚远。张谓傅曰:"今将不能尽全所载,且共料简世所希有者,各各保录,令无遗弃。"颖根于是唯赍其祖玄、父咸《子集》。先君所录书中有《列子》八篇。及至江南,仅有存者。《列子》唯余《杨朱》、《说符》、目录三卷。比乱,正舆为扬州刺州,先来过江,复在其家得四卷。寻从辅嗣女婿赵季子家得六卷。参校有无,始得全备。②

由《列子序》可知张湛所校《列子》的来源出处:张湛所见《列子》——来自湛祖父集校本《列子》——来自王宏、王弼(226—249 年)藏书《列子》——来自王粲(177—217 年)家藏《列子》。

由《列子序》所言,我们知道张湛所校《列子》源自王粲家藏,可以说明东汉末年,《列子》已有流传。另外,张华《博物志》中也有关于王氏家藏图书来龙去脉的相关记载,与张湛序言所说完全一致。《博物志》卷六《人名考》云:

> 蔡邕有书万卷,汉末年载数车与王粲。粲亡后,相国掾魏讽谋反,粲子与焉。既被诛,邕所与粲书,悉入粲族子叶字长绪,即正宗父,正宗即辅嗣兄也。③

由《人名考》可以进一步得知,王宏、王弼所得王粲家藏之《列子》,最初

---

① 张湛《列子序》所言与传世本《列子》完全吻合。有研究者认为张湛《列子序》乃张湛造假时伪作,如马叙伦质疑云:"张湛云:'八篇出其外家王氏',晋世玄言极畅之时,《列子》求之不难,何以既失复得,不离王氏?"马氏所云,仅仅停留在质疑的层面上,实至今日尚无证据能够说明张湛伪造了《列子》。在没有明确依据证明《列子序》伪作的情况下,我们为什么一定疑其真呢?

② (晋)张湛:《列子序》,杨伯峻《列子集释》引,中华书局 2013 年版,第 292—293 页。

③ (晋)张华撰,范宁校正:《博物志校证》,中华书局 1980 年版,第 71 页。

很可能来自蔡邕(133—192 年)所藏。

第三,《列子》一书的情况与刘向《列子书录》所言完全吻合。

一是《列子书录》云:"天瑞第一,黄帝第二,周穆王第三,仲尼第四,汤问第五,力命第六,杨朱第七,说符第八。"所言篇数、目次与《列子》完全一致。

二是《周穆王》篇共有九章,在内容上都是记载一些如梦如幻、真假难辨的虚妄故事,其用意都是用来说明世界万物的幻化不定、虚实难分。《汤问》篇共有 17 章,讲述了 15 个奇异怪诞的海外奇谈。刘向在《列子书录》中就有总结,"《穆王》、《汤问》二篇,迂诞恢诡,非君子之言也。"这与《周穆王》篇、《汤问》篇的内容是吻合的,说明我们今天所见到的《周穆王》、《汤问》二篇与刘向所见完全一致。

三是《力命》篇有 13 章内容,主要讲了两层意思。其一,陈述了社会中大量存在的不合理、不平等的事实,并将这种善无善报、恶无恶报的现象归因于命,"生生死死,非物非我,皆命也。"其二,劝导人们相信命运,安守时势,"死生自命也,贫穷自时也。怨夭折者,不知命者也;怨贫穷者,不知时者也。当死不惧,在穷不戚,知命安时也。"《杨朱》篇共有 17 章,主要内容在于反对功名利禄,倡导人们顺遂人的自然本性,无拘无束,尽情享受生前的乐趣。对于这两篇,《列子书录》中的评论是:"至于《力命》篇一推分命;杨子之篇唯贵放逸,二义乖背,不似一家之书。"总体的思想内容与我们所见《力命》《杨朱》二篇相统一。

四是刘向在《列子书录》中点明,他所见《列子》中存在许多章节错乱的现象,"章乱布在诸篇中"。虽经刘向校订,这一现象在今天我们所见《列子》中仍然有所体现,如《黄帝》篇第三章与《仲尼》篇第六章、《黄帝》篇第九章与《说符》篇第九章,就属于章节错乱之后造成的重文现象。(详见第三章第四节)

五是《列子》全书共 140 章,其中有一半以上的篇幅都是以寓言的形式写成的。将《列子》与《庄子》中的寓言进行比较,就会发现有 12 篇寓言故事完全一样,如《黄帝》篇"列御寇为伯昏无人射"见于《庄子·田子方》;《说符》篇"子列子穷"见于《庄子·让王》;又有六篇寓言和《庄子》中的内容部分一致,如《天瑞》篇"子列子适卫"见于《庄子·至乐》,《黄帝》篇"宋有狙公"见于《庄子·齐物论》。刘向《列子书录》中总结说,《列子》中"多寓言,与庄周相类",与我们所见《列子》内容基本一致。

通过对《列子书录》的分析,应该说,刘向所见《列子》与我们今天所见《列子》在内容上属于同一本书。以此为据,我们认为刘向校理群书之时,《列子》一书的内容就已生成,只是很有可能是以单篇形式流传于世的,也就是说,刘向校理群书之前,《列子》尚未整理成书。

以上所云,就是为了证明一点:《列子》一书的内容并非出自魏晋或魏晋之后,而在刘向之前就已经完成。

第四节 《列子》中重复内容辨疑及《列子》的生成

在回答了《列子》成书的时间下限之后,我们还需要针对《列子》一书的某些问题予以思考,如《列子》书中存有大量与它书或自身文字相重复的内容。要想回答《列子》一书的生成,很有必要对上述问题作出回答。

秦汉之前,古籍文献之间出现内容相同或类似的情况,这在当时是非常普遍的现象,比如《庄子》与《韩非子》、《说苑》之间,《吕氏春秋》与《淮南子》、《新序》之间,《晏子春秋》与《韩诗外传》之间,《淮南子》与《论衡》之间,都存有这一现象。近年来随着文献的大量出土,我们发现,传世文献与出土文献之间也大量存在此类现象,如《左传》与马王堆《春秋事语》之间,《说苑》、《新序》、《孔子家语》与八角廊《儒家者言》之间,《战国策》、《史记》与马王堆《战国纵横家书》之间,也存有大量重复的文字内容。

内容的重复,《列子》中不仅存在,而且体量很大。据笔者初步统计(详见本书附录二),《列子》全书共3.8万余字,而其中的重复内容就多达1.2万余字,几乎占了全文内容的三分之一,其中重复率较高的是《黄帝》篇、《说符》篇、《仲尼》篇和《天瑞》篇,重复内容的占比率分别为60%、53%、38%和32%,重复率较低的是《周穆王》篇和《杨朱》篇,重复内容的占比率分别为1%和4%。

《列子》文字内容的重复现象可分为两类:一类是与其他文献之间的异书内容重复现象;另一类是《列子》内容自我重复的现象。

我们先来看《列子》中的异书内容重复现象。

第一,《列子》与他书之间的重复内容体量很大,约有1万余字。

第二,重复内容在《列子》中所占的比例比较高,约为三分之一。

第三,重复内容在《列子》诸篇之间分布面较广,8篇中基本都存有重复的文字内容,只是各篇中所占内容比例有所不同,最高的《黄帝》篇占全部内容的60%,最低的《周穆王》篇只有1%。

第四,重复内容所涉及的书籍较多。据笔者初步校对,这些重复的内容分别另见于《尚书》、《山海经》、《老子》、《管子》、《墨子》、《庄子》、《文子》、《吕氏春秋》、《晏子春秋》、《韩非子》、《荀子》、《战国策》、《韩诗外传》、《淮南子》、《周易乾凿度》、《说苑》、《新序》、《论衡》、《孔子家语》、《孔丛子》、《高士传》、《博物志》、《金楼子》等二十几部书籍中。

第五,《列子》与他书之间的重复内容相似比率极高,有的除个别虚词之外全文内容基本一致。如《天瑞》篇第七章类同于《孔子家语》中的"孔子游于泰山"章:

> 孔子游于太山,见荣启期行乎郕之野,鹿裘带索,鼓琴而歌。孔子问曰:"先生所以乐,何也?"对曰:"吾乐甚多:天生万物,唯人为贵。而吾得为人,是一乐也。男女之别,男尊女卑,故以男为贵;吾既得为男矣,是二乐也。人生有不见日月、不免襁褓者,吾既已行年九十矣,是三乐也。贫者士之常也,死者人之终也,处常得终,当何忧哉?"孔子曰:"善乎!能自宽者也。"(《天瑞》篇)

> 孔子游于泰山,见荣声期行乎郕之野,鹿裘带索,瑟瑟而歌。孔子问曰:"先生所以为乐者,何也?"期对曰:"吾乐甚多而至者三:天生万物,唯人为贵,吾既得为人,是一乐也。男女之别,男尊女卑,故人以男为贵,吾既得为男,是二乐也。人生有不见日月,不免襁褓者,吾既以行年九十五矣,是三乐也。贫者士之常,死者人之终,处常得终,当何忧哉?"孔子曰:"善哉!能自宽者也。"[(魏)王肃:《孔子家语·卷四·六本》,《四部备要》本]

再如《黄帝》篇第二十一章,文字内容类同于《吕氏春秋》、《淮南子》的相关内容。

> 惠盎见宋康王。康王蹀足謦欬,疾言曰:"寡人之所说者,勇有力也,不说为仁义者也。客将何以教寡人?"惠盎对曰:"臣有道于此,使人虽勇,刺之不入;虽有力,击之弗中。大王独无意邪?"宋王曰:"善;此寡人之所欲闻也。"惠盎曰:"夫刺之不入,击之不中,此犹辱也。臣有道于此,使人虽有勇弗敢刺;虽有力弗敢击。夫弗敢,非无其志也。臣有道于此,使人本无其志也。夫无其志也,未有爱利之心也。臣有道如此,使天下丈夫女子莫不欢然皆欲爱利之。此其贤于勇有力也,四累之上也。大王独无意邪?"宋王曰:"此寡人之所欲得也。"惠盎对曰:"孔墨是已。孔丘墨翟无地而为君,无官而为长;天下丈夫女子莫不延颈举踵而愿安利之。今大王,万乘之主也;诚有其志,则四竟之内皆得其利矣。其贤于孔墨也远矣。"宋王无以应。惠盎趋而出。宋王谓左右曰:"辩矣,客之以说服寡人也!"

> 《吕氏春秋·顺说》:惠盎见宋康王,康王蹀足謦欬,疾言曰:"寡人

之所说者,勇有力也,不说为仁义者。客将何以教寡人?"惠盎对曰:
"臣有道于此:使人虽勇,刺之不入;虽有力,击之弗中。大王独无意
邪?"王曰:"善! 此寡人所欲闻也。"惠盎曰:"夫刺之不入,击之不中,
此犹辱也。臣有道于此:使人虽有勇,弗敢刺;虽有力,不敢击。大王独
无意邪?"王曰:"善! 此寡人之所欲知也。"惠盎曰:"夫不敢刺,不敢
击,非无其志也。臣有道于此:使人本无其志也。大王独无意邪?"王
曰:"善! 此寡人之所愿也。"惠盎曰:"夫无其志也,未有爱利之心也。
臣有道于此:使天下丈夫女子莫不驩然皆欲爱利之。此其贤于勇有力
也,居四累之上。大王独无意邪?"王曰:"此寡人之所欲得也。"惠盎对
曰:"孔、墨是也。孔丘、墨翟,无地为君,无官为长。天下丈夫女子莫
不延颈举踵,而愿安利之。今大王,万乘之主也,诚有其志,则四境之内
皆得其利矣,其贤于孔、墨也远矣。"宋王无以应。惠盎趋而出,宋王谓
左右曰:"辨矣! 客之以说服寡人也。"宋王,俗主也,而心犹可服,因
矣。因则贫贱可以胜富贵矣,小弱可以制强大矣。①

《淮南子·道应》:惠孟见宋康王,蹀足謦欬疾言曰:"寡人所说者,
勇有功也,不说为仁义者也,客将何以教寡人?"惠孟对曰:"臣有道于
此,人虽勇,刺之不入;虽巧有力,击之不中。大王独无意邪?"宋王曰:
"善! 此寡人之所欲闻也。"惠孟云:"夫刺之而不入,击之而不中,此犹
辱也。臣有道于此,使人虽有勇弗敢刺,虽有力不敢击。夫不敢刺,不
敢击,非无其意也。臣有道于此,使人本无其意也。夫无其意,未有爱
利之心也。臣有道于此,使天下丈夫女子,莫不欢然皆欲爱利之心,此
其贤于勇有力也,四累之上也。大王独无意邪?"宋王曰:"此寡人所欲
得也。"惠孟对曰:"孔、墨是已。孔丘、墨翟,无地而为君,无官而为长,
天下丈夫女子,莫不延颈举踵而愿安利之者。今大王,万乘之主也。诚
有其志,则四境之内,皆得其利矣。此贤于孔、墨也远矣!"宋王无以
应。惠孟出。宋王谓左右曰:"辩矣,客之以说胜寡人也!"故老子曰:
"勇于不敢则活。"由此观之,大勇反为不勇耳。②

对于《列子》与他书的重复内容,我们可以作出两种解释:

其一,正如本节开篇所论,刘向与之前的古籍文献之间出现相同或相似
的重复内容,实属常见的现象。这一点前人早已指出。明代学者郎瑛在他

① (秦)吕不韦编,许维通集释:《吕氏春秋集释》,中华书局 2009 年版,第 378—380 页。
② (汉)刘安编:《淮南子集释》,中华书局 1998 年版,第 839—841 页。

的笔记《七修类稿》中就已指出"秦汉书多同"。对于这一现象发生的原因，郎瑛解释说："其书原无刻本，因其事理之同，遂取人之善以为善，或呈之于君父，或成之为私书，未必欲布之人也。后世各得而传焉，遂见其同似。"①古人没有原创意识，关注的焦点都集中于思想知识的流播，随取随用，只要认为与主题思想相合的，都可以纳入自己的表述内容中，如《礼记·檀弓》篇中，"食于有丧者之侧，未尝饱也"②，即应取之于《论语·述而》。也就是说，人类早期的信息表述中，有些话语流传较广，就像存放于社会语料库中的共有财产一样，只要合乎表述需求，就可以随时借用，比如"择子莫如父，择臣莫如君"，此言最早被晋臣祁奚（前620—前545年）借用。据《晋语·祁奚荐子午以自代》记载，祁奚请求告老，晋悼公（前586—前558年）令其推荐继任者时，祁奚曰："人有言曰：'择臣莫如君，择子莫如父'"③，此言也同样被楚臣申无宇以及战国时的赵武灵王所借用。《左传·昭公十一年》记载，公元前531年，楚灵王征询申无宇对蔡公熊弃疾的看法，申无宇对曰："择子莫如父，择臣莫如君……今弃疾在外，郑丹在内。君其少戒"④。《战国策·赵策二》记载，赵武灵王立周绍为王子傅时亦引此言，王曰："'选子莫如父，论臣莫如君。'君，寡人也"⑤。相类的例证尚有多处，如"白圭之玷，尚可磨也，斯言之玷，不可为也"，既见于《大雅·抑》，又见于《左传·鲁僖公九年》；"死而不朽"，既见于《左传·鲁襄公二十四年》中的穆叔之口，又见于《国语·晋语八》中的范宣子之口；"大江之南，五湖之间，其人轻心。扬州保强，三代要服，不及以政"，既见于《史记·三王世家》，又见于《汉书·武五子传》；"牝鸡无晨；牝鸡之晨，惟家之索"，既见于《尚书·牧誓》中周武王之口，又见于《汉书·五行志二》。当然，如同赵武灵王借用"选子莫如父，论臣莫如君"一言一样，他人在借用先人之"言"时，也会出现些许差异，如"挈瓶之知，守不假器"一言，为《左传·昭公七年》中谢息所引，待《战国策·赵策一》中上党太守再次引用时则变为"挈瓶之知，不失守器"。这种个别内容的少许变化，基本上没有破坏原"言"的主体含义，而个别地方的前后差异也恰好符合口传信息的自身特点。同样的语料不仅出现在不同文本之中，甚至同一文本的不同篇章之间也会出现同一语料，比如"女子有行，远兄弟父母"一句，分别出现于《诗经》的《邶风·泉水》《鄘风·蝃蝀》

---

① （明）郎瑛：《七修类稿》，上海书店出版社2009年版，第248页。
② （清）孙希旦：《礼记集解》，中华书局1989年版，第215页。
③ （三国）韦昭注：《宋本国语》第3册，国家图书馆出版社2017年影印版，第28页。
④ （晋）杜预注，（唐）孔颖达疏：《春秋左传正义》，北京大学出版社2000年版，第1289页。
⑤ 范祥雍笺证：《战国策笺证》，上海古籍出版社2006年版，第1069页。

《卫风·竹竿》中,"驾言出游,以写我忧"一句,也在《邶风·泉水》、《卫风·竹竿》同时出现。对此,章学诚在《文史通义》中也有解释:"三代盛时,各守人官物曲之世氏,是以相传以口耳,而孔、孟以前,未尝得见其书也。至战国而官守师传之道废,通其学者,述旧闻而著于竹帛焉。中或不能无得失,要其所自,不容遽昧也。以战国之人,而述黄、农之说,是以先儒辨之文辞,而断其伪讬也;不知古初无著述,而战国始以竹帛代口耳。(外史掌三皇五帝之书,及四方之志,与孔子所述六艺旧典,皆非著述一类,其说已见于前。)实非有所伪讬也。然则著述始专于战国,盖亦出于势之不得不然矣。著述不能不衍为文辞,而文辞不能不生其好尚。后人无前人之不得已,而惟以好尚遂于文辞焉,然犹自命为著述,是以战国为文章之盛,而衰端亦已兆于战国也。"[1]章学诚认为,史学著述关乎三点,其一为"义",即历史观点;其二为"事",即历史事实;其三为"文",即表达的文笔。在章氏看来,三者之中,"义"最为核心,至于"事"和"文"不过是求"义"的根据和技巧而已。客观说来,在整个先秦时期,不仅史家著述侧重在"义",所有口传、著述的核心都在于"义"的表达,尤其是诸子之学,正如《庄子·寓言》篇所说,"重言十七,所以已言也,是为耆艾"[2],所谓重言,即是重复年老贤者已经讲过的话,来重新表达作者的思想。此类内容在《庄子》一书中所占篇幅多达百分之七十。如此看来,思想、知识的传播就成了文化流播的核心目的,至于后人所关心的"抄袭"一说,无论是对于思想知识的首创者还是思想知识的承转者,都不是他们所在意的,于是整个春秋战国乃至西汉时期,"述而不作"成为一时的文化风尚。所谓的"述",就是指转述旧有的思想知识;所谓的"作",就是始创。"作者之谓圣,述者之谓明"(《汉书·律历志》),在世人看来,只有圣人才有资格进行学术思想的创世活动,对于一般人,能做到转述圣人思想言行就已经非常明达了。

在这样一种重述而不重作的时代风尚中涌现的文献书籍,彼此之间出现内容文字的相似或相同,实在是再正常不过的事情了。《列子》与他书之间的重复内容,大概也是这一文化环境造成的。

另一种解释,则是有意抄袭。这一解释需要涉及嬴政时期的《挟书律》及汉初的采书制度。始皇三十四年(前 213 年),准行丞相李斯之议,非博士官所职,凡是天下有私藏《诗》、《书》及百家语者,均上交守尉焚毁,令下三十天后仍不烧者,处以髡发黥面、筑长城四年之苦役。有敢私下谈论

---

①　(清)章学诚、叶瑛校注:《文史通义校注》,中华书局 1985 年版,第 63 页。

②　(清)郭庆藩:《庄子集释》,中华书局 2012 年版,第 949 页。

《诗》、《书》者一律处死,"有敢挟书者"、以古非今者,灭其族。秦朝的《挟书律》对于古籍文献的保存流传以及学术的传授,造成了巨大损失,使得众多书籍毁于烈火,许多思想就此埋没于历史的尘埃,"学者逃难,伏窜山林,或失本经,口以传说"①。

　　纵观古代典籍之聚散,每当典籍经历一次浩劫之后,新兴王朝总要不遗余力地采掇亡书,"及秦弃学术,《礼经》泯绝。减兴求访,典文载举,先王遗训,灿然复存。暨光武拨乱,日不暇给,而入洛之书二千余两(辆)。魏晋之世,尤重典坟,收亡集逸,九流咸备。观其鸠阅史篇,访购经论,纸竹所载,略尽无遗。"②并给予献书之人一定的报酬,或官爵,或金银细软,报酬的多少则根据所献书籍的篇卷数目予以确定,例如"隋开皇三年,秘书监牛弘,表请分遣使人,搜访异本。每书一卷,赏绢一匹,校写既定,本即归主。于是民间异书,往往间出。"③盖以篇卷形式得以流传的《列子》帛简在汉初即已残破损坏,存有者或为了邀赏的目的,献书时往里掺杂了大量的他书内容,以充原卷。正如梁启超在《古书真伪及其年代》中所说,"历代帝王广开献书之路,有许多人存心不良,造假书以邀赏。又因为赏之重轻,以卷数之多寡为准,所以有人割裂他书篇卷充数,以求赏赐增加"④。《列子》诸篇中出现的大量同于他书的文字,疑是上述献书现象的产物。

　　或许有人会提出质疑:如此拙劣的做法,难道无人予以验校吗?回答这一问题,一方面要考虑到秦汉时期人们的著作观念,对于他们来说,"抄袭"是一种既无意识又无关紧要的事情;另一方面,可能如梁氏所言,"大乱之后,书籍亡佚的很多,政府急于补充,因之不能严格。从重赏赐、从宽取录,以广招徕,遂予人以作伪的机会。有的改头换面,有的割裂杂凑,有的伪造重抄。许多人出来做这种投机事业,以图弋取厚利,伪书所以重见迭出以此。"⑤于是文本中便出现了大量与其他书籍相同的文字内容。

　　但问题是,无论上述的哪种情况,都不足以说明《列子》出于魏晋伪书,即使其中参杂有他书内容。

　　我们再来看《列子》文字内容重复现象的第二类:《列子》同书内容重复的现象。

　　《列子》全书共有四章文字属于同书重复内容,分别为《黄帝》篇第三章

①　(唐)魏徵、令狐德棻:《隋书》,中华书局1973年版,第905页。
②　(北齐)魏收:《魏书》,中华书局1974年版,第1853页。
③　(唐)魏徵、令狐集棻:《隋书》,中华书局1973年版,第908页。
④　梁启超:《古书真伪及其年代》,中华书局1962年版,第19页。
⑤　梁启超:《古书真伪及其年代》,中华书局1962年版,第19页。

与《仲尼》篇第六章、《黄帝》篇第九章与《说符》篇第九章。

《黄帝》篇第三章

　　列子师老商氏，友伯高子；进二子之道，乘风而归。尹生闻之，从列子居，数月不省舍。因间请蕲其术者，十反而十不告。尹生怼而请辞，列子又不命。尹生退。数月，意不已，又往从之。列子曰："汝何去来之频？"尹生曰："曩章戴有请于子，子不我告，固有憾于子。今复脱然，是以又来。"列子曰："曩吾以汝为达，今汝之鄙至此乎？姬！将告汝所学于夫子者矣。自吾之事夫子友若人也，三年之后，心不敢念是非，口不敢言利害，始得夫子一眄而已。五年之后，心庚念是非，口庚言利害，夫子始一解颜而笑。七年之后，从心之所念，庚无是非；从口之所言，庚无利害，夫子始一引吾并席而坐。九年之后，横心之所念，横口之所言，亦不知我之是非利害欤，亦不知彼之是非利害欤；亦不知夫子之为我师，若人之为我友：内外进矣。而后眼如耳，耳如鼻，鼻如口，无不同也。心凝形释，骨肉都融；不觉形之所倚，足之所履，随风东西，犹木叶干壳。竟不知风乘我邪？我乘风乎？今女居先生之门，曾未浃时，而怼憾者再三。女之片体将气所不受，汝之一节将地所不载。履虚乘风，其可几乎？"尹生甚怍，屏息良久，不敢复言。

《仲尼》篇第六章

　　子列子学也，三年之后，心不敢念是非，口不敢言利害，始得老商一眄而已。五年之后，心更念是非，口更言利害，老商始一解颜而笑。七年之后，从心之所念，更无是非；从口之所言，更无利害。夫子始一引吾并席而坐。九年之后，横心之所念，横口之所言，亦不知我之是非利害欤，亦不知彼之是非利害欤，外内进矣。而后眼如耳，耳如鼻，鼻如口，口无不同。心凝形释，骨肉都融，不觉形之所倚，足之所履，心之所念，言之所藏。如斯而已。则理无所隐矣。

（为便于对照，文中重文内容有下划线。下同。）

《黄帝》篇第九章

孔子观于吕梁，悬水三十仞，流沫三十里，鼋鼍鱼鳖之所不能游也，见一丈夫游之。以为有苦而欲死者也，使弟子并流而承之。数百步而出，被发行歌，而游于棠行。孔子从而问之，曰："吕梁悬水三十仞，流沫三十里，鼋鼍鱼鳖所不能游，向吾见子道之。以为有苦而欲死者，使弟子并流将承子。子出而被发行歌，吾以子为鬼也。察子，则人也。请问蹈水有道乎？"曰："亡，吾无道。吾始乎故，长乎性，成乎命，与齐俱入，与汩偕出。从水之道而不为私焉，此吾所以道之也。"孔子曰："何谓始乎故，长乎性，成乎命也？"曰："吾生于陵而安于陵，故也；长于水而安于水，性也；不知吾所以然而然，命也。"

《说符》篇第九章

孔子自卫反鲁，息驾乎河梁而观焉。有悬水三十仞，圜流九十里，鱼鳖弗能游，鼋鼍弗能居，有一丈夫方将厉之。孔子使人并涯止之，曰："此悬水三十仞，圜流九十里，鱼鳖弗能游，鼋鼍弗能居也。意者难可以济乎？"丈夫不以错意，遂度而出。孔子问之曰："巧乎？有道术乎？所以能入而出者，何也？"丈夫对曰："始吾之入也，先以忠信；及吾之出也，又从以忠信。忠信错吾躯于波流，而吾不敢用私，所以能入而复出者，以此也。"孔子谓弟子曰："二三子识之！水且犹可以忠信诚身亲之，而况人乎？"

　　对于《列子》自身内容的重复现象，可以从两个方面进行解释：

　　其一，与当时特殊的文化传播方式有关。

　　春秋之前，无论是知识还是思想，古人传承的模式多以口耳相传为主。战国时期，以简帛为工具、以文字为载体的文献大量涌现，至秦朝统一六国，读书、论书，已是士人之间司空见惯的事情，所以引得嬴政、李斯等人发动了焚书坑儒的文化浩劫。经此劫难，秦、楚（项羽）以及汉代之初，口耳相传又重新成为文化思想传播的主要模式。《列子》诸篇也应该于这一时期由思想内容的口耳相传，转化为简帛文字。因为这一转化过程中并非出自一人之手，所以出现篇卷之间内容的重复，实属可以理解的事情，正如刘汝霖所解释，"既由杂凑而成，所以不免有前后重复的话"。①

---

① 刘汝霖：《周秦诸子考》，杨伯峻：《列子集释》引，中华书局 2013 年版，第 311 页。

仅从现有文献来看,《列子》篇卷之间内容重复这种事情在当时也不是唯一的。如《礼记·曲礼》中有言:

> 邻有丧,舂不相;里有殡,不巷歌。

《礼记·檀弓》中亦有相同的文字内容:

> 邻有丧,舂不相;里有殡,不巷歌。

两篇中的内容完全一致,孙希旦注曰:"说见《曲礼·上》"①。我们在《礼记》不仅看到不同篇目之间内容的重复,在同一篇中也有内容的相类,如《檀弓篇·上》中有言:

> 始死,充充如有穷;既殡,瞿瞿如有求而弗得;既葬,皇皇如有望而弗至。练而慨然,祥而廓然。

《檀弓篇·下》中有言:

> 颜丁善居丧:始死,皇皇焉如有求而弗得;及殡,望望焉如有从而弗及;既葬,慨焉如不及其反而息。

孙希旦注曰:"此言居丧哀悼之心,自始死至既葬,其因时而变者如此,与上篇'始死,充充如有穷'一章,辞虽所指不同,其大归则一而已。"②个别词语虽有差异,但总体内容基本一致。

《山海经》中亦有大量此类现象,如《大荒东经》有言:

> 东海之渚中,有神人,人面鸟身,珥两黄蛇,践两黄蛇,名曰禺号。③

《大荒北经》中有相类言语:

---

① （清）孙希旦:《礼记集解》,中华书局1989年版,第171页。
② （清）孙希旦:《礼记集解》,中华书局1989年版,第274页。
③ 袁珂:《山海经校注》,上海古籍出版社1980年版,第350页。

> 北海之渚中，有神人，人面鸟身，珥两青蛇，践两赤蛇，名曰禺强。

《海外北经》中亦有相类言语：

> 北方禺强，人面鸟身，珥两青蛇，践两赤蛇。

再如《海外东经》有言：

> 奢比之尸在其北，兽身，人面，大耳，珥两青蛇。

《大荒东经》中有相类言语：

> 有神，人面，犬（大）耳，兽身，珥两青蛇，名曰奢比尸。

此类现象最为典型的当属，《礼记·投壶》篇中的一段记录：

> 鼓：
> ○□○○○□□○○□□○，半；○□○○○□○○○□□○：鲁鼓。
> ○□○○○□○○○□□○○□○○○□□○。半；○□○○○
> □□○：薛鼓。
> 取半以下为投壶礼，尽用之为射礼。
> 司射、庭长，及冠士立者，皆属宾党；乐人及使者、童子，皆属主党。
> 鲁鼓：○□○○□□○，半；○□○□○○○□□○□○○○；
> 薛鼓：○□○○□○□○○○□□○○□○○○□□○，半；○□
> ○□○○○○□○。

同是记载投壶游戏时鲁国、薛国的鼓点节奏，但由于信息记录之间的差异，导致《投壶》篇的整理者不能随意取舍，只好全部收录，并而传之，正如郑玄所注，"此二者记两家之异，故兼列之"[1]；孙希旦更为详细地解释说，"此二国鼓节之异，《礼》家所传不同，记者兼记之"[2]。

可以看出，古代（尤其是西汉之前）书籍之间、篇章之间、同篇之间，文

---

[1]　阮元校刻：《阮刻礼记注疏》，浙江大学出版社 2015 年影印传古楼本，第 3794 页。

[2]　（清）孙希旦：《礼记集解》，中华书局 1989 年版，第 1397 页。

句内容的重复现象并不奇怪,这与当时文化传播的具体形式密切相关,而未必一定归之于"抄袭"。

其二,与简帛的残损破乱有关。

《尔雅·释诂》邢昺疏引《尸子·广泽》篇及《吕氏春秋·不二》说:"子列子贵虚。"①《战国策·韩策》有:"史疾为使楚,楚王问曰:'客何与所循?'曰:'治列子圄寇之言。'曰:'何贵?'曰:'贵正'。"②盖战国时期,列子之学即已形成。其弟子后学据列御寇的言行而编撰成文,但在很长一段时间内都是以篇卷的形式流传于世。如此一来,当汉初惠帝废除《挟书律》鼓励献书的时候,藏书者手里所能拥有的都是篇卷式的《列子》部分内容,或三卷,或五卷,由于历经几十年的秘藏,这些简帛之书难免会残缺不全,"观、阁旧典,先无定目,新故杂糅,首尾不全。有者累帙数十,无者旷年不写。或篇第褫落,始末沦残;或文坏字误,谬烂相属。篇目虽多,全定者少"③。于是在献书求赏之前需要重新整理。整理过程中,一种可能是不同整理者抄袭了同样的文字内容,从而导致不同篇目中出现了同样一段文字;另一种可能是,将篇目之间的章节内容误置,如原为 A 篇的残简误置于 B 篇中。

或许有人会提出疑问,对于同书中的同文现象,校理全书的刘向为什么不将重复内容删除呢?对于这一问题,司马迁《三代世表·序文》中的一段话或许可以给出答案,"五帝三代之记,尚矣。自殷以前诸侯不可得而谱,周以来乃颇可著。孔子因史文次《春秋》,纪元年,正时日月,盖其详哉。至于序《尚书》则略,无年月;或颇有,然多阙,不可录。故疑则传疑,盖其慎也。"④对不确定的内容,不妄改,疑则传疑,保留文本原貌。这可能不是司马迁专有的治学态度,而是当时普遍崇尚的治学传统。刘向校订《列子》时,应该能够看到书中存在的章节内容重复的现象,因为《列子书录》有言,"章乱布在诸篇中",说的就是章节重出的情况。对此,刘向的处理方法依然是疑者存疑,"有重复,文辞颇异,不敢遗失,复列以为一篇;又有颇不合经术,似非晏子言,疑后世辩士所为者,故亦不敢失,复以为一篇"⑤。最后,只是对收集到的二十余篇文字删除重篇,没有妄加删改篇中内容,"以校除复重十二篇,定著八篇",这就是我们所看到的《列子》。

修补、改窜《列子》的时间,存在两种可能。其一,可能发生在刘向校理

---

① (晋)郭璞注,(宋)邢昺疏:《尔雅注疏》,上海古籍出版社 2010 年版,第 15 页。

② (汉)刘向:《战国策》,齐鲁书社 2005 年版,第 312 页。

③ (北魏)魏收:《魏书》,中华书局 1997 年版,第 1853—1854 页。

④ (汉)司马迁:《史记》,中华书局 1959 年版,第 487 页。

⑤ (清)姚振宗:《七略别录佚文》,上海古籍出版社 2008 年版,第 40 页。

群书之前。待刘向校理群书之时,对《列子》篇章内容的修补改窜已经完成,刘向根据存疑保留的原则,将重文内容留存下来。其二,也可能像汝霖所说,发生在晋代,由张湛所为,因为永嘉之乱时,《列子》确实有遭损重集的经历。但是,我们更倾向于前者,认为修补改窜的时间发生在刘向校理群书之前。因为,由张湛《列子序》可知,西晋永嘉时期,《列子》一书在转运江南过程中,确实有遭损散乱的情况发生,"及至江南,仅有存者。"但在避乱过程中,《说符》篇始终没有遗失,"《列子》唯余《杨朱》、《说符》、目录三卷"。由张湛《列子序》所记,也看不出《说符》篇有散乱错简现象,所以不可能发生有与《黄帝》篇窜简的现象,也就不会出现误置的情况。

　　《列子叙录》中已交代:《列子》该书是总合、删减所献诸多《列子》篇章而来的,所以我们认为《仲尼》篇与《黄帝》篇中有偶合重出章节也是可以理解的,反过来也证明了刘向仅仅是删除重篇,而没有妄加删改篇中内容。

　　至于为什么会出现重复,笔者以为是《仲尼》篇与《说符》篇的持有者仅保留有残简(其中《仲尼》篇的残简是缺失了部分竹简内容,所以内容短,却完全与《黄帝》篇吻合,《说符》篇是残缺模糊,故而断断续续,添添补补,若同若不同),故而在残简的基础上自行"修复",所以就有了基本类似的章节内容。

第五节　今本《列子》成书考论

　　我们既然主张《列子》非魏晋伪书的说法,那么该书又当成于何时? 该书成书时的具体情况又有哪些? 是否存在抄袭的现象? 下面,我们就《列子》成书的诸多问题试作探讨。

一、《列子》诸篇内容出现残缺现象

　　《尸子·广泽》篇云:"墨子贵兼,孔子贵公,皇子贵衷,田子贵均,列子贵虚,料子贵别,囿其学之相非也,数世矣而已,皆弇于私也。"[1]《吕氏春秋·不二》也有相同的看法:"老聃贵柔,孔子贵仁,墨翟贵廉,关尹贵清,子列子贵虚,陈骈贵齐,阳生贵己,孙膑贵势,王廖贵先,儿良贵后。"[2]从这些文献记载判断,先秦时期列御寇已经构筑了自己的思想理论体系,已经能够与老聃、孔子、墨翟、关尹、孙膑等诸子思想相提并论。《战国策·韩策二》

---

　　①　(晋)郭璞注,(宋)邢昺疏:《尔雅注疏》,上海古籍出版社2010年版,第15页。
　　②　许维遹:《吕氏春秋集释》,中华书局2016年版,第405—406页。

记载说,史疾出使楚国时,楚王问他"何方所循?"史疾回答说:"治列子圉寇之言。"治者,研究也。言者,言论、学说、著作也。由史疾的回答来判断,战国末期①原本《列子》(即最初由列御寇或其后学整理的内容)的内容即已载于简帛,开始流传于世。

我们推测,《列子》中的部分内容是在简文窜乱的情况下杂入的。在后世的流传过程中,原本《列子》与其他文献一起遭损,书与书之间、章节与章节之间出现了窜简现象,后来整理者整理修补时又误将他书内容掺入《列子》,从而造成思想内容上的杂乱无章。之所以有以上推断,主要缘于《列子》文本中至今仍存有残损补缀的痕迹。

第一,《黄帝》篇第三章与《仲尼》篇第六章、《黄帝》篇第九章与《说符》篇第九章之间出现有自身重文现象,用残损补缀来解释这种现象,是最为合理的。其中以《黄帝》篇第三章与《仲尼》篇第六章之间进行的内容对比来看,残损补缀的迹象尤为明显。(详见第三章第四节)

第二,《列子》中许多章节从头至尾都是某一人的语录式语言,而此人既非列御寇,又非列子后学。我们认为,这些内容很可能是简文损坏后留存的残文部分。如《天瑞》篇第十一章:

> 粥熊曰:"运转亡已,天地密移,畴觉之哉? 故物损于彼者盈于此。成于此者亏于彼。损盈成亏,随世随死。往来相接,间不可省,畴觉之哉? 凡一气不顿进,一形不顿亏;亦不觉其成,亦不觉其亏。亦如人自世至老,貌色智态,亡日不异;皮肤爪发,随世随落,非婴孩时有停而不易也。间不可觉,俟至后知。"

粥(鬻)熊,祝融十二世孙,楚之祖先。《列子》中何以出现鬻熊语录式章节呢? 比较合理的解释就是,《列子》残损,整理者将书中残存的鬻熊言论保留下来,单独成章。或《列子》与他书一起残损错简,整理者误将他书载录的鬻熊独白性章节错置于《列子·天瑞》篇中。

上述例子还有很多,如《天瑞》篇的第五、第六章,都是《黄帝书》之言。《仲尼》篇的第十五章,都是关尹喜的语言。《杨朱》篇的第二、第三、第四、第五、第六、第十二、第十四、第十五、第十六、第十七章,《说符》篇的第二十二章、第二十五章,都是杨朱的论语。

---

① (明)凌迪知《万姓统谱》卷七十四考证说,史疾出使楚国的具体时间当在楚考列王(前262—前237年)时。

第三,有些章节在内容上出现语义短缺现象。如《天瑞》篇第十章:

> 　　或谓子列子曰:"子奚贵虚?"列子曰:"虚者无贵也。"子列子曰:
> "非其名也,莫如静,莫如虚。静也虚也,得其居矣;取也与也,失其所
> 矣。事之破碼而后有舞仁义者,弗能复也。"

此章以"或谓子列子曰:'子奚贵虚?'"开篇,就给人一种文意断裂的突兀之
感。接下来,是列子的答语,"虚者无贵也",与前面问话还是紧密承接的。
正常情况下,下一句又该是问话,然后再是答语。但第十章中接下来没有问
话,直接就是答语。而且从文意上看,第二句答语在中心意思上主要是批判
仁义的说教,与前面问语"子奚贵虚?"没有文意上的前后承接关系。应该
说,此处存在语句残漏的现象。

同样的例子还有《杨朱》篇第五章:"杨朱曰:'原宪窭于鲁,子贡殖于
卫。原宪之窭损生,子贡之殖累身。''然则窭亦不可,殖亦不可;其可焉
在?'曰:'可在乐生,可在逸身。故善乐生者不窭,善逸身者不殖。'"此章属
于对话性语言,但除了开头交代"杨朱"之外,每个说话人的身份都有漏缺。

第四,《列子》中还有前后句义错位的现象。如《天瑞》篇第五章:

> 　　《黄帝书》曰:"形动不生形而生影,声动不生声而生响,无动不生
> 无而生有。形,必终者也;天地终乎? 与我偕终。终进乎? 不知也。道
> 终乎本无始,进乎本不久。有生则复于不生,有形则复于无形。不生
> 者,非本不生者也;无形者,非本无形者也。生者,理之必终者也。终者
> 不得不终,亦如生者之不得不生。而欲恒其生,画其终,惑于数也。精
> 神者,天之分;骨骸者,地之分。属天清而散,属地浊而聚。精神离形,
> 各归其真;故谓之鬼。鬼,归也,归其真宅。黄帝曰:'精神入其门,骨
> 骸反其根,我尚何存?'人自生至终,大化有四:婴孩也,少壮也,老耄
> 也,死亡也。其在婴孩,气专志一,和之至也;物不伤焉,德莫加焉。其
> 在少壮,则血气飘溢,欲虑充起;物所攻焉,德故衰焉。其在老耄,则欲
> 虑柔焉;体将休焉,物莫先焉。虽未及婴孩之全,方于少壮,间矣。其在
> 死亡也,则之于息焉,反其极矣。"

全章都是《黄帝书》的引言,但在内容上并不一致,前后可分为两层意思,开
头至"我尚何存"属于第一层,主要揭示道与具体事物、与运动之间的辩证
关系;自"人自生至终"句到结尾属于第二层,主要论述人生的四个发展阶

段。在思想内容上，两层之间联系非常松散，严格说来，前后两部分文字之间没有承接关系，不应归于同一章节。所以，我们怀疑二者之间本来不相联系，《列子》遭损后，简文错乱，整理者误将其连缀到一起。杨伯峻在《列子集释》中也认为二者之间联系不大，故将其分置两章（即《列子集释·天瑞》篇第五、第六章），注曰"原本不提行，今依文义分段。"

再如《汤问》篇第四章：

> 大禹曰："六合之间，四海之内，照之以日月，经之以星辰，纪之以四时，要之以太岁。神灵所生，其物异形；或夭或寿，唯圣人能通其道。"夏革曰："然则亦有不待神灵而生，不待阴阳而形，不待日月而明，不待杀戮而夭，不待将迎而寿，不待五谷而食，不待缯纩而衣，不待舟车而行，其道自然，非圣人之所通也。"

此章前半部分是大禹的话，《山海经·海外南经》中也有完全一样的文字内容。后半部分是夏革的话，不见于他书记载。两部分既有相互关联的内容，又有错位之处。夏革话中所提情形有八："不待神灵而生者"、"不待阴阳而形者"、"不待日月而明者"、"不待杀戮而夭者"、"不待将迎而寿者"、"不待五谷而食者"、"不待缯纩而衣者"、"不待舟车而行者"，而上文内容中与之对应的只有其一和其三，不符合正常的对话惯例。更为可疑的是，两位对话者的生活年代相差五百多年，大禹乃夏之祖先，夏革乃商汤之名臣。将毫不相关的两个人的语录式语言合为一章，一定是有简文窜乱情况的发生。或者是，整理者根据他书内容对原有文字加以补缀。此章内容，毕沅即认为是后人根据《山海经》补缀而成，"《列子》正用《山海经·海外南经》。"[1]

同样的例子还有《天瑞》篇第九章：

> 子贡倦于学，告仲尼曰："愿有所息。"仲尼曰："生无所息。"子贡曰："然则赐息无所乎？"仲尼曰："有焉耳。望其圹，睾如也，宰如也，坟如也，鬲如也，则知所息矣。"子贡曰："大哉死乎！君子息焉，小人伏焉。"仲尼曰："赐！汝知之矣。人胥知生之乐，未知生之苦；知老之惫，未知老之佚；知死之恶，未知死之息也。晏子曰：'善哉，古之有死也！仁者息焉，不仁者伏焉。'死也者，德之徼也。古者谓死人为归人。夫言死人为归人，则生人为行人矣。行而不知归，失家者也。一人失家，

---

① 杨伯峻：《列子集释》注引，中华书局 2013 年版，第 170 页。

一世非之；天下失家，莫知非焉。有人去乡土、离六亲、废家业、游于四方而不归者，何人哉？世必谓之为狂荡之人矣。又有人锺贤世，矜巧能、修名誉、誇张于世而不知己者，亦何人哉？世必以为智谋之士。此二者，胥失者也。而世与一不与一，唯圣人知所与，知所去。"

此章可分为两部分内容，开头至"德之徼也"，主要由子贡倦学引出孔子对"息"的谈论；自"古者谓死人为归人"到结尾，主要讲述人们对浪游之人、热衷入世之人的两种不同的态度。前后两层在内容表达上没有必然的联系，前一层纠正人们对死亡的错误认识；后一层纠正人们对于浪游之人、热衷入世之人的错误态度。文意上不相连，思想上也不相合。"子贡倦学"的故事也见载于《荀子·大略》和《孔子家语·困誓》，但两文都只有第一部分内容，而没有第二部分，这也印证了我们的上述猜测。所以说，这两段文字应该来自不同的出处。

以上现象说明，《列子》的内容在流传过程中确曾遭损，并出现了脱简、错简的现象，从而导致内容错乱、书外内容混入的情况发生，"实则原书散帙，后人依采诸子而稍附益之，其会萃补缀之际，诸书见在者可附按也。"①

二、《列子》诸篇内容存有增窜内容

《列子》一书在流传过程中，除了因为窜简而掺杂了一些他书内容之外，可能还被人为地增窜了许多其他内容，"其书亦多增窜非其实，要之庄周为放依其辞"②。关于这一点，我们可以从以下两个方面予以分析。

其一，据我们统计，先秦文献中记载列御寇的内容共有 13 处，分见于《庄子》、《尸子》、《韩非子》、《吕氏春秋》与《战国策》中，其中有 2 处是言语中提及，关涉内容较少，如《庄子·逍遥游》中云："夫列子御风而行，泠然善也。"另有两处是在学术思想总结时提到，如《吕氏春秋·不二》云："关尹贵清，子列子贵虚。"其余 9 处都是以故事的形式对列子予以陈述，交代比较详细。而这 9 处内容都重见于《列子》中，文辞内容基本相同。对于这一现象的解释，或曰：是诸书抄袭《列子》所致。那么，我们要问，《列子》中 9 处内容不重复地分置于 4 本书中，难道是偶合？还是 4 本书的作者提前有约，各抄几章？显然这一解释是不符合常理的。较为合理的解释是：《列子》诸篇内容残损之后，整理者整理《列子》诸篇时，将先秦文献中记载列子的故事传说一概纳入，以补残漏。

---

① （清）汪继培：《列子序》，杨伯峻：《列子集释》附录引，中华书局 2013 年版，第 300 页。
② （唐）柳宗元：《辨列子》，杨伯峻：《列子集释》附录引，中华书局 2013 年版，第 302 页。

其二,通过《汤问》篇第七章所记"两小儿辩日"的故事来看。东汉桓谭的《新论》中也记有这一故事:

> 余小时闻闾巷言。孔子东游,见两小儿辩斗。问其故。一儿曰:"我以日始出时近,日中时远。"一儿以日初出远,日中时近。长水校尉平陵关子阳,以为日之去人,上方远而四旁近。何以知之?星宿昏时出东方,其间甚疏,相离丈余。及夜半,在上方视之甚数,相离为一二尺,以准度望之,逾益明白。故知天上之远于傍也。日为天阳,火为地阳。地气上升,天气下降。今置火于地,从旁与上诊其热,远近殊不同,乃差半焉。日中正在上覆盖人,人当天阳之冲,故热于始出时。又新从太阴中来,故复凉于西。在桑榆间,大小虽同,气犹不如清朝也。桓君山曰:"子阳之言,岂其然乎?"①

至于这一故事的来源出处,桓谭并没有参考《列子·汤问》篇所记,而是取自街谈巷语,"余小时闻闾巷言"。由此我们推测,"两小儿辩日"的内容本是口耳相传的民间故事,两汉时代在百姓之间长期流传。此故事不仅被桓谭采入《新论》,也被《列子》的整理补缀者收录于《列子》中。

或云:《列子》整理者增补的目的是什么呢?对于这一问题,我们只能从古籍的散聚中去寻求答案。

汉代之前,古籍曾有两次浩劫,一次是秦始皇焚书。"非秦记皆烧之。非博士官所职,天下敢有藏《诗》、《书》、百家语者,悉诣守、尉杂烧之"②;一次是书亡项羽。刘大櫆《焚书辨》中说:"迨项羽入关,杀秦降王子婴,收其宝货妇女,烧秦宫室,火三月不灭。而后唐虞三代之法制,古先圣人之微言,乃始荡为灰烬。"③西汉建立之后,历代帝王都不遗余力地采掇亡书,"汉兴,改秦之败,大收篇籍,广开献书之路。迄孝武世,书缺简脱,礼坏乐崩,圣上喟然而称曰:'朕甚闵焉!'于是建藏书之策,置写书之官,下及诸子传说,皆充秘府。"④并对献书之人给予奖赏,"河间献王德以孝景前二年立,修学好古,实事求是。从民得善书,必为好写与之,留其真,加金帛赐以招之。繇是

---

① (清)严可均:《全上古三代秦汉三国六朝文》辑录《新论》,全后汉文卷十五,中华书局1965年版,第549页。
② (汉)司马迁:《史记》,中华书局1959年版,第255页。
③ (清)刘大櫆:《海峰文集》卷一,同治甲戌年刻本,第23页。
④ (汉)班固:《汉书》,中华书局1964年版,第1701页。

四方道术之人不远千里,或有先祖旧书,多奉以奏献王者,故得书多,与汉朝等。"①正如梁启超先生所说,"前面讲历代帝王广开献书之路,有许多人存心不良,造假书以邀赏。又因为赏之重轻,以卷数之多寡为准,所以有人割裂他书篇幅充数,以求赏赐增加。"②可能出于贪图更多奖赏的目的,整理者又抄袭添补了大量他书内容,因为从汉代图书收集情况来看,冒充造假的情况非常普遍,"是时,淮南王安亦好书,所招致率多浮辩"。③

三、今本《列子》成书于西汉

既然《列子》内容经历了再次整理,又被添补一些他书内容,那么《列子》的整理补缀发生在何时呢? 根据书中内容判断,应在秦代之后。原因如下:

第一,《周穆王》篇第七章云:"鲁有儒生自媒能治之,华子之妻子以居产之半请其方。"马叙伦论证说:"儒生之名,汉世所通行,先秦未之闻也。"此说可立。马达先生举数例以辩秦代即有"儒生"之说,但所举例证皆出自《史记》。比如《史记·封禅书》云:"即帝位三年,东巡郡县,祠驺峄山,于是徵从齐鲁之儒生博士七十人,至乎泰山下。诸儒生或议曰:'古者封禅为蒲车,恶伤山之土石草木;埽地而祭,席用葅秸,言其易遵也。'始皇闻此议各乖异,难施用,由此绌儒生。"④所记史实虽发生于秦始皇时期,但叙述者司马迁却是西汉人。查先秦古籍,有称呼儒学之士为"儒"的,但没有称呼"儒生"的。如《吕氏春秋·必己》云:"牛缺,居上地,大儒也。"

第二,《汤问》篇第一章云:"渤海之东不知几亿万里,有大壑焉,实惟无底之谷,其下无底,名曰归墟。八纮九野之水,天汉之流,莫不注之,而无增无减焉。其中有五山焉:一曰岱舆,二曰员峤,三曰方壶,四曰瀛洲,五曰蓬莱。"方壶,又名方丈,与岱舆、员峤、瀛洲、蓬莱一起,都是古代传说中的海上神山。其中方壶、瀛洲、蓬莱三山,最早见于秦代术士给嬴政所上奏书中,《史记·秦始皇本纪》:"既已,齐人徐市等上书,言海中有三神山,名曰蓬莱、方丈、瀛洲,仙人居之。"⑤可见,三山之名乃徐市等人虚造,意在骗取始皇好感。以此推断,《列子》修补时间当不早于秦代。《汤问》篇言方壶、瀛洲、蓬莱,殷敬顺《释文》引《史记》云:"此三神山在渤海中。"引《史记》所云为注,而没有引用汉代之前的其他古籍,说明先秦古籍中没有"蓬莱、方丈、

①　(汉)班固:《汉书》,中华书局 1964 年版,第 2410 页。
②　梁启超:《古书真伪及其年代》,中华书局 1955 年版。
③　(汉)班固:《汉书》,中华书局 1964 年版,第 2410 页。
④　(汉)司马迁:《史记》,中华书局 1959 年版,第 1366 页。
⑤　(汉)司马迁:《史记》,中华书局 1959 年版,第 247 页。

瀛洲"三山的记载,否则,殷敬顺也会予以引录。

第三,《汤问》篇第一章又云:"昔者女娲氏炼五色石以补其阙;断鳌之足以立四极。"女娲炼五色石补天的故事首见于《淮南子》,①此故事在汉代较为流行。所以刘汝霖论证说:"我看此书(《列子》)虽不是魏晋人伪造,却也不是先秦的作品。……《汤问》篇引岱舆、员峤、方壶、瀛洲、蓬莱,后三山始见于《史记》,就是神仙家骗秦始皇所称的三神山。又称女娲氏炼五色石补天的故事,俱盛行于汉代,可以断定此书是汉时的作品。"②

第四,《仲尼》篇第二章:"陈大夫聘鲁,私见叔孙氏。叔孙氏曰:'吾国有圣人。'曰:'非孔丘邪?'曰:'是也。''何以知其圣乎?'叔孙氏曰:'吾常闻之颜回曰:孔丘能废心而用形。'陈大夫曰:'吾国亦有圣人,子弗知乎?'曰:'圣人孰谓?'曰:'老聃之弟子有亢仓子者,得聃之道,能以耳视而目听。'"据何治运考证说:"《庄子》颇诋孔子,此自道家门户不同儒家之故。而此书(指《列子》)以黄帝孔子并称圣人,则又出于二汉圣学昌明之后,必非战国之书也。"③

第五,书中多处出现汉代始有的字词。

作为社会信息的载体,新汉字的陆续产生与社会的发展之间有着密不可分的联系。同样,新词汇的产生也是在特定的历史条件下进行的,所以汉字"大家庭"中每个字、词的出现都带有一种文化背景的历时性。比如先从字的角度看,如"邰"字,是指周代的地名(今中国陕西省武功县西南),汉代用"釐"字,《康熙字典》:"《集韵》汤来切,同邰。《前汉·地理志》右扶风釐,周后稷所封。《注》同邰。"再如"輦"字,表示以人挽车,汉代以"连"代"輦"。段玉裁《说文解字注》云:"连,负车也。连即古文輦也。"④再如"眡"字,汉人改为"示"。段《注》云:"眡乃正字。今文作示。俗误行之。……古作眡。汉人作示。是为古今字。"⑤这方面最有代表性的例证是武则天时代产生的"曌"字。这是唐朝宗秦客为了迎合武则天的称帝野心而新造的汉字,表示日月凌空,普照大地,"永昌元年十一月(689 年,武则天 65 岁时),凤阁侍郎河东宗秦客,改"天""地"等十二字以献,丁亥,行之。太后自名"曌",改诏曰制"(《资治通鉴》)。再如从词的角度看如"丽尔",段《注》

① 《淮南子·览冥》:"于是女娲炼五色石以补苍天,断鳌足以立四极,杀黑龙以济冀州,积芦灰以止淫水。"
② 刘汝霖:《周秦诸子考》,杨伯峻:《列子集释》附录引,中华书局 2013 年版,第 328 页。
③ 何治运:《书列子后》,杨伯峻:《列子集释》附录引,中华书局 2013 年版,第 297 页。
④ (清)段玉裁注:《说文解注》,上海古籍出版社 1988 年版,第 73 页。
⑤ (清)段玉裁注:《说文解注》,上海古籍出版社 1988 年版,第 407 页。

云:"麗爾,犹靡麗也。麗爾,古语。靡麗,汉人语。"①再如"盤辟",汉代替为"般辟"。段《注》云:"《论语》包氏注:'足躩如,盤辟皃也。'盤当作般,般辟。汉人语,谓退缩旋转之皃也。"②再如"飞将军"一词,始出现于汉代李广,这与武帝反击匈奴的历史背景密不可分。

通过以上例证可以看出,有些字、词的出现或使用都是带有时代特征的。那么反过来,我们是否也可以通过特定的字、词来判定某些文献的时间早晚呢? 在这方面,杨伯峻先生为我们开辟了很好的先路,"从汉语史的角度来鉴定中国古籍的真伪以及写作年代应该是科学方法之一。这道理是容易明白的。生在某一时代的人,他的思想活动不能不以当日的语言为基础,谁也不能摆脱他所处时代的语言的影响。"杨先生不仅是这样认为的,他也在古籍考辨的工作中具体使用了这一方法。他《〈列子〉著述年代考》一文即是用上述方法详细论证了《列子》一书使用了许多汉代词汇,如"舞弄"意之"舞"(《天瑞》篇:"事之破毁而后有舞仁义者";《仲尼》篇:"为若舞,彼来者奚若?");再如作"全"之意的"都"(《黄帝》篇:"心凝神释,骨肉都融";《周穆王》篇:"而积年之疾,一朝都除")等,都是进入汉代之后才出现的使用方式或意项,进而得出结论:今传本《列子》不是先秦古籍。③ 杨先生的论辩方法具有高度的科学性,也是行之有效的辨伪方法之一,具体内容详见杨先生的《列子集释》附录三中的《〈列子〉著述年代考》一文。

第六,书中内容有避刘邦讳的迹象。比如《说符》篇第四章曰:

> 宋人有为其君以玉为楮叶者,三年而成。锋杀茎柯,毫芒繁泽,乱之楮叶中而不可别也。此人遂以巧食宋国。子列子闻之,曰:"使天地之生物,三年而成一叶,则物之有叶者寡矣。故圣人恃道化而不恃智巧。"

与之重文的《韩非子·喻老》云:

> 夫物有常容,因乘以导之,因随物之容。故静则建乎德,动则顺乎道。宋人有为其君以象为楮叶者,三年而成。丰杀茎柯,毫芒繁泽,乱

---

① (清)段玉裁注:《说文解注》,上海古籍出版社1988年版,第128页。
② (清)段玉裁注:《说文解注》,上海古籍出版社1988年版,第404页。
③ 杨伯峻先生运用词语用语沿革法校订了《列子》中出现了一些汉代用词,从而认为《列子》一书不可能成书于汉代之前,这一结论是可信的。但杨先生据此认为《列子》是魏晋伪书,则显得逻辑不严,信力不足。

之楮叶之中而不可别也。此人遂以功食禄于宋邦。列子闻之曰:"使天地三年而成一叶,则物之有叶者寡矣。"故不乘天地之资而载一人之身,不随道理之数而学一人之智,此皆一叶之行也。故冬耕之稼后稷不能羡也;丰年大禾,臧获不能恶也。以一人力,则后稷不足;随自然,则臧获有余。故曰:"恃万物之自然而不敢为也。"①

《韩非子·喻老》中的"宋邦",在《说符》篇中已经改为"宋国"。由前文分析得知,在二者的关系上应是《说符》篇抄袭了《韩非子·喻老》,改"邦"为"国",应是避刘邦之讳。

以上几条理由说明,《列子》中许多内容应该出于秦代之后,由此我们认为《列子》内容的整理、补缀当发生在西汉时期。

总之,《列子》的思想内容原本就较为复杂,其中既含有列御寇的思想,又有弟子及其后学所作的内容。在早期,这些内容可能是以篇卷的形式流传于世,故而早期文献(包括《史记》)中很少提及到该书。流传过程中,又出现了简帛残损的情况,所以其中又窜入了另外的内容,包括人为增窜的其他文献的文字,如《庄子》、《韩非子》、《吕氏春秋》等。虽然如此,我们也不能因为书中的增窜内容而否定全部内容,正如刘咸炘《刘咸炘论目录学》中所说,"书中有伪,而书固不尽伪也,倘因一节而概疑全体,则过矣"②,"一事而两说、三说兼存……良由所见异词,所闻异词,所传闻异词,浅学之徒少所见,多所怪,生二千载后而欲画一二千载以前之人之事,甚非多闻阙疑之意"。③ 至于《列子》最后的生成时间,我们推断应在西汉时期。如果再大胆一点推测的话,应该成于刘向之手,"(三年)秋八月,光禄大夫刘向校中秘书,谒者陈农使,使求遗书于天下"④。正像《列子书录》中所说的那样,西汉时期该书内容以篇卷形式汇聚到一起,经刘向的删订整理,最后"定著八章(天瑞第一 黄帝第二 周穆王第三 仲尼第四一曰极智 汤问第五 力命第六 杨朱第七一曰达生 说符第八)",8 篇本《列子》正式编订生成。

其实,与《列子》一书的成书历程较为相似的早期文献,数量不在少数,比如《战国策》、《楚辞》、《管子》、《晏子》、《邓析子》、《子华子》等,汇编成书之路也都大致相类。

---

① (清)王先慎:《韩非子集解》,中华书局 1998 年版,第 165—166 页。
② 刘咸炘:《刘咸炘论目录学》,上海科学技术文献出版社 2008 年版,第 29 页。
③ 刘咸炘:《刘咸炘论目录学》,上海科学技术文献出版社 2008 年版,第 29 页。
④ (汉)班固:《汉书》第一册,中华书局 1962 年版,第 310 页。

　　《战国策》一书记载了战国时期十二国（东周、西周、秦、楚、齐、赵、魏、韩、燕、宋、卫、中山）策士的言论及其史料，共33卷497篇。这些文献资料在刘向校理群书之前并未完整成书（指传世本《战国策》），诸篇或单篇流传，或几篇成组流传，"或曰《国策》，或曰《国事》，或曰《短长》，或曰《事语》，或曰《长书》，或曰《修书》"，零零总总，或多或少。及至成帝之世方由刘向校理成书，"所校中《战国策》书，中书余卷，错乱相糅莒。又有国别者八篇，少不足。臣向因国别者，略以时次之；分别不以序者以相补，除复重，得三十三篇……其事继《春秋》以后，讫楚、汉之起，二百四十五年间之事，皆定以杀青，书可缮写"①。后世流传中，亦类似于《列子》，屡遭书难。也于宋代时有所缺失，由曾巩奉旨"访之士大夫家，始尽得其书"，得以校补修订。

　　《楚辞》，乃屈原及宋玉、唐勒、景差等楚之好辞者的作品合集，早期亦未成集，"屈死之后，秦果灭楚，其辞为众贤所悲悼，故传于世"②。汉初，吴王刘濞、淮南王刘安等人始有楚辞篇章的收集活动，据《汉书·地理志》记载，"始楚贤臣屈原被谗放流，作《离骚》诸赋，以自伤悼。后有宋玉、唐勒之属，慕而述之，皆以显名。汉兴，高祖王兄子濞于吴，招致天下娱游子弟枚乘、邹阳、严夫子之徒兴于文、景之际。而淮南王安亦都寿春，招宾客著书。而吴有严助、朱买臣，贵显汉朝，文辞并发，故世传《楚辞》。"③至汉成帝世，刘向方汇集《离骚》《天问》诸篇，整理成完整的《楚辞》，王逸《楚辞章句·叙》中说，"后世雄俊，莫不瞻慕。舒肆妙虑，缵述其词。逮至刘向，典校经书，分为十六卷"④。

　　《管子》一书乃由齐国管仲及其后学群体所作，涉及政治、经济及哲学等多个方面。《管子》诸篇内容在早期并没有汇集为一个文献整体，而是以篇章的形式流传于世，《史记·管晏列传》中司马谈所述未曾提及《管子》该书，只是列举了部分篇目，"太史公曰：'吾读管氏《牧民》、《山高》、《乘马》、《轻重》、《九府》，及《晏子春秋》，详哉其言之也。既见其著书，欲观其行事，故次其传。至其书，世多有之，是以不论，论其轶事'"。至刘向校理群书时，方才聚篇成书，即有传世本《管子》的初定本，"所校雠中管子书三百八十九篇：大中大夫卜圭书二十七篇，臣富参书四十一篇，射声校尉立书十

①　（清）姚振宗：《七略别录佚文》，上海古籍出版社2008年版，第32页。
②　（汉）班固：《离骚赞序》，（宋）洪兴祖：《楚辞补注》，上海古籍出版社2015年版，第77页。
③　（汉）班固：《汉书》，中华书局1962年版，第1668页。
④　刘向编辑16篇成《楚辞》一书。现通行本《楚辞》的第17篇，乃东汉王逸在《楚辞章句》中原收战国楚人屈原、宋玉及汉代淮南小山、东方朔、王褒、刘向等人辞赋共16篇，又增补了自己的作品《九思》，成就17篇。流传过程中，《楚辞章句》原书亦佚，宋人洪兴祖据《楚辞章句》作《楚辞补注》，即今本《楚辞》的传世底本。

一篇,太史书九十六篇,凡中外书五百六十四篇,以校,除复重四百八十四篇,定著八十六篇,杀青而书可缮写也"①,其中未及太史公所见的个别篇目,"《九府》书民间无有,《山高》一名《形势》"。

《晏子》是记载齐国大夫晏婴言行的一部早期文献,共 8 卷,计 215 章,分内、外篇两大部分,内篇包括谏上、谏下、问上、问下、杂上、杂下六篇,外篇包括上、下 2 篇。各篇之间既有相互独立的一面,又在内容上有相互关联的一面,个别篇章甚至还有互相矛盾之处,如尚"墨"与诘"墨"思想的并存。此书诸篇的完整汇集也如《列子》一样,出自刘向之手,"太史书五篇,臣向书一篇,参书十三篇,凡中外书三十篇,为八百三十八章,除复重二十二篇,六百三十八章,定著八篇二百一十五章,外书无有三十六章,中书无有七十一章,中外皆有以相定。……谨颇略楶,皆已定,以杀青,书可缮写"②,"晏子盖短,其书六篇,皆忠谏其君,文章可观,义理可法,皆合六经之义。又有复重,文辞颇异,不敢遗失,复列以为一篇,又有颇不合经术,似非晏子言,疑后世辩士所为者,故亦不敢失,复以为一篇。凡八篇,其六篇可常置旁御观,谨弟录"③。

《邓析子》,包括《无厚》、《转辞》两篇,主要载录了周时邓析(居于郑国)的杂家思想,"其言如天于人无厚;君于民无厚,父于子无厚,兄于弟无厚,势者君之舆,威者君之策;则其旨同于申、韩。如令烦则民诈,政扰则民不定,心欲安静,虑欲深远,则其旨同于黄、老。然其大旨主于势统于尊,事核于实,于法家为近。故竹刑为郑所用也。至于圣人不死,大盗不止一条,其文与《庄子》同……其论《无厚》者,言之异同,与公孙龙同类"④。关于该书的生成,《邓析书录》中亦有所交代,"中《邓析书》四篇,臣《叙书》一篇,凡中外书五篇,以相校,除复重为一篇,皆定杀而书可缮写也"。

总之,《列子》在成书过程中所经历的波波折折,并非个案,从春秋战国到两汉之际,许多文献书籍的定本生成都经历了一个大致相类的过程:思想形成——篇卷流传——汇聚库府——专家校理——删定成书。《列子》的成书,也基本遵循了这样一条时代规律。

第六节　《列子》的后世流传

《列子》一书,不仅内容驳杂,而且命途多舛,或者也可以说,正是因为

①　《管子书录》,《七略别录佚文》,上海古籍出版社 2008 年版,第 50 页。
②　《晏子书录》,《七略别录佚文》,上海古籍出版社 2008 年版,第 40 页。
③　张纯一校注:《晏子春秋校注》,中华书局 2014 年版,第 7—8 页。
④　《邓析书录》,《七略别录佚文》,上海古籍出版社 2008 年版,第 62 页。

这种内容的驳杂乖背导致了该书在后世流传过程中屡遭质疑,围绕它的各种说法聚讼不已。可能也是因为《列子》一书的争议性,也使得该书在流传过程中显示出阶段性的接受特点。

一、汉魏六朝时期

这一时期是《列子》流传之始,也是该书引发争议的开端。整体而言,这一时期《列子》及其思想的传播呈现出两方面的特色:

其一,列子的虚静思想得到了时代的认同与重视。

社会的动乱、仕途的风险使得魏晋六朝时期的道家思想备受社会推崇,道教也在各个社会阶层中得到了广泛的普及。在这一时代的背景下,列子的虚静思想自然受到了江湖世人的认可与追崇,"先生嘉遁卷迹,义德不仕,乃列子之所待,非通天下之至理,虽江海以为荣"①,致虚、守静、心斋、坐忘,成为那个时代道徒追求的理想境界。尤其在当时的文人阶层,列子备受推崇,他的"虚静"思想也频频出现于文人笔下,附带着一种清心寡欲、心神专一的时代性的审美追求。比如,嵇康曾歌曰:"凌扶摇兮憩瀛洲,要列子兮为好仇"②;湛方生在《风赋》中也说:"王乔以之控鹤,列子以之乘虚③";刘峻《与举法师书》中亦云:"萧史之骑鸣凤,列子之御长风"④。在世人看来,像列御寇那样不受外物所累,不被外界所困,澄怀涤念、无欲无物的处世情态,才是六朝贤才梦寐以求的人生境界,"浮虚入景,登空汎云。一举万里,曾不浃辰。此列子有待之风也"⑤。

其二,列子形象的儒化倾向。

魏晋六朝时代,随着儒家一统地位的下降以及道、佛二家势力的发展,整个六朝时代呈现出儒、道、佛既相互驳辩又相互依存的学术特点。其中尤以儒道合流、儒道一体更显时代特色,"道家之教,使人精神专一,动合无形,包儒墨之善,总名法之要,与时迁移,应物变化,指约而易明,事少而功

---

① (梁)江淹:《无为论》,(清)严可均:《全上古三代秦汉三国六朝文》,《全梁文》卷三十九,中华书局1965年版,第3174页。

② (魏)嵇康:《琴赋》,(清)严可均:《全上古三代秦汉三国六朝文》,《全三国》文卷四十七,中华书局1965年版,第1319页。

③ (晋)湛方生:《风赋》,(清)严可均:《全上古三代秦汉三国六朝文》,《全晋文》卷一百四十,中华书局1965年版,第2268页。

④ (梁)刘峻:《与举法师书》,(清)严可均:《全上古三代秦汉三国六朝文》,《全梁文》卷五十七,中华书局1965年版,第3287页。

⑤ (梁)陶弘景:《云上之仙风赋》,(清)严可均:《全上古三代秦汉三国六朝文》,《全梁文》卷四十六,中华书局1965年版,第3213页。

多,务在全大宗之朴,守真正之源者也"①。著名的高僧道安在《二教论》中更是将道家直接归附于儒家,"若派而别之,则应有九教;若总而合之,则同属儒宗"②。在这样的一种时代背景下,列子及其书的传播也就自然附带了一种儒化的倾向,尤其是"列子拒粟"这一故事情节,往往与儒家思想纠缠在一起。如《抱朴子外》篇卷三十五《守塉》有云:

> 潜居先生曰:夫聩者不可督之以分雅郑,瞽者不可责之以别丹漆,井蛙不可语以沧海,庸俗不中说以经术。吾子苟知老农之小功,未喻面墙之巨拙,何异拾琐沙而捐隋、和,向炯烛而背白日也。夫好尚不可以一概枛,趋舍不可以彼我易也。夫欲隮阆风、陟嵩、华者,必不留行于丘垤;意在乎游南溟,泛沧海者,岂暇逍遥于潢洿。是以注清听于九韶者,巴人之声不能悦其耳;烹大牢飨方丈者,荼蓼之味不能甘其口。鹍鹏戾赤霄以高翔,鹪鸰傲蓬林以鼓翼,洿隆殊途,亦飞之极。晦朔甚促,朝菌不识。蜉蝣忽忽于寸阴,野马六月而后息,鯈鮒泛滥以暴鳞,灵虬勿用乎不测,行业乖舛,意何可得。余虽藜澹之不充,而足于鼎食矣。故列子不以其乏,而贪郑阳之禄,曾参不以其贫而易晋、楚之富。③

作者假借潜居先生之口,表达了君子当立志高远的儒家思想,强调了作者守塉不易其志的人生准则,所以在上述内容中,列子拒粟这一故事情节自然就成为了作者阐述君子情操的典型事例。此类例证,尚有葛洪《汉过》篇中的"故列子比屋,而门无郑阳之恤;高概成群,而不遭暴生之荐"④;《安贫》篇中的"冀西伯之畋,俟黄河之将清,甘列子之菜色,邈全神而遗形"⑤。

以上道儒和融的文化现象,是六朝时期特有学术背景下生成的独特学术特色,也是《列子》流传和解读过程中的异类现象,所以后人对此多有疑义,"昔之论列子者,专取其辞子阳之粟,是未可与议列子"⑥。

二、唐 宋 时 期

《列子》一书,由一部普通的子书能够晋身为道家经典,乃至于中华文

① (晋)葛洪:《抱朴子内篇校释·明本》,王明校释,中华书局1985年版,第184页。
② (北周)道安:《二教论·归宗显本一》,《广弘明集》卷八,《大正藏本》。
③ 杨明照:《抱朴子外篇校笺》上册,中华书局1991年版,第183—188页。
④ 杨明照:《抱朴子外篇校笺》下册,中华书局1997年版,第124页。
⑤ 杨明照:《抱朴子外篇校笺》下册,中华书局1997年版,第204—205页。
⑥ (宋)李复:《潏水集》卷八,《文渊阁四库全书》本。

化的经典,应该说,唐宋时期(包括隋及五代)是其经典化道路上的关键时段。

一般而言,一部文献要晋身为文化经典,大致需要满足以下几个条件:其一,在思想上,所属领域(对于《列子》而言当属哲学思想)要有后人反复揣摩吸纳的精神底蕴;其二,文字内容上,要有后世文化传承中取之不尽的文化养料;其三,"言之无文,行之不远",要想成为文化经典,语言表达不能过于粗糙;其四,要有一个提升乃至抬升其身价到"奉若经典"地位的历史时期。对于第一个方面,《列子》先天就具备这方面的优势,"虚静"之态、"御风"之行,均已成为世人追求的人生理想,"大道本夷旷,高情亦冲虚"①;"方从列子御,更逐浮云归"②,即是这方面鲜活的写照。尤其对于那些江湖隐士,这是他们倾其一生所乞慕的生活状态,"疑是冲虚去,不为天地囚"③;"冲虚冥至理,与道自浮沉"④,他们推崇、仰慕《列子》,更是情理所致。同时,"拒粟安贫"的历史传说,又让列子成为了当时达人士子安贫乐道的人生楷模,"不受子阳禄,但饮壶丘宗"⑤;"列子居郑圃,不将众庶分"⑥。对于第二个方面,我们发现,后世流传的许多文化典故都源出于《列子》一书,如温庭筠《和沈参军招友生观芙蓉池》言:"岂亡台榭芳,独与鸥鸟知"⑦。清人曾益注释时即以《列子·黄帝》篇的内容予以注解;唐人张鷟《游仙窟》卷四云"清音嗃叽,片时则梁上尘飞;雅韵铿锵,卒尔则天边雪落……三日绕梁,韩娥余音是实"⑧,其中的"雪落"典故即出自《汤问》篇"匏巴鼓琴"章,"当夏而叩羽弦以召黄钟,霜雪交下,川池暴沍。"其中的"三日绕梁"典故即出自《汤问》篇"薛谭学讴"章,"昔韩娥东之齐,匮粮,过雍门,鬻歌假食。既去而余音绕梁欐,三日不绝,左右以其人弗去"。据笔者粗略统计,仅唐诗中使用的《列子》典故就有四十余处;欧阳询《艺文类聚》中摘取《列子》的内容达五十余处。可见,《列子》确实为后世文人提供了丰

---

① (唐)陆长源:《酬孟十二新居见寄》,彭定求等编:《全唐诗》,中华书局1979年版,第275卷第15首。

② (唐)董思恭:《咏风》,彭定求等编:《全唐诗》,中华书局1979年版,第380卷第39首。

③ (唐)曹松:《哭胡处士》,彭定求等编:《全唐诗》,中华书局1979年版,第716卷第23首。

④ (唐)吴筠:《高士咏冲虚真人》,彭定求等编:《全唐诗》,中华书局1979年版,第853卷第25首。

⑤ (唐)吴筠:《高士咏冲虚真人》,彭定求等编:《全唐诗》,中华书局1979年版,第853卷第25首。

⑥ (唐)李白:《李太白全集》,中华书局1977年版,第513页。

⑦ (唐)温庭筠撰,刘学锴校注:《温庭筠全集校注》,中华书局2007年版,第200页。

⑧ (唐)张文成撰,李时人、詹绪左校注:《游仙窟校注》,中华书局2010年版,第21页。

富的文化养料。就第三点而言,刘勰《文心雕龙》中的评价即说明了一切,"列御寇之书,气伟而采奇"①。对此,柳宗元《辨列子》、洪迈《容斋续笔》中也都给出了肯定性的评介,"其文辞类庄子,而尤质厚,少伪作,好文者可废耶?"②"《列子》书事简劲宏妙,多出《庄子》之右。"③

下面,我们重点来谈一下上文所说的第四点。

《列子》之所以能够成为中华文化经典,这是跟唐宋时代的推崇分不开的。隋文帝对道教的喜爱在历史上是出了名的,他的年号"开皇"即出自道书。唐代统治者更是以老子为祖④,故而对道教的偏好自然是有增而无减,"朕听政之暇,尝读《道德经》《文》《列》《庄子》,其书文约而义精,词高而旨远,可以理国,可以保身。朕敦崇其教,以左右人也"。⑤ 列子及《列子》一书,也在这一时代的尊道氛围中颇受其益。玄宗开元二十九年春,两京诸州各置玄元皇帝庙,并崇玄学,置生徒,令习《老子》《庄子》《文子》《列子》,每年准明经例考试。天宝元年,尊列子为冲虚真人,尊《列子》为《冲虚真经》。宋真宗景德(1004年—1007年)中,继续加封列子为"冲虚至德真人"⑥,尊《列子》为《冲虚至德真经》。宋徽宗政和六年(1116年)赵佶下诏书,订立《内经》、《道德经》、《列子》、《庄子》四经博士。⑦ 徽宗在位期间诏封列子为"致虚观妙真君",徽宗本人甚至亲自为《列子》一书作解,即《冲虚至德真经义解》,喜爱之情,由此可见一斑。经过唐宋时期的百般推崇,其后的《列子》一书便名正言顺地登堂入室,成为了道教乃至中华文明的经典文献。

三、元 明 时 期

元明时期,随着社会的发展,道教经历了自身的转型——道教的世俗

---

① (梁)刘勰:《增订文心雕龙校注》,中华书局2012年版,第228页。

② (唐)柳宗元:《柳宗元集》,中华书局1979年版,第108页。

③ (宋)洪迈:《容斋随笔》,中华书局2005年版,第368页。

④ (宋)欧阳修《新唐书·宗室世系表》记载说,李氏出自老子李耳,"李氏出自嬴姓。颛帝高阳氏生大业。大业生女华。女华生皋陶,字庭坚,为尧大理,生(伯)益。(伯)益生思成。历虞夏商,世为大理,以官命俟,为理氏。至纣之时。理微字德灵,为翼隶中吴伯,以直道不容于纣,得罪而死。其妻陈国契和氏与子利正,逃难于伊侯之墟,食木子得全,遂改理为李氏。""利贞亦娶契和氏女,生昌祖,为陈大夫,家于苦县。生彤德,彤德曾孙硕宗,周康王赐采邑于苦县。五世孙乾,字元果,为周上御史大夫,娶益寿氏女婴敷,生耳,字伯阳,一字聃,周平王时为太史。其后有李宗。"

⑤ (清)董浩等编:《全唐文》,中华书局1983年版,第437页。

⑥ 《四库全书总目提要》指出,《冲虚至德真经》"至德"二字,"据晁公武《读书志》,宋景德中所加也"。

⑦ (元)脱脱:《宋史》,中华书局1977年版,第400页。

化。对于道教信徒而言,修行的终极目的既不是求得来生,也不是安定天下、大济苍生,而是长生不死,羽化成仙。降至明代,随着书籍文献的日益普及,知识传播的日益大众化,道教的长生成仙信仰受到了挑战。社会大众对长生不死、得道成仙的追求大大减弱,转而更加关注现实生活。在这一背景下,道教自身也被迫进行了方向性的改革。一方面,不再刻意追求修炼成仙,转而致力于民众的度世救难,使得原本盛行于社会上层的正统道教逐渐下移,并随之融入了更多世俗的内容和特色;另一方面,为巩固道教的社会政治地位,道教不惜向儒家思想趋附靠拢,最为典型的是在性善论的基础上大量创造劝善书,把道教教义与儒家哲理紧密地结合在一起,给道教思想灌注了"益人伦,厚风俗"的尘世色彩。在经历了一系列的宗教革新之后,明代的道教呈现出更加生活化、世俗化的倾向,信徒可以自行在家修行,以往的宫观制度也逐渐淡化,修行的内容也更加贴近普通民众的日常生活,以往神秘的道教法术也逐渐开始了生活化的走势、商业化的操作。

上述时代环境,促使《列子》等道教经典文献的传播与接受也浸染了时代该有的特色,显示出雅化减弱,平民化、世俗化增强的发展趋势。这一趋势可以从两个方面予以佐证。

其一,《列子》的传播与接受者的身份前后发生了变化。

根据目前文献所见,南北朝及唐宋时期,道教经典的传播者主要局限于社会上层的文人集团,如魏晋六朝时期流传下来的资料中,涉及列子及《列子》一书的文人有嵇康、孟达、张湛、湛方生、桓温、葛洪、皇甫谧、江淹、陶弘景、刘峻、朱世卿、王劭、刘勰、释僧祐、王嘉、萧统等十余人,他们全部出身于社会上层。

一是隋唐五代时期,关注《列子》的也多属于社会的上层人物,如这个时期选引、选注或涉及《列子》的有杜公瞻的《编珠》、杜台卿的《玉烛宝典》、卢重玄的《列子注》、殷敬顺的《列子释文》、魏徵的《群书治要》、释道宣的《广弘明集》、释澄观的《华严大疏钞》、释道世的《法苑珠林》、释湛然的《辅行记》、段成式的《酉阳杂俎》、白居易的《白氏六帖事类集》、王松年的《仙苑编珠》、孙思邈的《千金翼方》、马总的《意林》等。

文学创作中提及列子及《列子》一书的有:

赋类:蒋防《不宝金玉赋》、《草上之风赋》、黄滔的《白日上浜赋》、郑隐的《风赋》、吴筠的《逸人赋》。

诗类:李白的《内赴征诗》、孟郊的《访嵩阳道士不遇》、董思恭的《咏风·萧萧度闾阖》、张彪的《神仙》、刘禹锡的《同乐天和微之深春二十首·何处深春好》、綦毋诚的《同韦夏卿送顾况归茅山》、陆长源的《酬孟十二新居见寄》、曹松的《哭胡处士》、李中的《再游洞神宫怀邵羽人有感》、知玄的《答僧澈》、吴筠的《高士咏冲虚真人》、顾况的《归阳萧寺有丁行者能修无生忍担水施僧况归命稽首作诗》、储嗣宗的《送道士》。

文类：魏徵的《隋书》、吴兢的《贞观政要》、刘禹锡《代郡开国公王氏先庙碑》、韩愈的《唐故朝散大夫尚书库部郎中郑君墓志铭》、释道宣的《述佛志出齐书》、释法琳的《破邪论》、刘知几的《史通》、卢重玄的《列子叙论》、马总的《意林》、柳宗元的《辨列子》、范摅的《云溪友议》、李翱的《去佛斋并序》、韩鄂的《四时纂要》、刘昫的《旧唐书》、杜光庭的《道德真经广圣义》。

借用《列子》典故的有：

诗类：杜甫诗作 22 首、韩愈 3 首、李白 9 首、李贺 1 首、柳宗元 6 首、骆宾王 5 首、温庭筠 3 首、卢仝 1 首。

文类：李商隐 1 篇、刘禹锡 1 篇、李德裕 1 篇、柳宗元 11 篇、陆德明 1 篇、骆宾王 1 篇、皮日休 1 篇、徐坚 1 篇、王维 3 篇、张鷟 1 篇、吴筠 1 篇、丘光庭 1 篇、李翰 2 篇、韩鄂 1 篇。

赋类：骆宾王 2 篇。

词类：柳宗元 1 首。

此外，欧阳询的《艺文类聚》中借用《列子》内容的有 52 处，虞世南的《北堂书钞》中借用《列子》内容的有两处之多。

二是宋金元时期注疏选引或涉及《列子》的有江通的《冲虚至德真经解》、林希逸的《冲虚至德真经鬳斋口义》、高守元的《冲虚至德真经四解》、王钦若的《册府元龟》、王溥的《唐会要》、马端临的《文献通考》、王应麟的《姓氏急就》篇、《汉艺文志考证》、叶大庆的《考古质疑》、鲍云龙的《天原发微》、黎靖德的《朱子语类》、吕本中的《紫微杂说》、吕希哲的《吕氏杂记》、滕珙的《经济文衡》、刘埙的《隐居通议》等。

文学创作中提及列子及《列子》一书的有：

诗类：陈傅良的《张冠卿以前诗怀哉各努力人物古来少句为十诗见寄次韵奉酬》、陈起的《列子口义成》、陈思的《送杨道士归蔡州》、《臂痛六言》、《列子窃鈇图》、苏轼的《张安道乐全堂》、秦观的《读〈列子〉》。

赋类：郑磻隐的《风赋》。

文类：李复的《读〈列子〉》、李石的《列子辩》、释志磐的《佛祖统纪》、晁迥的《法藏碎金录》、苏辙的《古史》。

随书笔记中谈及列子其人及《列子》其书的有晁公武的《郡斋读书志》、洪迈的《容斋随笔》、叶梦得的《避暑录话》等。

借用《列子》内容典故的有：

　　诗类:晁冲之的《怡怡轩赠王次翁》、张衡的《应间》、陈起的《严子陵祠》、陈师道的《暑雨》、《答张文潜》、《次韵苏公西湖徙鱼三首·其二》、《送河间》、《赠吴氏兄弟三首》、黄庭坚的《平阴张澄居士隐处三首·仁亭》、释贯休的《古意九首·乾坤有清气》、苏轼的《和刘道原寄张师民》、《和苏州太守王规父侍太夫人观灯之什余时以刘道原见访滞留京口不及赴此会二首》、王安石的《同王濬贤良赋龟得升字》、《真人》、《客至当饮酒》、《次韵冲卿除日立春》。

　　文类:鲍彪的《战国策注》、蔡卞的《毛诗名物解》、蔡模的《孟子集疏》、王观国的《学林》、陈仁子的《文选补遗》、陈显微的《关尹子文始真经注》。

　　此外,陈景沂的《全芳备祖》中借用《列子》内容的有 3 处,李昉的《太平御览》中借用《列子》内容的有 5 处,潘自牧的《记纂渊海》中借用《列子》内容的有 4 处,陆佃的《增修埤雅广要》中借用《列子》内容的有 5 处,王应麟的《小学绀珠》中借用《列子》内容的有 3 处。

　　三是反观元明一代,你会发现,关注《列子》一书的人群更加普及化。具体情况如下:

　　注疏选引或涉及《列子》的有谭纶的《鹘性善健斗》、汤显祖的《李超无问剑集序》、《寄王弘阳囧卿》、唐顺之的《论有河图而无字》、《庄列十论》、《列子》、《列子古史》、田艺蘅的《留青日札》、屠隆的《白榆集》、汪道昆的《奚觉生传》、汪瑗的《楚辞集解》、王俧的《赠探玄子诗序》、王鏊的《题古本〈列子〉》。

　　文学创作中提及列子及《列子》一书的有:

　　诗类:王恭的《九峰贞隐卷为道人游月窗作》、文翔凤的《圃田列子故居》、俞彦的《东武吟行》、虞堪的《题列子乘风便面》、袁宏道的《桃花源和靖节韵》、吴莱的《病起读〈列子〉真经》、韩宜可的《冯虚子歌》、

　　文类:王洪的《清风楼记》、王祎的《宋太史传》(宋濂《列子辩》)、王世贞的《列子》、《读〈列子〉一》、《读〈列子〉二》、文翔凤的《皇极》篇、徐师曾的《列子论》、《庄子论》(《别庄列文》)、杨慎《评李杜》、杨士奇的《列子》、姚舜牧的《列御寇》、姚希孟的《读〈列子〉》、詹景凤的《古今寓言》、张九韶的《理学类编》、张溥的《列子》、张瑞图的《列御寇》、张时彻的《列子其人》、张萱《西方圣人辨》、章潢的《穆王三书》、赵时春的《庄列诸子》、周琦的《列子书》、董说的《读〈列子〉》、曹金的《开封府志》、常伦的《大风》、陈建的《学部通辨》、陈绛的《金罍子》、陈仁锡的《无梦园初集》、陈士元的《孟子杂记》、陈舜仁的《应天府志》、陈天定的《古今小品》、陈禹谟的《骈志》、程大昌的《庄子后论》、董斯张的《列子中杂应书》、方弘静的《千一录》、

冯梦龙的《列御寇》、高濂的《遵生八笺》、顾梦麟的《四书说约》、顾宪成的《顾端文公遗书》、何良俊的《四友斋丛说》、何镗的《高奇往事》、胡广的《性理大全书·列子》、胡维霖的《胡维霖集》、胡应麟的《少室山房笔丛》、胡缵宗《愿学编》、黄姬水的《贫士传·列御寇》、黄佐的《南雍志》、江用世的《史评小品·列子弇州一则》、焦竑的《国史经籍志》、李贺的《明一统志》、卢翰的《掌中宇宙·四真》、罗钦顺的《知困记·续录》、茅坤的《唐宋八大家文钞·辩列子》、祁彪佳的《远山堂文稿·读〈列子〉偶述评》、《远山堂文稿·读〈列子〉偶述又评》、释心泰的《佛法金汤编·列子》、孙绪的《沙溪集》。

借用《列子》内容典故的有：

王三聘《事物考》中借用《列子》内容的有 9 处。

通过以上对比可以看出，元明之前，《列子》的传播者及接受者的身份普遍性偏高、偏雅，作品中的诗、词、歌、赋等雅化文体涉及列子及《列子》一书的偏多，而元明一代传播接受《列子》的文献更多局限于读书人的文稿、随笔，雅化色彩降低，而学术化、大众化的色彩有所增强。

其二，评论性增强，世俗化的色彩有所提升。

魏晋六朝以及唐宋时期，人们在《列子》一书的接受过程中，对该书的评论较少，更多的是借用其中的文化典故、思想内容，尤其在文学作品中，所体现出来的更多的是纯粹的接受。而元明时期文人作品中对《列子》一书的态度，评论性增强，这其中包括真伪的评论、思想的评论、文笔的评论、文化内容的评论，等等。而且，评论的风格也更加多样化、大众化。

元明时期《列子》接受中的上述特点，是与这一时期印刷术的提升、书籍的普及密不可分的。在当时条件下，一般的读书人都能够接触或者拥有《列子》一书，也多有条件把自己对《列子》的相关评论记载流传下去。这样的社会现实，使得《列子》一书的接受状况发生了本质性的变化，传播的大众化、评论的世俗化倾向的出现，也就不难理解了。

四、有清一代及民国时期

历史的车轮运转到清代以后，学术之风也有了新的变化。雍正、乾隆时期，为了统治的更加稳定，清朝的统治者对文人采取了严酷的高压政策，士子文人不敢轻易表露自己的思想观点，更不敢触碰当时的政治时弊，即使是诗文歌赋中稍有言语的疏失，就有可能引来杀身灭族之祸。于是，更多的文人都把时间和精力用在了远离政治的古籍文献的整理工作中，考据之风骤然兴起，汉儒的训诂考订的治学方法也成为当时的社会时尚，"近时数十年来,江南千余里中,虽幼学鄙儒,无不知有许、郑者。"①这样的一种时代风气,使得这一时期《列子》的传播接受也呈现出了一种学术化的特色。

　　为了更清楚地展示这一时代特色,我们先来了解一下有清一代涉及《列子》的相关文献。

　　校释《列子》的文献:卢文弨的《列子张湛注校正》、任大椿的《列子冲虚至德真经释文》、《列子释文考异》、俞樾的《〈列子〉评议》、杨文会的《冲虚经发隐》、顾广圻的《列子冲虚至德真经释文》、《列子释文考异》、管礼耕的《手校宋本〈列子〉》、章钰校本《列子》、翁廉校本《列子》、梁启超校本《列子》、方惟一校本《列子》、陈梦雷的《古今图书集成·列子汇考》、王太岳的《武英殿聚珍丛书·列子考证》、汪继培的《海楼丛书·列子参订》、江有诰的《音学十书·列子韵读》、秦恩复的《〈列子〉卢注补》、《〈列子〉卢注考证》、孙诒让的《列子札迻》、洪颐煊的《读书丛录·读〈列子〉丛录》、于鬯的《香草续校书·列子校书》

　　涉及《列子》的研究文献:梁启超的《中国历史研究法》、《古今伪书及其年代》、佚名者的《列子辨》、段玉裁的《说文解字注》、章太炎的《皋兰室札记》、《朱子学略说》、钱大昕的《十驾斋养新录》、吴德旋的《辨列子》、俞正燮的《癸巳存稿》、李慈铭的《越漫堂日记》、晚清姚际恒的《古今伪书考》、何治运的《书〈列子〉后》、光聪谐的《有不为斋随笔》、陈三立的《读〈列子〉》、马叙伦的《〈列子〉伪书考》、毕沅的《灵岩山人诗集·列子》、查继佐的《罪惟录》、陈沣的《东塾集》、陈厚耀的《春秋战国异辞》、陈绍箕的《鉴古斋日记》、陈廷敬的《午亭文编》、陈忠倚的《贵私贵虚论》、方濬颐的《二知轩文存·读〈列子〉》、傅山的《霜红龛集·管子》、何琇的《樵香小记·女娲补天》、黄达的《一楼集》、黄中坚的《蓄斋二集·读〈列子〉》、李锴的《尚史·列子》、梁章钜的《退庵随笔》、凌扬藻的《蠡勺编·列子》、刘熙载的《昨飞集·书〈列子·杨朱篇〉后》、史梦兰的《止园笔谈》、孙宝瑄的《忘山庐日记》、汪价的《中州杂俎·祭列御寇》、王鸣盛的《蛾术编·列子》、王芑孙的《渊雅堂全集·列子》、王茹碧的《芸簏偶存·天瑞》篇、朱彝尊的《经义考·子列子贵虚》、朱一新的《无邪堂答问》、朱奇龄的《拙斋集》、张维屏的《国朝诗人征略》、《国朝诗人征略二编》、张能鳞的《儒宗理要》、恽敬的《大云山房文稿》、俞樾的《茶香室丛钞》、佚名者的《汉书疏证》、姚鼐的《惜抱轩笔记》、熊赐履的《闲道录》、文廷式的《纯常子枝语》等

----

　　①　(清)焦循:《与刘端临教谕书》,《雕菰集》(卷十三),《续修四库全书》第 1489 册,上海古籍出版社 1994 年版,第 247 页。

涉及《列子》的文学作品有：张延济的《桂馨堂集》、董平章的《秦川焚余草·偶感庄列事因拈成咏》。

可以看出，有清一代不仅关注《列子》的人数越来越多，而且对该书的关注程度也越来越深，探讨的问题越来越学术化。据不完全统计，整个清朝时期，校释整理《列子》的文献就有二十余部，论及《列子》的学术著作就有四十余部，而且所论问题多数不是蜻蜓点水的略略而谈，而是针对该书的相关问题进行深入而系统地专业化论述。

民国时期，《列子》接受的学术化倾向依然非常突出，而且受"疑古"之风的影响，断该书为伪书的持有比例可为历代之冠，梁启超、马叙伦、顾实、吕思勉、刘汝霖、陈旦、陈文波等，皆在其列。

说到《列子》成书这一问题，我们首先要明确几个问题。其一，是《列子》思想内容的生成，还是篇章内容的确定？是篇章的游离汇聚，还是文本内容、篇章结构的删定成"书"？我们所认为的"《列子》成书"，是指《列子》诸篇内容删定确立后的汇聚成"体"，是一个内容、篇章、结构等书籍要素统一之后所生成的一个稳定的文献单元。

对于今天所见到的《列子》一书的生成问题，我们在系统梳理相关文献的基础上，有了一些初步的感受和看法。我们认为，今本《列子》一书的生成可以分作几个阶段：一、列子学术思想的生成。战国时期，列御寇以"贵虚"为核心的道家思想业已生成，并在社会尤其是后学群体中广泛传播，或以文献单篇流传，或以口耳相传；二、今本《列子》的删定成"书"。西汉时期，经受秦火之后的列子思想在西汉文化政策的推动下，以单篇的文献状态或聚会于官府机构，或集存于执事大夫之手，"所校中书《列子》五篇。臣向谨与长社尉臣参校雠太常书三篇，太史书四篇，臣向书六篇，臣参书二篇"①，其中或有查缺补漏之文，"章乱布在诸篇中。或字误，以'尽'为'进'，以'贤'为'形'，如此者众"，或有抄袭增窜之辞，《穆王》《汤问》二篇，迂诞恢诡，非君子之言也。至于《力命》篇一推分命，《杨子》之篇唯贵放逸，二义乖背，不似一家之书。建始元年（前32年），受成帝委托，光禄大夫刘向领校秘书，对列子思想的相关文献资料予以整理删定，从文献角度确立了《列子》一书的生成，"内外书凡二十篇，以校除复重十二篇，定著八篇"，"及在新书有栈，校雠从中书。已定，皆以杀青，书可缮写"。并在此基础上，留有《列子书录》一篇；三、二次书劫。经刘向校理之后，《列子》一书的篇章内容得以确立，有了"书"的定体，并在士子文人间有所抄录流传，"三

---

① 杨伯峻：《列子集释》，中华书局2013年版，第291页。

君（张嶷、刘正舆、傅颖根）总角,竞录奇书……先君所录书中有《列子》八篇"。但在西晋永嘉之乱中,书籍文献再遭浩劫,《列子》也未能幸免,"及至江南,仅有存者,《列子》唯余《杨朱》、《说符》、《目录》三卷"①。好在劫后余生,复得完本,"比乱,正舆为扬州刺史,先来过江,复在其家得四卷,寻从辅嗣女婿赵季子家得六卷。参校有无,始得全备"。可见,张嶷（张湛祖父）所得《列子》虽然又经篇章复组,但篇卷内容未遭残损。也就是说,复组后的八篇内容与刘向校订的《列子》一书毫无差别。在此基础上,张湛为其作注,遂有张湛注释本《列子》流传于世,这也是我们今天所见《列子》的最早蓝本。

---

① 杨伯峻:《列子集释》,中华书局 2013 年版,第 293 页。

第四章 《列子》与寓言

《列子》一书大道玄远，思想深邃，"辞旨纵横，若木叶干壳，乘风东西，飘飘乎天地之间，无所不至。"①在叙事表达方面简净有力，言辞高妙，深得历代文人赞美，刘勰评曰："列御寇之书，气伟而采奇。"②洪迈《容斋续笔》云："《列子》书事，简劲宏妙，多出《庄子》之右。"③蒲松龄赞曰："千古奇文，至庄、列止矣……盖其立教，祖述杨、老，仲尼之徒，所不敢信，而其为文洸洋恣肆，诚足沾溉后学。时文家窃其唾余，便觉改观。"④《列子》中无论是思想的阐述，还是语义的表达，很多时候都是借助寓言来达到上述目的的。

什么是寓言？现代文体学认为，寓言是一种文学体裁，它是借助隐含性话语来寄寓思想道理的一种文学创作体式。具体来说，寓言与道理之间就是寄寓与被寄寓、承载与被承载的关系。尤其是哲理性寓言，其所担负的任务就是将富含深意的思想道理寄寓到富含生活化的故事中，借助故事的浅俗性和趣味性将思想内涵与生活哲理植入接受者的头脑中，最终让其在社会群体中得到认可与传播。根据哲理思想阐释的独特性，寓言故事的主人公既可以是历史人物、虚构人物，也可以是拟人化的自然生物，甚至是无生命的某种自然体。无论是哪一类，其所担负的角色都是相同的，即是思想道理的寄寓者和承载者。

以上是学界对寓言的普遍性理解，那么这种理解是否符合早期寓言的概念界定呢？寓言是在什么样的文化环境中催生的呢？从生成至今，寓言的概念内涵是始终如一、前后一致的，还是有所变化，有所差异？如果始终如一的话，早期的文体论著作中为何没有论及寓言？《列子》一书又为何留存了大量的寓言呢？这些寓言有何特点呢？要回答诸如此类的问题，就需要先来探讨一下寓言的早期生成及其内涵界定。

---

① （宋）陈景元：《列子冲虚至德真经释文序》，杨伯峻：《列子集释》附录引，中华书局 2013 年版，第 282 页。

② （梁）刘勰著，郭晋稀译注：《文心雕龙·诸子》，岳麓书社 1997 年版，第 171 页。

③ （宋）洪迈：《容斋随笔》，上海古籍出版社 1978 年版，第 362 页。

④ （清）蒲松龄：《抄本聊斋文集》卷二《庄列选略小引》，中华全国图书馆文献缩微复制中心 1998 年版，第 86 页。

第一节　"寓言"的早期文化生态

寓言,作为一种意义的表述方式(近似于拉丁语概念中的 allos 一词),早在先秦时期就已出现,并被大量运用于诸子的思想阐述中;作为一种创作体式(近似于希腊语概念中的 fabula 一词),则出现于唐宋或唐宋之后。那么,作为修辞表述手段的寓言是怎样生成的? 它又是如何由修辞方式演变为文体形式的? 是我们接下来所要讨论的。

下面,我们先从早期的"言"这一文化现象谈起。

一、"言"之溯源

"言"的本义就是说话,这是对"言"理解的普遍性认识。但在具体应用中,"言"的解读又有着不同的使用含义:其一,作动词,是"说"、"讲"之意。许慎的《说文解字》即主此说,"直言曰言"①,这也是早期文献中较为普遍的一种解读,如《尚书·皋陶谟》云:"禹拜昌言曰:'俞'"②;《论语·学而》云:"与朋友交,言而有信"③,都为说、讲之意。其二,作名词,是"言语"、"话语"的意思。这一用法在先秦文献中也不乏其例,如《尚书·酒诰》:"古人有言曰:'人无于水监,当于民监'"④;《诗经·青蝇》:"营营青蝇,止于樊,岂弟君子,无信谗言"⑤;《论语·为政》:"《诗》三百,一言以蔽之"⑥,等等,"言"皆作名词"言语"、"话语"之意。其三,亦为名词,但作"字符"之意,如四言诗、五言诗等。其四,作代词,解作"我"的意思。郝懿行《尔雅义疏·释诂》中即作此解,"言,我也",郝懿行疏曰:"言者,《诗》内'言'字,传笺并训'我'"⑦。其五,作虚词,无实际意义。这一看法最早出自朱熹,他在《诗集传》中认为,《诗经》中"言"作代词"我",此类例证极少,而更多的

---

① (汉)许慎:《说文解字》,中华书局 1963 年版,第 51 页。
② (唐)孔颖达:《宋本尚书正义》第二册,国家图书馆出版社 2017 年版,第 43 页。
③ (清)刘宝楠:《论语正义》第一册,中华书局 1990 年版,第 19 页。
④ (唐)孔颖达:《宋本尚书正义》第五册,国家图书馆出版社 2017 年版,第 59 页。
⑤ 《宋本毛诗诂训传》第二册,国家图书馆出版社 2017 年版,第 180 页。
⑥ (清)刘宝楠:《论语正义》第一册,中华书局 1990 年版,第 39 页。
⑦ 根据前人的看法,"言"作代词"我"这一用法多见于《诗经》,如《汉广》:"翘翘错薪,言刈其楚;之子于归,言秣其马。"邢昺的《尔雅注疏》、《毛传》郑玄的《笺》、顾野王《玉》篇、陆德明《经典释文》都承袭了《尔雅》的解读,"言见《诗》者,《周南·葛覃》云:'言告师氏、言告言归。'是也"。

应解读为虚词。①

针对"言"意的解读,笔者的看法是:"言"的发生义首先是动作行为,是"说"、"讲"的意思。然后,后人对前人动作行为内容的继承与传播,而使得"言"的义项逐渐衍生,由早先的动词词性衍生出名词词性。

先来看"言"字的早期构成。据甲骨文资料来看,殷商时代就已经有了"言"字。𧭴,"言"的甲骨文字形,下面是个"舌"字,下面的一横则表示言从舌出。据此判断,"言"应是指事造字,其本义应是说话的意思。这就告诉我们,"言"的本义应该是动词,是说讲的意思。这从早期的传世文献中也能找到例证,比如《周书·洪范》:"箕子乃言,曰:'我闻在昔,鲧陻洪水,汩陈其五行'",②《国语·周语上》:"国人莫敢言,道路以目"③,其中的"言",皆为动词,作说讲之意。

那么,动词的"言"又为何需要转化为名词的"言"呢?要回答这一问题就需要涉及人类文明的继承这一话题。

自然之道,亘古追求的无非有二:生存与繁衍,人类亦如此。早期的人类在与自然的争斗过程中,无论是对抗的工具还是手段,都显得软弱而无力,都需要经历从无到有、从弱变强的过程,并在这一过程中需要付出汗水和智慧,还有生命和教训。人类的生物性本能要求他们,在谋得生存的基础上还要考虑经验教训传续的问题,"文王诰教小子有正有事:无彝酒"④,"大上有立德,其次有立功,其次有立言,虽久不废,此之谓不朽。"⑤于是就生成了许多昭示后人的经验性话语,类似于我们今天所说的训言、诫语;与之相应,缺乏应对经验的后人也急需先人的指导性意见来帮助他们去应对自然,处置社会的风险及难题,于是前人的方法就会以"言"的方式传之后世,以此为后人的社会参考。比如公元前 654 年,许国国君谢罪于楚成王时,自己面缚、衔璧,大夫衰绖,士舆榇。面对此情此景,楚王不知如何应对,于是询问诸逢伯,诸逢伯以周武王释放微子的历史实例昭示楚王,"昔武王克殷,微子启如是。武王亲释其缚,受其璧而祓之。焚其榇,礼而命之,使复

---

① 此说生成之初少有应和者,直到清后应者才渐渐增多,先有王引之,后有杨树达、胡适、王力等人,尤其是后者,不仅承袭朱说,而且论证更加细致全面,如杨树达《词诠》中将"言"的虚词用法又细分为两种:语首助词和语中助词;胡适则将虚词"言"字具体解读为现代语法中的"而"、"乃"、"之"等含义。

② (唐)孔颖达:《宋本尚书正义》第四册,国家图书馆出版社 2017 年版,第 76 页。

③ (三国)韦昭注:《宋本国语》第一册,国家图书馆出版社 2017 年版,第 12 页。

④ (唐)孔颖达:《宋本尚书正义》第五册,国家图书馆出版社 2017 年版,第 43 页。

⑤ 《春秋左传集解》,上海人民出版社 1977 年版,第 1011 页。

其所"，于是楚王有样学样很好地处理了此事，"楚子从之"①。基于以上现实的需求，对于前人生成的经验性、启示性话语，后人自然就会极力接受，奉若珍宝，"先民有言，询于刍荛"②，并传续于后世，成为子孙后代言行指导的教条戒律，"皇，极之敷言，是彝是训，于帝其训，凡厥庶民，极之敷言，是训是行，以近天子之光。"③"其维哲人，告之话言，顺德之行。"④

大概《尚书》《国语》等早期文献的产生，也是上述社会需求的历史产物，"左史记言，右史记事"⑤，"盖圣贤言辞，总为之《书》"⑥。

正是这种信息传承的历史需求，使得原本归类于动作行为的"言"衍生变化为富含特定信息内容的名词性质的"言语"，于是特定的"言"就具备了概念的属性，形成了体式上的固有格式及体制上的特有规范。当这一切得以完成之后，作为体式上的"言"也就自然生成了，并在文化史上长期流传，影响深远，"王言崇秘，大观在上，所以百辟其刑，万邦作孚。"⑦

二、"言"之类别

一代又一代的先人，将他们各自的人生体验、生活感受以言传身教的方式传递给下一代，而后人又在历史的层层筛选基础上不断地承继着前人的先见之言，"工诵箴谏，大夫规诲，士传言"⑧，并借助它们去指导自己在现实生活中应该如何去应对险境，克服困难，"教者，效也，言出而民效也"⑨。久而久之，历史的文化积淀中就生成了一种独特的信息载体——言，"迟任有言曰：'人惟求旧，器非求旧，惟新。'"⑩"古人有言曰：'人无于水监，当于民监。'今惟殷坠厥命，我其可不一监抚于时！"⑪这些历史的传言久经时代的洗礼，最终凝固成一种特有的文化内容——"言"。

那么，在"言"的历史筛选过程中，它的筛选标准是什么呢？是言者地位的高低？还是言辞的优劣？还是什么其他别的要素？

① 《春秋左传集解》第一册，上海人民出版社1977年版，第259页。
② 《宋本毛诗诂训传》第三册，国家图书馆出版社2017年版，第72页。
③ （唐）孔颖达：《宋本尚书正义》第四册，国家图书馆出版社2017年版，第110页。
④ 《宋本毛诗诂训传》第三册，国家图书馆出版社2017年版，第87页。
⑤ （汉）班固：《汉书》第六册，中华书局1962年版，第1715页。
⑥ 詹锳：《文心雕龙义证》，上海古籍出版社1989年版，第918页。
⑦ 詹锳：《文心雕龙义证》，上海古籍出版社1989年版，第745页。
⑧ 《春秋左传集解》，上海人民出版社1977年版，第916页。
⑨ 詹锳：《文心雕龙义证》，上海古籍出版社1989年版，第754页。
⑩ （唐）孔颖达：《宋本尚书正义》第三册，国家图书馆出版社2017年版，第144页。
⑪ （唐）孔颖达：《宋本尚书正义》第五册，国家图书馆出版社2017年版，第59页。

对此,笔者以为,在"言"的留、传过程中,影响文化内容历史淘洗的因素是多方面的。一方面,有言者身份地位的因素。通过《尚书》、《国语》等早期文献来看,君王话语留存的比例高于臣属,贵族高于庶民,这是由古代尊卑制度以及"左史记言,右史记事"的官僚体制所决定的;另一方面,也有"言"本身文辞优劣的因素。"仲尼曰:《志》有之:'言以足志,文以足言。'不言,谁知其志。言之无文,行而不远。"①可见,优美的文辞确实有助于"言"的流传。

"言"的历史传播与"言"者的身份、言辞的优劣之间固然有着一定的关联,但这绝对不是决定"言"传播深度与广度最为关键的要素。换句话说,文化传播中的"言"在经受层层历史筛选的时候,往往不是以"言"者的社会地位以及"言"辞的优劣为传播远近的主要标准,而是以其本身所具备的历史价值以及传承者的社会需求为最高标准,"君子之言,信而有征,故怨远于其身。小人之言,僭而无征,故怨咎及之"②。所以,在传播的过程中,受历史及社会价值评判的影响,传播者也给予了"言"以价值等级的区别以及礼仪等级的差异。这种区别和差异,我们仅通过古人对不同"言"的不同概念指称就可以感受出来。

(一) 至圣之言

同样为"言",但所言之人的思想、智慧、道德水准的高度决定了"言"历史价值的高低,"圣哲彝训曰经"③。《说文解字》:"圣,通也。"④《尚书洪范》:"恭作肃,从作乂,明作哲,聪作谋,睿作圣",《孔传》释曰:"于事无不通之为圣"⑤。也就是说,早期的人们认为只适用于某一领域的道理不可谓圣言,只有那些全面通达的道理才能被称之为圣言。《周礼》:"以乡三物教万民而宾兴之。一曰六德,知、仁、圣、义、忠、和。"郑玄注云:"圣,通而先识。"⑥孟子也以能感化万物的才能称之为圣,"大而化之之为圣"⑦。据此我们可以说,早期的人们认为,至圣之言不是偏隅之言,而是能够施用于万物且无所凝滞的通达之言。从接受者的角度看,那些格局阔大、思想深邃、道德高远的话语在社会发展的舞台上应用性更广,社会价值更大,用之四海

① 《春秋左传集解》,上海人民出版社 1977 年版,第 1036 页。
② 《春秋左传集解》,上海人民出版社 1977 年版,第 1311 页。
③ 詹锳:《文心雕龙义证》,上海古籍出版社 1989 年版,第 665 页。
④ (汉)许慎:《说文解字》,中华书局 1963 年版,第 250 页。
⑤ 《宋本尚书正义》第四册,国家图书馆出版社 2017 年版,第 89—90 页。
⑥ (清)孙诒让:《周礼正义》第二册,中华书局 1987 年版,第 756 页。
⑦ 杨伯峻:《孟子译注》,中华书局 1960 年版,第 334 页。

而不废,传之百代而不朽,所以它们所受到的尊重程度自然也就更高,也容易被后人奉为金科玉律,冠以圣典之言,顶礼而膜拜之,"圣谟洋洋,嘉言孔彰"①。反之,一旦乖违圣言,则要受到社会的谴责,"敢有侮圣言,逆忠直,远耆德,比顽童,时谓乱风。"注曰:"狎侮圣人之言而不行……是荒乱之风俗"②。

（二）嘉言

嘉言,犹美言、善言。《尔雅》:"嘉,善也";《说文解字》:"嘉,美也";《礼记·礼运》注曰:"嘉,乐也"。嘉言,即美善之言,此言之"嘉"不仅体现于思想内容的意义重大,也表现在语言表达的恰当合体。直白地说,此类话语既中听又受益。所以,广受后人接受传播也是理所当然。《尚书·大禹谟》:"帝曰:'俞!允若兹,嘉言罔攸伏,野无遗贤,万邦咸宁。稽于众,舍己从人,不虐无告,不废困穷,惟帝时克。'"《孔传》曰:"善言无所伏,言必用。如此则贤才在位,天下安宁。"③

古文献中,与嘉言称谓较为类似的指称尚有多个:第一,昌言。如《尚书·大禹谟》:"禹拜昌言曰:'俞!'"注曰:"昌,当也。以益言为当,故拜,受而然之。"《正义》:"禹拜受益之当言曰然"④《益稷》:"皋陶曰:'俞!师汝昌言。'"⑤第二,吉言。《尚书·盘庚上》:"汝不和吉言于百姓,惟汝自生毒,乃败祸奸宄,以自灾于厥身。乃既先恶于民,乃奉其恫,汝悔身何及!"⑥第三,徽言。《尔雅·释诂》:"徽,善也"⑦。《尚书·立政》:"呜呼!予旦已受人之徽言咸告孺子王矣。继自今文子文孙,其勿误于庶狱庶慎,惟正是乂之。"《孔传》注曰:"叹所受贤圣说禹汤之美言,皆以告稚子王矣。"⑧

（三）箴言

箴,针也。因为针会带来肌肤之痛,但却可以疗救生命,故而人们就把不易接受却又有益于己的告诫之言称为箴言。也就是说,箴言的特点是有益于听者却又不太顺耳,类似于今人所说的"苦口良药"。《盘庚上》:"相时憸民,犹胥顾于箴言,其发有逸口,矧予制乃短长之命!"孔颖达《正义》将此箴言解作规劝之言,"小民尚相顾于箴诲,恐其发动有过口之患,况我制汝

---

① （唐）孔颖达:《宋本尚书正义》第三册,国家图书馆出版社2017年版,第84页。
② （唐）孔颖达:《宋本尚书正义》第三册,国家图书馆出版社2017年版,第81—82页。
③ （唐）孔颖达:《宋本尚书正义》第二册,国家图书馆出版社2017年版,第4页。
④ （唐）孔颖达:《宋本尚书正义》第二册,国家图书馆出版社2017年版,第36—37页。
⑤ （唐）孔颖达:《宋本尚书正义》第二册,国家图书馆出版社2017年版,第67页。
⑥ （唐）孔颖达:《宋本尚书正义》第三册,国家图书馆出版社2017年版,第141—142页。
⑦ （晋）郭璞注,邢昺疏:《尔雅注疏》,上海古籍出版社2010年版,第18页。
⑧ （唐）孔颖达:《宋本尚书正义》第六册,国家图书馆出版社2017年版,第27—28页。

死生之命,而汝不相教从我,是不若小民"①。

古文献中,与箴言相类似的称谓亦有多个:第一,诲言。《说文解字》:"诲,晓教也。"②《尚书·说命上》:"朝夕纳诲,以辅台德。"《孔传》注释云:"言当纳谏诲直辞,以辅我德。"③《尚书·洛诰》:"王拜手稽首曰:'公不敢不敬天之休,来相宅,其作周匹,休!公既定宅,伻来,来,视予卜,休恒吉。我二人共贞。公其以予万亿年敬天之休。拜手稽首诲言。'"《孔传》注曰:"成王尽礼致敬于周公,求教诲之言。"孔颖达《正义》:"又拜手稽首于周公,求教诲之言。"④诲言,即指训导教诲之言;第二,辟言。《说文解字》:"辟,法也。从门、从辛,节制其罪也。"⑤辟言,合乎法度的话,指正言。比如《诗经·雨无正》:"如何昊天,辟言不信。"⑥对于合乎法度的话却不信从;第三,直言。是指直率、耿直的实话。《国语·晋语三》:"下有直言,臣之行也。"⑦直言,虽然诚挚正直,却未必中听,有时或可带来祸患,"子好直言,必及于难"⑧;第四,诵言。是指诵读经书之言,泛指正言。《诗经·桑柔》:"大风有隧,贪人败类,听分则对,诵言如醉。"郑玄笺:"贪恶之人,见道听之言则应答之,见诵《诗》《书》之言,则冥卧如醉"⑨。陈奂《传疏》:"诵言指良人",意指良人劝告之言。⑩

（四）巧言

巧,伪诈也。《礼记·月令》:"毋或作为淫巧。"注曰:"谓奢伪怪好也。"⑪《老子》:"绝巧弃利。"注释:"诈伪乱真也。"⑫巧言,是指表面上好听而实际上虚伪的话,古文献中又称此类话语为嚚,《左传·鲁僖公二十四年》:"口不道忠信之言为嚚"⑬,即指动听而虚伪无益的话语。巧言一词,在早期文献中出现的频率较高,如《尚书·皋陶谟》:"何畏乎巧言令色孔

---

① （唐）孔颖达:《宋本尚书正义》第三册,国家图书馆出版社 2017 年版,第 142 页。
② （汉）许慎:《说文解字》,中华书局 1963 年版,第 51 页。
③ （唐）孔颖达:《宋本尚书正义》第三册,国家图书馆出版社 2017 年版,第 182 页。
④ （唐）孔颖达:《宋本尚书正义》第五册,国家图书馆出版社 2017 年版,第 124—126 页。
⑤ （汉）许慎:《说文解字》,中华书局 1963 年版,第 187 页。
⑥ 《宋本毛诗诂训传》第二册,国家图书馆出版社 2017 年版,第 109 页。
⑦ （三国）韦昭注:《宋本国语》第二册,国家图书馆出版社 2017 年版,第 105 页。
⑧ 《春秋左传集解》,上海人民出版社 1977 年版,第 743 页。
⑨ 《宋本毛诗诂训传》第三册,国家图书馆出版社 2017 年版,第 96 页。
⑩ 程俊英:《诗经注析》,中华书局 1991 年版,第 878 页。
⑪ （清）孙希旦:《礼记集解》,中华书局 1989 年版,第 489—490 页。
⑫ 朱谦之:《老子校释》,中华书局 1984 年版,第 74 页。
⑬ 《春秋左传集解》第一册,上海人民出版社 1977 年版,第 345 页。

壬?"①《小雅·巧言》:"巧言如簧,颜之厚矣。"②《论语·学而》:"巧言令色,鲜矣仁。"③"以上数例古文献引言,说明古人在使用"巧言"一词时,经常将其定性为伪诈之意,在心态上是报以贬斥态度的。

与巧言较为类似的称谓还有数个:第一,静言。又作靖言,口是心非之意,《尚书》中的静言也有类似用法,如《尧典》:"帝曰:'吁!静言庸违,象恭滔天。'"《孔传》:"静,谋滔漫也;言,共工自为谋言。起用行事而背违之。貌象恭敬而心傲很,若漫天言不可用。"④《楚辞·九辩》:"何时俗之工巧兮",王逸注曰:"静言诶诶,而无信也。"⑤第二,辩言。巧伪之言。《尚书·太甲下》:"君罔以辩言乱旧政,臣罔以宠利居成功,邦其永孚于休。"孔传:"利口覆国家,故特慎焉。"⑥;第三,谝言。巧诈之言。如《尚书·秦誓》:"惟截截善谝言,俾君子易辞,我皇多有之!昧昧我思之。"《孔传》:"惟察察便巧,善为辩佞之言,使君子回心易辞,我前多有之,以我昧昧思之,不明故也。"⑦第四,侧言。邪巧之言,如《尚书·蔡仲之命》:"详乃视听,罔以侧言改厥度。"《孔传》:"无以邪巧之言易其常度。"⑧

（五）谗言

《说文解字》:"谗,谮也。"谗的本义就是说别人的坏话。作为名词概念,谗言就是毁谤他人的言语,"于人为言,败言为谗"⑨,如《尚书·盘庚下》:"罔罪尔众,尔无共怒,协比谗言予一人。"⑩《左传·鲁文公十年》:"惧而辞曰:'臣免于死,又有谗言,谓臣将逃,臣归死于司败也。'"⑪

类似称谓还有:第一,择言。择,通"殬",败坏之意。择言,就是败言、坏话,如《尚书·吕刑》:"典狱非讫于威,惟讫于富。敬忌,罔有择言在身。"⑫第二,莠言,丑恶之言。《小雅·正月》:"好言自口,莠言自口。"毛传:"莠,丑也。"孔颖达疏曰:"丑恶之言。"⑬第三,恶言,诽谤性的恶毒言

① （唐）孔颖达:《宋本尚书正义》第二册,国家图书馆出版社2017年版,第46页。
② （唐）孔颖达:《宋本尚书正义》第二册,国家图书馆出版社2017年版,第125页。
③ （清）刘宝楠:《论语正义》,中华书局1990年版,第9页。
④ （唐）孔颖达:《宋本尚书正义》第一册,国家图书馆出版社2017年版,第120页。
⑤ （宋）洪兴祖:《楚辞补注》,上海古籍出版社2015年版,第310—311页。
⑥ （唐）孔颖达:《宋本尚书正义》第三册,国家图书馆出版社2017年版,第105页。
⑦ （唐）孔颖达:《宋本尚书正义》第六册,国家图书馆出版社2017年版,第247页。
⑧ （唐）孔颖达:《宋本尚书正义》第五册,国家图书馆出版社2017年版,第249页。
⑨ 《春秋左传集解》,上海人民出版社1977年版,第1258页。
⑩ （唐）孔颖达:《宋本尚书正义》第三册,国家图书馆出版社2017年版,第167—168页。
⑪ 《春秋左传集解》第二册,上海人民出版社1977年版,第471页。
⑫ （唐）孔颖达:《宋本尚书正义》第六册,国家图书馆出版社2017年版,第179页。
⑬ 《宋本毛诗诂训传》第二册,国家图书馆出版社2017年版,第97页。

语。《左传·鲁文公十八年》："少暤氏有不才子，毁信废忠，崇饰恶言，靖谮庸回，服谗蒐慝，以诬盛德，天下之民谓之穷奇。"①第四，谤言。《说文解字》："谤，毁也。"谤者道人之实，事与诬谮不同。大言曰谤，小言曰诽，曰讥。谤言，即指毁谤他人之言，如《左传·鲁哀公二十年》："对曰：'黶也进不见恶，退无谤言。'"②

需要进一步指出的是，在古人看来，妇人之言类同于谗言。《尚书·牧誓》："王曰：'古人有言曰：牝鸡无晨；牝鸡之晨，惟家之索。今商王受惟妇言是用，昏弃厥肆祀弗答，昏弃厥遗王父母弟不迪，乃惟四方之多罪逋逃，是崇是长，是信是使，是以为大夫卿士。'"③在古人看来，妇人参政只会贻害无穷，故而留有规矩"毋以妇人与国事"④，在这样一种观念之下，古人对妇人之言自然不会有太好的评判。

上述"言"的诸多种类中，首先至圣之言的传播最为广泛，影响力也最大，尤其是在社会的上层中，《尧典》、《舜典》、《大禹谟》、《皋陶谟》等文献中流传的经典话语传承千年而不衰；其次是嘉言，此类言语既具辞采之美，又在思想内容上让人受益，所以在文人学士阶层中颇得青睐；再次是箴言，此类话语虽然不如前两类，但在启思开智方面往往令人受益匪浅，所以在训诫教育子弟时经常被人们拿来借用，所以后世的校规家训中留存有大量此类言语内容。至于巧言、谗言等，则是文明前行的负能量，是不为历史发展所推崇的，因此此类话语经常是作为教化民众的反面素材而见之于文献，而且其具体言语内容则往往不载于史册，如《尚书·冏命》："今予命汝作大正，正于群仆侍御之臣，懋乃后德，交修不逮；慎简乃僚，无以巧言令色，便辟侧媚，其惟吉士。"⑤只见其称谓，不见其内容。

实际上，以上所述之"言"仅是后世文献中明确标识为"言"的内容，在人类文明的早期，更准确地说是在文字成为信息主要载体之前，需要传递于后人的任何话语、事件多是以"言"的形式在生活中代代相传的。所以，宽泛地说，一定历史时期的"言"既包含着先人的训诫式话语，也包含着早期的经验式史实。除记言的《尚书》、《国语》之外，《左氏春秋》等言事文献中所述内容也是以"言"的方式流传后世的，"昔《风后》、《力牧》、《伊尹》，咸

---

① 《春秋左传集解》第二册，上海人民出版社 1977 年版，第 523 页。
② 《春秋左传集解》第五册，上海人民出版社 1977 年版，第 1839 页。
③ （唐）孔颖达：《宋本尚书正义》第四册，国家图书馆出版社 2017 年版，第 44—47 页。
④ （晋）范宁注，杨士勋疏：《宋本春秋谷梁传》第二册，国家图书馆出版社 2019 年版，第 41 页。
⑤ （唐）孔颖达：《宋本尚书正义》第六册，国家图书馆出版社 2017 年版，第 155—156 页。

其流也。篇述者,盖上古遗语,而战代所记者也"①。总之,文明的早期,
"言"几乎承载了一切的信息内容。

三、"寓言"产生的现实需求

前文追溯了上古之"言"的内涵及其形式、种类,那么此"言"与我们需
要探讨的寓言有何关联呢? 下面我们从古人信息表述艺术的角度对这一问
题试作探讨。

《文心雕龙》中说"理形于言,叙理成论"②,它指出了古人思想表达方
式的两个发展阶段:简单述理阶段和系统论辩阶段。这两个阶段前后承续,
彼此关联。

文明的早期,人类思维较为单一,思想比较纯净,遇到问题时,人们多以
经验性的"法古"思路予以应对。同理,在表达意见、输出思想时也好用"以
古证今"的述理方式,借用前代之事或先人之言来对自己的观点认知予以
印证,尤其是圣王的处事经验、先贤的智慧之言,在进言劝说过程中更具说
服力,比如《周书·酒诰》中周公布命康叔在卫国禁酒时,即以文王生前所
为用作此项禁令的依据:

> 王若曰:"明大命于妹邦。乃穆考文王,肇国在西土。厥诰毖庶
> 邦、庶士越少正御事朝夕曰:'祀兹酒。'惟天降命,肇我民,惟元祀。天
> 降威,我民用大乱丧德,亦罔非酒惟行;越小大邦用丧,亦罔非酒惟辜。
> 文王诰教小子有正有事:无彝酒;越庶国:饮惟祀,德将无醉。惟曰我民
> 迪小子惟土物爱,厥心臧。聪听祖考之彝训,越小大德,小子惟一。"③

《商书·盘庚上》中,盘庚借用古代贤史迟任之言来给自己的迁都主张
增添说服的筹码,提高劝说的力度:

> 迟任有言曰:"有惟求旧,器非求旧,惟新。"④

《周书·泰誓下》中,周武王借用古人之言进一步夯实了伐纣翦商的正
当性,同时又借助伐纣的合理性强化了将士们灭商的决绝之心:

---

① 詹锳:《文心雕龙义证》,上海古籍出版社 1989 年版,第 623 页。
② 詹锳:《文心雕龙义证》,上海古籍出版社 1989 年版,第 721 页。
③ (唐)孔颖达:《宋本尚书正义》第五册,国家图书馆出版社 2017 年版,第 39—44 页。
④ (唐)孔颖达:《宋本尚书正义》第三册,国家图书馆出版社 2017 年版,第 144 页。

> 古人有言曰:"抚我则后,虐我则仇。"独夫受洪惟作威,乃汝世仇。树德务滋,除恶务本,肆予小子诞以尔众士,殄歼乃仇。①

上述例证中,无论是远古之事,还是先圣之言,都具有权威示范的功能,都能增强进言者思想表述的说服力,以此实现"理形于言"的表达目的,"采故实于前代,观通变于当今"②。

幽、厉之后,尤其到了春秋战国时期,随着生产力的进步,人们的思维方式、精神需求都发生了变化。在这些时代变化的推动下,言语表述的艺术形式也随之出现了变化,"叙理成论"的论说方式逐渐替代了"理形于言"的对话方式,论说更为系统全面,思维更为适时当令,风尚也更为趋俗合众。

第一,由"法古"走向"法今"。随着时间的推移,远古之言、之事,日益显得晦涩难懂,"甚僻违而无类,幽隐而无说,闭约而无解"③,而发生于近世或现世的事例更贴近听者的现实生活,也更为可信。于是进言劝说时,此类为人熟知的近世例证、现世话语开始频繁出现于论辩话语中,如鲁成公十七年,韩厥反驳栾书、中行偃时,既引述古人之言,又借用自己的生平之事,例证既鲜活又可信:

> 公游于匠丽氏,栾书、中行偃遂执公焉。召士匄,士匄辞。召韩厥,韩厥辞,曰:"昔吾畜于赵氏,孟姬之谗,吾能违兵。古人有言曰:'杀老牛莫之敢尸。'而况君乎? 二三子不能事君,焉用厥也!"④

再如《左传·鲁闵公二年》(前660年),太子申生奉君父晋献公之命欲伐皋落氏,狐突即借用近世贤臣辛伯之语来劝谏申生,"不可,昔(按:即公元前694年)辛伯谂周桓公云:'内宠并后,外宠二政,嬖子配适,大都耦国,乱之本也。'周公弗从,故及于难。今乱本成矣,立可必乎? 孝而安民,子其图之,与其危身以速罪也。"⑤

远古之事、之言,传播已久,可信度也随之下降,而近世或当世的人言或事迹,不仅可信度更高,而且给人一种熟知感、亲近感,故而盛行已久的"法古"之风渐趋式微,而"法今"思想日益受宠,于是贴近当世的鲜活的现实实

---

① (唐)孔颖达:《宋本尚书正义》第四册,国家图书馆出版社2017年版,第34页。
② 詹锳:《文心雕龙义证》,上海古籍出版社1989年版,第898页。
③ (清)王先谦:《荀子集解》,中华书局1988年版,第94页。
④ 《春秋左传集解》第二册,上海人民出版社1977年版,第778页。
⑤ 《春秋左传集解》第一册,上海人民出版社1977年版,第227页。

例或适时话语便大量出现于诸子的思想论辩中。

第二,由权威走向悦怿。随着社会物质条件的日益丰富,肆欲享乐渐成风尚,"若夫艳歌婉娈,怨志决绝,淫辞在曲,正响焉生!然俗听飞驰,职竞新异,雅咏温恭,必欠伸鱼睨;奇辞切至,则拊髀雀跃,诗声俱郑,自此阶矣"①。类同于音乐的抛却雅声、亲近溺音,话语思想的接受也逐渐拒绝以往那种严肃古板的程式化、圣贤化的表达模式,转而追求生动鲜活、引人入胜的话语内容和劝说方式,"说者,悦也;兑为口舌,故言资悦怿"。于是那些富含智慧、更为生动形象的故事、譬喻等成言成语,自然更为劝说者所青睐,如《左传·宣公十一年》,申叔时在评说楚庄王平乱灭陈为不义之举时,借用蹊田夺牛世人熟知的故事作为辩论的有力证据:

> 夏征舒弑其君,其罪大矣,讨而戮之,君之义也。抑人亦有言曰:"牵牛以蹊人之田,而夺之牛。"牵牛以蹊者,信有罪矣,而夺之牛,罚已重矣。诸侯之从也,曰讨有罪也。今县陈,贪其富也。以讨召诸侯,而以贪归之,无乃不可乎?②

在《孟子·神农之事章》中,孟子即借用通俗的形象譬喻来批评农家学派否定社会分工的进步性:

> 今也南蛮𫛞舌之人,非先王之道,子倍子之师而学之,亦异于曾子矣。吾闻出于幽谷迁于乔木者,未闻下乔木而入于幽谷者。鲁颂曰:"戎狄是膺,荆舒是惩。"周公方且膺之,子是之学,亦为不善变矣。③

此类例证,不胜枚举,"说之善者,伊尹以论味隆殷,太公以辨钓兴周;及烛武行而纾郑,端木出而存鲁,亦其美也"。

第三,由单一走向复杂。随着时代的发展,周代礼法渐趋衰败,世人的思想也日趋复杂化、多样化,这就需要人们思想的表达更为系统,更为全面,"论也者,弥纶群言,而研精一理者也"④,如《吕相绝秦》中,吕相历数秦君之罪、绝秦之由:

---

① 詹锳:《文心雕龙义证》,上海古籍出版社 1989 年版,第 253—255 页。
② 《春秋左传集解》第二册,上海人民出版社 1977 年版,第 578—579 页。
③ 杨伯峻:《孟子译注》,中华书局 1960 年版,第 125—126 页。
④ 詹锳:《文心雕龙义证》,上海古籍出版社 1989 年版,第 674 页。

昔逮我献公，及穆公相好，戮力同心，申之以盟誓，重之以昏姻。天祸晋国，文公如齐，惠公如秦。无禄，献公即世，穆公不忘旧德，俾我惠公，用能奉祀于晋。又不能成大勋，而为韩之师。亦悔于厥心，用集我文公，是穆之成也。文公躬擐甲胄，跋履山川，逾越险阻，征东之诸侯，虞、夏、商、周之胤，而朝诸秦，则亦既报旧德矣。郑人怒君之疆场，我文公帅诸侯及秦围郑。秦大夫不询于我寡君，擅及郑盟。诸侯疾之，将致命于秦。文公恐惧，绥静诸侯，秦师克还无害，则是我有大造于西也。无禄，文公即世，穆为不吊，蔑死我君，寡我襄公，迭我殽地，奸绝我好，伐我保城，殄灭我费滑，散离我兄弟，挠乱我同盟，倾覆我国家。我襄公未忘君之旧勋，而惧社稷之陨，是以有殽之师。犹愿赦罪于穆公，穆公弗听，而即楚谋我。天诱其衷，成王殒命，穆公是以不克逞志于我。穆、襄即世，康、灵即位。康公，我之自出，又欲阙翦我公室，倾覆我社稷，帅我蝥贼，以来荡摇我边疆，我是以有令狐之役。康犹不悛，入我河曲，伐我涑川，俘我王官，翦我羁马，我是以有河曲之战。东道之不通，则是康公绝我好也。及君之嗣也，我君景公引领西望曰："庶抚我乎！"君亦不惠称盟，利吾有狄难，入我河县，焚我箕、郜，芟夷我农功，虔刘我边垂，我是以有辅氏之聚。君亦悔祸之延，而欲徼福于先君献、穆，使伯车来，命我景公曰："吾与女同好弃恶，复修旧德，以追念前勋。"言誓未就，景公即世，我寡君是以有令狐之会。君又不祥，背弃盟誓。白狄及君同州，君之仇雠，而我之昏姻也。君来赐命曰："吾与女伐狄。"寡君不敢顾昏姻，畏君之威，而受命于吏。君有二心于狄，曰："晋将伐女。"狄应且憎，是用告我。楚人恶君之二三其德也，亦来告我曰："秦背令狐之盟，而来求盟于我，昭告昊天上帝、秦三公、楚三王曰：余虽与晋出入，余唯利是视。不穀恶其无成德，是用宣之，以惩不壹。"诸侯备闻此言，斯是用痛心疾首，暱就寡人。寡人帅以听命，唯好是求。君若惠顾诸侯，矜哀寡人，而赐之盟，则寡人之愿也。其承宁诸侯以退，岂敢徼乱。君若不施大惠，寡人不佞，其不能以诸侯退矣。敢尽布之执事，俾执事实图利之！①

从秦穆公、秦襄公到秦康公、秦灵公、秦桓公，从晋献公、晋惠公、晋文公到晋襄公、晋景公、晋厉公，从晋君的感恩戴德到秦君的寡廉苟且，从晋君的仁慈宽厚到秦君的背信弃义，全面罗列了秦之不义之举。

---

① 《春秋左传集解》第二册，上海人民出版社1977年版，第723—725页。

　　再如《战国策·梁王魏婴觞诸侯于范台》中，鲁君在劝阻梁王戒淫戒欲时选取了大禹与美酒、齐桓公与美味、晋文公与美女、楚灵王与美景等多个事典，多重含义，对当事人予以全方面的说服教育：

　　　　梁王魏婴觞诸侯于范台。酒酣，请鲁君举觞。鲁君兴，避席择言曰：“昔者帝女令仪狄作酒而美，进之禹。禹饮而甘之，遂疏仪狄，绝旨酒，曰：‘后世必有以酒亡其国者。’齐桓公夜半不嗛，易牙乃煎熬燔炙，和调五味而进之。桓公食之而饱，至旦不觉，曰：‘后世必有以味亡其国者。’晋文公得南之威，三日不听朝，遂推南之威而远之，曰：‘后世必有以色亡其国者。’楚王登强台而望崩山，左江而右湖，以临彷徨，其乐忘死，遂盟强台而弗登，曰：‘后世必有以高台陂池亡其国者。’今主君之尊，仪狄之酒也；主君之味，易牙之调也；左白台而右闾须，南威之美也；前夹林而后兰台，强台之乐也。有一于此，足以亡其国。今主君兼此四者，可无戒与？”梁王称善相属。①

　　时代的进步，社会的需求，推动着叙理方式的历史演进，也慢慢催生了早期“寓言”的生成。

　　本来，论说之言的主要目的就在于明辨是非，“穷于有数，追究无形，迹坚求通，钩深取极，乃百虑之筌蹄，万事之权衡也”②，前文所述，无论例证法论证方式，还是譬喻法论证方式，也都是以此为目标的，或提出自己的意见主张，然后用具体事例、成言成语加以佐证；或先叙述具体例证，然后归纳主旨。但这种需要确定思想主旨、主观评判的表述方式，很多情况下是不能满足信息传达的条件要求的：劝说时，出于某种需要，既要把某种道理传递给对方，又不能明确自己的评判结论，“夫事以密成，语以泄败。未必其身泄之也，而语及所匿之事，如此者身危。彼显有所出事，而乃以成他故，说者不徒知所出而已矣，又知其所以为，如此者身危。规异事而当，知者揣之外而得之，事泄于外，必以为己也，如此者身危。周泽未渥也，而语极知，说行而有功则德忘，说不行而有败则见疑，如此者身危。贵人有过端，而说者明言礼义以挑其恶，如此者身危。贵人或得计而欲自以为功，说者与知焉，如此者身危。强以其所不能为，止以其所不能已，如此者身危。”③如此种种，就

　　①　（汉）刘向：《战国策》，上海古籍出版社1978年版，第846—847页。
　　②　詹锳：《文心雕龙义证》，上海古籍出版社1989年版，第696页。
　　③　（清）王先谦：《韩非子集解》，中华书局1998年版，第87—88页。

需要找到一种表达方式，既能传达思想信息，又不至于因展露自己的意见主张而遭受祸端，这种方法就是"寓"言。

寓言催生的另一缘由跟言语表意的自身局限性有关。《易传·系辞》有云："子曰：'书不尽言，言不尽意。'然则圣人之意，其不可见乎？子曰：圣人立象以尽意，设卦以尽情伪，系辞焉以尽其言，变而通之以尽利，鼓之舞之以尽神。"①此段文字内容虽然明确了圣人之意可以尽立的主旨，但同时也承认了"言不尽意"的看法。这一思想在道家学派中尤为认可。《庄子·天道》云："世之所贵道者书也，书不过语，语有贵也。语之所贵者意也，意有所随。意之所随者，不可以言传也，而世因贵言传书。世虽贵之，我犹不足贵也，为其贵非其贵也。故视而可见者，形与色也；听而可闻者，名与声也。悲夫，世人以形色名声为足以得彼之情！夫形色名声果不足以得彼之情，则知者不言，言者不知，而世岂识之哉！"②这段话很好地注解了"言不尽意"的思想主旨，明确了言语表意功能的局限性，也就是说，在庄子学派看来，言所表达的意义并非言者之意的全部，而只是其中的一部分，言语所无法承载传递的那部分心意都只能继续蕴藏在言者的内心而无法表现出来。基于上述认识，以庄周、列御寇为代表的道家学派更喜欢借助"寓"言的方式去表情达意，避免结论性的意义话语，将其"意"寓于成言之中，给接受者留有足够的思维空间，"有自也而可，有自也而不可；有自也而然，有自也而不然"。

四、"寓言"的早期界定

何为寓言？寓言的界定自始至终有无变化？寓言是一种文体吗？为何早期的挚虞、刘勰等人没有以"文体"论之？这些问题的深入探讨都会有助于我们对"寓言"的理解。

要讨论早期的寓言，就要涉及《庄子》的《寓言》篇，因为它是我们迄今为止所能见到的最早解读"寓言"的信息材料，也就是说，对《寓言》篇的准确解读是我们界定早期"寓言"的关键所在。

《庄子·寓言》中有言，"寓言十九，重言十七，卮言日出，和以天倪"③，此处的"十九"、"十七"该当如何理解？学界见仁见智，界定不一。虽然篇文中对"寓言"有所释读，"寓言十九，藉外论之。亲父不为其子媒。亲父誉之，不若非其父者也；非吾罪也，人之罪也。与己同则应，不与己同则反；同

---

① 李学勤主编：《十三经注疏·周易正义》，北京大学出版社 1999 年版，第 291 页。
② （清）郭庆藩：《庄子集释》，中华书局 1961 年版，第 488—489 页。
③ （清）郭庆藩：《庄子集释》，中华书局 1961 年版，第 947 页。

于己为是之,异于己为非之"①,但因为采用的是比喻的释读方式,所以寓言的含义依然不甚明晰。在研读过程中我们发现,此处的"寓言"是与"重言""卮言"同文对举的,它们之间在内涵界定上应该是相互关联的,所以对其中某一内容的合理解读应该会有助于其他内容的准确释读。而且我们还发现,《寓言》中"重言"的解读较为明晰,"卮言"的解读更为细致。既然如此,如果我们能够准确解读此处的"重言"和"卮言",然后借助"卮言""重言"的理解去把握"寓言"的含义,应该是一条较为合理的解决途径。

《寓言》:

> 寓言十九,藉外论之。亲父不为其子媒。亲父誉之,不若非其父者也;非吾罪也,人之罪也。与己同则应,不与己同则反;同于己为是之,异于己为非之。

> 重言十七,所以已言也,是为耆艾。年先矣,而无经纬本末以期年耆者,是非先也。人而无以先人,无人道也;人而无人道,是之谓陈人。

> 卮言日出,和以天倪,因以曼衍,所以穷年。不言则齐,齐与言不齐,言与齐不齐也,故曰无言。言无言,终身言,未尝不言;终身不言,未尝不言。有自也而可,有自也而不可;有自也而然,有自也而不然。恶乎然? 然于然。恶乎不然? 不然于不然。恶乎可? 可于可。恶乎不可? 不可于不可。物固有所然,物固有所可,无物不然,无物不可。非卮言日出,和以天倪,孰得其久! 万物皆种也,以不同形相禅,始卒若环,莫得其伦,是谓天均。天均者天倪也。

"卮言日出,和以天倪②,因以曼衍,所以穷年",成玄英疏曰:"卮,酒器也。日出,犹日新也。天倪,自然之分也。和,合也……无心之言,即卮言也,是以不言,言而无系倾仰,乃合于自然之分也。又解:卮,支也。支离其言,言无的当,故谓之卮言耳。"③此句的意思是:随心表达、无有成见的言论时时生成,日日更新,这种琐碎随性之言吻合于自然之道,而且它也和自然一样,无始无终,无是无非,所以才会幻化相续,无穷无尽。

---

① (清)郭庆藩:《庄子集释》,中华书局 1961 年版,第 948 页。
② 关于天倪,《庄子·齐物论》中有所解释,"何谓和之以天倪? 曰:是不是,然不然。是若果是也,则是之异乎不是也,亦无辩;然若果然也,则然之异乎不然也,亦无辩。化声之相待,若其不相待,和之以天倪,因之以曼衍。所以穷年也,忘年忘义,振于无竟,故寓诸无竟。"
③ (清)郭庆藩:《庄子集释》,中华书局 1961 年版,第 947 页。

"不言则齐,齐与言不齐,言与齐不齐也,故曰无言。"①此句的意思是:不付诸言语修饰的自然之物都符合自然之道,无论是自然之物修饰以言语,还是言语附着于自然之物,二者之间都不可能完全和谐一致,所以用言语去表述事物的任何企图都是徒劳的,都是不可能的,故有言不如无言。

"言无言,终身言,未尝不言;终身不言,未尝不言。"②此句的意思是:既然言、物不一,那么我们可以言"无物"之言,无心之言,也就是上文所说的"卮言"。此"言"类同于无言,整日口出卮言,类同于终生无言;好像是终生无言,但又是日日出言。

"有自也而可,有自也而不可;有自也而然,有自也而不然。恶乎然?然于然。恶乎不然?不然于不然。恶乎可?可于可。恶乎不可?不可于不可。"③此句的意思是:对于卮言内容,可以认同,也可以不认同;可以以为是,也可以以为非。为什么以为是呢?因为认为是而认为是;为什么以为非呢?因为认为非而认为非。为什么认同呢?因为认同而认同;为什么不认同呢?因为不认同而不认同。一切由我,一切亦不由我。由我、不由我,皆归于自然而然。

"物固有所然,物固有所可,无物不然,无物不可。非卮言日出,和以天倪,孰得其久!"④此句的意思是:无物不然,无物不可,故一切由我;物固有所然,物固有所可,故一切亦不由我。物我俱幻,自他并空。所以只有日出之卮言,才能吻合于天然之理,久远于自然之道。

"万物皆种也,以不同形相禅,始卒若环,莫得其伦,是谓天均。天均者天倪也。"⑤此句的意思是:自然万物皆归于一,原于气,其现实的存在只是更相代谢、幻化迁流途中的不同形质而已。万物变幻,类同闭环,故而无始无终,无尾无端,个中之理,难以寻迹,这就是天然齐等之道。齐等之道,即自然之分也。

可见,《寓言》中的卮言,是指那些和于自然之道的无心、无欲、无是、无非之言,和于自然之言。

"重言十七,所以已言也,是为耆艾"⑥,说的是:为世人反复引述的圣哲

① (清)郭庆藩:《庄子集释》,中华书局 1961 年版,第 949 页。
② (清)郭庆藩:《庄子集释》,中华书局 1961 年版,第 949 页。
③ (清)郭庆藩:《庄子集释》,中华书局 1961 年版,第 949—950 页。
④ (清)郭庆藩:《庄子集释》,中华书局 1961 年版,第 950 页。
⑤ (清)郭庆藩:《庄子集释》,中华书局 1961 年版,第 950 页。
⑥ (清)郭庆藩:《庄子集释》,中华书局 1961 年版,第 949 页。

之言,其与自然之道相合的程度达至十分之七。之所以称其为已言,是因为它们是经过耆艾老者代代相传而来的。"年先矣,而无经纬本末以期年耆者,是非先也。人而无以先人,无人道也;人而无人道,是之谓陈人"①,此句主要诠释了流传重言之人的身份标准:一个人虽然年长,但如果此人对治世安民毫无价值而空有年岁的话,也不能获得尊长的礼遇;一个年长者如果没有得到尊长的礼遇,那么他一定是不谙人世之道;一个不能给后生提供可资借鉴的处世哲学的年长者,人们称其为陈腐无用之人。

结合卮言、重言的解读,我们再去审视《庄子》中对寓言的理解。"寓言十九,藉外论之。"藉,借也;外,外来之成言。说的是,"寓"言与自然的切合度可以达到十分之九,其原因就在于它不直接表达思想,而是借助外来成言以论之。紧接的下文内容,主要阐述了寓言"藉外论之"这一方式的好处,既有话语表达空间的广度,也有思想理解空间的弹性。"亲父不为其子媒。亲父誉之,不若非其父者也;非吾罪也,人之罪也。与己同则应,不与己同则反;同于己为是之,异于己为非之"②,为父者不适合担当儿子的说和媒人。从接受效果看,为父者的赞誉要逊于外人的赞誉,其原因可能不是出在父亲的评价上,而是出于接受者的疑虑上。借助成言来寄寓思想,那么与我志趣相同者自然就会有所感应,与我志趣不同者则不会产生感应;与我志趣相同者自会受之,与我志趣不同者自会弃之。没有明言思想观点,自然也就屏蔽了聚讼纷争的靶的。

《庄子·寓言》中的"寓言",从词汇构成的角度看,可以将其视作偏正结构的复合词,其中"言"是主体,"寓"是修饰"言"的,也就是说,跟圣言、箴言、重言、卮言一样,寓言也是"言"的一类,"故其(庄子)著书十余万言,大抵率寓言也"③,只是它没有圣贤之言那样经典,也没有日常琐言那样随性自然,它们只是众人皆知、意义完整、可以寄寓说者主旨的成言。从意义上理解,寓言是指含有自然之道、对人们的思想观点具有启示意义的成言,它与自然相合的程度达到十有其九,高于重言的十有其七,而低于卮言的完全重合。

通过前文分析,我们发现,早期的寓言只是一种寄寓式表述方式,是"意"表达的手段,是语言表述的一种修辞,无论其篇幅长短,都只能算是诸子"论"文的某一肢体,是诸多寓"言"的一条,或一章,尚不具备独立"文"

---

① (清)郭庆藩:《庄子集释》,中华书局 1961 年版,第 949 页。
② (清)郭庆藩:《庄子集释》,中华书局 1961 年版,第 948 页。
③ (汉)司马迁:《史记》,中华书局 1959 年版,第 2143 页。

体的属性和范式。换句话说,早期的寓言,只是寄寓之"言",而非寄寓之"体"。故而,无论是挚虞的《文章流别论》,还是刘勰的《文心雕龙》,皆未以文"体"论之①。

寓言"体"的出现,始见于唐代诗人笔下的寓言诗。王维的《寓言》二首、李白的《寓言》三首、杜牧的《寓言》,皆通篇为"寓",寄"意"于"体"。后亦出现散文体寓言,如韩愈的《毛颖传》,全文为笔立传,寓庄于谐,明写毛颖,实发作者郁积之情,故闵文振《游文小史》中将其明确归为寓言之文,"辑古今寓言之文,盖《毛颖传》类"。宋代乌有先生编著的《滑稽小传》,其内容亦类似于《毛颖传》之流,"所载皆《毛颖传》、《容成侯传》之类大抵寓言无事实"的俳谐之文。同期柳宗元的《蝜蝂传》、《临江之麋》、《黔之驴》、《永某氏之鼠》等,亦属此类。

随着寓言"体"意识的确立与强化,寓言体集类文献纷纷涌现,数量急剧增多,如晚唐罗隐的《淮海寓言》、五代陈抟的《三峰寓言》、宋代黄鹤的《北窗寓言集》、易幼学的《松菊寓言》、明代李应征的《蓟易寓言》、朱存理的《名物寓言》等。在寓言体类文献编撰、辑录过程中,由于"言"之寓言与"体"之寓言间的区分意识不甚分明,故而也出现了剖"言"为"体"、"言""体"不分的混编现象,如明代陈世宝的《古今寓言》即从诸子之文中摘录了大量寄寓之"言","其书抄撮诸家文集中托讽取譬之作,分十二类,体近俳谐,颇伤猥杂"②。这一混乱现象,时至今日依然屡见不鲜。

第二节 《列子》寓言故事的特色

《列子》是一本宣扬道家思想的哲学著作,书中主要阐述了宇宙万物之生成(即生生)与变化(即化化)的哲学思想。作者认为,作为宇宙之整体,既无生也无死。或者说,生既是始,又是终;死既是终,又是始。作为宇宙之个体,万物皆有生有死,有始有终,无时无刻不处于生生、化化之中。不生不化者,唯有神,即宇宙之本源,"生生者,无象也……无象谓之神"。

在阐释这些思想的过程中,该书取象明理,大量使用寓言故事作为思想发明的载体,如《天瑞》篇中的"杞人忧天"一则,"言天地坏者亦谬,言天地不坏者亦谬。坏与不坏,吾所不能知也。虽然,彼一也,此一也。故生不知

---

① 《文心雕龙·哀吊》:"辞定所表,在彼弱弄。苗而不秀,自古斯恸。虽有通才,迷方告控。千载可伤,寓言以送";《诗品序》:"直书其事,寓言写物,赋也",其中的"寓言"皆为寄寓之"言"。

② (明)王圻:《续文献通考》,《文渊阁四库全书》本。

死,死不知生;来不知去,去不知来。坏与不坏,吾何容心哉?"①它借助杞人忧天故事中的问与答,明确地阐述了自己对于自然万物的看法:万物生于自然,死于自然,一切自然而然矣,"夫巨细舛错,修短殊性,虽天地之大,群品之众,涉于有生之分,关于动用之域者,存亡变化,自然之符。"②再如《黄帝》篇中的"呆若木鸡"一则,"十日又问,曰:'几矣。鸡虽有鸣者,已无变矣。望之似木鸡矣,其德全矣。异鸡无敢应者,反走耳。'"它是回答"什么是全德保性"这一问题,张湛《注》云:"德全者,非但己无心,乃使外物不生心。"卢重玄《解》曰:"唯忘形神,全死生,不知变者,斯乃无敌于外物也。"③《列子》中的寓言故事多达百余个,这些寓言故事出现在《列子》中的主要目的是取象明理,可以更好地阐释列子思想,"战国之文,深于比兴,即其深于取象者也。《庄》《列》之寓言也,则触蛮可以立国,蕉鹿可以听讼……然而指迷从道,固有其功"④,而且在具体的表达过程中,《列子》中的寓言故事又展现出自身独有的一些风格特色。

一、人物描述、事件叙述不追求历史的真实

作为一种表述手段,寓言早在周代即已流行,尤其在诸子百家兴盛的春秋战国时期,为了说明自己的哲学观点、宣扬自己的思想主张,思想家们取材于社会中流行的神话传说、名人轶事,甚至杜撰虚构,来编成寄寓思想道理的寓言故事,借此互相责难辩论。寄寓之言的这种生成模式,决定了寓言故事只能是一种弱于并低于历史的写作。《列子》中的寓言故事也体现了这一写作倾向,"记人间事者已甚古,列御寇、韩非皆有录载,惟其所以录载者,列在用以喻道,韩在储以论政。若为赏心而作,则实萌芽于魏而盛大于晋。虽不免追随俗尚,或供揣摩,然要为远实用而近娱乐矣"⑤,故事中的人物、事件的叙述不追求历史的真实,如"周穆王西行"、"惠盎见宋康王"、"杨朱过宋"、"赵襄子狩于中山"等章节,在叙述寓言故事的时候,并不刻意追求历史叙事的真实性和周严性。它是真实的历史还是弱化的历史? 是符合历史的记载还是有悖于历史的记载? 这些,都不是阐释者所关心的事情,它只需要一个故事,一个能够被读者易于接受的故事,一个能够让自己的思想观点安身的地方。《列子》寓言故事的这一写作倾向,主要体现在两个

① 杨伯峻撰:《列子集释》,中华书局 2013 年版,第 34 页。
② 杨伯峻:《列子集释》引张湛《注》,中华书局 2013 年版,第 1 页。
③ 杨伯峻:《列子集释》引张湛《注》、卢重玄《解》,中华书局 2013 年版,第 91 页。
④ (清)章学诚著,叶瑛校注:《文史通义校注》,中华书局 1985 年版,第 19 页。
⑤ 《鲁迅全集》第九卷,人民文学出版社 1958 年版,第 62 页。

方面：

其一，有些历史人物、历史事件的叙述有悖于历史的真实。

寓言的功能性特质决定了寓言故事可以符合历史的真实，也可以忽略历史真实的严谨性。《列子》的寓言故事大量借用历史人物及历史事件，从史料学角度看，这给后人留下了许多宝贵的文献资料，但从史学角度看，有些资料信息的可靠性值得怀疑，甚至有悖于历史的真实，比如《说符》篇"楚庄王问詹何"章：

> 楚庄王问詹何曰："治国奈何！"詹何对曰："臣明于治身而不明于治国也。"楚庄王曰："寡人得奉宗庙社稷，愿学所以守之。"詹何对曰："臣未尝闻身治而国乱者也，又未尝闻身乱而国治者也。故本在身，不敢对以末。"楚王曰："善。"

楚庄王，春秋五霸之一，楚穆王之子。芈姓，熊氏，名旅（一作侣、吕），又称荆庄王（出土战国楚简称作"臧王"），春秋中期楚国国君，公元前 613 年（楚庄王元年）到公元前 591 年（楚庄王二十三年）在位。

詹何，战国时的道家人物，楚国术士，在哲学理论上继承了杨朱的"为我"思想，认为"重生"必然"轻利"，反对纵欲自恣的行为。詹何的具体生卒年虽然没有明确记载，但根据相关文献可以大概推知。詹何与魏牟为同时代的人，略微年长于魏牟。《汉书·艺文志》录有《公子牟》四篇，班固自注曰："（魏牟）魏之公子也，先庄子，庄子称之。"[1]庄子生活于梁惠王（即魏惠王，前 370—前 318 年在位）、齐宣王（前 320—前 302 年在位）时期，而魏牟较庄子为先，则詹何或更年长于庄子。以此推知，詹何生活的历史年代当在魏武侯（前 396—前 371 年在位）、齐威王（前 356—前 321 年在位）之时。对此，张远山先生在《〈庄子〉初始本编纂者魏牟论》[2]一文中进一步考证说，詹何大概晚于庄子（约前 369—前 286 年）20 岁左右，而又长于庄子弟子蔺且（前 340—前 260 年）10 岁左右，所以詹何的生活时间约为公元前 350 年至前 270 年。张远山先生的考证结果大致上是可信的。

从历史时间上看，《列子》"楚庄王问詹何"章所记内容与史实确实不符。虽然《淮南子·道应》中所记与《列子》一致，也只能说《淮南子》所述亦有悖于史实。反而《吕氏春秋·执一》篇中所记，则要谨慎得多，"楚王问

---

① （汉）班固：《汉书》，中华书局 1962 年版，第 1730 页。

② 张远山：《庄子〈庄子〉初始本编纂者魏牟论》，《社会科学论坛》2010 年第 2 期。

为国于詹子",至于是哪一位楚王,吕氏所记虽然不明确,但也没有臆断。

　　上述例证在《列子》的寓言故事中并非个例,其中比较典型的尚有五六处之多,如《说符》篇"赵襄子使新穉穆子攻翟"章:

　　　　赵襄子使新穉穆子攻翟,胜之,取左人中人;使遽人来谒之。襄子方食而有忧色。左右曰:"一朝而两城下,此人之所喜也;今君有忧色。何也?"襄子曰:"夫江河之大也,不过三日;飘风暴雨不终朝,日中不须臾。今赵氏之德行无所施于积,一朝而两城下,亡其及我哉!"孔子闻之曰:"赵氏其昌乎! 夫忧者所以为昌也,喜者所以为亡也。胜非其难者也;持之,其难者也。贤主以此持胜,故其福及后世。齐、楚、吴、越皆尝胜矣,然卒取亡焉,不达乎持胜也。唯有道之主为能持胜。孔子之劲能拓国门之关,而不肯以力闻。墨子为守攻,公输般服,而不肯以兵知。故善持胜者以强为弱。"

赵襄子(? —前 425 年),嬴姓,赵氏,名无恤(亦作"毋恤"),又名籍,谥号"襄子",故史称"赵襄子",战国时期赵国的创始人。赵襄子的父亲赵鞅(字简子),春秋末叶晋国主政卿大夫,赵氏家族的宗主。赵鞅有子 5 人,长子为赵伯鲁,幼子为赵毋恤。赵毋恤因其母是从妾,又是翟人之女,加之毋恤天生相貌丑陋,所以他在诸子中名分最低,很不得赵鞅器重。在确立继承人的时候,因伯鲁资质平庸,而赵毋恤却聪敏好学,再加上赵氏身边善于相面的家臣姑布子卿的鼎力举荐,最终赵简子废掉了世子赵伯鲁,新立幼子赵毋恤为接班人,继承了赵氏的爵位。

　　赵襄子接替父位的时间,有两种说法。根据《史记·赵世家》的记载,赵襄子接替父位的时间应在公元前 457 年,"晋出公十七年(前 458 年),简子卒,太子毋恤代立,是为襄子"①。根据《竹书纪年》所载,赵简子卒于晋定公三十七年,即公元前 475 年。按周代礼制的规定,父死子替,所以依据《竹书纪年》所记,赵毋恤应在公元前 475 年接替了父亲的官职,承袭为晋卿。《列子》"赵襄子使新稚穆子攻翟"章所记"赵襄子攻翟"一事应在赵襄子继承父位的前 457 年或前 475 年之后。而孔子(前 551 年 9 月 28 日—前 479 年 4 月 11 日)在此四年(或二十一年)前就已去世,又如何能够出现"孔子闻之曰:'赵氏其昌乎!'"呢? 显然,此段内容与事实不相吻合。

　　虽然《吕氏春秋·慎大》篇、《淮南子·道应训》中都有同于《列子·说

---

　　① 　(汉)司马迁:《史记》,中华书局 1982 年版,第 1793 页。

符》篇的记录,但只能说这些记载皆与事实不合。相对而言,《国语》的记载更为合理。《国语·晋语九》中也记载了这一故事,但并无上述的孔子所言,"赵襄子使新稚穆子伐狄,胜左人、中人,遽人来告,襄子将食,专饭有恐色。侍者曰:'狗之事大矣,而主之色不怡,何也?'襄子曰:'吾闻之,德不纯而福禄并至,谓之幸。夫幸非福,非德不当雍,雍不为幸,吾是以惧。'"①对此,韦昭注释说,"伐狄在春秋后",应是史实。

再如《杨朱》篇"晏平仲问养生"章:

> 晏平仲问养生于管夷吾。管夷吾曰:"肆之而已,勿壅勿阏。"晏平仲曰:"其目奈何?"夷吾曰:"恣耳之所欲听,恣目之所欲视,恣鼻之所欲向,恣口之所欲言,恣体之所欲安,恣意之所欲行。夫耳之所欲闻者音声,而不得听,谓之阏聪;目之所欲见者美色,而不得视,谓之阏明;鼻之所欲向者椒兰,而不得嗅,谓之阏颤;口之所欲道者是非,而不得言,谓之阏智;体之所欲安者美厚,而不得从,谓之阏适;意之所欲为者放逸,而不得行,谓之阏性。凡此诸阏,废虐之主。去废虐之主,熙熙然以俟死,一日、一月、一年、十年,吾所谓养。拘此废虐之主,录而不舍,戚戚然以至久生,百年、千年、万年,非吾所谓养。"管夷吾曰:"吾既告子养生矣,送死奈何?"晏平仲曰:"送死略矣,将何以告焉?"管夷吾曰:"吾固欲闻之。"平仲曰:"既死,岂在我哉?焚之亦可,沈之亦可,瘗之亦可,露之亦可,衣薪而弃诸沟壑亦可,衮衣绣裳而纳诸石椁亦可,唯所遇焉。"管夷吾顾谓鲍叔黄子曰:"生死之道,吾二人进之矣。"

管仲(约前723—前645年),姬姓,管氏,名夷吾,字仲,谥敬,春秋时期法家代表人物,辅佐齐桓公富国强兵,成就霸业。《左传》记载,管仲病逝于鲁僖公十七年(前643年),"管仲卒,五公子皆求立。冬十月乙亥,齐桓公卒。"

晏平仲(?—前500年),姬姓(一说子姓),晏氏,名婴,字仲,谥号"平",史称"晏子",夷维(今山东省高密市)人,春秋时期齐国著名政治家、思想家、外交家。《史记·齐太公世家》明确记载,晏婴死于齐景公四十八年,即公元前500年,"四十八年,……是岁,晏婴卒。"②

尽管晏婴的生年不可知,但从前500年到前643年,整整跨越143年的

① 徐元诰集解:《国语集解》,中华书局2022年版,第453—454页。
② (汉)司马迁:《史记》,中华书局1982年版,第1505页。

历史空间。《杨朱》篇中说,管仲与晏婴曾有关于养生的直接对话,这明显是不可能发生的事情。否则的话,晏婴至少需要活160多岁,只有这样,二人才有可能展开直接对话。《礼记·王制》中规定了周代养老的制度。根据当时的社会情况,人们"五十始衰",就算是进入老年人的行列了。最年长的年龄段是九十岁,"九十使人受"、"九十饮食不离寝"、"九十日休"、"九十虽得人不暖矣"、"九十者,天子欲有问焉,则就其室,以珍从"、"九十日有秩"①,可能90余岁已是人们当时的高寿。更何况,晏婴乃当时著名的政治家、外交家,若果真活了160多岁,历史文献是会留下相关信息的,就如同三国医药学家吴普、清人汤云山一样,"年九十余,耳目聪明,齿牙完坚"②、"花甲重逢,增加三七岁月"。

再如《力命》篇"杨朱之友"章:

> 杨朱之友曰季梁。季梁得病,七日大渐。其子环而泣之,请医。季梁谓杨朱曰:"吾子不肖如此之甚,汝奚不为我歌以晓之?"杨朱歌曰:"天其弗识,人胡能觉?匪祐自天,弗孽由人。我乎汝乎!其弗知乎!医乎巫乎!其知之乎?"其子弗晓,终谒三医。一曰矫氏,二曰俞氏,三曰卢氏,诊其所疾。矫氏谓季梁曰:"汝寒温不节,虚实失度,病由饥饱色欲。精虑烦散,非天非鬼。虽渐,可攻也。"季梁曰:"众医也。亟屏之!"俞氏曰:"女始则胎气不足,乳湩有余。病非一朝一夕之故,其所由来渐矣,弗可已也。"季梁曰:"良医也。且食之!"卢氏曰:"汝疾不由天,亦不由人,亦不由鬼。禀生受形,既有制之者矣,亦有知之者矣。药石其如汝何?"季梁曰:"神医也。重贶遣之!"俄而季梁之疾自瘳。

季梁,又称季氏梁、季仕梁,政治家、军事家、思想家。春秋初期随国大夫,我国南方第一位文化名人,开儒家学说先河的重要学者。李白誉其为"神农之后,随之大贤"。季梁对随楚关系格局影响重大,辅佐随侯期间,提出"夫民,神之主也"的唯物主义思想、"修政而亲兄弟之国"的政治主张以及"避实击虚"的军事策略,使随国成为"汉东大国",周天子虽"三次征伐"被他称为"荆蛮"的楚国皆"结盟而还"。

季梁的生卒年不详。文献中最后一次记载他的活动是在《左传·桓公

---

① (清)孙希旦:《礼记集解》,中华书局1989年版,第382—384页。
② (三国)陈寿撰,裴松之注:《三国志·华佗传》,中华书局1959年版,第804页。

八年》,时值公元前 704 年。根据此时他已久居高位,且此后文献无载来看,当时他已届暮年,而且不久便寿终正寝。假定他此时尚属青年或壮年,以他的地位和名声,想必不会从文献记载中遽然消失。由此看来,季梁应该出生于春秋初年。

杨朱,字子居,魏国(一说秦国)人,战国初期伟大的思想家、哲学家,生活年代一说约公元前 395 年至约公元前 335 年;另一说约公元前 450 年至约公元前 370 年。

季梁与杨朱的具体生卒年虽然难以厘清,但一个生活于公元前 8 世纪,另一个生活于公元前 5 世纪、公元前 4 世纪的两个人,无论如何都是不可能相识相交的。

其二,有些历史人物、历史事件的叙述脱离生活的真实。

《列子》中的寓言故事,除了不合于历史事实的情况之外,有些故事也不合于生活的真实,如《黄帝》篇"赵襄子率徒"章:

> 赵襄子率徒十万狩于中山,藉芿燔林,扇赫百里。有一人从石壁中出,随烟烬上下。众谓鬼物。火过,徐行而出,若无所经涉者。襄子怪而留之。徐而察之:形色七窍,人也;气息音声,人也。问奚道而处石?奚道而入火? 其人曰:"奚物而谓石? 奚物而谓火?"襄子曰:"而嚮之所出者,石也;而嚮之所涉者,火也。"其人曰:"不知也。"魏文侯闻之,问子夏曰:"彼何人哉?"子夏曰:"以商所闻夫子之言,和者大同于物,物无得伤阂者,游金石,蹈水火,皆可也。"文侯曰:"吾子奚不为之?"子夏曰:"刳心去智,商未之能。虽然,试语之有暇矣。"文侯曰:"夫子奚不为之?"子夏曰:"夫子能之而能不为者也。"文侯大说。

历史上,赵襄子实有其人,但上述章节中所叙述的内容明显不符生活的真实,"物无得伤阂者"、"游金石"、"蹈水火",其中的任何一条都是正常的人所无法做到的。寓言故事,不是历史,我们允许故事内容的适当失实,但过分的失实,尤其是完全背离生活真实的失实,不仅不能有助于思想道理的阐述,而且会让人产生胡编乱造的感觉,比如《黄帝》篇"列子师老商氏"章,此章所极力宣扬的思想是:抱持全性之心,才能达到神凝形释,不滞于物的状态。在借用寓言表述这一道理的时候,书中写道:"列子师老商氏,友伯高子;进二子之道,乘风而归","不觉形之所倚,足之所履,随风东西,犹木叶干壳"。这是明显背离生活现实的,给人以荒诞不实之感,正如刘勰所评,"若乃'汤之问棘',云蚊睫有雷霆之声……有移山跨海之谈……此踳驳之类也"①。

《列子》寓言故事有悖于生活现实的内容尚有多处,如《黄帝》篇"范氏有子"章中写商丘开在不明就里的情况下,抱着纯真之心由高台上纵身而下,结果毫发无损,如飞鸟一般飘然落地;为抢救范氏财物,来往于大火之中,能够丝毫不伤:

> 商丘开常无愠容,而诸客之技单,愈于戏笑。遂与商丘开俱乘高台,于众中漫言曰:"有能自投下者赏百金。"众皆竞应。商丘开以为信然,遂先投下,形若飞鸟,扬于地,肌骨无砥。范氏之党以为偶然,未讵怪也。因复指河曲之淫隈曰:"彼中有宝珠,泳可得也。"商丘开复从而泳之。既出,果得珠焉。众昉同疑。子华昉令豫肉食衣帛之次。俄而范氏之藏大火。子华曰:"若能入火取锦者,从所得多少赏若。"商丘开往无难色,入火往还,埃不漫,身不焦。范氏之党以为有道,乃共谢之曰:"吾不知子之有道而诞子,吾不知子之神人而辱子。子其愚我也,子其聋我也,子其盲我也。敢问其道。"

作者讲述这一寓言故事只是为了引人注目,借以说明"全性"的与众不同,"壹其性,养其气,含其德,以通乎物之所造。夫若是者,其天守全,其神无郄,物奚自入焉?⋯⋯圣人藏于天,故物莫之能伤也。"但是,根据一般人的生活经验,故事中商丘开像鸟一样由高台飞下而"肌骨无毁",入火往返而"埃不漫,身不焦",这是不合于生活常识的。在当时来看,这一类的内容给读者留下什么样的感觉,我们已难以详知,或许真如章学诚、刘勰所说,"愈出愈奇,不可思议","饰奸售欺,亦受其毒"②,"是以世疾诸子,鸿洞虚诞"③。但在今人的感知中,它们只能是胡编乱造或道听途说之辞。用这样的内容去承载思想道理的解说,只会给人留下更多质疑的理由,降低人们对其思想道理的接受程度。

二、故事性强,极具小说特质

寓言故事虽然不能等同于历史故事、博物小说,但作为先秦诸子进行说理论辩的承载工具,寓言故事本身也同样要求具备故事的趣味性和小说的

---

① (梁)刘勰著,郭晋稀译注:《白话文心雕龙·诸子》,岳麓书社 1997 年版,第 166 页。
② (清)章学诚著,叶瑛校注:《文史通义校注》,中华书局 1985 年版,第 19 页。
③ (梁)刘勰著,郭晋稀译注:《白话文心雕龙·诸子》,岳麓书社 1997 年版,第 166 页。

浅俗性,否则它就失去了承载思想、播扬道理的媒介价值。在这方面,《列子》中的寓言故事尤其具有代表性,不仅故事性强,而且初步地具备了小说的某些特质。

（一）故事的完整性

完整的故事情节,是现代小说的三大要素之一,它的基本结构是:开端—发展—高潮—结局。说理性的寓言,也需要引人入胜的故事情节,因为精彩的故事情节是寓言能够完美发挥作用的开始。纵观《列子》中的寓言,虽不能严格地用现代小说的标准去苛求它,但其中的有些寓言确实已经具有了小说的故事性倾向,也具备了初步的情节要求。比如《汤问》篇中的"愚公移山章"。故事的开端是:年且九十的北山愚公,感觉到"山北之塞,出入之迂",于是产生移山的想法;接下来是故事的发展:召集家人商量移山一事,得到了全家的一致同意,并开始付诸行动,"遂率子孙荷担者三夫,叩石垦壤,箕畚运于渤海之尾";接下来故事的发展也出现了矛盾的对立,这也相当于现代小说中的"矛盾冲突":愚公的移山行为遭到了智叟的讥笑,他劝止愚公说,"甚矣!汝之不惠!以残年余力,曾不能毁山之一毛;其如土石何?"最后在愚公的一番言语交锋之后,让我们真正体会到了,何者为假智?何者为真愚?故事的结局走向一目了然。更为可贵的是,如同现代小说的尾声一样,愚公移山最终出现了令人意想不到的"尾声":"帝感其诚,命夸蛾氏二子负二山,一厝朔东,一厝雍南。自此,冀之南、汉之阴无陇断焉",这一"尾声"余韵无穷,进一步深化了主题思想。全文虽然不足四百字,但情节完整,首尾呼应,故事的发展有低谷,有高峰,波澜起伏,曲折多姿,人物形象鲜明,完全可以看作是一篇寓意深刻、结构完整的微小说。

类似的故事章节《列子》中尚有多处,如《黄帝》篇的"列子师老商氏"章、"范氏有子曰子华"章、"海上之人有好沤鸟者"章、"有神巫自齐来处于郑"章、"宋有狙公者"章、"惠盎见宋康王"章、《周穆王》篇的"郑人有薪于野者"章、《仲尼》篇的"子列子既师壶丘子林"章、"郑之圃泽多贤"章、《汤问》篇的"夸父不量力"章、"鲁公扈赵齐婴二人有疾"章、"周穆王西巡狩"章、《力命》篇的"管夷吾鲍叔牙二人相友甚戚"章、《说符》篇的"子列子穷"章、"晋文公出会"章、"宋人有好行仁义者"章、"秦穆公谓伯乐"章、"虞氏者"章、"东方有人焉"章等,这些章节无论篇幅长短,都具有较强的情节意识,都按照故事发展、演变的脉络,情节完整地完成叙述,有些甚至还具备了矛盾发展的高潮,如《汤问》篇的"甘蝇古之善射者"章:

甘蝇,古之善射者,彀弓而兽伏鸟下,弟子名飞卫,学射于甘蝇,而巧过其师。纪昌者,又学射于飞卫。飞卫曰:"尔先学不瞬,而后可言射矣。"纪昌归,偃卧其妻之机下,以目承牵挺。二年之后,虽锥末倒眦,而不瞬也。以告飞卫。飞卫曰:"未也;必学视而后可。视小如大,视微如著,而后告我。"昌以氂悬虱于牖,南面而望之。旬日之间,浸大也;三年之后,如车轮焉。以睹余物,皆丘山也。乃以燕角之弧、朔蓬之簳射之,贯虱之心,而悬不绝。以告飞卫。飞卫高蹈拊膺曰:"汝得之矣!"纪昌既尽卫之术,计天下之敌己者,一人而已;乃谋杀飞卫。相遇于野,二人交射;中路矢锋相触,而坠于地,而尘不扬。飞卫之矢先穷。纪昌遗一矢;既发,飞卫以棘刺之端扞之,而无差焉。于是二子泣而投弓,相拜于涂,请为父子。克臂以誓,不得告术于人。

故事始于飞卫学射于甘蝇而胜于甘蝇,然后引得纪昌前来投奔学习;于是飞卫按部就班地授艺于纪昌,加上纪昌本人坚持不懈的努力,终于造就了纪昌高超的射术,"以燕角之弧、朔蓬之簳射之,贯虱之心,而悬不绝"。故事到此本来即可收场,但原文却另起波澜,引人入胜。于是,由纪昌的贪婪之心将故事推上了高潮,"纪昌既尽卫之术,计天下之敌己者,一人而已;乃谋杀飞卫"。最后的结局是:射术势均力敌,不分伯仲,使得二人相互敬服,"泣而投弓,相拜于涂,请为父子"。至此,整个故事在跌宕起伏的情节中以大团圆的结局收场。

当然,我们必须承认,《列子》中的寓言故事也并非都具有完整的故事情节,许多故事只是具备简单的情节结构。即便如此,我们依然无法否定《列子》寓言故事中注重情节性的写作倾向。

（二）擅长虚构

在中国的早期文献中,虚构一词多解释为捏造之意,如葛洪《抱朴子·擢才》云:"高誉美行,抑而不扬;虚构之谤,先形生影。"[1]再如《魏书·杨侃传》云:"邃好小黠,今集兵遣移,虚构是言,得无有别图也?"这些都不是创作意义上的虚构。[2]

文学创作中的虚构,是指作家在艺术创作中凭借生活的内在逻辑,借助想象和缀合,创造出现实生活中不曾有过但又符合生活情理的事物。具体说来,文学创作中的虚构包括人物虚构、情节虚构和环境渲染。《列子》的寓言故事也大量存在虚构的成分,既有虚构的情节、虚构的人物,也有虚构

---

① 杨明照:《抱朴子外篇校笺》,中华书局1991年版,第459—460页。

② （北齐）魏收:《魏书》,中华书局1974年版,第1281页。

的环境描写。

1. 情节虚构

虚构情节在现代小说中司空见惯,有时虚构的情节会让文学叙事更加生动,更加连贯。其实,这一创作手法在中国古代的叙事作品中早已出现,如《左传·宣公二年》"晋灵公不君"一节中鉏麑的那段心理描写、《国语·晋语》中骊姬与晋献公之间的那段床笫之语,都带有明显的虚构特色。同样,《列子》的寓言故事中也经常使用这一技法,比如《周穆王》篇"郑人有薪"章。郑人得鹿,然后"顺涂而咏其事"。旁人闻其言而觅得其鹿,遂回家与其室人言及此事。更为离奇的是,郑人回家,"其夜真梦藏之之处,又梦得之之主"。这一系列的情节明显属于虚构编造的。再比如《周穆王》篇"西极化人"章。为了彰显"虚无"思想,叙述者虚构了周穆王游历化人之宫的故事情节:

> 王执化人之祛,腾而上者,中天乃止。暨及化人之宫。化人之宫构以金银,络以珠玉;出云雨之上,而不知下之据,望之若屯云焉。耳目所观听,鼻口所纳尝,皆非人间之有。王实以为清都、紫微、钧天、广乐,帝之所居。王俯而视之,其宫榭若累块积苏焉。王自以居数十年不思其国也。化人复谒王同游,所及之处,仰不见日月,俯不见河海。光影所照,王目眩不能得视;音响所来,王耳乱不能得听。百骸六藏,悸而不凝。意迷精丧,请化人求还。化人移之,王若殒虚焉。

毫无疑问,此段内容也是虚构而成的。叙事者虚构此段内容的目的,是为了从对比的角度说明,物品无论多么奢华贵重,其实质都是虚无的,都是化化之局部,时空之一瞬。

再如《汤问》篇"鲁公扈赵齐婴二人有疾"章,为了解决气质顺乎心性的问题,叙述者虚构了一段剖胸换心的故事:

> 扁鹊谓公扈曰:"汝志强而气弱,故足于谋而寡于断。齐婴志弱而气强,故少于虑而伤于专。若换汝之心,则均于善矣。"扁鹊遂饮二人毒酒,迷死三日,剖胸探心,易而置之;投以神药,既悟如初。二人辞归。于是公扈反齐婴之室,而有其妻子;妻子弗识。齐婴亦反公扈之室,有其妻子;妻子亦弗识。二室因相与讼,求辨于扁鹊。扁鹊辨其所由,讼乃已。

情节怪诞离奇,引人入胜。不仅有超乎异常的想象,将二人之心相互交换,而且由此引发了新的矛盾冲突,由换心导致了交换妻室,随之产生了家庭的讼诉矛盾,最后在扁鹊的解释调停下,两个家庭方才恢复平静。

《列子》中情节虚构现象不仅数量多,情节发展也多超越常理,而且内容荒诞不经,语言的口语化、通俗化现象较为明显。

2. 人物虚构

刘向《列子书录》有言,《列子》"多寓言"。唐人殷敬顺《释文》中写作:《列子》"多偶言",且进一步注解说,"偶言者,作人姓名,使相与语。"殷敬顺之所以接受"偶言"一说,主要是因为解作"偶言"也能顺通文意,也与《列子》一书的特点相符:即虚构了许多人物。

《列子》中寓言故事的主人公多为历史真实人物,如大禹、周穆王、宋康王、齐景公、赵襄子、晏子、孔子、子贡、颜回、扁鹊等,也有一些人物在历史真实性上似是而非,模棱两可,如壶丘子林、荣启期、林类、老商氏、伯高子、禾生、子伯、商丘开、宋华子、伯成子高、严恢等。同时,为了叙事的方便或思想道理讲解得更为清楚,《列子》寓言中也虚构了众多神奇的人物,"作人姓名,使相与语,是寄辞于其人"①,虚构他们的目的依然是为了自我思想主张的宣扬。如《力命》篇"墨杘、单至、啴咺、憋懯"章中,相继虚构了二十个人物:

> 墨杘、单至、啴咺、憋懯四人相与游于世,胥如志也。穷年不相知情,自以智之深也。巧佞、愚直、婩斫、便辟四人相与游于世,胥如志也;穷年而不相语术,自以巧之微也。㹟伎、情露、謰极、凌谇四人相与游于世,胥如志也;穷年不相晓悟,自以为才之得也。眠娗、誃诿、勇敢、怯疑四人相与游于世,胥如志也;穷年不相谪发,自以行无戾也。多偶、自专、乘权、只立四人相与游于世,胥如志也;穷年不相顾眄,自以时之适也。此众态也。其貌不一,而咸之于道,命所归也。

墨杘(无赖之意)、单至(轻浮之意)、啴咺(迂缓之意)、憋懯(急速之意)、巧佞(巧言邪佞之意)、愚直(质朴之意)、婩斫(憨骇之意)、便辟(卑躬屈膝之意)、㹟伎(顽戾强逼之意)、情露(性情外露之意)、謰极(呐涩之意)、凌谇(无端生事之意)、眠娗(无精打采之意)、誃诿(推诿勉强之意)、勇敢(雄健之意)、怯疑(畏缩懦弱之意)、多偶(合群随和之意)、自专(刚愎自我之

---

① (汉)司马迁:《史记》引刘向《别录》卷六十三,中华书局1959年版,第2144页。

意)、乘权(势利之意)、只立(孤高耿介之意),都是叙述者根据性格的不同特点凭空捏造出来的故事人物,他们的名称也与他们的性格相合。20人共分5组,每组4人,4人之间,性格各异,甚至性格相悖,如多偶、自专、乘权、只立之间多偶悖于自专,乘权悖于只立,但相互之间却能够和睦相处。叙述者虚构这些人物的目的,就是为了非常醒目地告诉人们,只要各自秉持真性,即使性格相悖之人照样可以和同终年。

《列子》中这样的虚构人物尚有许多,如纪渻子、伯丰子、偃师、来丹、申他、孔周、虞氏、北宫子、西门子、东郭先生、矫氏、俞氏、卢氏等,"其称夏棘、狙公、纪渻子、季咸皆出列子,不可尽纪"①。在虚构人物时,叙述者为了让思想道理更为深刻地注入读者头脑之中,有些虚构人物的名称采用了反写的手法,以引起人们更为深入的思考。如《汤问》篇"太行王屋二山"章,作者真实肯定的人物是北山愚公,讽刺的人物是河曲智叟,但在名称上恰恰相反,前者名以"愚",后者称以"智",讽刺效果显著,印象深刻。

为了思想表达得更为直接,《列子》中甚至以思想本身的表达词汇来为虚构人物命名。如《力命》篇"力谓命"章,此章内容中的"力"指的是人力;"命"指的是天命。此章表达的主体思想是:天命不可违,人力同样不可忽视。在文章中,这一思想是以对话的形式展开陈述的,对话的双方即以"命"和"力"命名,印象深刻,直达主题。

《列子》中虚构人物的大量出现,让《列子》寓言故事更为生动形象,使得思想主张的阐释变得更具指向性,同时也增添了该书的浪漫主义色彩。

值得注意的是,《列子》寓言故事的某些写作方法为后世小说的写作提供了借鉴,如墨尿(无赖之意)、单至(轻浮之意)、啴咺(迂缓之意)等以义取名的方式,完全可以在曹雪芹的《红楼梦》、鲁迅的《药》中找到借鉴的影子,如《红楼梦》中的甄(真)士隐、贾(假)雨村、霍(祸)启、卜(不)世仁、詹(沾)光、裘(求)世安、《药》里的华家和夏家、《狂人日记》中的狂人、《长明灯》里的疯子、《阿Q正传》里的假洋鬼子、《伤逝》中的"小雪花膏"等。

3. 环境的渲染与虚构

环境描写是指创作之中对人物活动的环境及事情发生的背景所作的描写。《列子》中的寓言故事虽然不能等同于现代意义的小说,但其中确实存在环境描写。具体来说,就是在行文过程中为了强化作者思想观点的表达,有意识地渲染或虚构故事发生的环境或生活背景,如《汤问》篇"太行王屋二山"章,作者为了突出愚公移山难度之大,写到"太行、王屋二山,方七百

---

① (唐)柳宗元:《辨列子》,杨伯峻:《列子集释》附录引,中华书局2013年版,第302页。

里,高万仞"。在这样一种环境条件下,再去写愚公移山的坚决态度,此公之"愚"态既形象又深刻。再如《黄帝》篇"孔子观于吕梁"章中,为了突出"丈夫"游技之能、境界之高,开篇对丈夫出场的环境进行了有意布置,"悬水三十仞,流沫三十里,鼋鼍鱼鳖之所不能游也",结果是"一丈夫游之",有力地烘托了丈夫的形象,也深化了故事的主题。再看此篇的"列御寇为伯昏无人射"章:

> 列御寇为伯昏无人射,引之盈贯,措杯水其肘上,发之,镝矢复沓,方矢复寓。当是时也,犹象人也。伯昏无人曰:"是射之射,非不射之射也。当与汝登高山,履危石,临百仞之渊,若能射乎?"于是无人遂登高山,履危石,临百仞之渊,背逡巡,足二分垂在外,揖御寇而进之。御寇伏地,汗流至踵。伯昏无人曰:"夫至人者,上窥青天,下潜黄泉,挥斥八极,神气不变。今汝怵然有恂目之志,尔于中也殆矣夫!"

列御寇的射术已经达到了至高境界,"镝矢复沓,方矢复寓",但此境界与至人之境界相比又如何呢? 作者通过一个特殊的射箭环境的描写以及列御寇在这一环境中的具体情态表现,"伏地,汗流至踵",凸显了至人的无上境界,"上窥青天,下潜黄泉,挥斥八极,神气不变",强化了这一寓言所要表达的主题思想。反过来看,这一环境描写也同时映现了列御寇境界之低俗。

除了以上分析的自然环境描写之外,《列子》寓言故事中也有生活背景的虚构和渲染,如《说符》篇"子列子穷"章。在展开故事情节之前,作者先预设了一个精微而又深刻的故事背景,"子列子穷,容貌有饥色"。在这一生活背景状态下再去描写主人公拒绝子阳遗粟一事,列子的孤傲清高跃然纸上。再如"虞氏"章。

> 虞氏者,梁之富人也,家充殷盛,钱帛无量,财货无訾。登高楼,临大路,设乐陈酒,击博楼上,侠客相随而行。楼上博者射,明琼张中,反两檎鱼而笑。飞鸢适坠其腐鼠而中之。侠客相与言曰:"虞氏富乐之日久矣,而常有轻易人之志。吾不侵犯之,而乃辱我以腐鼠。此而不报,无以立懂于天下。请与若等勠力一志,率徒属必灭其家为等伦。"皆许诺。至期日之夜,聚众积兵以攻虞氏,大灭其家。

虞氏的结局是悲惨的,人生的命运是捉摸不定的,如何烘托这种命运的非自主性,方法之一便是预设一个强大的社会背景:"虞氏者,梁之富人也,家充殷盛,钱帛无量,财货无訾。登高楼,临大路,设乐陈酒,击博楼上,侠客相随而行"。一般情况下,这一背景下的主人公应该衣食无忧,终老天年。但结局恰恰相反,虞氏一日之间便被"大灭其家"。在故事的跌宕起伏中,让读者接受了作者所要宣扬的思想观点:人生无常。故事中这一表达效果的实现,是与故事开端生活背景的虚构分不开的。

（三）细节虚构

细节是对生活中细微而又具体的典型情节予以生动细致的描绘,使环境、人物、情节更丰满,更形象,提升作品的可读性,这就是所谓的细节描写。《列子》的寓言故事中,在情节完整的基础上,虚构了许多生动的细节,给我们展示了生动形象的细节描写的魅力,比如《说符》篇"宋人有游于道"章:

> 宋人有游于道,得人遗契者,归而藏之,密数其齿。告邻人曰:"吾富可待矣。"

宋人在路上捡到别人丢失的一块木契,他极想占为己有,这种心态本是属于正常范围之内的事情,但后面一个极富特色的细节就将此人深层的真实心态表现得淋漓尽致,"密数其齿",贪婪、狡猾的本性通过这几个字暴露无遗。再结合后面的内容,"告邻人曰:'吾富可待矣'",宋人对财富的渴望、焦急的心态也同时表现了出来。

再如《黄帝》篇"子列子之齐"章:

> 子列子之齐,中道而反,遇伯昏瞀人。伯昏瞀人曰:"奚方而反?"曰:"吾惊焉。""恶乎惊?""吾食于十浆,而五浆先馈。"伯昏瞀人曰:"若是,则汝何为惊己?"曰:"夫内诚不解,形谍成光,以外镇人心,使人轻乎贵老,而虀其所患。夫浆人特为食羹之货,多余之赢;其为利也薄,其为权也轻,而犹若是。而况万乘之主,身劳于国,而智尽于事;彼将任我以事,而效我以功,吾是以惊。"伯昏瞀人曰:"善哉观乎!汝处己,人将保汝矣。"无几何而往,则户外之屦满矣。伯昏瞀人北面而立,敦杖蹙之乎颐。立有间,不言而出。宾者以告列子。列子提屦徒跣而走,暨乎门,问曰:"先生既来,曾不废药乎?"曰:"已矣。吾固告汝曰,人将保汝,果保汝矣。非汝能使人保汝,而汝不能使人无汝保也。而焉用之感也?感豫出异。且必有感也,摇而本身,又无谓也。与汝游者,莫汝告也。彼所小言,尽人毒也。莫觉莫悟,何相孰也。"

子列子不能示人以纯性,结果导致人们纷纷跟随于他,这让列子极为苦恼。伯昏瞀人去列子家时,发现追随列子的人果然很多,通过细节"户外之屦满矣",壮写人多。于是,伯昏瞀人便悄悄地转身离开。不能摆脱困境的列子得知伯昏瞀人刚刚离开的消息后,便急忙追了出来。此处一细微的动作,"提履徒跣而走",充分表现了列子对伯昏瞀人的期待,及对摆脱眼前困境的渴望。

　　此类细节描写,《列子》中尚有多处,或突出人物形象的,如《黄帝》篇"范氏有子"章中的商丘开偷听禾生、子伯对话的动作描写,"潜于牖北听之",一"潜"字,写出了商丘开的蒙昧浅薄;《仲尼》篇"郑之圃泽多贤"章,主要叙述邓析在路上羞辱伯丰子一事。羞辱交锋之前和羞辱交锋之后,关于邓析有两处细节描写:刚遇到伯丰子时,"邓析顾其徒而笑曰";交锋之后,"邓析无以对,目其徒而退"。一"顾"一"目",就把邓析开始的嚣张狂傲及斗败后的猥琐沮丧对比鲜明地展露出来。或突出某种性格的,如《黄帝》篇"宋有狙公者"章,狙公提出"朝三而暮四"的建议后,众狙的反应是"皆起而怒",反之,当狙公提出"朝四而暮三"的修改意见后,众狙的反应是"皆伏而喜",两个细微的动作"起"和"伏",非常形象地写出了众狙们简单可爱、易喜易怒的性格特征;《说符》篇"东方有人"章,写爰旌目虽死不食盗者之食的故事。"两手据地而欧之,不出,喀喀然,遂伏而死。""据",按也。需要两手同时按地方能支撑躯体,写出了爰旌目饥饿到了极点,也写出了爰旌目不懂变通、迂腐至极的人物性格;或突出某种心理的,如《黄帝》篇"杨朱南之沛"章中的杨朱跪拜老子的动作描写,"进涫漱巾栉,脱履户外,膝行而前",几个动作细节体现了杨朱对老子的敬畏心理;《黄帝》篇"惠盎见宋康王"中,"康王蹀足謦欬疾言曰",连续的两个动作"蹀足"、"謦欬"就把宋康王不耐烦、急于辞退对方的心态充分显示出来;《仲尼》篇"子列子学也"章中,"老商始一解颜而笑","解颜"写出了老商氏对列子的进步展示出了发自内心的高兴。

　　成功的细节描写(即使是虚构的)能使人物性格更加鲜明,形象更加有血有肉,使寓言叙事更加生动,更富感染力。

　　《列子》一书虽不属于小说作品,但这不妨碍该书具有某些小说的特质。通过以上分析可以看出,《列子》中的寓言极具小说色彩,类似于现代小说中的某些特征,如故事性强、情节虚构、人物虚构、细节虚构等,在《列子》中都已具备。这些,都对后世小说的发展提供了可供参照的学习样本,正如冯梦龙《古今小说·序》中所论,"史统散而小说兴。始乎周季,盛于唐,而浸淫于宋。韩非、列御寇诸人,小说之祖也"①。

三、注重表达技巧,创作手法多样化

"在心为志,发言为诗",前者是情感的孕育,后者即情感的表达。表达,就是将思维成果借助语言、表情、动作等各种方式反映出来的一种行为方式。就作品而言,情感、思想的表达是讲究方法的。为了更为有利地进行思想传播,《列子》一书在借助寓言故事表情达意的过程中,非常重视表达技巧、表达方法的运用,既注重宏观结构手法的运用,也重视微观修辞手法的作用,同时诸多的写作手法、表现手段也在《列子》寓言中经常可以看到。

（一）结构手法的运用

在借助寓言故事传道论理的过程中,叙事者往往根据思想表达的具体需要灵活地构造故事情节,有的先行叙述寓言故事,然后延伸出某种思想道理,也有的先交代要阐释的思想,然后再用具体的寓言故事予以佐证。

下面,举例分析《列子》中寓言故事的结构方式。

第一种结构方式:先讲述故事,再讲解思想道理,前者是后者的导引,后者是前者的目标。如《天瑞》篇"齐之国氏大富"章:

齐之国氏大富,宋之向氏大贫;自宋之齐,请其术。国氏告之曰:"吾善为盗。始吾为盗也。一年而给,二年而足,三年大穰。自此以往,施及州闾。"向氏大喜。喻其为盗之言,而不喻其为盗之道,遂逾垣凿室,手目所及,亡不探也。未及时,以赃获罪,没其先居之财。向氏以国氏之谬己也,往而怨之。国氏曰:"若为盗若何?"向氏言其状。国氏曰:"嘻!若失为盗之道至此乎?今将告若矣。吾闻天有时,地有利。吾盗天地之时利,云雨之滂润,山泽之产育,以生吾禾,殖吾稼,筑吾垣,建吾舍。陆盗禽兽,水盗鱼鳖,亡非盗也。夫禾稼、土木、禽兽、鱼鳖,皆天之所生,岂吾之所有?然吾盗天而亡殃。夫金玉珍宝,谷帛财货,人之所聚,岂天之所与?若盗之而获罪,孰怨哉?"向氏大惑,以为国氏之重罔己也,过东郭先生问焉。东郭先生曰:"若一身庸非盗乎?盗阴阳之和以成若生,载若形;况外物而非盗哉?诚然,天地万物不相离也;仞而有之,皆惑也。国氏之盗,公道也,故亡殃;若之盗,私心也,故得罪。有公私者,亦盗也;亡公私者,亦盗也。公公私私,天地之德。知天地之

---

① （明）冯梦龙:《古今小说·序》,郭绍虞、王文生编:《中国历代文论选》第三册,上海古籍出版社 2001 年版,第 226 页。

德者,孰为盗耶? 孰为不盗耶?"

先叙述向氏求教国氏致富之术而获罪的故事,然后引出要表达的具体思想:人生在世,皆取物于自然,孰谓非盗? 然盗有公私之分,故其结果亦有罪与非罪之别,"国氏之盗,公道也,故亡殃;若之盗,私心也,故得罪。有公私者,亦盗也;亡公私者,亦盗也。公公私私,天地之德。知天地之德者,孰为盗耶? 孰为不盗耶?"这种结构方式的好处是,容易引起读者的阅读兴趣,让读者在故事欣赏的过程中潜移默化地进入到了思想的熏染之中。

第二种结构方式:先交代要阐释的思想,然后再用具体的寓言故事予以佐证,如《汤问》篇"均"章:

> 均,天下之至理也,连于形物亦然。均发均县,轻重而发绝,发不均也。均也,其绝也莫绝。人以为不然,自有知其然者也。詹何以独茧丝为纶,芒针为钩,荆篠为竿,剖粒为饵,引盈车之鱼,于百仞之渊、汩流之中;纶不绝,钩不伸,竿不桡。楚王闻而异之,召问其故。詹何曰:"臣闻先大夫之言,蒲且子之弋也,弱弓纤缴,乘风振之,连双鸧于青云之际。用心专,动手均也。臣因其事,放而学钓。五年始尽其道。当臣之临河持竿,心无杂虑,唯鱼之念;投纶沈钩,手无轻重,物莫能乱。鱼见臣之钩饵,犹沈埃聚沫,吞之不疑。所以能以弱制强,以轻致重也。大王治国诚能若此,则天下可运于一握,将亦奚事哉?"楚王曰:"善。"

开门见山,先将要阐释的思想道理交代出来,"均,天下之至理也"。然后以詹何对楚王问的故事为例,进一步解释了均的作用和达到均衡的方法,"用心专,动手均也"。直截了当,思路清晰。

第三种结构方式:把需要阐释的思想安排到寓言故事的行文对话中,边讲述故事,边讲解思想道理,让晦涩难懂的哲理在故事的发展过程中不自觉地得到了理解,也让听者在轻松的状态下接受了教诲。如《天瑞》篇"林类年且百岁"章:

> 林类年且百岁,底春被裘,拾遗穗于故畦,并歌并进。孔子适卫,望之于野。顾谓弟子曰:"彼叟可与言者,试往讯之!"子贡请行。逆之垄端,面之而叹曰:"先生曾不悔乎,而行歌拾穗?"林类行不留,歌不辍。子贡叩之不已,乃仰而应曰:"吾何悔邪?"子贡曰:"先生少不勤行,长不竞时,老无妻子,死期将至:亦有何乐而拾穗行歌乎?"林类笑曰:"吾

之所以为乐,人皆有之,而反以为忧。少不勤行,长不竞时,故能寿若此。老无妻子,死期将至,故能乐若此。"子贡曰:"寿者人之情,死者人之恶。子以死为乐,何也?"林类曰:"死之与生,一往一反。故死于是者,安知不生于彼?故吾知其不相若矣。吾又安知营营而求生非惑乎?亦又安知吾今之死不愈昔之生乎?"子贡闻之,不喻其意,还以告夫子。夫子曰:"吾知其可与言,果然;然彼得之而不尽者也。"

故事以林类拾遗穗于故畦开始,然后以子贡与林类问答的形式解释了生与死的关系问题。道家以为,生与死在形式上差异很大,但它们在本质上毫无区别,"死之与生,一往一反。故死于是者,安知不生于彼?……亦又安知吾今之死不愈昔之生乎?"理解这一点,就能做到达生乐死,又怎么会有生的贪恋和死的恐惧呢?故事以子贡不懂其意,"还以告夫子"作为结束。首尾照应,故事完整,深奥的道理巧妙地寄寓于人物的对话中,既没有补缀之感,又让读者在欣赏故事的同时接受了思想的洗礼与熏陶。

（二）修辞手法的大量使用

在叙事过程中,为了提高表达效果有时需要运用一些特定的表达形式,这些特定的表达形式就是我们所说的修辞手法,如夸张、比喻、对比等。《列子》寓言叙事中也经常使用以上修辞手法,以便更有效地实现叙事目的。

1. 超越极限的夸张

夸张是为了某种表达效果的需要,运用丰富的想象力对事物的形象、特征、程度等方面有意夸大或夸小的一种修辞方法,它可以起到启发读者想象力和加强话语力量的作用。《列子》中为了追求叙述话语的力量感以及思想表达的接受效果,在寓言中大量使用了极限化的夸张语言,以便突出事物的形象特征,加强作者感情的流露。如《黄帝》篇"周宣王之牧正"章,为了突出梁鸯驯服百兽的高超技能,寓言中写到"役人梁鸯者,能养野禽兽,委食于园庭之内,虽虎狼雕鹗之类,无不柔驯者。雄雌在前,孳尾成群,异类杂居,不相搏噬也"。残杀、强食,是猛兽的本性,驯化的程度再高,禽兽们之间也不可能相安共处,此处的夸张性描写就是为了凸显梁鸯的驯兽技能。

根据夸张的指向性不同,夸张手法又分为夸大式和夸小式两种,此处的"大"和"小",既有数量上的指向,也有程度上的含义。夸大式夸张是把事物往大、往强、往多、往深、往急等程度高的方向进行的夸饰;夸小式夸张是把事物往小、往弱、往少、往浅、往慢等程度低的方向进行的夸饰。

第一种:夸大式夸张。

　　《列子》中的夸张手法大多属于夸大式夸张,如《黄帝》篇"孔子观于吕梁"章中描写水势之大、之急,"悬水三十仞,流沫三十里,鼋鼍鱼鳖之所不能游也",在数量和程度上都进行了文学的夸饰加工。再如《汤问》篇"匏巴鼓琴"章,开篇就使用夸张手法,匏巴鼓琴的效果竟然能让鸟儿飞舞,鱼儿跳跃。后面在称颂师文的弹奏技艺时,也使用了一连串的夸张手法:

> 　　于是当春而叩商弦以召南吕,凉风忽至,草木成实。及秋而叩角弦以激夹锺,温风徐回,草木发荣。当夏而叩羽弦以召黄钟,霜雪交下,川池暴冱。及冬而叩征弦以激蕤宾,阳光炽烈,坚冰立散。将终,命宫而总四弦,则景风翔,庆云浮,甘露降,澧泉涌。

当春奏乐,"凉风忽至,草木成实";当秋奏乐,"温风徐回,草木发荣";当夏奏乐,"霜雪交下,川池暴冱";当冬奏乐,"阳光炽烈,坚冰立散"。音乐固然能打动人的灵魂,能陶冶人的情操,但如果说音乐能够改换自然,改变环境,这只能说是叙事中使用了夸张手法,而且夸张的力度极不寻常,但它在表述效果方面却能给读者留下深刻的印象。

　　第二种:夸小式夸张。

　　《列子》中也有夸小式夸张的运用情况,如《汤问》篇"甘蝇"章中,描写纪昌射术的精湛,"乃以燕角之弧、朔蓬之簳射之,贯虱之心,而悬不绝",以蓬草之箭将"虱心"贯穿而线不绝,真是绝妙的夸小式夸张。尚不说虱子有没有心,即使有,也是微中之微,芒中之毫,毫中之末,用它来夸饰箭法之精准,再合适不过了。再如"魏黑卵以昵嫌杀丘邴章"章,描写来丹体、气之弱时写到,"虽怒,不能称兵以报之",作为正常人,竟连普通的兵刃都拿不起来,足见身体虚夸程度之甚。

　　此外,《列子》中也经常把夸小式夸张和夸大式夸张放在一起使用,从而更加强化所要表达的思想内涵。如《汤问》篇"均"章中,为了阐释"均"的无比威力时,叙事者叙述了詹何垂钓的寓言故事:

> 　　詹何以独茧丝为纶,芒针为钩,荆篠为竿,剖粒为饵,引盈车之鱼,于百仞之渊、汩流之中;纶不绝,钩不伸,竿不挠。

以茧丝为钓鱼之线,以麦芒为鱼钩,以细竹为竿,以半粒米为鱼饵,结果从百仞之渊钓的却是盈车之鱼,而且线不断,钩不直,竿不弯。需要突出"小"的时候,极力夸小,需要突出"大"的时候,极力夸大,就是为了明确地告诉人们:在凡人眼里超乎常理的事情在"知其理者"看来,没有什么值得惊奇的,只要用心专,动手均,上述结果人人可以做到。

文学语言中,夸张手法不仅是可以接受的,而且也是一种常见的语言表达方式,它可以强化表述的内容,如"沉鱼落雁之容"之类,也可以凸显感情的表达,如"白发三千丈"之类,也可以在合适的场合下起到调节气氛的作用,如"去年一滴相思泪,今日方流到嘴边"之类。合适的夸张虽然也会让人产生言过其实的感觉,但尚在可接受的范围之内,无伤大雅。反之,过度的夸张就会令人产生不实感和距离感,降低文意表达的可信度。《列子》中的夸饰描写固然能够强化表达效果,给接受者留下深刻印象,但许多内容夸饰的程度过分失真,使人产生一种遥远不实之感,仿佛所表述的内容不是我们生活中的事情,甚至不该属于人间之事,如蹈火不热、潜行不窒,如反山川、移城邑等,更应该属于神界、仙界才能发生的事情一样。

2. 无处不在的比喻

比,就是类比;喻,就是明白,晓得。比喻,就是用本质不同而又有相似点的事物作类比,以使要描绘的事物更为清楚,要说明的道理更加明白。《列子》叙事中即经常使用比喻这种修辞手法,以便让表达的内容更加生动可感,浅显易懂。

常规比喻中,本体(即本意)和喻体(即喻意)是构成比喻的主要成分。根据本体和喻体的不同形态,我们把《列子》中的比喻分为三种情况进行叙述:

第一种:本体和喻体都是具体可感的实物。

这种比喻,本体和喻体虽然存在性质上的差异,但两者都属于可感的具体实物,而且两者之间存在着某种可感的相似性,如《黄帝》篇"仲尼适楚"章中,在描述佝偻者心志专一、凝神承蜩的时候,叙事者用枯槁之木来描述痀偻者的具体身形,"吾处也,若橛株驹;吾执臂若槁木之枝。虽天地之大、万物之多,而唯蜩翼之知。"这位佝偻老人承蜩时的身形到底呈什么样的状态,如果我们仅以说明性语言去具体描述的话,恐怕很难表述到位,但用一个我们熟知的"橛株驹"、一个经常见到的"槁木之枝"去比喻,就让我们豁然知晓了老人承蜩时的那种虚静凝固的身体形态。而且,枯槁之木与老人的身体之间,也同时存在一种感觉上的相通之处。

再如"纪渻子为周宣王养斗鸡"章中对"木鸡"的比喻描写。经过纪渻子的精心驯化,斗鸡变得默然沉静,眼前所有的事物都很难引起它内心情绪上的丝毫波动。如何把鸡的这种情态完整地表达出来,恐怕绝非一言两语的事情,但文中非常巧妙地借助了比喻,仅用一"木"字,就把这只"德全"之鸡的真实神态表述得完美细致。

此类写法《列子》文本中还有多处,如《黄帝》篇"列御寇为伯昏督人射"章中的"犹象人"、"有神巫"章中的"块然独以其形立"、《周穆王》篇"周穆王"章中的"其宫榭若累块积苏焉"、《仲尼》篇"子列子既师壶丘子林"章中"果若欺魄焉"等。这些比喻中,以更为熟知的感知形象去描摹陌生的、不容易被接受的感知形象,让描写对象更为生动,更为鲜活。

第二种:本体和喻体都是可感知的,但本体是抽象的事物,喻体是形象的事物。

面对模糊的抽象之物,通过比喻的手法使之形象化、清晰化,即所谓"举也(他)物而以明之也"。当我们谈到这一表现手法时会情不自禁地想到李煜的名句"问君能有几多愁,恰似一江春水向东流",贺铸的名句"若问闲情都几许,一川烟草,满城风絮,梅子黄时雨",典型的化抽象为形象的描写方法。其实早在《列子》文本中,这一写法就已运用。如《汤问》篇"伯牙善鼓琴"章,伯牙所鼓之音调志在高山,如何把它表述出来?子期用一绝妙比喻将此抽象化的乐律形象地描摹出来,"善哉!峨峨兮若泰山!"伯牙所鼓之音改为志在流水,子期又用洋洋之江河予以描述,"善哉!洋洋兮若江河!"再如《黄帝》篇"列姑射山"章中,在描述神人的内心世界时,也是用形象的渊泉来描摹神人之心的静寂和幽深,使得本来只存在于感知想象中的事物变得有像可感,有形可寻。此类比喻尚有多处,如《天瑞》篇"粥熊"章中,以身体的衰老变化喻指宇宙万物"运转无已"的变化规律;再如《杨朱》篇"伯成子高不以一毫利物"章中的以毫毛喻指利益等。这种化抽象为形象的比喻方法,可把抽象的判断、认知、道理、情感转变为可触可感的形象或情境,在具化抽象的同时,也很好地渲染了一种可感知的氛围。

第三种:本体和喻体皆非实物,但本体更具抽象的哲学思辨性,而喻体更具生活现实的具体可感性。

《列子》是一部哲学著作,所以内容上主要是以说理为主。在述说道理的时候,为了让抽象的思想道理更容易为人所接受,《列子》中大量使用了"打比方"的叙述手法,让深奥的哲学道理变得浅显,变得更具认知性。比如《杨朱》篇"杨朱见梁王"章。杨朱称说自己治天下如运诸掌,而梁王则反讽他妻妾不能治,田园不能耘,何以妄谈治理天下。针对梁王的诘难,杨朱用打比方的方式将"治大者不治细"的道理说得形象生动,浅显易懂,"君见其牧羊者乎?百羊而群,使五尺童子荷箠而随之,欲东而东,欲西而西。使尧牵一羊,舜荷箠而随之,则不能前矣。""治大者不治小"的道理,相对而言要难懂一些,但牧羊一事却是大家司空见惯的,以尧舜牧羊和牧童牧羊效果对比的方式就让我们轻而易举地明白了叙述者要说的哲学道理,既简单又明了。此类比喻尚有多处,如《黄帝》篇"海上之人"章中,以鸥鸟从游的寓言故事作比,向人们阐释了"至言无言,至为无为"的道理,再如《说符》篇"鲁施氏有二子"章中,以施氏、孟氏之子的不同结局作比,解释了什么是"应事无方"。

比喻的作用是借助喻体将本体说得更清楚明白,更生动形象。因为《列子》是说理性的著作,需要深入地阐明道家之哲理,让读者易于接受这些思想道理,于是比较好的方法就是借用大量的比喻来帮助它更好地阐释思想,这也就解释了《列子》中比喻无处不在的原因了。

(三) 表现手法的运用

《列子》中在叙述寓言故事时也非常重视写作手法的运用,以此来提升内容的表现效果。

1. 对比

对比的方法是把具有明显差异、矛盾或对立的两个方面特意安排在一起,进行对照比较,来揭示真理,加深印象和启示。

写作过程中对比手法的运用,是为了通过彼此间的差异,来凸显作品内容的某一关键点,包括形象、特征、思想等。《列子》等诸子著作,多侧重道理的论说。在借助寓言故事说理的过程中,对比手法的合理运用会强化思想观点的接受力度。

根据构成方式的不同,对比又分为反物对比和反面对比两大类。

所谓反物对比,就是把相反或相对的两种事物安置在某个完整的艺术统一体中,在同一语境下去展示它们身上所体现的两种相反的特质,从而构成相辅相成的比照和呼应关系,最终让作者意欲阐释的思想道理在上述对比中显得更加突出,更加鲜明。比如《说符》篇"晋国苦盗"章:

> 晋国苦盗。有郄雍者,能视盗之貌,察其眉睫之间,而得其情。晋侯使视盗,千百无遗一焉。晋侯大喜,告赵文子曰:"吾得一人,而一国盗为尽矣,奚用多为?"文子曰:"吾君恃伺察而得盗,盗不尽矣,且郄雍必不得其死焉。"俄而群盗谋曰:"吾所穷者郄雍也。"遂共盗而残之。晋侯闻而大骇,立召文子而告之曰:"果如子言,郄雍死矣! 然取盗何方?"文子曰:"周谚有言:'察见渊鱼者不祥,智料隐匿者有殃。'且君欲无盗,莫若举贤而任之;使教明于上,化行于下,民有耻心,则何盗之为?"于是用随会知政,而群盗奔秦焉。

晋国长期困于盗贼之苦,晋侯欲寻灭盗之法。最先采纳以智灭盗之法,"用聪明以查是非",起用能"视盗之貌"的郄雍来查寻盗贼,结果"智者"郄雍为盗贼所害,晋侯灭盗的企图也随之破灭;后来采用化民之法,政教昌明于上,良俗形成于下,培养民众的羞耻之心,结果"群盗奔秦焉"。"晋国苦盗"章主要宣扬了"绝圣弃智"的道家思想,"以智治国,国之贼;不以智治国,国之福",本章作者借用晋国灭盗的两种不同方法形象鲜明地反衬了以智治国的危害,"察见渊鱼者不祥,智料隐匿者有殃","智之为患,岂虚有哉?"结论清晰鲜明。

再如《杨朱》篇的"天下之美"章:

> 杨朱曰:天下之美归之舜、禹、周、孔,天下之恶归之桀纣。然而舜耕于河阳,陶于雷泽,四体不得暂安,口腹不得美厚;父母之所不爱,弟妹之所不亲。行年三十,不告而娶。及受尧之禅,年已长,智已衰。商钧不才,禅位于禹,戚戚然以至于死:此天人之穷毒者也。鲧治水土,绩用不就,殛诸羽山。禹纂业事雠,惟荒土功,子产不字,过门不入;身体偏枯,手足胼胝。及受舜禅,卑宫室,美绂冕,戚戚然以至于死:此天人之忧苦者也。武王既终,成王幼弱,周公摄天子之政。邵公不悦,四国流言。居东三年,诛兄放弟,仅免其身,戚戚然以至于死:此天人之危惧者也。孔子明帝王之道,应时君之聘,伐树于宋,削迹于卫,穷于商周,围于陈蔡,受屈于季氏,见辱于阳虎,戚戚然以至于死:此天民之遑遽者也。凡彼四圣者,生无一日之欢,死有万世之名。名者,固非实之所取也。虽称之弗知,虽赏之不知,与株块无以异矣。桀藉累世之资,居南面之尊,智足以距群下,威足以震海内;恣耳目之所娱,穷意虑之所为,熙熙然以至于死:此天民之逸荡者也。纣亦藉累世之资,居南面之尊;威无不行,志无不从;肆情于倾宫,纵欲于长夜;不以礼义自苦,熙熙然以至于诛:此天民之放纵者也。彼二凶也,生有从欲之欢,死被愚暴之名。实者,固非名之所与也,虽毁之不知,虽称之弗知,此与株块奚以异矣。彼四圣虽美之所归,苦以至终,同归于死矣。彼二凶虽恶之所归,乐以至终,亦同归于死矣。

名实观,是先秦诸子关于概念与本质、名声与现实之间关系的哲学思考。儒家哲学主张名实相符、言行一致,认为"名不正,则言不顺;言不顺,则事不成。"墨家则主张重其实,轻其名,"非以其名也,以其取也",如果只会谈讲事物的名称而对实际事物不能正确取舍,那是没有任何现实意义的。名家虽然肯定了名是实的称谓,但又指出了名与实之间的距离与差异。道家对于名实观也非常感兴趣,《老子》首先提出了名称的相对性问题,"名可名,非常名","道常无名",从哲学上指出了"名"的局限性。《庄子》认为实乃名之根本,没有实则无以言名,"名者,实之宾也"。《列子》"天下之美"章全篇谈论的也是名与实的关系,借用重名的虞舜、大禹、周公、孔丘的例子来说明生前勤苦、死后留名的做法,是很不现实的,因为死后无论多好的美名,对于死者而言都是虚无的东西,"凡彼四圣者,生无一日之欢,死有万世之名。名者,固非实之所取也。虽称之弗知,虽赏之不知,与株块无以异矣";与之相对,借用夏桀、商纣的例子作比,说明生前的获取更加实惠,骂名、诅咒对于死者而言都无足轻重,"彼二凶也,生有从欲之欢,死被愚暴之名。实者,固非名之所与也,虽毁之不知,虽称之弗知"。最后,在对比中凸显守节留名做法的迂腐无用,"彼四圣虽美之所归,苦以至终,同归于死矣。彼二凶虽恶之所归,乐以至终,亦同归于死矣"。在表达方法上,如果单纯地阐述思想观点,接受效果可能不会理想。此处发挥对比手法的功能,借用对比鲜明的两组历史人物的鲜活例证来寄寓上述思想,"将明至理之言,必举美恶之极以相对偶者也",表达效果的高低之分可想而知。

所谓反面对比,就是在同一语境中把事物或现象的矛盾的两个方面在相互对比中展示出来,突出被表现事物的本质特征,增强艺术感染力。在寓言中去运用这种手法,就会强化思想的表达效果,让深邃的观点在强烈的对比中显得明晰可辨。比如《说符》篇"鲁施氏有二子"章:

鲁施氏有二子,其一好学,其一好兵。好学者以术干齐侯;齐侯纳之,以为诸公子之傅。好兵者之楚,以法干楚王;王悦之,以为军正。禄富其家,爵荣其亲。施氏之邻人孟氏同有二子,所业亦同,而窘于贫。羡施氏之有,因从请进趋之方。二子以实告孟氏。孟氏之一子之秦,以术干秦王。秦王曰:"当今诸侯力争,所务兵食而已。若用仁义治吾国,是灭亡之道。"遂宫而放之。其一子之卫,以法干卫侯。卫侯曰:"吾弱国也,而摄乎大国之间。大国吾事之,小国吾抚之,是求安之道。若赖兵权,灭亡可待矣。若全而归之,适于他国,为吾之患不轻矣。"遂刖之,而还诸鲁。既反,孟氏之父子叩胸而让施氏。施氏曰:"凡得时者昌,失时者亡。子道与吾同,而功与吾异,失时者也,非行之谬也。且天下理无常是,事无常非。先日所用,今或弃之;今之所弃,后或用之。此用与不用,无定是非也。投隙抵时,应事无方,属乎智。智苟不足,使若博如孔丘,术如吕尚,焉往而不穷哉?"孟氏父子舍然无愠容,曰:"吾

　　知之矣。子勿重言！"

道家思想强调，处世要顺应自然之道，遵循客观外界的规律，做事要顺势而为，应时而动。施氏二子能够审时度势，故而分别被齐侯和楚王所器重。孟氏二子所学与施氏二子完全相同，在方法上也完全模仿施氏二子的做法，但结局却完全相反。究其因，则是因为孟氏二子不能因时而动，顺势而为：秦王急欲以兵戈雄霸天下，施氏之子却背其道而行之，以仁义之术劝诱秦王，他的结果可想而知；卫国本来就是个小国，又夹在大国之间，整日惶恐不安，施氏之子却极力鼓动卫侯以兵权谋划安国之策，自然遭到卫侯的拒绝，并因此而遭受刖刑。天下之道，应机则是，失会则非。孟氏之子与施氏之子同学仁义之道，同善韬略之能，但前者"得时者昌"，后者"失时者亡"。在强烈的对比中表明作者的思想观点：理无常是，事无常非，应机则是，失会则非。

　　对比这种手法如果运用得当的话，行文中甚至不需要再去专门花费笔墨阐释思想道理，只要把蕴藏有好与坏、善与恶、对与错等思想观点的正反例证并列展示出来，让读者在态度鲜明的对比之中轻而易举地辨明是非，吸纳思想。比如《说符》篇"牛缺"章：

　　　　牛缺者，上地之大儒也，下之邯郸，遇盗于耦沙之中，尽取其衣装车，牛步而去。视之欢然无忧丢之色。盗追而问其故。曰："君子不以所养害其所养。"盗曰："嘻！贤矣夫！"既而相谓曰："以彼之贤，往见赵君，使以我为，必困我。不如杀之。"乃相与追而杀之。燕人闻之，聚族相戒，曰："遇盗，莫如上地之牛缺也！"皆受教。俄而其弟适秦。至关下，果遇盗；忆其兄之戒，因与盗力争。既而不如，又追而以卑辞请物。盗怒曰："吾活汝弘矣，而追吾不已，迹将箸焉。既为盗矣，仁将焉在？"遂杀之，又傍害其党四五人焉。

牛缺，当世大儒。面对劫财之盗，牛缺欢然无忧丢之色，结果为贼所杀；燕人吸取牛缺之死的教训，遇盗贼时极力反抗，不舍其财，结果同样被杀。整个寓言故事全篇用比，没有多余的任何语言，也没有总结性的思想结论，只是将同一事物的两个不同方面单纯地并列展示出来，思想观点自在其中，"知时应理者，事至而不惑，时来而不失，动契其真，运合于变矣"。

　　恰当地使用对比手法，会让形象更加鲜明，感受更加强烈。

　　2. 映衬

　　所谓映衬手法，就是利用事物之间相类或相反的关系，以次要形象去映照衬托主要形象的写作技法,以达到烘云托月的效果。《列子》的寓言故事中,为表达得更加凸显明畅,在叙事时经常采用映衬的表现手法,以求在对象的比较中实现思想阐释的目标,如《周黄帝》篇"列子师老商氏"章。故事中连续交代了列子跟随老商氏学习之后的四次神态表现:三年之后,"心不敢念是非,口不敢言利害,始得夫子一眄而已";五年之后,"心庚念是非,口庚言利害,夫子始一解颜而笑";七年之后,"从心之所念,庚无是非;从口之所言,庚无利害,夫子始一引吾并席而坐";九年之后,"横心之所念,横口之所言,亦不知我之是非利害欤,亦不知彼之是非利害欤……"其实我们一眼就能看出,作者所要表达的无非就是最后的这种状态,这也是虚无思想所追求的终极修为,"心凝形释,骨肉都融;不觉形之所倚,足之所履,随风东西,犹木叶干壳",但为了更好地映衬这一境界,前面不厌其烦地描述了不同阶段、不同修为的不同情态。不同学习阶段的不同表现将人们的思想一步一步地引向虚静无滞的终极修为状态之中,很好地起到了铺垫和映衬的作用。再如"纪渻子为周宣王养斗鸡"章。对斗鸡驯养的最终目标就是"呆若木鸡",但前面非要将不同阶段的不同表现予以详细叙述,"十日而问:'鸡可斗已乎?'曰:'未也;方虚骄而恃气。'十日又问。曰:'未也;犹应影向。'十日又问。曰:'未也;犹疾视而盛气。'"最后导出作者的思想观点,"望之似木鸡矣。其德全矣"。但终极寓意的出现是在前文三次铺垫的基础上共同衬托而出的,既为读者留下了接受的空间,也给读者留下了深刻而清晰的情节记忆。

映衬手法包括正衬和反衬两种。

所谓正衬,就是映衬者和被映衬者的表意方向完全相同,朝着同一方向变化发展,最后衬托出故事所要表达的最终寓意,如《黄帝》篇"惠盎见宋康王"章:

> 惠盎见宋康王。康王蹀足謦欬,疾言曰:"寡人之所说者,勇有力也,不说为仁义者也。客将何以教寡人?"惠盎对曰:"臣有道于此,使人虽勇,刺之不入;虽有力,击之弗中。大王独无意邪?"宋王曰:"善;此寡人之所欲闻也。"惠盎曰:"夫刺之不入,击之不中,此犹辱也。臣有道于此,使人虽有勇,弗敢刺;虽有力,弗敢击。夫弗敢,非其志也。臣有道于此,使人本无其志也。夫无其志也,未有爱利之心也。臣有道于此,使天下丈夫女子莫不驩然皆欲爱利之。此其贤于勇有力也,四累之上也。大王独无意邪?"宋王曰:"此寡人之所欲得也。"惠盎对曰:"孔墨是已。孔丘墨翟无地而为君,无官而为长;天下丈夫女子莫不延

颈举踵而愿安利之。今大王，万乘之主也；诚有其志，则四竟之内皆得其利矣。其贤于孔墨也远矣。"宋王无以应。惠盎趋而出。宋王谓左右曰："辩矣，客之以说服寡人也！"

惠盎求见宋康王的目的是向他传布仁义思想的，但因为宋康王的肤浅而无法开门见山地托出自己的思想观点，于是惠盎只能先做铺垫，顺着康王的心理需求一步一步引向仁义思想，方向清晰，逻辑严密，最后令宋康王不得不承认，"客之以说服寡人也"。

所谓反衬，就是映衬者和被映衬者的表意方向不一致，甚至相反，最后在两者或多者的比较中托出作者的真实思想，如《说符》篇"秦穆公谓伯乐"章。秦穆公令伯乐推荐继任者，伯乐极力推荐了九方皋。穆公见完九方皋之后使行求马，三月而返报说，已找到良马，其特征为"牝而黄"，结果真实情况却是"牡而骊"，完全相反。于是秦穆公责难伯乐说，"败矣，子所使求马者！色物、牝牡尚弗能知，又何马之能知？"至此，前面的所有这些情节都只是铺垫，其目的是要由此引出作者的真实表达意图，"伯乐喟然太息曰：'一至于此乎？是乃其所以千万臣而无数者也。若皋之所观天机也，得其精而忘其粗，在其内而忘其外；见其所见，不见其所不见；视其所视，而遗其所不视。若皋之相者，乃有贵乎马者也。'马至，果天下之马也。"告诉我们：在形与质之间，质重而形轻。至人往往得其精而忘其粗，在其内而忘其外，俗人恰好相反，重形而轻质，见其外而蔽其内。再如《力命》篇"杨朱之友曰季梁"章：

　　　　杨朱之友曰季梁。季梁得病，七日大渐。其子环而泣之，请医。季梁谓杨朱曰："吾子不肖如此之甚，汝奚不为我歌以晓之？"杨朱歌曰："天其弗识，人胡能觉？匪祐自天，弗孽由人。我乎汝乎！其弗知乎！医乎巫乎！其知之乎？"其子弗晓，终谒三医。一曰矫氏，二曰俞氏，三曰卢氏，诊其所疾。矫氏谓季梁曰："汝寒温不节，虚实失度，病由饥饱色欲。精虑烦散，非天非鬼。虽渐，可攻也。"季梁曰："众医也。亟屏之！"俞氏曰："女始则胎气不足，乳湩有余。病非一朝一夕之故，其所由来渐矣，弗可已也。"季梁曰："良医也。且食之！"卢氏曰："汝疾不由天，亦不由人，亦不由鬼。禀生受形，既有制之者矣，亦有知之者矣。药石其如汝何？"季梁曰："神医也。重贶遣之！"俄而季梁之疾自瘳。

季梁病重，同时请来医生三人，矫氏、俞氏和卢氏，逐一为季梁诊疾看病。矫氏的诊断结论是"汝寒温不节，虚实失度，病由饥饱色欲"，病因着眼于病人的生活环境及生活习惯;俞氏的诊断结论是"始则胎气不足,乳湩有余",病因着眼于病人的先天条件;卢氏的诊断结论是"汝疾不由天,亦不由人,亦不由鬼",卢氏的观点是:病,亦病,亦非病,一切皆应虚静无为,顺遂自然。其实,无论是矫氏,还是俞氏,都是作者拿来映衬卢氏的,最终借卢氏之口来说出自己的哲学思想。

对于寓言在承载思想道理方面的作用,儿童文学家严文井先生评价说,"寓言是一座奇特的桥梁,通过它,可以从复杂走向简单,又可以从单纯走向丰富。在这座桥梁上来回走几遍,我们既看到五光十色的生活现象,又发现了生活的内在意义。寓言是一把钥匙,这把钥匙可以打开心灵之门,启发智慧,让思想活跃"①。正是寓言的这种桥梁般的功用,使得文明早期的人们在说理的时候都愿意借助它来承载自己所要宣扬的思想,无形中也增添了一种别样的趣味。同样是寓理于事,《列子》一书的寓言有着独特的艺术魅力,既借助于历史传说、历史轶事,又有别于历史史实,不追求历史的真实;既不能算是小说文学作品,却又具备了多方面的小说特质。同时,在寓言叙事方面又注重表达技巧,方式方法灵活多样,语言诙谐绮丽,为后世文人的叙事写作提供了很好的借鉴,正如钱锺书所论:"其(《列子》)手笔驾曹、徐而超嵇、陆,论文于建安、义熙之间,得不以斯人为巨擎哉?"②

《列子》一书的争议之声,千百年来从未断绝。这既是该书的悲哀,也是此书的魅力所在,很多时候,正是这些争议引导着我们在文献的海洋里不懈地遨游,在祖先智慧的天地中不断地学习进步。

孟子曾说:读其书,要知其人!《列子》虽然聚讼纷纭,但我们依然要尽可能了解掌握"其人"的大致情况,于是我们首先对列子其人的基本信息作了分析考辨,得出了带有自我特色的学术结论:历史上,列子实有其人,出身于郑国公族,以"子列"为氏,省称"列氏"。生活时代大致与郑相子阳相当,略早于庄周。该人性情超然,独立不群,40余年隐没于郑国圃泽,不为外人所知。思想上源起老子,类于庄周,以"贵虚"闻于诸子。其弟子及其后学将其思想言语归类成篇,以篇卷的形式流布于后世。流传过程中,部分内容有所残损。降及西汉之时,在整个时代的献书的风潮中,以残篇流传的列子思想内容得到世人的整理修补,同时也掺杂了其他的一些额外内容。待西汉末年刘向校理群书时,将世人所献列子诸篇汇总整理成书,即我们今天所见《列子》也。

---

① 严文井:《关于寓言的寓言》,胡汉祥编:《严文井研究专集》引,少年儿童出版社1994年版,第35页。

② 钱锺书:《管锥编》第二册,中华书局1979年版,第467—468页。

该书在永嘉之乱时又遭厄运,张湛费尽周折,得全原书 8 卷,"参校有无,始得全备",并为其作注。我们今天所见《列子》,即张湛当年整理的注释本。

正是由于《列子》书中掺杂的额外内容,导致后人纷纷质疑此书乃魏晋伪书,并提出了诸多立论"依据",其中尤以"杂有魏晋佛教思想"、"书中出现魏文帝曹丕"、"抄袭汲冢竹书"等几条影响最为显著。笔者在详细查考相关文献的基础上,对以上诸条"依据"逐一辨析,认为它们或者说法难以成立,或者不足以证明《列子》出于魏晋伪书一说。

首先,我们认为各民族之间文化交流的起始时间要远远早于目前文献所记,在交流方式上也是多样化、多渠道的,以文献为载体的信息传播仅仅是交流的形式之一。中原与西域、中国与古印度之间的佛教文化传播,也是如此。许多佛学观念、佛教故事,早在秦汉,甚至战国时期就已传入中国,传入的渠道或者是商旅往来,或者是战争难民……总之,《列子》中的佛学信息(《列子》中是否存有佛学信息,至今尚处争议之中)未必一定源于魏晋传入的佛教典籍。所以,以此为据来论证《列子》出于魏晋,是缺少说服力的。

其次,有人认为《列子》内容中的"皇子"乃魏文帝曹丕,并由此认为该书是汉魏之后的伪书。我们在细心爬梳文献的基础上发现,《列子》中的"皇子"不应该是魏文帝曹丕,更应该是春秋时期的思想者皇子告敖。该人出于郑国皇氏,与齐桓公生活于同一时代,在思想上有"贵衷"倾向。与其对话的"萧叔",亦出于郑国萧氏,或是萧叔大心,或是其后代。

第三,有人将《列子·周穆王》与汲冢竹书《穆天子传》进行对比后发现,二者之间存有相似的内容,于是以汲冢竹书《穆天子传》的出土时间为标准,认为《列子》出于晋后。从文献的历史传播角度看,此说亦存有逻辑上的漏洞。这一说法如要完全成立,其前提条件是:一是魏王(或云魏襄王,或云魏安釐王)以《穆天子传》为自己陪葬的时候,天下只有这一本《穆天子传》;二是魏王以《穆天子传》为自己陪葬的以后,《穆天子传》的书中内容不能以口耳相传的方式流传后世。很明显,上述条件是不可能同时满足的,所以这一"论据"也就自然失去了它证明的价值。

在"破"《列子》"魏晋伪书"一说之后,针对该书的生成时代问题,我们还要担负"立"的学术责任。

依据目前文献以及前人的学术研究成果,我们针对《列子》一书的生成问题提出了自己的看法:《列子》成书的上限是在汉惠帝去除挟书令之后,其下限是在刘向校订群书之时。如果胆量再大一点地说,很可能就是成于刘向之手,是刘向校理群书时首次将其汇聚成书。在此之前,《列子》诸篇是以单篇的形式流传于世。

参 考 文 献

著 作

《诗经注析》,程俊英、蒋见元著,中华书局 1991 年版。

《论语集释》,程树德撰,程俊英、蒋见元点校,中华书局 1990 年版。

《论语集解义疏》,(魏)何晏集解,(梁)皇侃义疏,《丛书集成》初编本。

《春秋左传注疏》,《四部备要》本。

《春秋公羊传注疏》,何休注,徐彦疏,黄侃经文句读,上海古籍出版社 1990 年版。

《张氏春秋集注》,张洽集注,文渊阁《四库全书》本。

《尔雅注疏》,(晋)郭璞注,(宋)邢昺疏:上海古籍出版社 2010 年版。

《尔雅义疏》,郝懿行撰,北京市中国书店 1982 年版。

《五礼通考》秦蕙田撰,文渊阁《四库全书》本。

《宋本广韵》,陈彭年等编,江苏教育出版社 2002 年 8 月影印巾箱本。

《逸周书》,孔晁注,《丛书集成》初编本。

《战国策》,刘向集录,上海古籍出版社 1978 年版。

《吕氏春秋译注》,张双棣等译注,北京大学出版社 2000 年版。

《史记》,司马迁撰,中华书局 1959 年版。

《汉书》,班固撰,中华书局 1962 年版。

《两汉纪》,荀悦等撰,张烈点校,中华书局 2002 年版。

《后汉书》,范晔撰,中华书局 1965 年版。

《三国志》,陈寿撰,中华书局 1959 年版。

《魏书》,魏收撰,中华书局 1974 年版。

《隋书》,魏徵等撰,中华书局 1973 年版。

《旧唐书》,刘昫等撰,中华书局 1975 年版。

《史记志疑》,梁玉绳撰,中华书局 1981 年版。

《汉书艺文志讲疏》,顾实著,商务印书馆 1924 年版。

《洛阳伽蓝记校释》,杨衒之撰,周祖谟校释,中华书局 1963 年版。

《唐会要》,王溥撰,中华书局 1955 年版。

《老子道德经河上公章句》,河上公撰,王卡点校,中华书局 1993 年版。

《老子指归》,严遵撰,王德有点校,中华书局 1994 年版。

《老子翼》,焦竑撰,《金陵丛书》本。

《老子校释》,朱谦之撰,中华书局 1984 年版。

《墨子閒诂》,孙诒让撰,孙启治点校,中华书局 2001 年版。

《列子集释》,杨伯峻撰,中华书局 1979 年版。

《列子译注》,严北溟、严捷撰,上海古籍出版社 1986 年版。

《孟子译注》,杨伯峻译注,中华书局 2005 年版。

《庄子集释》,郭庆藩撰,王孝鱼点校,中华书局 1961 年版。

《庄子解》,王夫之撰,王孝鱼点校,中华书局 1964 年版。

《荀子集解》,王先谦撰,沈啸寰、王星贤点校,中华书局 1988 年版。

《韩非子集解》,王先慎撰,钟哲点校,中华书局 1998 年版。

《吕氏春秋新校释》,陈其猷校释,上海古籍出版社 2002 年版。

《新书》,贾谊撰,《丛书集成》新编本。

《淮南鸿烈集解》,刘文典撰,冯逸、乔华点校,中华书局 1989 年版。

《淮南子集释》,何宁撰,中华书局 1998 年版。

《韩诗外传集释》,韩婴撰,许维遹集释,中华书局 1980 年版。

《说苑今注今译》,卢元骏注译,(台北)商务印书馆 1979 年版。

《论衡》,王充撰,明通津草堂刊本。

《穆天子传》,郭璞注,洪颐煊校,《平津馆丛书》,清嘉庆中兰陵孙氏刊本。

《穆天子传汇校集释》,王贻梁、陈建民选,华东师范大学出版社 1994 年版。

《博物志校证》,张华撰,范宁校证,中华书局 1980 年版。

《搜神记》,干宝撰,汪绍楹校注,中华书局 1979 年版。

《抱朴子内篇校释》,葛洪撰,王明校释,中华书局 1985 年版。

《白话文心雕龙》,刘勰原著,郭晋稀译注,岳麓书社 1997 年版。

《弘明集》,释僧祐编,《四部备要》本。

《广弘明集》,释道宣编,《四部备要》本。

《法苑珠林校注》,释道世撰,周叔迦、苏晋仁校注,中华书局 2003 年版。

《酉阳杂俎》,段成式,中华书局 1981 年版。

《云笈七签》,张君房编,李永晟点校,中华书局 2003 年版。

《黄氏日钞》,黄震撰,文渊阁《四库全书》,(台北)商务印书馆 1983 年版。

[日]大正新修《大藏经》,佛陀教育基金会 1990 年印赠。

《楚辞补注》,洪兴祖撰,白化文等校点,中华书局 1983 年版。

《屈原集校注》,金开诚、董洪利、高路明著,中华书局 1996 年版。

《释名》,刘熙撰,《古今逸史》本。

《王弼集校释》,王弼著,楼宇烈校释,中华书局 1980 年版。

《古诗十九首集释》,隋树森编著,中华书局 1955 年版。

《经典释文》,陆德明撰,上海古籍出版社影印宋刻本。

《柳宗元集》,柳宗元撰,中华书局 1979 年版。

《太平御览》,李昉等编集,中华书局 1960 年版。

《容斋随笔》,洪迈著,上海古籍出版社 1978 年版。

《昭德先生郡斋读书志》,晁公武撰,《四部丛刊》三编本。

《考古质疑》,叶大庆撰,《丛书集成》初编本,中华书局1991年版。

《直斋书录解题》,陈振孙撰,徐小蛮、顾美华点校,上海古籍出版社1987年版。

《文献通考》,马端临撰,商务印书馆1925年版。

《困学纪闻》,王应麟撰,翁元圻注,商务印书馆1935年版。

《抄本聊斋文集》,蒲松龄著,中华全国图书馆文献缩微复制中心1998年出版。

《人表考》,梁玉绳撰,《二十五史》补编本。

《十七史商榷》,王鸣盛撰,《丛书集成》初编本。

《古书辨伪四种》,姚际恒等撰,商务印书馆1935年版。

《十驾斋养新录》,钱大昕撰,商务印书馆1935年版。

《文史通义校注》,章学诚著,中华书局1994年版。

《全上古三代秦汉三国六朝文》,严可君撰,中华书局1958年版。

《癸巳存稿》,俞正燮撰,商务印书馆1937年版。

《诸子平议》,俞樾撰,成都书局刊印。

《古书疑义举例五种》,俞樾等著,中华书局1956年版。

《札迻》,孙诒让撰,梁运华点校,中华书局1989年版。

《读子卮言》,江瑔撰,商务印书馆1917年版。

《黄氏逸书考》,黄奭撰,1934年江都朱长圻据甘泉黄氏原版补刊印本。

《先秦经籍考》,江侠菴编,商务印书馆1931年版。

《菿汉三言》,章太炎著,辽宁教育出版社2000年版。

《古书真伪及其年代》,梁启超演讲,周传儒、姚名达、吴其昌笔记,中华书局1955年版。

《佛学研究十八》篇,梁启超撰,中华书局1989年版。

《古小说钩沉》,鲁迅著,人民文学出版社1951年版。

《先秦史》,吕思勉著,上海古籍出版社1982年版。

《周秦诸子考》,刘汝霖著,文化学社1929年版。

《诸子与理学》,蒋伯潜、蒋祖怡著,上海书店出版社1997年版。

《先秦诸子系年》,钱穆著,中华书局1985年版。

《中国近三百年学术史》,钱穆著,商务印书馆1997年版。

《寒柳堂集》,陈寅恪著,上海古籍出版社1980年版。

《战国史》,杨宽著,上海人民出版社1955年版。

《古今典籍聚散考》,陈登原著,商务印书馆1936年版。

《伪书通考》,张心澂著,商务印书馆1939年版。

《罗根泽说诸子》,罗根泽著,上海古籍出版社2001年版。

《积微居小学述林》,杨树达著,中华书局1983年版。

《文献学论著辑要》,张舜徽选编,陕西人民出版社1985年版。

《周秦道论发微》,张舜徽著,中华书局1982年版。

《余嘉锡说文献学》,余嘉锡撰,上海古籍出版社2001年版。

《古今伪书考补证》,黄云眉著,山东人民出版社 1959 年版。

《先秦道法思想讲稿》,王叔岷著,台"北中央研究院"中国文哲研究所 1992 年版。

《老庄新论》,陈鼓应著,上海古籍出版社 1992 年版。

《西域文明史概论》,[日]羽田亨著,耿世民译,中华书局 2005 年版。

《中国哲学发展史》(秦汉),任继愈著,人民出版社 1985 年版。

《中国哲学发展史》(魏晋南北朝),任继愈著,人民出版社 1988 年版。

《中国道教史》(增订本),任继愈著,中国社会科学出版社 2001 年版。

《历代笑话集》,王利器辑录,上海古籍出版社 1981 年版。

《符号·初文与字母——汉字树》,饶宗颐著,上海书店出版社 2000 年版。

《五卷书》,季羡林译,人民文学出版社 1959 年版。

《中印文化关系史论文集》,季羡林著,三联书店 1982 年版。

《比较文学与民间文学》,季羡林著,北京大学出版社 1991 年版。

《两周文史论丛》,岑仲勉撰,中华书局 2004 年版。

《中外文化比较研究》,中国文化书院讲演录编委会编,三联书店 1988 年版。

《早期中西交通与交流史稿》,石云涛著,学苑出版社 2003 年版。

《佛教与中国文化》,张曼涛主编,上海书店 1987 年版。

《道藏源流考》,陈国符著,中华书局 1963 年版。

《文论十笺》,程千帆著,黑龙江人民出版社 1983 年版。

《两汉思想史》,徐复观著,华东师范大学出版社 2001 年版。

《东汉宗教史》,宋佩韦著,商务印书馆 1934 年版。

《中国书史》,陈彬龢、查猛济著,商务印书馆 1931 年版。

《简明中国佛教史》,[日]镰田茂雄著,郑彭年译,力生校,上海译文出版社 1986 年版。

《中西交通史料汇编》,张星烺编注,朱杰勤校订,中华书局 2003 年版。

《魏晋神仙道教》,胡孚琛著,人民出版社 1989 年版。

《道教概说》,李养正著,中华书局 1989 年版。

《周秦汉魏诸子知见书目》,严灵峰著,中华书局 1991 年版。

《中国道教史》(第一卷),卿希泰著,四川人民出版社 1988 年版。

《中国道教史》(第二卷),卿希泰著,四川人民出版社 1992 年版。

《中国老学史》,熊铁基著,福建人民出版社 1995 年版。

《秦汉新道家》,熊铁基著,上海人民出版社 2001 年版。

《西域文化史》,余太山主编,中国友谊出版社 1995 年版。

《中国佛学源流略讲》,吕澂著,中华书局 1979 年版。

《走出疑古时代》,李学勤著,辽宁大学出版社 1997 年版。

《庄骚传播接受史综论》,尚永亮师著,文化艺术出版社 2000 年版。

《西域之佛教》,[日]羽溪了谛著,贺昌群译,商务印书馆 1999 年版。

《稷下争鸣与黄老新学》,胡家聪著,中国社会科学出版社 1989 年版。

《佛教东传与中国佛教艺术》，吴焯著，浙江人民出版社1991年版。

《中国文献学新编》，洪湛侯著，杭州大学出版社1994年版。

《黄老学通论》，吴光著，浙江人民出版社1985年版。

《文献学概要》，杜泽逊著，中华书局2001年版。

《佛教与中国文化》，文史知识编辑部编，中华书局1988年版。

《中西叙事文学比较研究》，［美］丁乃通著，陈建宪、黄永林、李扬、余惠先译，华中师范大学民间文学研究室编，华中师范大学出版社1994年版。

《大众传播模式论》，［英］丹尼斯·麦奎尔、［瑞典］斯文·温德尔著，祝建华译，上海译文出版社1997年版。

《中古文学史论》，王瑶著，北京大学出版社1998年版。

《探古新痕》，金克木著，上海古籍出版社1998年版。

《传播文化与理解》，王政挺著，人民出版社1998年版。

《诸子学》，黄卓明著，北京大学出版社2000年版。

《〈列子〉真伪考辨》，马达著，北京出版社2000年版。

《诸子著作年代考》，郑良树著，北京图书馆出版社2001年版。

《姓名与中国文化》，何晓明著，人民出版社2001年版。

《中国道家新论》，陈广忠著，黄山书社2001年版。

《探索传播真谛的路径》，刘双、张春隆著，黑龙江人民出版社2002年版。

《中外神话与文明研究》，张启成著，学苑出版社2004年版。

《古文献与古史考论》，黄怀信著，齐鲁书社2003年版。

《道家及其对文学的影响》（修订本），李生龙著，岳麓书社2005年版。

《大众传播新论》，徐耀魁著，苏州大学出版社2005年版。

论　文

《论中国与阿尔泰部落的古代关系》，［苏］C.N.鲁金科，《考古学报》1957年第2期。

《近年来殷墟新出土的玉器》，郑振香、陈志达，《殷墟玉器》，文物出版社1982年版。

《西汉以前新疆和中原地区历史关系考索》，王炳华，《新疆大学学报》1984年第4期。

《〈列子〉考辨》，许抗生，《道家文化研究》第一辑。

《为张湛辩诬——〈列子〉非伪书考》，陈广忠，《道家文化研究》第十辑。

《〈列子〉是早期的道家黄老学著作》，胡家聪，《管子学刊》1999年第4期。

《"昆吾"考》《中华文史论丛》第五十八辑，余太山，上海古籍出版社1999年版。

《从寓言文学史的角度论证〈列子〉非魏晋人伪作》，马达，《常州工业学院学报》2000年第3期。

《〈列子〉中无佛家思想——〈列子〉非伪书证据之一》，管宗昌，《大连民族学院学报》2004年第4期。

《列子贵虚与贵正思想辨析》，刘佩德，《商丘师范学院学报》2016年第4期。

附录一：目前所见《列子》注本

（一）（晋）张湛《列子注》。

主要保存在以下几部丛书中：

1. 明人辑《道藏》洞神部，《冲虚至德真经四解》二十卷，（晋）张湛注，（唐）通事舍人卢重玄解，（宋）政和训，（宋）左丞范致虚解，和光散人高守元集。

2. （明）顾春辑《六子全书》，《冲虚至德真经》八卷，（周）列御寇撰，（晋）张湛注。

3. （明）卢之颐辑《合刻周秦经书十种》，《列子冲虚至德真经注》八卷，（晋）张湛撰。

4. （清）蒋凤藻辑《铁华馆丛书》，《冲虚至德真经》八卷，（周）列御寇撰，（晋）张湛注。

5. （清）王谟辑《增订汉魏丛书》子余类，《列子》八卷，（周）列御寇撰，（晋）张湛注。

6. （清）陈春辑《湖海楼丛书》，《列子》八卷附《列子冲虚至德真经释文》二卷，（周）列御寇撰，（晋）张湛注，（唐）殷敬顺释文，（宋）陈景元补遗。

7. （清）王子兴辑《十子全书》，《冲虚至德真经》八卷，（周）列御寇撰，（晋）张湛注，（唐）殷敬顺释文。

8. （清）鸿文书局辑《二十五子汇函》，《列子》八卷，（周）列御寇撰，（晋）张湛注，（唐）殷敬顺释文。

9. （清）浙江书局辑《二十二子》、《子书二十二种》，《列子》八卷，（周）列御寇撰，（晋）张湛注，（唐）殷敬顺释文。

10. （清）育文书局辑《子书二十八种》《列子》八卷，（周）列御寇撰，（晋）张湛注，（唐）殷敬顺释文。

11. （民国）张元济等辑《四部丛刊》，《列子》八卷，（周）列御寇撰，（晋）张湛注。

12. 中华书局辑《袖珍古书读本》、《四部备要》子部，《列子》八卷，（周）列御寇撰，（晋）张湛注，（唐）殷敬顺释文。

13. 国学整理社辑《诸子集成》第三册，《列子》八卷，（周）列御寇撰，（晋）张湛注。

　　另有补遗校正本：

　　（清）卢文弨对《列子》张湛注予以校正，汇成《列子张湛注校正》一卷，收入以下丛书：卢文弨辑《抱经堂丛书》、（清）徐友兰辑《绍兴先正遗书》第二集、商务印书馆辑《丛书集成初编》。

　　胡怀琛对《列子》张湛注进行补正，汇成《列子张湛注补正》一卷，收入胡朴安辑《朴学斋丛书》第一集。

　　（二）（唐）卢重玄《列子注》。

　　主要保存在以下几部丛书中：

　　1. 明人辑《道藏》洞神部，《冲虚至德真经四解》二十卷，（晋）张湛注，（唐）通事舍人卢重玄解，（宋）政和训，（宋）左丞范致虚解，和光散人高守元集。

　　2. （清）阮元辑《宛委别藏》，《列子注》八卷，（唐）卢重玄撰。

　　另有补遗校正本：（清）秦复恩对卢重玄《列子注》予以考证，汇成《卢注考证》一卷，收入秦复恩辑《石研斋四种》。

　　（三）（唐）殷敬顺《列子释文》。

　　主要保存在以下几部丛书中：

　　1. 明人辑《道藏》洞神部，《冲虚至德真经释文》二卷，（唐）殷敬顺撰，（宋）陈景元补遗。

　　2. （清）陈春辑《湖海楼丛书》，《列子》八卷附《列子冲虚至德真经释文》二卷，（周）列御寇撰，（晋）张湛注，（唐）殷敬顺释文，（宋）陈景元补遗。

　　3. （清）王子兴辑《十子全书》，《冲虚至德真经》八卷，（周）列御寇撰，（晋）张湛注，（唐）殷敬顺释文。

　　4. （清）鸿文书局辑《二十五子汇函》，《列子》八卷，（周）列御寇撰，（晋）张湛注，（唐）殷敬顺释文。

　　5. （清）浙江书局辑《二十二子》、《子书二十二种》，《列子》八卷，（周）列御寇撰，（晋）张湛注，（唐）殷敬顺释文。

　　6. （清）育文书局辑《子书二十八种》《列子》八卷，（周）列御寇撰，（晋）张湛注，（唐）殷敬顺释文。

　　7. 陈乃乾辑《周秦诸子斠注十种》，《列子释文》二卷附《考异》一卷，（唐）殷敬顺撰，（宋）陈景元补遗，《考异》（清）任大椿撰。

　　8. 中华书局辑《袖珍古书读本》、《四部备要》子部，《列子》八卷，（周）列御寇撰，（晋）张湛注，（唐）殷敬顺释文。

　　9. 商务印书馆辑《道藏举要》第三类，《冲虚至德真经释文》二卷，（唐）殷敬顺撰，（宋）陈景元补遗。

另有补遗校正本:

(宋)陈景元对殷敬顺《列子释文》予以补正,汇成《列子释文补遗》一卷,收入以下丛书:明人辑《道藏》洞神部、(民国)陈乃乾辑《周秦诸子斠注十种》、商务印书馆辑《道藏举要》第三类、(清)陈春辑《湖海楼丛书》、(清)任大椿撰《燕禧堂五种》。

(清)任大椿对殷敬顺《列子释文》又予以考证,汇成《列子释文考异》一卷,收入任大椿撰《燕禧堂五种》、陈乃乾辑《周秦诸子斠注十种》。

(四)(唐)陆德明《列子冲虚至德真经音义》。

主要保存于:(明)闵齐伋辑《三子合刊》,《列子冲虚至德真经音义》一卷,(唐)陆德明撰。

(五)(宋)林希逸《鬳斋列子口义》。

主要保存在以下几部丛书中:

1.(宋)林希逸撰《鬳斋三子口义》,《鬳斋列子口义》八卷,林希逸撰。

2. 明人辑《道藏》洞神部,《冲虚至德真经鬳斋口义》八卷,(宋)林希逸撰。

(六)(宋)江遹《冲虚至德真经解》。

主要保存在以下几部丛书中:

1. 明人辑《道藏》洞神部,《冲虚至德真经解》二十卷,(宋)江遹撰。

2.(清)彭定求辑、阎永和增《重刊道藏辑要》女集,《冲虚至德真经》,(周)列御寇撰,(宋)江遹解。

3.(清)纪晓岚等编《四库全书》道家类,《冲虚至德真经解》二十卷,(宋)江遹撰。

(七)宋徽宗《冲虚至德真经义解》。

保存在:明人辑《道藏》洞神部,《冲虚至德真经义解》六卷,宋徽宗著。

(八)(宋)政和《冲虚至德真经训》。

主要保存于:明人辑《道藏》洞神部,《冲虚至德真经四解》二十卷,(晋)张湛注,(唐)通事舍人卢重玄解,(宋)政和训,(宋)左丞范致虚解,和光散人高守元集。

(九)(宋)范致虚《冲虚至德真经解》。

主要保存于:明人辑《道藏》洞神部,《冲虚至德真经四解》二十卷,(晋)张湛注,(唐)通事舍人卢重玄解,(宋)政和训,(宋)左丞范致虚解,和光散人高守元集。

(十)(明)朱得之《列子通义》。

主要保存于:(明)朱得之撰《三子通义》,《列子通义》八卷,朱得之撰。

（十一）（明）焦竑《列子注释》。

主要保存于：（明）焦竑撰《注释九子全书》，《列子》一卷，（周）列御寇撰，焦竑注释，（明）翁正春评林。

（十二）张之纯《列子评注》。

主要保存于：（民国）张之纯撰《评注诸子菁华录》。

（十三）杨伯峻《列子集释》，龙门联合书局 1958 年版。

（十四）严北溟、严捷《列子译注》，上海古籍出版社 1986 年版。

此外，尚有一些先贤对于《列子》一书的评论，主要包括：（宋）李元卓撰《庄列十论》一卷，保存在明人辑《道藏》正乙部、（清）钱熙祚辑（钱培让、钱培杰续辑）《指海》第十四集中。（明）翁正春《列子评林》一卷，保存在焦竑《注释九子全书》中。（清）俞樾《列子评议》一卷，保存在俞樾撰《春在堂全书·诸子评议》中。马叙伦《列子伪书考》一卷，保存在《天马山房从箸》中。马达《〈列子〉真伪考辨》，北京出版社 2000 年版。

附录二:《列子》与其他文献内容对照表

卷第一 天瑞

（应参考宋人叶大庆《考古质疑》）

第一章:子列子居郑圃,四十年人无识者。国君卿大夫眎之,犹众庶也。国不足,将嫁于卫。弟子曰:"先生往无反期,弟子敢有所谒;先生将何以教？先生不闻壶丘子林之言乎？"子列子笑曰:"壶子何言哉？虽然,夫子尝语伯昏瞀人。吾侧闻之,试以告女。其言曰:有生不生,有化不化。不生者能生生,不化者能化化。生者不能不生,化者不能不化。故常生常化。常生常化者,无时不生,无时不化。阴阳尔,四时尔,不生者疑独,不化者往复。往复,其际不可终;疑独,其道不可穷。《黄帝书》曰:'谷神不死,是谓玄牝。玄牝之门,是谓天地之根。绵绵若存,用之不勤。'故生物者不生,化物者不化。自生自化,自形自色,自智自力,自消自息。谓之生化形色智力消息者,非也。"

《老子》第六章:谷神不死,是谓玄牝。玄牝之门,是谓天地根。绵绵若存,用之不勤。

第二章:子列子曰:"昔者圣人因阴阳以统天地。夫有形者生于无形,则天地安从生？故曰:有太易,有太初,有太始,有太素。太易者,未见气也;太初者,气之始也;太始者,形之始也;太素者,质之始也。气形质具而未相离,故曰浑沦。浑

（汉）郑康成注:《周易乾凿度·卷上》:昔者,圣人因阴阳定消息,立乾坤以统天地也。夫有形生于无形,乾坤安从生,故曰:有太易,有太初,有太始,有太素也。太易者未见气也,太初者气之始也,太始者形之始也,太素者质之始也,炁形质

沦者,言万物相浑沦而未相离也。视之不见,听之不闻,循之不得,故曰易也。易无形埒,易变而为一,一变而为七,七变而为九。九变者,究也;乃复变而为一。一者,形变之始也。清轻者上为天,浊重者下为地,冲和气者为人;故天地含精,万物化生。"

具而未离,故曰浑沦。浑沦者,言万物相浑成而未相离,视之不见,听之不闻,循之不得,故曰易也。易无形畔,易变而为一,一变而为七,七变而为九。九者,气变之究也,乃复变而为一。一者,形变之始,清轻者上为天,浊重者下为地。(《周易注疏·论易之三名》云:"故《干凿度》云:夫有形者生于无形,则乾坤安从而生,故有太易,有太初,有太始,有太素。太易者未见气也,太初者气之始也,太始者形之始也,太素者质之始也。气形质具而未相离谓之浑沌,浑沌者言万物相浑沌而未相离也,视之不见,听之不闻,循之不得,故曰易也。是知易理备,包有无而易象唯在于有者,盖以圣人作易,本以垂教,教之所备,本备于有。")

《周易·乾凿度·卷下》:《记象》曰:"困而不失,其所亨贞,大人吉以刚中也。文王因阴阳定消息,立乾坤统天地。夫有形者生于无形,则乾坤安从生,故曰:有太易,有太初,有太始,有太素。太易者未见气,太初者气之始,太始者形之始,太素者质之始,气形质具而未相离,故曰浑沦。言万物相浑沦而未相离,视之不见,聴之不闻,循之不得,故曰易也。易无形埒也,易变而为一,一变而为七,七变而为九。九者,气变之究也,乃复变而为一。一者,形变之始,清轻上为天,浊重下为地。"

第三章:子列子曰:"天地无全

功,圣人无全能,万物无全用。故天职生覆,地职形载,圣职教化,物职所宜。然则天有所短,地有所长,圣有所否,物有所通。何则? 生覆者不能形载,形载者不能教化,教化者不能违所宜,宜定者不出所位。故天地之道,非阴则阳;圣人之教,非仁则义;万物之宜,非柔则刚:此皆随所宜而不能出所位者也。故有生者,有生生者;有形者,有形形者;有声者,有声声者;有色者,有色色者;有味者,有味味者。生之所生者死矣,而生生者未尝终;形之所形者实矣,而形形者未尝有;声之所声者闻矣,而声声者未尝发;色之所色者彰矣,而色色者未尝显;味之所味者尝矣,而味味者未尝呈:皆无为之职也。能阴能阳,能柔能刚,能短能长,能员能方,能生能死,能暑能凉,能浮能沉,能宫能商,能出能没,能玄能黄,能甘能苦,能羶能香。无知也,无能也,而无不知也,而无不能也。"

第四章:<u>子列子适卫,食于道,从者见百岁髑髅,攓蓬而指,顾谓弟子百丰曰:"唯予与彼知而未尝生未尝死也。此过养乎? 此过欢乎?"种有几:若蛙为鹑得水为㿿,得水土之际,则为蛙蠙之衣。生于陵屯,则为陵舄。陵舄得郁栖,则为乌足。乌足之根为蛴螬,其叶为蝴蝶。蝴蝶胥也,化而为虫,生灶下,其状若脱,其名曰蚼掇。蚼掇千日,化而为鸟,其名曰乾余骨。乾余骨之沫</u>

《庄子·至乐》:<u>列子行食于道从,见百岁髑髅,攓蓬而指之曰:"唯予与汝知而未尝死,未尝生也。若果养乎? 予果欢乎?"种有几? 得水则为继,得水土之际则为鼃蠙之衣,生于陵屯则为陵舄,陵舄得郁栖则为乌足,乌足之根为蛴螬,其叶为胡蝶。胡蝶胥也化而为虫,生于灶下,其状若脱,其名为鸲掇。鸲掇千日为鸟,其名为干余骨。干余骨之沫为斯弥,斯弥为食醯。颐辂生</u>

为斯弥。斯弥为食醯颐辂。食醯颐辂生乎食醯黄軦,食醯黄軦生乎九猷。九猷生乎瞀芮,瞀芮生乎腐蠸。羊肝化为地皋,马血之为转鄰也,人血之为野火也。鹞之为鹯,鹯之为布穀,布穀久复为鹞也,鷰之为蛤也,田鼠之为鹑也,朽瓜之为鱼也,老韭之为苋也,老羭之为猨也,鱼卵之为虫。亶爰之兽自孕而生曰类。河泽之鸟视而生曰鶂。纯雌其名大胥,纯雄其名稺蜂。思士不妻而感,思女不夫而孕。后稷生乎巨迹,伊尹生乎空桑。厥昭生乎湿。醯鸡生乎酒。羊奚比乎不笋。久竹生青宁,青宁生程,程生马,马生人。人久入于机。万物皆出于机,皆入于机。	乎食醯,黄軦生乎九猷,瞀芮生乎腐蠸。羊奚比乎不箰,久竹生青宁;青宁生程,程生马,马生人,人又反入于机。万物皆出于机,皆入于机。
第五章:《黄帝书》曰:“形动不生形而生影,声动不生声而生响,无动不生无而生有。形,必终者也;天地终乎?与我偕终。终进乎?不知也。道终乎本无始,进乎本不久。有生则复于不生,有形则复于无形。不生者,非本不生者也;无形者,非本无形者也。生者,理之必终者也。终者不得不终,亦如生者之不得不生。而欲恒其生,画其终,惑于数也。精神者,天之分;骨骸者,地之分。属天清而散,属地浊而聚。精神离形,各归其真;故谓之鬼。鬼,归也,归其真宅。黄帝曰:‘精神入其门,骨骸反其根,我尚何存?’”	《老子指归·卷六·知不知》篇:[指归]:道德之教,自然是也。自然之验,影响是也。凡事有形声,取舍有影响,非独万物而已也。夫形动不生形而生影,声动不生声而生响,无不生无而生有,覆不生覆而生反。故道者以无为为治,而知者以多事为扰,婴儿以不知益,高年以多事损。由此观之愚为智巧之形也,智巧为愚之影也。无为,(逐)[遂]事之声也,遂事,无为之响也;智巧,扰乱之罗也;有为,败事之纲也。
第六章:人自生至终,大化有四:婴孩也,少壮也,老耄也,死亡也。其在婴孩,气专志一,和之至	

也;物不伤焉,德莫加焉。其在少壮,则血气飘溢,欲虑充起;物所攻焉,德故衰焉。其在老耄,则欲虑柔焉;体将休焉,物莫先焉。虽未及婴孩之全,方于少壮,间矣。其在死亡也,则之于息焉,反其极矣。

第七章:孔子游于太山,见荣启期行乎郕之野,鹿裘带索,鼓琴而歌。孔子问曰:"先生所以乐,何也?"对曰:"吾乐甚多:天生万物,唯人为贵。而吾得为人,是一乐也。男女之别,男尊女卑,故以男为贵;吾既得为男矣,是二乐也。人生有不见日月、不免襁褓者,吾既已行年九十矣,是三乐也。贫者士之常也,死者人之终也,处常得终,当何忧哉?"孔子曰:"善乎!能自宽者也。"

(魏)王肃《孔子家语·卷四·六本》:孔子游于泰山,见荣声期行乎郕之野,鹿裘带索,瑟瑟而歌。孔子问曰:"先生所以为乐者,何也?"期对曰:"吾乐甚多而至者三:天生万物,唯人为贵,吾既得为人,是一乐也。男女之别,男尊女卑,故人以男为贵,吾既得为男,是二乐也。人生有不见日月,不免襁褓者,吾既以行年九十五矣,是三乐也。贫者士之常,死者人之终,处常得终,当何忧哉?"孔子曰:"善哉!能自宽者也。"(第十三章)(《四部备要》本)

(晋)皇甫谧《高士传·卷上》:荣启期者,不知何许人也,鹿裘带索,鼓琴而歌。孔子游于泰山,见而问之曰:"先生何乐也?"对曰:"吾乐甚多:天生万物,唯人为贵,吾得为人矣,是一乐也。男女之别,男尊女卑,故以男为贵,吾既得为男矣,是二乐也。人生有不见日月,不免襁褓者,吾既已行年九十矣,是三乐也。贫者,士之常也。死者,民之终也。居常以待终何不乐也。"

《说苑·杂言》:孔子见荣启期,衣鹿皮裘,鼓瑟而歌。孔子问曰:"先生何乐也?"对曰:"吾乐甚多。天生万物惟人为贵,吾既已得

第八章:<u>林類年且百岁,底春被裘,拾遗穗于故畦,并歌并进。孔子适卫,望之于野。顾谓弟子曰:"彼叟可与言者,试往讯之!"子贡请行。逆之垄端,面之而叹曰:"先生曾不悔乎,而行歌拾穗?"林類行不留,歌不辍。子贡叩之不已,乃仰而应曰:"吾何悔邪?"子贡曰:"先生少不勤行,长不竞时,老无妻子,死期将至</u>:亦有何乐而拾穗行歌乎?"林類笑曰:"吾之所以为乐,人皆有之,而反以为忧。少不勤行,长不竞时,故能寿若此。老无妻子,死期将至,故能乐若此。"子贡曰:"寿者人之情,死者人之恶。子以死为乐,何也?"林類曰:"死之与生,一往一反。故死于是者,安知不生于彼?故吾知其不相若矣。吾又安知营营而求生非惑乎? 亦又安知吾今之死不愈昔之生乎?"子贡闻之,不喻其意,还以告夫子。夫子曰:"<u>吾知其可与言,果然</u>;然彼得之而不尽者也。"

第九章:子贡倦于学,告仲尼曰:"愿有所息。"仲尼曰:"生无所息。"子贡曰:"然则赐息无所乎?"仲尼曰:"有焉耳。<u>望其圹,睾如也,宰如也,坟如也,鬲如也,则知所息矣</u>。"子贡曰:"大哉死乎! 君子

为人,是一乐也。人以男为贵,吾既已得为男,是为二乐也。人生不免襁褓,吾年已九十五,是三乐也。夫贫者士之常也,死者民之终也,处常待终,当何忧乎?"(第二十七章)

(晋)皇甫谧《高士传·卷上》:<u>林类者,魏人也,年且百岁,底春被裘,拾遗穗于故畦,并歌并进。孔子适卫,望之于野,顾谓弟子曰:"彼叟可与言者,试往试之。"子贡请行,逆之陇端,面之而叹曰:"先生曾不悔乎,而行歌拾穗?"林类行不留,歌不辍。子贡叩之,不已,乃仰而应曰:"吾何悔邪?"子贡曰:"先生少不勤行,长不竞时,老无妻子,死期将至,亦有何乐而拾穗行歌乎?"林类笑曰:"吾之所以为乐,人皆有之,而反以为忧,少不勤行,长不竞时,故能寿若此。老无妻子,死期将至,故能乐若此。"子贡曰:"寿者人之情,死者人之恶,子以死为乐,何也?"林类曰:"死之与生,一往一反,故死于是者,安知不生于彼,故吾知其不相若矣,吾又安知营营而求生非惑乎? 亦又安知吾今之死不愈昔之生乎?"子贡闻之,不喻其意,还以告夫子。夫子曰:"吾知其可与言,果然。"</u>

《荀子·大略》:子贡问于孔子曰:"赐倦于学矣,愿息事君。"孔子曰:"《诗》云:'温恭朝夕,执事有恪。'事君难,事君焉可息哉!""然则赐愿息事亲"。孔子曰:"《诗》云:'孝子不匮,永锡尔类。'事亲

息焉,小人伏焉。"仲尼曰:"赐!汝知之矣。人胥知生之乐,未知生之苦;知老之惫,未知老之佚;知死之恶,未知死之息也。晏子曰:'善哉,古之有死也!仁者息焉,不仁者伏焉。'死也者,德之徼也。古者谓死人为归人。夫言死人为归人,则生人为行人矣。行而不知归,失家者也。一人失家,一世非之;天下失家,莫知非焉。有人去乡土、离六亲、废家业、游于四方而不归者,何人哉?世必谓之为狂荡之人矣。又有人锺贤世,矜巧能、修名誉、誇张于世而不知己者,亦何人哉?世必以为智谋之士。此二者,胥失者也。而世与一不与一,唯圣人知所与,知所去。"

难,事亲焉可息哉!""然则赐愿息于妻子"。孔子曰:《诗》云:'刑于寡妻,至于兄弟,以御于家邦。'妻子难,妻子焉可息哉!""然则赐愿息于朋友"。孔子曰:"《诗》云:'朋友攸摄,摄以威仪。'朋友难,朋友焉可息哉!""然则赐愿息耕"。孔子曰:"《诗》云:'昼尔于茅,宵尔索绹,亟其乘屋,其始播百谷。'耕难,耕焉可息哉!""然则赐无息者乎?"孔子曰:"望其圹,皋如也,嵲如也,鬲如也,此则知所息矣。"子贡曰:"大哉死乎!君子息焉,小人休焉。"

《孔子家语·卷五·困誓》:子贡问于孔子曰:"赐倦于学,困于道矣,愿息而事君,可乎?"孔子曰:"《诗》云:'温恭朝夕,执事有恪',事君之难也,焉可息哉?"曰:"然。则赐愿息而事亲。"孔子曰:《诗》云:'孝子不匮,永锡尔类',事亲之难也,焉可以息哉?"曰:"然。则赐请愿息于妻子。"孔子曰:"《诗》云:'刑于寡妻,至于兄弟,以御于家邦',妻子之难也,焉可以息哉?"曰:"然。则赐愿息于朋友。"孔子曰:"《诗》云:'朋友攸摄,摄以威仪',朋友之难也,焉可以息哉?"曰:"然。则赐愿息于耕矣。"孔子曰:"《诗》云:'昼尔于茅,宵尔索绹,亟其乘屋',其始播百谷耕之难也,焉可以息哉?"曰:"然。则赐将无所息者也。"孔子曰:"有焉!自望其广则睪如也,视其高则填如也,

察其从则隔如也,此其所以息也矣。”子贡曰:“大哉乎死也,君子息焉,小人休焉,大哉乎死也。”(第一章)

《晏子春秋·内篇谏上》:景公出游于公阜,北面望睹齐国曰:“呜呼!使古而无死,何如?”晏子曰:“昔者上帝以人之没为善,仁者息焉,不仁者伏焉。若使古而无死,丁公、太公将有齐国,桓、襄、文、武将皆相之,君将戴笠衣褐执铫耨以蹲行畎亩之中,孰暇患死!”公忿然作色,不说。(第十八章)(吴则虞《晏子春秋集释》,中华书局 1962 年 1 月版。)

第十章:或谓子列子曰:“子奚贵虚?”列子曰:“虚者无贵也。”子列子曰:“非其名也,莫如静,莫如虚。静也虚也,得其居矣;取也与也,失其所矣。事之破碼而后有舞仁义者,弗能复也。”

第十一章:粥熊曰:“运转亡已,天地密移,畴觉之哉?故物损于彼者盈于此。成于此者亏于彼。损盈成亏,随世随死。往来相接,间不可省,畴觉之哉?凡一气不顿进,一形不顿亏;亦不觉其成,亦不觉其亏。亦如人自世至老,貌色智态,亡日不异;皮肤爪发,随世随落,非婴孩时有停而不易也。间不可觉,俟至后知。”

第十二章:杞国有人忧天地崩坠,身亡所寄,废寝食者;又有忧彼之所忧者,因往晓之,曰:“天,积气耳,亡处亡气。若屈伸呼吸,终日在天中行止,奈何忧崩坠乎?"其人曰:"天果积气,日月星宿,不当坠耶?"晓之者曰:"日月星宿,亦积气中之有光耀者;只使坠,亦不能有所中伤。"其人曰:"奈地坏何?"晓者曰:"地积块耳,充塞四虚,亡处亡块。若躇步跐蹈,终日在地上行止,奈何忧其坏?"其人舍然大喜,晓之者亦舍然大喜。长庐子闻而笑之曰:"虹蜺也,云雾也,风雨也,四时也,此积气之成乎天者。山岳也,河海也,金石也,火木也,此积形之成乎地者也。知积气也,知积块也,奚谓不坏? 夫天地,空中之一细物,有中之最巨者。难终难穷,此固然矣;难测难识,此固然矣。忧其坏者,诚为大远;言其不坏者,亦为未是。天地不得不坏,则会归于坏。遇其坏时,奚为不忧哉?"子列子闻而笑曰:"言天地坏者亦谬,言天地不坏者亦谬。坏与不坏,吾所不能知也。虽然,彼一也,此一也。故生不知死,死不知生;来不知去,去不知来。坏与不坏,吾何容心哉?"

第十三章:舜问乎烝曰:"道可得而有乎?"曰:"汝身非汝有也,汝何得有夫道?"舜曰:"吾身非吾有,孰有之哉?"曰:"是天地之委形也。生非汝有。是天地之委和也。性命非汝有,是天地之委顺也。孙子非汝有,是天地之委蜕也。故行不知所往,处不知所持,食不知所以。天地强阳,气也;又胡可得而有邪?"

《庄子·知北游》:舜问乎丞曰:"道可得而有乎?"曰:"汝身非汝有也,汝何得有夫道?"舜曰:"吾身非吾有也,孰有之哉?"曰:"是天地之委形也;生非汝有,是天地之委和也;性命非汝有,是天地之委顺也;孙子非汝有,是天地之委蜕也。故行不知所往,处不知所持,食不知所味。天地之强阳气也,又胡可得而有邪？"

第十四章：齐之国氏大富，宋之向氏大贫；自宋之齐，请其术。国氏告之曰："吾善为盗。始吾为盗也。一年而给，二年而足，三年大穰。自此以往，施及州闾。"向氏大喜。喻其为盗之言，而不喻其为盗之道，遂逾垣凿室，手目所及，亡不探也。未及时，以赃获罪，没其先居之财。向氏以国氏之谬己也，往而怨之。国氏曰："若为盗若何？"向氏言其状。国氏曰："嘻！若失为盗之道至此乎？今将告若矣。吾闻天有时，地有利。吾盗天地之时利，云雨之滂润，山泽之产育，以生吾禾，殖吾稼，筑吾垣，建吾舍。陆盗禽兽，水盗鱼鳖，亡非盗也。夫禾稼、土木、禽兽、鱼鳖，皆天之所生，岂吾之所有？然吾盗天而亡殃。夫金玉珍宝，谷帛财货，人之所聚，岂天之所与？若盗之而获罪，孰怨哉？"向氏大惑，以为国氏之重罔己也，过东郭先生问焉。东郭先生曰："若一身庸非盗乎？盗阴阳之和以成若生，载若形；况外物而非盗哉？诚然，天地万物不相离也；仞而有之，皆惑也。国氏之盗，公道也，故亡殃；若之盗，私心也，故得罪。有公私者，亦盗也；亡公私者，亦盗也。公公私私，天地之德。知天地之德者，孰为盗耶？孰为不盗耶？"

卷第二　黄帝篇

第一章：黄帝即位十有五年，喜天下戴己，养正命，娱耳目，供鼻口，焦然肌色皯黣,昏然五情爽惑。又十有五年,忧天下之不治,竭聪明,进智力,营百姓,焦然肌色皯黣,昏然五情爽惑。黄帝乃喟然赞曰:"朕之过淫矣。养一己其患如此,治万物其患如此。"于是放万机,舍宫寝,去直侍,彻钟悬,减厨膳,退而闲居大庭之馆,斋心服形,三月不亲政事。昼寝而梦,游于华胥氏之国。华胥氏之国在弇州之西,台州之北,不知斯齐国几千万里;盖非舟车足力之所及,神游而已。其国无师长,自然而已。其民无嗜欲,自然而已。不知乐生,不知恶死,故无夭殇;不知亲己,不知疏物,故无爱憎;不知背逆,不知向顺,故无利害:都无所爱惜,都无所畏忌。入水不溺,入火不热。斫挞无伤痛,指擿无痟痒。乘空如履实,寝虚若处床。云雾不硋其视,雷霆不乱其听,美恶不滑其心,山谷不踬其步,神行而已。黄帝既寤,怡然自得,召天老、力牧、太山稽,告之,曰:"朕闲居三月,斋心服形,思有以养身治物之道,弗获其术。疲而睡,所梦若此。今知至道不可以情求矣。朕知之矣!朕得之矣!而不能以告若矣。"又二十有八年,天下大治,几若华胥氏之国,而帝登假。百姓号之,二百余年不辍。

第二章:列姑射山在海河洲中,<u>山上有神人焉,吸风饮露,不食五谷</u>;心如渊泉,形如处女;不偎不爱,仙圣为之臣;不畏不怒,愿悫为之

《庄子·逍遥游》:肩吾问于连叔曰:"吾闻言于接舆,大而无当,往而不返。吾惊怖其言,犹河汉而无极也;大有径庭,不近人情焉。"

使;不施不惠,而物自足;不聚不敛,而己无愆。阴阳常调,日月常明,四时常若,风雨常均,字育常时,年谷常丰;而土无札伤,人无夭恶,物无疵厉,鬼无灵响焉。

第三章:列子师老商氏,友伯高子;进二子之道,乘风而归。尹生闻之,从列子居,数月不省舍。因闲请蕲其术者,十反而十不告。尹生怼而请辞,列子又不命。尹生退。数月,意不已,又往从之。列子曰:"汝何去来之频?"尹生曰:"曩章戴有请于子,子不我告,固有憾于子。今复脱然,是以又来。"列子曰:"曩吾以汝为达,今汝之鄙至此乎?姬!将告汝所学于夫子者矣。自吾之事夫子友若人也,三年之后,心不敢念是非,口不敢言利害,始得夫子一眄而已。五年之后,心庚念是非,口庚言利害,夫子始一解颜而笑。七年

连叔曰:"其言谓何哉?""曰:'藐姑射之山,有神人居焉,肌肤若冰雪,(绰)[淖]约若处子。不食五谷,吸风饮露。乘云气,御飞龙,而游乎四海之外。其神凝,使物不疵疬而年谷熟。'吾以是狂而不信也。"连叔曰:"然。瞽者无以与乎文章之观,聋者无以与乎钟鼓之声。岂唯形骸有聋盲哉?夫知亦有之。是其言也,犹时女也。之人也,之德也,将磅礴万物以为一,世蕲乎乱,孰弊弊焉以天下为事!之人也,物莫之伤,大浸稽天而不溺,大旱金石流土山焦而不热。是其尘垢粃糠,将犹陶铸尧舜者也,孰肯以物为事!宋人资章甫而适诸越,越人断发文身,无所用之。尧治天下之民,平海内之政,往见四子藐姑射之山,汾水之阳,窅然丧其天下焉。"

《高士传·卷中·老商氏》:老商氏者,不知何许人也,列御寇师焉,兼友伯高子,而进于其道,尹生闻之,从列子居,数月不省舍。因问请蕲其术者,十反而十不告。尹生怼而请辞,列子又不命。尹生退,数月,意不已,又往从之。列子曰:"汝何去来之频?"尹生曰:"曩章戴有请于子,子不我告,固有憾于子。今复脱然,是以又来。"列子曰:"曩吾以汝为达,今汝之鄙至此乎?姬!将告汝所学于夫子者矣。自吾之学也,三年之后,心不敢念是非,口不敢言利害,始得老商一眄而已。五年之后,心庚念是非,口庚言利害,

之后,从心之所念,庚无是非;从口之所言,庚无利害,夫子始一引吾并席而坐。九年之后,横心之所念,横口之所言,亦不知我之是非利害欤,亦不知彼之是非利害欤;亦不知夫子之为我师,若人之为我友:内外进矣。而后眼如耳,耳如鼻,鼻如口,无不同也。心凝形释,骨肉都融;不觉形之所倚,足之所履,随风东西,犹木叶干壳。竟不知风乘我邪?我乘风乎?今女居先生之门,曾未浃时,而怼憾者再三。女之片体将气所不受,汝之一节将地所不载。履虚乘风,其可几乎?"尹生甚怍,屏息良久,不敢复言。

第四章:列子问关尹曰:"至人潜行不空,蹈火不热,行乎万物之上而不慄。请问何以至于此?"关尹曰:"是纯气之守也,非智巧果敢之列。姬!鱼语女。凡有貌像声色者,皆物也。物与物何以相远也?夫奚足以至乎先?是色而已。则物之造乎不形,而止乎无所化。夫得是而穷之者,焉得而正焉?彼将处乎不深之度,而藏乎无端之纪,游乎万物之所终始。壹其性,养其气,含其德,以通乎物之所造。夫若是者,其天守全,其神无郤,物奚自入焉?夫醉者之坠于车也,虽疾不死。骨节与人同,而犯害与人异,其神全也。乘亦弗知也,坠亦弗知也。死生惊惧不入乎其胸,是故遻物而不慴。彼得全于酒而犹若是,而况得全于天乎?圣人藏于天,故物莫之

老商始一解颜而笑。七年之后,从心之所念,庚无是非;从口之所言,庚无利害,老商始一引吾并席而坐。今女居先生之门,曾未浃时,履虚乘风其可几乎?"

《庄子·达生》:子列子问关尹曰:"至人潜行不窒,蹈火不热,行乎万物之上而不栗。请问何以至于此?"关尹曰:"是纯气之守也,非知巧果敢之列。居,予语女!凡有貌象声色者,皆物也,物与物何以相远?夫奚足以至乎先?是色而已。则物之造乎不形而止乎无所化,夫得是而穷之者,物焉得而止焉!彼将处乎不淫之度,而藏乎无端之纪,游乎万物之所终始,壹其性,养其气,合其德,以通乎物之所造。夫若是者,其天守全,其神无郤,物奚自入焉!夫醉者之坠车,虽疾不死。骨节与人同而犯害与人异,其神全也,乘亦不知也,坠亦不知也,死生惊惧不入乎其胸中,是故遻物而不慑。彼得全于酒而犹若是,而况得全于天乎?圣人藏于天,故莫之能

能伤也。"

　　第五章:列御寇为伯昏无人射,引之盈贯,措杯水其肘上,发之,镝矢复沓,方矢复寓。当是时也,犹象人也。伯昏无人曰:"是射之射,非不射之射也。当与汝登高山,履危石,临百仞之渊,若能射乎?"于是无人遂登高山,履危石,临百仞之渊,背逡巡,足二分垂在外,揖御寇而进之。御寇伏地,汗流至踵。伯昏无人曰:"夫至人者,上窥青天,下潜黄泉,挥斥八极,神气不变。今汝怵然有恂目之志,尔于中也殆矣夫!"

　　第六章:范氏有子曰子华,善养私名,举国服之;有宠于晋君,不仕而居三卿之右。目所偏视,晋国爵之;口所偏肥,晋国黜之。游其庭者侔于朝。子华使其侠客以智鄙相攻,强弱相凌。虽伤破于前,不用介意。终日夜以此为戏乐,国殆成俗。禾生、子伯,范氏之上客,出行,经坰外,宿于田更商丘开之舍。中夜,禾生、子伯二人相与言子华之名势,能使存者亡,亡者存;富者贫,贫者富。商丘开先窘于饥寒,潜于牖北听之。因假粮荷畚之子华之门。子华之门徒皆世族也,缟衣乘轩,缓步阔视。顾见商丘开年老力弱,面目黎黑,衣

伤也。"复雠者不折镆干,虽有忮心者不怨飘瓦,是以天下平均。故无攻战之乱,无杀戮之刑者,由此道也。不开人之天,而开天之天,开天者德生,开人者贼生。不厌其天,不忽于人,民几乎以其真!

　　《庄子·田子方》:列御寇为伯昏无人射,引之盈贯,措杯水其肘上,发之,适矢复沓,方矢复寓。当是时,犹象人也。伯昏无人曰:"是射之射,非不射之射也。尝与汝登高山,履危石,临百仞之渊,若能射乎?"于是无人遂登高山,履危石,临百仞之渊,背逡巡,足二分垂在外,揖御寇而进之。御寇伏地,汗流至踵。伯昏无人曰:"夫至人者,上窥青天,下潜黄泉,挥斥八极,神气不变。今汝怵然有恂目之志,尔于中也殆矣夫!"

冠不检,莫不眮之。既而狎侮欺诒,
攩拟挨扰,亡所不为。商丘开常无
愠容,而诸客之技单,惫于戏笑。遂
与商丘开俱乘高台,于众中漫言曰:
"有能自投下者赏百金。"众皆竞
应。商丘开以为信然,遂先投下,形
若飞鸟,扬于地,骺骨无硋。范氏之
党以为偶然,未讵怪也。因复指河
曲之淫隈曰:"彼中有宝珠,泳可得
也。"商丘开复从而泳之。既出,果
得珠焉。众昉同疑。子华昉令豫肉
食衣帛之次。俄而范氏之藏大火。
子华曰:"若能入火取锦者,从所得
多少赏若。"商丘开往无难色,入火
往还,埃不漫,身不焦。范氏之党以
为有道,乃共谢之曰:"吾不知子之
有道而诞子,吾不知子之神人而辱
子。子其愚我也,子其聋我也,子其
盲我也。敢问其道。"商丘开曰:
"吾亡道。虽吾之心,亦不知所以。
虽然,有一于此,试与子言之。曩子
二客之宿吾舍也,闻誉范氏之势,能
使存者亡,亡者存;富者贫,贫者富。
吾诚之无二心,故不远而来。及来,
以子党之言皆实也,唯恐诚之之不
至,行之之不及,不知形体之所措,
利害之所存也。心一而已。物亡迕
者,如斯而已。今昉知子党之诞我,
我内藏猜虑,外矜观听,追幸昔日
之不焦溺也,怛然内热,惕然震悸
矣。水火岂复可近哉?"自此之
后,范氏门徒路遇乞儿马医,弗敢
辱也,必下车而揖之。宰我闻之,
以告仲尼。仲尼曰:"汝弗知乎?

夫至信之人,可以感物也。动天地,感鬼神,横六合,而无逆者,岂但履危险,入水火而已哉? 商丘开信伪物犹不逆,况彼我皆诚哉? 小子识之!"

第七章:周宣王之牧正有役人梁鸯者,能养野禽兽,委食于园庭之内,虽虎狼雕鹗之类,无不柔驯者。雄雌在前,孳尾成群,异类杂居,不相搏噬也。王虑其术终于其身,令毛丘园传之。梁鸯曰:"鸯,贱役也,何术以告尔? 惧王之谓隐于尔也,且一言我养虎之法。凡顺之则喜,逆之则怒,此有血气者之性也。然喜怒岂妄发哉? 皆逆之所犯也。夫食虎者,不敢以生物与之,为其杀之之怒也;不敢以全物与之,为其碎之之怒也。时其饥饱,达其怒心。虎之与人异类,而媚养己者,顺也;故其杀之,逆也。"然则吾岂敢逆之使怒哉? 亦不顺之使喜。夫喜之复也必怒,怒之复也常喜,皆不中也。今吾心无逆顺者也,则鸟兽之视吾,犹其侪也。故游吾园者,不思高林旷泽;寝吾庭者,不愿深山幽谷,理使然也。

《庄子·人间世》:叶公子高将使于齐,问于仲尼曰:"王使诸梁也甚重,齐之待使者,盖将甚敬而不急。匹夫犹未可动,而况诸侯乎! 吾甚栗之。子常语诸梁也曰:'凡事若小若大,寡不道以欢成。事若不成,则必有人道之患;事若成,则必有阴阳之患。若成若不成而后无患者,唯有德者能之。'吾食也执粗而不臧,爨无欲清之人。今吾朝受命而夕饮冰,我其内热与! 吾未至乎事之情,而既有阴阳之患矣;事若不成,必有人道之患。是两也,为人臣者不足以任之,子其有以语我来!"仲尼曰:"天下有大戒二:其一,命也;其一,义也。子之爱亲,命也,不可解于心;臣之事君,义也,无适而非君也,无所逃于天地之间。是之谓大戒。是以夫事其亲者,不择地而安之,孝之至也;夫事其君者,不择事而安之,忠之盛也;自事其心者,哀乐不易施乎前,知其不可奈何而安之若命,德之至也。为人臣子者,固有所不得已。行事之情而忘其身,何暇至于悦生而恶死! 夫子其行可矣! 丘请复以所闻:凡交近则必相靡以信,远则必忠之以言,言必或传之。夫传两喜两怒之言,天下之难者也。夫两喜必多溢美之言,两怒必多溢恶之言。凡溢之类妄,妄则其信之也莫,莫则传言者殃。故《法言》曰:'传其常情,无传其溢言,则几乎全。'且以巧斗力者,始乎阳,常卒乎阴,(大)[泰]至则多奇巧;以礼饮酒者,始乎治,常卒乎乱,(大)[泰]至则多奇乐。凡事亦然。始乎谅,常卒乎鄙;其作始也简,其将毕也必巨。(夫)言者,风波也;行者,实丧也。(夫)风波易以动,实丧易以危。故忿设无由,巧言偏辞。兽死不择音,气息茀然,于是并生心厉。克核大至,则必有不肖之心应之,而不知其然也。苟为不知其然也,孰知其所终!故《法言》曰:'无迁令,无劝成。过度益也。'迁令劝成殆事,美成在久,恶成不及改,可不慎与!且夫乘物以游心,讬不得已以养中,至矣。何作为报也!莫若为致命。此其难者。"颜阖将傅卫灵公大子,而问于蘧伯玉曰:"有人于此,其德天杀。与之为无方,则危吾国;与之为有方,则危吾身。其知适足以知人之过,而不知其所以过。若然者,吾奈之何?"蘧伯玉曰:"善哉问乎!戒之,慎之,正女身也哉!形莫若就,心莫若和。虽然,之二者有患。就不欲入,和不欲出。形就而入,且为颠为灭,为崩为蹶。心和而出,且为声为名,为妖为孽。彼且为婴儿,亦与之为婴儿;彼且为无町畦,亦与之为无町畦;彼且为无崖,亦与之为无崖。达之,入于无疵。汝不知夫螳蜋乎？怒其臂以当车辙,不知其不胜任也,是其才之美者也。戒之,慎之！积伐而美者以犯之,几矣。汝不知夫养虎者乎？不敢以生物与之,为其杀之之怒也;不敢以全物与之,为其决之之怒也;时其饥饱,达其怒心。虎之与人异类而媚养己者,顺也;故其杀者,逆也。夫爱马者,以筐盛矢,以蜄盛溺。适有蚊虻仆缘,而拊之不时,则缺衔毁首碎胸。意有所至而爱有所亡,可不慎邪！"

第八章:颜回问乎仲尼曰:"吾尝济乎觞深之渊矣,津人操舟若神。吾问焉,曰:'操舟可学邪？'曰:'可;能游者可教也,善游者数能。乃若夫没人,则未尝见舟而谡操之者也。'吾问焉,而不告。敢问何谓也？"仲尼曰:"譆！吾与若玩其文也久矣,而未达其实,而固且道与。能游者可教也,轻水也;善游者之数能也,忘水也。乃若夫没人之未尝见舟也而谡操之也,彼视渊若陵,视舟之覆犹其车却也。覆却万物方陈乎前而不得入其舍。恶往而不暇？以瓦抠者巧,以钩抠者惮,以黄金抠者惛。巧一也,而有所矜,则重外也。凡重外者拙内。"

《庄子·达生》:颜渊问仲尼曰:"吾尝济乎觞深之渊,津人操舟若神。吾问焉,曰:'操舟可学邪？'曰:'可。善游者数能。若乃夫没人,则未尝见舟而便操之也。吾问焉而不吾告,敢问何谓也？"仲尼曰:"善游者数能,忘水也。若乃夫没人之未尝见舟而便操之也,彼视渊若陵,视舟之覆犹其车却也。覆却万方陈乎前而不得入其舍,恶往而不暇！以瓦注者巧,以钩注者惮,以黄金注者殙。其巧一也,而有所矜,则重外也。凡外重者内拙。"

第九章:孔子观于吕梁,悬水三十仞,流沫三十里,鼋鼍鱼鳖之所不能游也,见一丈夫游之。以为有苦而欲死者也,使弟子并流而承之。数百步而出,被发行歌,而游于棠行。孔子从而问之,曰:"吕梁悬水

《说苑·杂言》:孔子观于吕梁,悬水四十仞,环流九十里,鱼鳖不能过,鼋鼍不敢居,有一丈夫,方将涉之。孔子使人并崖而止之曰:"此悬水四十仞,圜流九十里,鱼鳖不敢过,鼋鼍不敢居,意者难可济

三十仞,流沫三十里,鼋鼍鱼鳖所不能游,向吾见子道之。以为有苦而欲死者,使弟子并流将承子。子出而被发行歌,吾以子为鬼也。察子,则人也。请问蹈水有道乎?”曰:“亡,吾无道。吾始乎故,长乎性,成乎命,与齎俱入,与汩偕出。从水之道而不为私焉,此吾所以道之也。”孔子曰:“何谓始乎故,长乎性,成乎命也?”曰:“吾生于陵而安于陵,故也;长于水而安于水,性也;不知吾所以然而然,命也。”

也!”丈夫不以错意,遂渡而出。孔子问:“子巧乎? 且有道术乎? 所以能入而出者何也?”丈夫曰:“始吾入,先以忠信,吾之出也,又从以忠信;忠信错吾躯于波流,而吾不敢用私。吾所以能入而复出也。”孔子谓弟子曰:“水而尚可以忠信,义久而身亲之,况于人乎?”(第二十四章)

《庄子·达生》:孔子观于吕梁,县水三十仞,流沫四十里,鼋鼍鱼鳖之所不能游也。见一丈夫游之,以为有苦而欲死也,使弟子并流而拯之。数百步而出,被发行歌而游于塘下。孔子从而问焉,曰:“吾以子为鬼,察子则人也。请问,蹈水有道乎?”曰:“亡,吾无道。吾始乎故,长乎性,成乎命。与齐俱入,与汩偕出,从水之道而不为私焉。此吾所以蹈之也。”孔子曰:“何谓始乎故,长乎性,成乎命?”曰:“吾生于陵而安于陵,故也;长于水而安于水,性也;不知吾所以然而然,命也。”

第十章:仲尼适楚,出于林中,见痀偻者承蜩,犹掇之也。仲尼曰:“子巧乎! 有道邪?”曰:“我有道也。五六月,累垸二而不坠,则失者锱铢;累三而不坠,则失者十一;累五而不坠,犹掇之也。吾处也,若橜株驹;吾执臂若槁木之枝。虽天地之大,万物之多,而唯蜩翼之知。吾不反不侧,不以万物易蜩之翼,何为而不得?”孔子顾谓弟子曰:“用志

《庄子·达生》:仲尼适楚,出于林中,见痀偻者承蜩,犹掇之也。仲尼曰:“子巧乎! 有道邪?”曰:“我有道也。五六月累丸二而不坠,则失者锱铢;累三而不坠,则失者十一;累五而不坠,犹掇之也。吾处身也,若橛株拘;吾执臂也,若槁木之枝;虽天地之大,万物之多,而唯蜩翼之知。吾不反不侧,不以万物易蜩之翼,何为而不得!”孔子顾

不分,乃疑于神。其疴偻丈人之谓乎!"丈人曰:"汝逢衣徒也。亦何知问是乎? 修汝所以,而后载言其上。"

　　第十一章:海上之人有好沤鸟者,每旦之海上,从沤鸟游,沤鸟之至者百住而不止。其父曰,"吾闻沤鸟皆从汝游,汝取来,吾玩之。"明日之海上,沤鸟舞而不下也。故曰,至言去言,至为无为。齐智之所知,则浅矣。

　　第十二章:赵襄子率徒十万狩于中山,藉芿燔林,扇赫百里。有一人从石壁中出,随烟烬上下。众谓鬼物。火过,徐行而出,若无所经涉者。襄子怪而留之。徐而察之:形色七窍,人也;气息音声,人也。问奚道而处石? 奚道而入火? 其人曰:"奚物而谓石? 奚物而谓火?"襄子曰:"而嚮之所出者,石也;而嚮之所涉者,火也。"其人曰:"不知也。"魏文侯闻之,问子夏曰:"彼何人哉?"子夏曰:"以商所闻夫子之言,和者大同于物,物无得伤阅者,游金石,蹈水火,皆可也。"文侯曰:"吾子奚不为之?"子夏曰:"刳心去智,商未之能。虽然,试语之有暇矣。"文侯曰:"夫子奚不为之?"子夏曰:"夫子能之而能不为者也。"文侯大说。

　　谓弟子曰:"用志不分,乃凝于神,其疴偻丈人之谓乎!"

　　《吕氏春秋·精谕》:海上之人有好蜻者,每居海上,从蜻游,蜻之至者百数而不止,前后左右尽蜻也,终日玩之而不去。其父告之曰:"闻蜻皆从女居,取而来,吾将玩之。"明日之海上,而蜻无至者矣。

　　张华《博物志·史补》:赵襄子率徒十万狩于中山,藉芳燔林,燀赫百里。有人从石壁中出,随烟上下,若无所经涉者。襄子以为物,徐察之,乃人也。问其奚道而处石? 奚道而入火? 其人曰:"奚物为石火?"襄子曰:"而向之所出者,石也;所入者,火也。"其人曰:"不知也。"魏文侯闻之,问于子夏曰:"彼何人哉?"子夏曰:"以商所闻于夫子,和者同于物,物无得而伤阅者,游金石之间及蹈于水火,皆可也。"文侯曰:"吾子奚不为之?"子夏曰:"刳心去智,商未能也。虽然,试语之有暇矣。"文侯曰:"夫子奚不为之?"子夏曰:"夫子能而不为之也。"文侯大悦。(《文渊阁四库全书》本)

　　张华《博物志·史补》:赵襄子率徒十万狩于中山,藉芳燔林,扇赫百里。有人从石壁中出,随烟上下,若无所之经涉者。襄子以为物,徐察之,乃人也。问其奚道而处石?

奚道而入火?"其人曰:"奚物为火?"其人曰:"不知也?"魏文侯闻之,问于子夏曰:"彼何人哉?"子夏曰:"以商所闻于夫子,和者同于物,物无得而伤,阅者游金石之间及蹈于水火皆可也。"文侯曰:"吾子奚不为之?"子夏曰:"刳心知智,商未能也。虽试语之,而即暇矣。"文侯曰:"夫子奚不为之?"子夏曰:"夫子能而不为。"文侯不悦。(范宁《博物志校证》,中华书局1980年1月版。范本以《秘书二十一种》本为底本。)

第十三章:有神巫自齐来处于郑,命曰季咸,知人死生、存亡、祸福、寿夭,期以岁、月、旬、日,如神。郑人见之,皆避而走。列子见之而心醉,而归以告壶丘子,曰:"始吾以夫子之道为至矣,则又有至焉者矣。"壶子曰:"吾与汝无其文,未既其实,而固得道与? 众雌而无雄,而又奚卵焉? 而以道与世抗,必信矣。夫故使人得而相汝。尝试与来,以予示之。"明日,列子与之见壶子。出而谓列子曰:"譆! 子之先生死矣,弗活矣,不可以旬数矣。吾见怪焉,见湿灰焉。"列子入,涕泣沾衿,以告壶子。壶子曰:"向吾示之以地文,罪乎不誫不止,是殆见吾杜德几也。尝又与来!"明日,又与之见壶子。出而谓列子曰:"幸矣,子之先生遇我也,有瘳矣。灰然有生矣,吾见杜权矣。"列子入告壶子。壶子曰:"向吾示之以天壤,名实不

《庄子·应帝王》:郑有神巫曰季咸,知人之死生存亡,祸福寿夭,期以岁月旬日,若神。郑人见之,皆弃而走。列子见之而心醉,归,以告壶子,曰:"始吾以夫子之道为至矣,则又有至焉者矣。"壶子曰:"吾与汝既其文,未既其实,而固得道与? 众雌而无雄,而又奚卵焉! 而以道与世亢,必信,夫故使人得而相(女)〔汝〕。尝试与来,以予示之。"明日,列子与之见壶子。出而谓列子曰:"嘻! 子之先生死矣! 弗活矣! 不以旬数矣! 吾见怪焉,见湿灰焉。"列子入,泣涕沾襟以告壶子。壶子曰:"向吾示之以地文,萌乎不震不正。是殆见吾杜德机也。尝又与来。"明日,又与之见壶子。出而谓列子曰:"幸矣子之先生遇我也! 有瘳矣,全然有生矣! 吾见其杜权矣。"列子入,以告壶子。壶子曰:"向吾示之以天壤,名实不

入,而机发于踵,此为杜权。是殆见吾善者几也。尝又与来!"明日,又与之见壶子。出而谓列子曰:"子之先生坐不斋,吾无得而相焉。试斋,将且复相之。"列子入告壶子。壶子曰:"向吾示之以太冲莫朕,是殆见吾衡气幾也。鲵旋之潘为渊,止水之潘为渊,流水之潘为渊,滥水之潘为渊,沃水之潘为渊,氿水之潘为渊,雍水之潘为渊,汧水之潘为渊,肥水之潘为渊,是为九渊焉。尝又与来!"明日,又与之见壶子。立未定,自失而走。壶子曰:"追之!"列子追之而不及,反以报壶子,曰:"已灭矣,已失矣,吾不及也。"壶子曰:"向吾示之以未始出吾宗。吾与之虚而猗移,不知其谁何,因以为茅靡,因以为波流,故逃也。"然后列子自以为未始学而归,三年不出,为其妻爨,食豨如食人,于事无亲,雕琢复朴,块然独以其形立;纷然而封戎,壹以是终。

第十四章:子列子之齐,中道而反,遇伯昏瞀人。伯昏瞀人曰:"奚方而反?"曰:"吾惊焉。""恶乎惊?""吾食于十浆,而五浆先馈。"伯昏瞀人曰:"若是,则汝何为惊己?"曰:"夫内诚不解,形谍成光,以外镇人心,使人轻乎贵老,而整其所患。夫浆人特为食羹之货,多余之赢;其为利也薄,其为权也轻,而犹若是。而况万乘之主,身劳于国,而智尽于事;彼将任我以事,而效我以功,吾是以惊。"伯昏瞀人曰:"善哉

入,而机发于踵。是殆见吾善者机也。尝又与来。"明日,又与之见壶子。出而谓列子曰:"子之先生不齐,吾无得而相焉。试齐,且复相之。"列子入,以告壶子。壶子曰:"吾向示之以太冲莫胜。是殆见吾衡气机也。鲵桓之审为渊,止水之审为渊,流水之审为渊。渊有九名,此处三焉。尝又与来。"明日,又与之见壶子。立未定,自失而走。壶子曰:"追之!"列子追之不及。反,以报壶子曰:"已灭矣,已失矣,吾弗及已。"壶子曰:"向吾示之以未始出吾宗。吾与之虚而委蛇,不知其谁何,因以为弟靡,因以为波流,故逃也。"然后列子自以为未始学而归,三年不出。为其妻爨,食豕如食人。于事无与亲,雕琢复朴,块然独以其形立。纷而封哉,一以是终。

《庄子·列御寇》:列御寇之齐,中道而反,遇伯昏瞀人。伯昏瞀人曰:"奚方而反?"曰:"吾惊焉。"曰:"恶乎惊?"曰:"吾尝食于十浆,而五浆先馈。"伯昏瞀人曰:"若是,则汝何为惊已?"曰:"夫内诚不解,形谍成光,以外镇人心,使人轻乎贵老,而蕰其所患。夫浆人特为食羹之货,[无]多余之赢,其为利也薄,其为权也轻,而犹若是,而况于万乘之主乎!身劳于国而知尽于事,彼将任我以事而效我以功,吾是以

观乎！汝处己,人将保汝矣。"无几何而往,则户外之屦满矣。伯昏瞀人北面而立,敦杖蹙之乎颐。立有间,不言而出。宾者以告列子。列子提履徒跣而走,暨乎门,问曰:"先生既来,曾不废药乎?"曰:"已矣。吾固告汝曰,人将保汝,果保汝矣。非汝能使人保汝,而汝不能使人无汝保也。而焉用之感也? 感豫出异。且必有感也,摇而本身,又无谓也。与汝游者,莫汝告也。彼所小言,尽人毒也。莫觉莫悟,何相孰也。"

第十五章:杨朱南之沛,老聃西游于秦,邀于郊。至梁而遇老子。老子中道仰天而叹曰:"始以汝为可教,今不可教也。"杨朱不答。至舍,进涫漱巾栉,脱履户外,膝行而前,曰:"向者夫子仰天而叹曰:'始以汝为可教,今不可教。'弟子欲请夫子辞,行不闲,是以不敢。今夫子闲矣,请问其过。"老子曰:"而睢睢而盱盱,而谁与居? 大白若辱,盛德若不足。"杨朱蹴然变容曰:"敬闻命矣。"其往也,舍者迎将家,公执席,妻执巾栉;舍者避席,炀者避灶。其反也,舍者与之争席矣。

第十六章:杨朱过宋,东之于逆旅。逆旅人有妾二人,其一人美,其一人恶;恶贵而美者贱。杨子问其故。逆旅小子对曰:"其美者自美,吾不知其美也;其恶者自恶,吾

惊。"伯昏瞀人曰:"善哉观乎！女处己,人将保女矣!"无几何而往,则户外之屦满矣。伯昏瞀人北面而立,敦杖蹙之乎颐,立有间,不言而出。宾者以告列子,列子提屦,跣而走,暨乎门,曰:"先生既来,曾不发药乎?"曰:"已矣,吾固告汝曰人将保汝,果保汝矣。非汝能使人保汝,而汝不能使人无保汝也,而焉用之感豫出异也! 必且有感,摇而本才,又无谓也。与汝游者又莫汝告也,彼所小言,尽人毒也。莫觉莫悟,何相孰也。巧者劳而知者忧,无能者无所求,饱食而遨游,泛若不系之舟,虚而遨游者也。"

《庄子·寓言》:阳子居南之沛,老聃西遊于秦,邀于郊,至于梁而遇老子。老子中道仰天而叹曰:"始以汝为可教,今不可也。"阳子居不答。至舍,进盥漱巾櫛,脱屦户外,膝行而前曰:"向者弟子欲请夫子,夫子行不闲,是以不敢。今闲矣,请问其过。"老子曰:"而睢睢盱盱,而谁与居? 大白若辱,盛德若不足。"阳子居蹵然变容曰:"敬闻命矣!"其往也,舍者迎将,其家公执席,妻执巾櫛,舍者避席,炀者避竈。其反也,舍者与之争席矣。

《庄子·山木》:阳子之宋,宿于逆旅。逆旅人有妾二人,其一人美,其一人恶,恶者贵而美者贱。阳子问其故,逆旅小子对曰:"其美者自美,吾不知其美也;其恶者自恶,

不知其恶也。"杨子曰:"弟子记之!行贤而去自贤之行,安往而不爱哉?"

第十七章:天下有常胜之道,有不常胜之道。常胜之道曰柔,常不胜之道曰强。二者亦知,而人未之知。故上古之言:强,先不己若者;柔,先出于己者。先不己若者,至于若己,则殆矣。先出于己者,亡所殆矣。以此胜一身若徒,以此任天下若徒,谓不胜而自胜,不任而自任也。粥子曰:"欲刚,必以柔守之;欲强,必以弱保之。积于柔必刚,积于弱必强。观其所积,以知祸福之乡。强胜不若己,至于若己者刚;柔胜出于己者,其力不可量。"老聃曰:"兵强则灭,木强则折。柔弱者生之徒,坚强者死之徒。"

吾不知其恶也。"阳子曰:"弟子记之!行贤而去自贤之行,安往而不爱哉!"

《韩非子·说林上》:杨子过于宋东之逆旅,有妾二人,其恶者贵,美者贱。杨子问其故,逆旅之父答曰:"美者自美,吾不知其美也;恶者自恶,吾不知其恶也。"杨子谓弟子曰:"行贤而去自贤之心,焉往而不美。"

《淮南子·原道》:故得道者,志弱而事强,心虚而应当。所谓志弱而事强者,柔毳安静,藏于不敢,行于不能,恬然无虑,动不失时,与万物回周旋转,不为先唱,感而应之。是故贵者必以贱为号,而高者必以下为基。托小以包大,在中以制外:行柔而刚,用弱而强,转化推移,得一之道而以少正多。所谓其事强者,遭变应卒,排患扞难,力无不胜,敌无不凌,应化揆时,莫能害之。是故欲刚者必以柔守之,欲强者必以弱保之。积于柔则刚,积于弱则强,观其所积,以知祸福之乡。强胜不若己者,至于若己者而同;柔胜出于己者,其力不可量。故兵强则灭,木强则折,革固则裂,齿坚于舌而先之敝。是故柔弱者生之幹也,而坚强者死之徒也。

今本《文子·道原》:夫得道者,志弱而事强,心虚而应当。志弱者,柔毳安静,藏于不取,行于不能,澹然无为,动不失时。故贵必以贱为本,高必以下为基。托小以包大,

第十八章：状不必童而智童，智不必童而状童。圣人取童智而遗童状，众人近童状而疏童智。状与我童者，近而爱之；状与我异者，疏而畏之。有七尺之骸，手足之异，戴发含齿，倚而趣者，谓之人；而人未必无兽心。虽有兽心，以状而见亲矣。傅翼戴角，分牙布爪，仰飞伏走，谓之禽兽；而禽兽未必无人心。虽有人心，以状而见疏矣。庖牺氏、女娲氏、神农氏、夏后氏，蛇身人面，牛首虎鼻：此有非人之状，而有大圣之德。夏桀、殷纣、鲁桓、楚穆，状貌七窍，皆同于人，而有禽兽之心。而众人守一状以求至智，未可几也。黄帝与炎帝战于阪泉之野，帅熊、罴、狼、豹、貙、虎为前驱，雕、鹖、鹰、鸢为旗帜，此以力使禽兽者也。<u>尧使夔典乐，击石拊石，百兽率舞；箫韶九成，凤凰来仪</u>：此以声致禽兽者也。然则禽兽之心，奚为异人？形音与人异，而不知接之之道焉。圣人无所不知，无所不通，故得引而使之焉。禽兽之智有自然与人童者，其齐欲摄生，亦不假智于人也：牝牡

在中以制外，行柔而刚，力无不胜，敌无不陵，应化揆时，莫能害之。<u>欲刚者必以柔守之，欲强者必以弱保之，积柔即刚，积弱即强，观其所积，以知存亡。强胜不若己者，至于若己者而格。柔胜出于己者，其力不可量。故兵强即灭，木强即折，革强而裂。齿坚于舌而先毙。故柔弱者生之幹也</u>，坚强者死之徒。

《尚书·益稷》：夔曰："戛击鸣球、搏拊、琴瑟，以咏。"祖考来格，虞宾在位，群后德让。下管鼗鼓，合止柷敔。<u>笙镛以间，鸟兽跄跄；《箫韶》九成，凤凰来仪</u>。夔曰："於！予击石拊石，百兽率舞，庶尹允谐。"（第九章）（李民、王健：《尚书译注》上海古籍出版社 2000 年 10 月版）

相偶,母子相亲;避平依险,违寒就温;居则有群,行则有列;小者居内,壮者居外;饮则相携,食则鸣群。太古之时,则与人同处,与人并行。帝王之时,始惊骇散乱矣。逮于末世,隐伏逃窜,以避患害。今东方介氏之国,其国人数数解六畜之语者,盖偏知之所得。太古神圣之人,备知万物情态,悉解异类音声。会而聚之,训而受之,同于人民。故先会鬼神魑魅,次达八方人民,末聚禽兽虫蛾。言血气之类心智不殊远也。神圣知其如此,故其所教训者无所遗逸焉。

第十九章:宋有狙公者,爱狙;养之成群,能解狙之意;狙亦得公之心。损其家口,充狙之欲。俄而匮焉,将限其食。恐众狙之不驯于己也,先诳之曰:"与若芋,朝三而暮四,足乎?"众狙皆起而怒。俄而曰:"与若芋,朝四而暮三,足乎?"众狙皆伏而喜。物之以能鄙相笼,皆犹此也。圣人以智笼群愚,亦犹狙公之以智笼众狙也。名实不亏,使其喜怒哉!

第二十章:纪渻子为周宣王养斗鸡,十日而问:"鸡可斗已乎?"

《庄子·齐物论》:可乎可,不可乎不可。道行之而成,物谓之而然。恶乎然?然于然。恶乎不然?不然于不然。物固有所然,物固有所可。无物不然,无物不可。故为是举莛与楹,厉与西施,恢恑憰怪,道通为一。其分也,成也;其成也,毁也。凡物无成与毁,复通为一。唯达者知通为一,为是不用而寓诸庸。庸也者,用也;用也者,通也;通也者,得也。适得而几矣。因是已。已而不知其然,谓之道。劳神明为一而不知其同也,谓之朝三。何谓朝三?狙公赋芋,曰:"朝三而暮四。"众狙皆怒。曰:"然则朝四而暮三。"众狙皆悦。名实未亏而喜怒为用,亦因是也。是以圣人和之以是非而休乎天钧,是之谓两行。

《庄子·达生》:纪渻子为王养斗鸡。十日而问:"鸡已乎?"曰:

曰:"未也;方虚骄而恃气。"十日又问。曰:"未也;犹应影响。"十日又问。曰:"未也;犹疾视而盛气。"十日又问。曰:"几矣。鸡虽有鸣者,已无变矣。望之似木鸡矣。其德全矣。异鸡无敢应者,反走耳。"

第二十一章:惠盎见宋康王。康王蹀足謦欬,疾言曰:"寡人之所说者,勇有力也,不说为仁义者也。客将何以教寡人?"惠盎对曰:"臣有道于此,使人虽勇,刺之不入;虽有力,击之弗中。大王独无意邪?"宋王曰:"善;此寡人之所欲闻也。"惠盎曰:"夫刺之不入,击之不中,此犹辱也。臣有道于此,使人虽有勇,弗敢刺;虽有力,弗敢击。夫弗敢,非无其志也。臣有道于此,使人本无其志也。夫无其志也,未有爱利之心也。臣有道于此,使天下丈夫女子莫不驩然皆欲爱利之。此其贤于勇有力也,四累之上也。大王独无意邪?"宋王曰:"此寡人之所欲得也。"惠盎对曰:"孔墨是已。孔丘墨翟无地而为君,无官而为长;天下丈夫女子莫不延颈举踵而愿安利之。今大王,万乘之主也;诚有其志,则四竟之内皆得其利矣。其贤于孔墨也远矣。"宋王无以应。惠盎趋而出。宋王谓左右曰:"辩矣,客之以说服寡人也!"

《吕氏春秋·顺说》:惠盎见宋康王,康王蹀足謦欬,疾言曰:"寡人之所说者,勇有力也,不说为仁义者。客将何以教寡人?"惠盎对曰:"臣有道于此:使人虽勇,刺之不入;虽有力,击之弗中。大王独无意邪?"王曰:"善!此寡人所欲闻也。"惠盎曰:"夫刺之不入,击之不中,此犹辱也。臣有道于此:使人虽有勇,弗敢刺;虽有力,不敢击。大王独无意邪?"王曰:"善!此寡人之所欲知也。"惠盎曰:"夫不敢刺,不敢击,非无其志也。臣有道于此:使人本无其志也。大王独无意邪?"王曰:"善!此寡人之所愿也。"惠盎曰:"夫无其志也,未有爱利之心也。臣有道于此:使天下丈夫女子莫不驩然皆欲爱利之。此其贤于勇有力也,居四累之上。大王独无意邪?"王曰:"此寡人之所欲得也。"惠盎对曰:"孔、墨是也。孔丘、墨翟,无地为君,无官为长。天下丈夫女子莫不延颈举踵,而愿安利之。今大王,万乘之主也,诚有其志,则四境之内皆得其利矣,其贤于孔、墨也远矣。"宋王无以应。惠盎趋而出,宋王谓左右曰:"辨矣!客之以说服寡人也。"宋王,俗主也,而心犹可服,因矣。因则贫贱可以胜富贵矣,小弱可以制强大矣。

《淮南子·道应》:惠孟见宋康王,蹀足謦欬疾言曰:"寡人所说者,勇有功也,不说为仁义者也,客将何以教寡人?"惠孟对曰:"臣有道于此,人虽勇,刺之不入;虽巧有力,击之不中。大王独无意邪?"宋王曰:"善!此寡人之所欲闻也。"惠孟云:"夫刺之而不入,击之而不中,此犹辱也。臣有道于此,使人虽有勇弗敢刺,虽有力不敢击。夫不敢刺,不敢击,非无其意也。臣有道于此,使人本无其意也。夫无其意,未有爱利之心也。臣有道于此,使天下丈夫女子,莫不欢然皆欲爱利之心,此其贤于勇有力也,四累之上也。大王独无意邪?"宋王曰:"此寡人所欲得也。"惠孟对曰:"孔、墨是已。孔丘、墨翟,无地而为君,无官而为长,天下丈夫女子,莫不延颈举踵而愿安利之者。今大王,万乘之主也。诚有其志,则四境之内,皆得其利矣。此贤于孔、墨也远矣!"宋王无以应。惠孟出。宋王谓左右曰:"辩矣,客之以说胜寡人也!"故老子曰:"勇于不敢则活。"由此观之,大勇反为不勇耳。

今本《文子·道德》:老子曰:"夫行道者,使人虽勇刺之不入,虽巧击之不中。夫刺之不入,击之不中,而犹辱也。未若使人虽勇不敢刺,虽巧不敢击。夫不敢者,非无其意也,未若使人无其意;夫无其意

卷第三　周穆王篇

第一章：<u>周穆王时，西极之国有化人来，入水火，贯金石；反山川，移城邑；</u>乘虚不坠，触实不硋。千变万化，不可穷极。既已变物之形，又且易人之虑。穆王敬之若神，事之若君。推路寝以居之，引三牲以进之，选女乐以娱之。化人以为王之宫室卑陋而不可处，王之厨馔腥蝼而不可飨，王之嫔御膻恶而不可亲。穆王乃为之改筑。土木之功，赭垩之色，无遗巧焉。五府为虚，而台始成。其高千仞，临终南之上，号曰中天之台。简郑卫之处子娥媌靡曼者，施芳泽，正娥眉，设笄珥，衣阿锡，曳齐纨。粉白黛黑，佩玉环。杂芷若以满之，奏承云、六莹、九韶、晨露以乐之。<u>月月献玉衣，旦旦荐玉食。</u>化人犹不舍然，不得已而临之。居亡几何，谒王同游。王执化人之祛，腾而上者，中天乃止。<u>暨及化人之宫。</u>化人之宫<u>构以金银，络以珠玉；</u>出云雨之上，而不知下之据，望之若屯云焉。耳目所观听，<u>鼻口所纳尝，皆非人间之有。</u>王实以为清都、紫微、钧天、广乐，帝之所居。王俯而视之，其宫榭若累块积苏焉。王自以居数十年不思其国也。化人复谒王同游，所及之处，仰不见日

者，未有爱利之心也，不若使天下丈夫女子莫不欢然皆欲爱利之。若然者，无地而为君，无官而为长，天下莫不愿安利之。故勇于敢则杀，勇于不敢则活。"

《金楼子·志怪》篇：<u>周穆王时，西极有化人，能入水火，贯金石，反山川，移城郭。</u>穆王为起中天之台，郑卫奏承云之乐，<u>月月献玉衣，日日荐玉食，</u>幻人犹不肯舍，乃携王至幻人之宫，构以金银，络以珠玉，鼻口所纳皆非人间物也。由是，王心厌宫室，幻人易之耳，王大悦，肆志远游。

月,俯不见河海。光影所照,王目眩不能得视;音响所来,王耳乱不能得听。百骸六藏,悸而不凝。意迷精丧,请化人求还。化人移之,王若殒虚焉。既寤,所坐犹曏者之处,侍御犹向者之人。视其前,则酒未清,肴未晞。王问所从来。左右曰:"王默存耳。"由此穆王自失者三月而复。更问化人。化人曰:"吾与王神游也,形奚动哉?且曩之所居,奚异王之宫?曩之所游,奚异王之圃?王闲恒有,疑暂亡。变化之极,徐疾之间,可尽模哉?"王大悦。不恤国事,不乐臣妾,肆意远游。命驾八骏之乘,右服䮽骝而左绿耳,右骖赤骥而左白䯌,主车则造父为御,离𦙶为右;次车之乘,右服渠黄而左逾轮,左骖盗骊而右山子,柏夭主车,参百为御,奔戎为右。驰驱千里,至于巨蒐氏之国。巨蒐氏乃献白鹄之血以饮王,具牛马之湩以洗王之足,及二乘之人。已饮而行,遂宿于昆崙之阿,赤水之阳。别日升于昆崙之丘,以观黄帝之宫;而封之以诒后世。遂宾于西王母,觞于瑶池之上。
西王母为王谣,王和之,其辞哀焉。西观日之所入。一日行万里。王乃叹曰:"於乎!予一人不盈于德而谐于乐。后世其追数吾过乎!"穆王几神人哉!能穷当身之乐,犹百年乃徂,世以为登假焉。

《穆天子传·卷三·古文》:吉日甲子,天子宾于西王母。乃执白圭玄璧以见西王母,好献锦组百纯,■组三百纯,西王母再拜受之。■乙丑,天子觞西王母于瑶池之上。西王母为天子谣。曰:"白云在天,山陵自出。道里悠远,山川间之。将子无死,尚能复来。"天子答之曰:"予归东土,和治诸夏。万民平均,吾顾见汝。比及三年,将复而野。"西王母又为天子吟曰:"徂彼西土,爰居其野。虎豹为群,于鹊与处。嘉命不迁,我惟帝女。彼何世民,又将去子。吹笙鼓簧,中心翔翔。世民之子,唯天之望。"天子遂驱升于弇山,乃纪丌迹于弇山之石,而树之槐,眉曰西王母之山,西王母[之山]还归丌■。

丁未,天子饮于温山。■考鸟。己酉,天子饮于溽水之上。乃发宪命,诏六师之人■其羽。爰有■薮水泽,爰有陵衍平陆,硕鸟解羽。六师之人毕至于旷原。曰天子三月舍于旷原。■天子大飨正公、诸侯、王勒、七萃之士。于羽琗之上,乃奏广乐。■六师之人翔畋于旷原,得获无疆,鸟兽绝群。六师之人大畋九日,乃驻于羽[琗]之■。收皮效物,[债]车受载,天子于是载羽百(车)[緷]。

己亥,天子东归,六师■起。庚子,至于■之山而休,以待六师之人。庚辰,天子东征。癸未,至于戊■之山,智氏之所处。■智■往天子于戊■之■。劳用白骖二疋、野马野牛四十、守犬七十。乃献食马四百、牛羊三千。曰智氏■。天子北游于□子之泽,智氏之夫献酒百■于天子。天子赐之狗璞采、黄金之婴二九、贝带四十、朱丹三百裹、桂姜百■,乃膜拜而受。乙酉,天子南征,东还。己丑,至于献水,乃遂东征。饮而行,乃遂东南。己亥,至于瓜纑之山,三周若城,阏氏胡氏之所保。天子乃遂东征,南绝沙衍。辛丑,天子渴于沙衍,求饮未至。七萃之士高奔戎刺其左骖之颈,取其清血以饮天子。天子美之,乃赐奔戎佩玉一只,奔戎再拜稽首。天子乃遂南征。甲辰,至于积山之□爰有□柏。曰□余之人命怀献酒于天子,天子赐之黄金之婴、贝带、朱丹七十裹。命怀乃膜拜而受。乙巳,■诸飦献酒于天子,天子赐之黄金之婴、贝带、朱丹七十裹。诸飦乃膜拜而受之。(王贻樑陈建敏《穆天子传汇校集释》华东师范大学出版社1994年4月版)

《穆天子传·卷四·古文》:……癸酉,天子命驾八骏之乘:右服□骝,而左绿耳,右骖赤蘎。而左白义。天子主车,造父为御,□□为右。次车之乘,右服渠黄而左踰轮,右骖盗骊而左子。柏夭主车,参百为御,奔戎为右。

天子乃遂东南翔行,驰驱千里,至于巨蒐之人□奴乃献白鹄之血,以饮天子。因具牛羊之湩,以洗天子之足。及二乘之人。甲戌,巨蒐之□奴觞天子于焚留之山,乃献马三百、牛羊五千、秋麦千车、膜稷三十车。……

第二章:老成子学幻于尹文先生,三年不告。老成子请其过而求退。尹文先生揖而进之于室。屏左右而与之言曰:"昔老聃之徂西也,顾而告予曰:'有生之气,有形之状,尽幻也。造化之所始,阴阳之所变者,谓之生,谓之死。穷数达变,因形移易者,谓之化,谓之幻。造物者其巧妙,其功深,固难穷难终。因形者其巧显,其功浅,故随起随灭。知幻化之不异生死也,始可与学幻矣。'吾与汝亦幻也,奚须学哉?"老成子归,用尹文先生之言深思三月;遂能存亡自在,憣校四时;冬起雷,夏造冰。飞者走,走者飞。终身不箸其术,故世莫传焉。子列子曰:"善为化者,其道密庸,其功同人。五帝之德,三王之功,未必尽智勇之力,或由化而成。孰测之哉?"

　　第三章:觉有八征,梦有六候。奚谓八征?一曰故,二曰为,三曰得,四曰丧,五曰哀,六曰乐,七曰生,八曰死。此者八征,形所接也。奚谓六候?一曰正梦,二曰蘁梦,三曰思梦,四曰寤梦,五曰喜梦,六曰惧梦。此六者,神所交也。不识感变之所起者,事至则惑其所由然,识感变之所起者,事至则知其所由然。知其所由然,则无所怛。一体之盈虚消息,皆通于天地,应于物类。故阴气壮,则梦涉大水而恐惧;阳气壮,则梦涉大火而燔焫;阴阳俱壮,则梦生杀。甚饱则梦与,甚饥则梦取。是以以浮虚为疾者,则梦扬;以沈实为疾者,则梦溺。藉带而寝则梦蛇,飞鸟衔发则梦飞。将阴梦火,将疾梦食。饮酒者忧,歌舞者哭。子列子曰:"神遇为梦,形接为事。

故昼想夜梦,神形所遇。故神凝者想梦自消。信觉不语,信梦不达;物化之往来者也。古之真人,其觉自忘,其寝不梦;幾虚语哉?"

第四章:西极之南隅有国焉。不知境界之所接,名古莽之国。阴阳之气所不交,故寒暑亡辨;日月之光所不照,故昼夜亡辨。其民不食不衣而多眠。五旬一觉,以梦中所为者实,觉之所见者妄。四海之齐谓中央之国,跨河南北,越岱东西,万有余里。其阴阳之审度,故一寒一暑;昏明之分察,故一昼一夜。其民有智有愚。万物滋殖,才艺多方。有君臣相临,礼法相持。其所云为不可称计。一觉一寐,以为觉之所为者实,梦之所见者妄。东极之北隅有国曰阜落之国。其土气常燠,日月余光之照。其土不生嘉苗。其民食草根木实,不知火食,性刚悍,强弱相藉,贵胜而不尚义;多驰步,少休息,常觉而不眠。

第五章:周之尹氏大治产,其下趣役者侵晨昏而弗息。有老役夫筋力竭矣,而使之弥勤。昼则呻呼而即事,夜则昏惫而熟寐。精神荒散,昔昔梦为国君。居人民之上,总一国之事。游燕宫观,恣意所欲,其乐无比。觉则复役。人有慰喻其勤者。役夫曰:"人生百年,昼夜各分。吾昼为仆虏,苦则苦矣;夜为人君,其乐无比。何所怨哉?"尹氏心营世事,虑锺家业,心形俱疲,夜亦昏惫而寤。昔昔梦为人仆,趋走作役,无不为也;数骂杖挞,无不至也。眠中啽呓呻呼,彻旦息焉。尹氏病之,以访其友。友曰:"若位足荣身,资财有余,胜人远矣。夜梦为仆,苦逸之复,数之常也。若欲觉梦兼之,岂可得邪?"尹氏闻其友言,宽其役夫之程,减己思虑之事,疾并少间。

　　第六章:郑人有薪于野者,遇骇鹿,御而击之,毙之。恐人见之也,遽而藏诸隍中,覆之以蕉。不胜其喜。俄而遗其所藏之处,遂以为梦焉。顺涂而咏其事。傍人有闻者,用其言而取之。既归,告其室人曰:"向薪者梦得鹿而不知其处;吾今得之,彼直真梦矣。"室人曰:"若将是梦见薪者之得鹿邪? 讵有薪者邪? 今真得鹿,是若之梦真邪?"夫曰:"吾据得鹿,何用知彼梦我梦邪?"薪者之归,不厌失鹿。其夜真梦藏之之处,又梦得之之主。爽旦,案所梦而寻得之。遂讼而争之,归之士师。士师曰:"若初真得鹿,妄谓之梦;真梦得鹿,妄谓之实。彼真取若鹿,而与若争鹿。室人又谓梦仞人鹿,无人得鹿。今据有此鹿,请二分之。"以闻郑君。郑君曰:"嘻!士师将复梦分人鹿乎?"访之国相。国相曰:"梦与不梦,臣所不能辨也。欲辨觉梦,唯黄帝孔丘。今亡黄帝孔丘,孰辨之哉? 且恂士师之言可也。"

　　第七章:宋阳里华子中年病忘,朝取而夕忘,夕与而朝忘;在涂则忘行,在室则忘坐;今不识先,后不识今。阖室毒之。谒史而卜之,弗占;谒巫而祷之,弗禁;谒医而攻之,弗已。鲁有儒生自媒能治之,华子之妻子以居产之半请其方。儒生曰:"此固非卦兆之所占,非祈请之所祷,非药石之所攻。吾试化其心,变其虑,庶几其瘳乎!"于是试露之,而求衣;饥之,而求食;幽之,而求明。儒生欣然告其子曰:"疾可已也。然吾之方密,传世不以告人。试屏左右,独与居室七日。"从之。莫知其所施为也,而积年之疾一朝都除。华子既悟,乃大怒,黜妻罚子,操戈逐儒生。宋人执而问其以。华子曰:"曩吾忘也,荡荡然不觉天地之有无。今顿识既往,数十年来存亡、得失、哀乐、好恶,扰扰万绪起矣。吾恐将来之存亡、得失、哀乐、好恶之乱吾心如此也,须臾之忘,可复得乎?"子贡闻而怪之,以告孔子。孔子曰:"此非汝所及乎!"顾谓颜回纪之。

第八章:秦人逢氏有子,少而惠,及壮而有迷罔之疾。闻歌以为哭,视白以为黑,飨香以为朽,尝甘以为苦,行非以为是:意之所之,天地、四方,水火、寒暑,无不倒错者焉。杨氏告其父曰:"鲁之君子多术艺,将能已乎?汝奚不访焉?"其父之鲁,过陈,遇老聃,因告其子之证。老聃曰:"汝庸知汝子之迷乎?今天下之人皆惑于是非,昏于利害。同疾者多,固莫有觉者。且一身之迷不足倾一家,一家之迷不足倾一乡,一乡之迷不足倾一国,一国之迷不足倾天下。天下尽迷,孰倾之哉?向使天下之人其心尽如汝子,汝则反迷矣。哀乐、声色、臭味、是非,孰能正之?且吾之此言未必非迷,而况鲁之君子迷之邮者,焉能解人之迷哉?荣汝之粮,不若遄归也。"

第九章:燕人生于燕,长于楚,及老而还本国。过晋国,同行者诳之;指城曰:"此燕国之城。"其人愀然变容。指社曰:"此若里之社。"乃喟然而叹。指舍曰:"此若先人之庐。"乃涓然而泣。指垄曰:"此若先人之冢。"其人哭不自禁。同行者哑然大笑,曰:"予昔绐若,此晋国耳。"其人大惭。及至燕,真见燕国之城社,真见先人之庐冢,悲心更微。

卷第四　仲尼篇

第一章:仲尼闲居,子贡入侍,而有忧色。子贡不敢问,出告颜回。颜回援琴而歌。孔子闻之,果召回入,问曰:"若奚独乐?"回曰:"夫子奚独忧?"孔子曰:"先言尔志。"曰:"吾昔闻之夫子曰:'乐天知命故不忧',回所以乐也。"孔子愀然有间曰:"有是言哉?汝之意失矣。此吾昔日之言尔,请以今言为正也。汝徒知乐天知命之无忧,未知乐天知命有忧之大也。今告若其实:修一身,任穷达,知去来之非我,亡变乱于心虑,尔之所谓乐天知命之无忧也。曩吾修《诗》《书》,正礼乐,将以治天下,遗来世;非但修一身,治鲁国而已。而鲁之君臣日失其序,仁义益衰,情性益薄。此道不行一国与当年,其如天下与来世矣?吾始知《诗》《书》、礼乐无救于治乱,而未知所以革之之方。此乐天知命者之所忧。虽然,吾得之矣。夫乐而知者,非古人之所谓乐知也。无乐无知,是真乐真知;故无所不乐,无所不知,无所不忧,无所不为。《诗》《书》、礼乐,何弃之有?革之何为?"颜回北面拜手曰:"回亦得之矣。"出告子贡。子贡茫然自失,归家淫思七日,不寝不食,以至骨立。颜回重往喻之,乃反丘门,弦歌诵书,终身不辍。

第二章:陈大夫聘鲁,私见叔孙氏。叔孙氏曰:"吾国有圣人。"曰:"非孔丘邪?"曰:"是也。""何以知其圣乎?"叔孙氏曰:"吾常闻之颜回曰,'孔丘能废心而用形。'"陈大夫曰:"吾国亦有圣人,子弗知乎?"曰:"圣人孰谓?"曰:"老聃之弟子有亢仓子者,得聃之道,能以耳视而目听。"鲁侯闻之大惊,使上卿厚礼而致之。亢仓子应聘而至。鲁侯卑辞请问之。亢仓子曰:"传之者妄。我能视听不用耳目,不能易耳目之用。"鲁侯曰:"此增异矣。其道奈何?寡人终愿闻之。"亢仓子曰:"我体合于心,心合于气,气合于神,神合于无。其有介然之有,唯然之音,虽远在八荒之外,近在眉睫之内,来干我者,我必知之。乃不知是我七孔四支之所觉,心腹六藏之所知,其自知而已矣。"鲁侯大悦。他日以告仲尼,仲尼笑而不答。

第三章:商太宰见孔子曰:"丘圣者欤?"孔子曰:"圣则丘何敢,然则丘博学多识者也。"商太宰曰:"三王圣者欤?"孔子曰:"三王善任智勇者,圣则丘弗知。"曰:"五帝圣者欤?"孔子曰:"五帝善任仁义者,圣则丘弗知。"曰:"三皇圣者欤?"孔子曰:"三皇善任因时者,圣则丘弗知。"商太宰大骇,曰:"然则孰者为圣?"孔子动容有间,曰:"西方之人有圣者焉,不治而不乱,不言而自信,不化而自行,荡荡乎民无能名焉。丘疑其为圣。弗知真为圣欤?真不圣欤?"商太宰嘿然心计曰:"孔丘欺我哉!"

第四章:子夏问孔子曰:"颜回之为人奚若?"子曰:"回之仁贤于丘也。"曰:"子贡之为人奚若?"子曰:"赐之辩贤于丘也。"曰:"子路之为人奚若?"子曰:"由之勇贤于丘也。"曰:"子张之为人奚若?"子曰:"师之庄贤于丘也。"子夏避席而问曰:"然则四子者何为事夫子?"曰:"居!吾语汝。夫回能仁而不能反,赐能辩而不能讷,由能勇而不能怯,师能庄而不能同。兼四子之有以易吾,吾弗许也。此其所以事吾而不贰也。"

《孔子家语·卷四·六本》:子夏问于孔子曰:"颜回之为人,奚若?"子曰:"回之信贤于丘。"曰:"子贡之为人,奚若?"子曰:"赐之敏贤于丘。"曰:"子路之为人,奚若?"子曰:"由之勇贤于丘。"曰:"子张之为人,奚若?"子曰:"师之庄贤于丘。"子夏避席而问曰:"然,则四子何为事先生?"子曰:"居!吾语汝。夫回能信而不能反,赐能敏而不能诎,由能勇而不能怯,师能庄而不能同,兼四子者之有以易吾,弗与也。此其所以事吾而弗贰也。"(第十二章)

《说苑·杂言》:子夏问仲尼曰:"颜渊之为人也,何若?"曰:"回

之信，贤于丘也。"曰："子贡之为人
也，何若？"曰："赐之敏，贤于丘
也。"曰："子路之为人也，何若？"
曰："由之勇，贤于丘也。"曰："子张
之为人，何若？"曰："师之庄，贤于
丘也。"于是子夏避席而问曰："然
则四者何为事先生？"曰："坐，吾语
汝。回能信而不能反，赐能敏而不
能屈，由能勇而不能怯，师能庄而不
能同。兼此四子者，丘不为也。"夫
所谓至圣之士，必见进退之利，屈伸
之用者也。（第二十一章）

第五章：子列子既师壶丘子林，
友伯昏瞀人，乃居南郭。从之处者，
日数而不及。虽然，子列子亦微焉。
朝朝相与辩，无不闻。而与南郭子
连墙二十年，不相谒请；相遇于道，
目若不相见者。门之徒役以为子列
子与南郭子有敌不疑。有自楚来
者，问子列子曰："先生与南郭子奚
敌？"子列子曰："南郭子貌充心虚，
耳无闻，目无见，口无言，心无知，形
无惕。往将奚为？虽然，试与汝偕
往。"阅弟子四十人同行。见南郭
子，果若欺魄焉，而不可与接。顾视
子列子，形神不相偶，而不可与群。
南郭子俄而指子列子之弟子末行者
与言，衍衍然若专直而在雄者。子
列子之徒骇之。反舍，咸有疑色。
子列子曰："得意者无言，进知者亦
无言。用无言为言亦言，无知为知
亦知。无言与不言，无知与不知，亦
言亦知。亦无所不言，亦无所不知；
亦无所言，亦无所知。如斯而已。

汝奚妄骇哉?"

第六章:子列子学也,三年之后,心不敢念是非,口不敢言利害,始得老商一眄而已。五年之后,心更念是非,口更言利害,老商始一解颜而笑。七年之后,从心之所念,更无是非;从口之所言,更无利害。夫子始一引吾并席而坐。九年之后,横心之所念,横口之所言,亦不知我之是非利害欤,亦不知彼之是非利害欤,外内进矣。而后眼如耳,耳如鼻,鼻如口,口无不同。心凝形释,骨肉都融,不觉形之所倚,足之所履,心之所念,言之所藏。如斯而已。则理无所隐矣。

第七章:初,子列子好游。壶丘子曰:"御寇好游,游何所好?"列子

《列子·黄帝》篇第三章:列子师老商氏,友伯高子;进二子之道,乘风而归。尹生闻之,从列子居,数月不省舍。因间请蕲其术者,十反而十不告。尹生怼而请辞,列子又不命。尹生退。数月,意不已,又往从之。列子曰:"汝何去来之频?"尹生曰:"曩章戴有请于子,子不我告,固有憾于子。今复脱然,是以又来。"列子曰:"曩吾以汝为达,今汝之鄙至此乎?姬!将告汝所学于夫子者矣。自吾之事夫子友若人也,三年之后,心不敢念是非,口不敢言利害,始得夫子一眄而已。五年之后,心庚念是非,口庚言利害,夫子始一解颜而笑。七年之后,从心之所念,庚无是非;从口之所言,庚无利害,夫子始一引吾并席而坐。九年之后,横心之所念,横口之所言,亦不知我之是非利害欤,亦不知彼之是非利害欤;亦不知夫子之为我师,若人之为我友:内外进矣。而后眼如耳,耳如鼻,鼻如口,无不同也。心凝形释,骨肉都融;不觉形之所倚,足之所履,随风东西,犹木叶干壳。竟不知风乘我邪?我乘风乎?今女居先生之门,曾未浃时,而怼憾者再三。女之片体将气所不受,汝之一节将地所不载。履虚乘风,其可几乎?"尹生甚怍,屏息良久,不敢复言。

《高士传·卷中·壶丘子林》:壶丘子林者,郑人也,道德甚优,列

曰:"游之乐所玩无故。人之游也,观其所见;我之游也,观其所变。游乎游乎!未有能辨其游者。"壶丘子曰:"御寇之游固与人同欤,而曰固与人异欤?凡所见,亦恒见其变。玩彼物之无故,不知我亦无故。务外游,不知务内观。外游者,求备于物;内观者,取足于身。取足于身,游之至也;求备于物,游之不至也。"于是列子终身不出,自以为不知游。壶丘子曰:"游其至乎!至游者,不知所适;至观者,不知所眡。物物皆游矣,物物皆观矣,是我之所谓游,是我之所谓观也。故曰:游其至矣乎!游其至矣乎!"

　第八章:龙叔谓文挚曰:"子之术微矣。吾有疾,子能已乎?"文挚曰:"唯命所听。然先言子所病之证。"龙叔曰:"吾乡誉不以为荣,国毁不以为辱;得而不喜,失而弗忧;视生如死;视富如贫;视人如豕;视吾如人。处吾之家,如逆旅之舍;观吾之乡,如戎蛮之国。凡此众疾,爵赏不能劝,刑罚不能威,盛衰、利害不能易,哀乐不能移。固不可事国君,交亲友,御妻子,制仆隶。此奚疾哉?奚方能已之乎?"文挚乃命龙叔背明而立,文挚自后向明而望之。既而曰:"嘻!吾见子之心矣:方寸之地虚矣。几圣人也!子心六孔流通,一孔不达。今以圣智为疾者,或由此乎!非吾浅术所能已也。"

　第九章:无所由而常生者,道

御寇师事之。初,御寇好游,壶丘子曰:"御寇好游,游何所好?"列子曰:"游之乐所玩无故,人之游也,观其所见;我之游也,观其所变。"壶丘子曰:"御寇之游固与人同,而曰固与人异。凡所见,亦恒见其变。玩彼物之无故,不知我亦无故。务外游,不知务内观。外游者,求备于物;内观者,取足于身。取足于身,游之至也;求备于物,游之不至也。"于是列子自以为不知游,将终身不出,居郑圃四十年,人无识者。

也。由生而生,故虽终而不亡,常
也。由生而亡,不幸也。有所由而
常死者,亦道也。由死而死,故虽未
终而自亡者,亦常也。由死而生,幸
也。故无用而生谓之道,用道得终
谓之常;有所用而死者亦谓之道,用
道而得死者亦谓之常。季梁之死,
杨朱望其门而歌。随梧之死,杨朱
抚其尸而哭。隶人之生,隶人之死,
众人且歌,众人且哭。

第十章:目将眇者,先睹秋毫;
耳将聋者,先闻蚋飞;口将爽者,先
辨淄渑;鼻将窒者,先觉焦朽;体将
僵者,先亟犇佚,心将迷者,先识是
非:故物不至者则不反。(文意残
缺不全,可以从一定程度上说明是
残文)

第十一章:郑之圃泽多贤,东里
多才。圃泽之役有伯丰子者,行过
东里,遇邓析。邓析顾其徒而笑曰:
"为若舞。彼来者奚若?"其徒曰:
"所愿知也。"邓析谓伯丰子曰:"汝
知养养之义乎?受人养而不能自养
者,犬豕之类也;养物而物为我用
者,人之力也。使汝之徒食而饱,衣
而息,执政之功也。长幼群聚而为
牢藉庖厨之物,奚异犬豕之类乎?"
伯丰子不应。伯丰子之从者越次而
进曰:"大夫不闻齐鲁之多机乎?
有善治土木者,有善治金革者,有善
治声乐者,有善治书数者,有善治军
旅者,有善治宗庙者,群才备也。而
无相位者,无能相使者。而位之者
无知,使之者无能,而知之与能为之

使焉。执政者，乃吾之所使；子奚矜焉？"邓析无以应，目其徒而退。

第十二章：公仪伯以力闻诸侯，堂谿公言之于周宣王，王备礼以聘之。公仪伯至；观形，懦夫也。宣王心惑而疑曰："女之力何如？"公仪伯曰："臣之力能折春螽之股，堪秋蝉之翼。"王作色曰："吾之力能裂犀兕之革，曳九牛之尾，犹憾其弱。女折春螽之股，堪秋蝉之翼，而力闻天下，何也？"公仪伯长息退席，曰："善哉王之问也！臣敢以实对。臣之师有商丘子者，力无敌于天下，而六亲不知；以未尝用其力故也。臣以死事之。乃告臣曰：'人欲见其所不见，视人所不窥；欲得其所不得，修人所不为。故学眡者先见舆薪，学听者先闻撞钟。夫有易于内者无难于外。于外无难，故名不出其一家。'今臣之名闻于诸侯，是臣违师之教，显臣之能者也。然则臣之名不以负其力者也，以能用其力者也；不犹愈于负其力者乎？"

第十三章：中山公子牟者，魏国之贤公子也。好与贤人游，不恤国事；而悦赵人公孙龙。乐正子舆之徒笑之。公子牟曰："子何笑牟之悦公孙龙也？"子舆曰："公孙龙之为人也，行无师，学无友，佞给而不中，漫衍而无家，好怪而妄言。欲惑人之心，屈人之口，与韩檀等肄之。"公子牟变容曰："何子状公孙龙之过欤？请闻其实。"子舆曰："吾笑龙之诒孔穿，言'善射者能令后镞中前括,发发相及,矢矢相属;前矢造准而无绝落,后矢之括犹衔弦,视之若一焉。'孔穿骇之。龙曰:'此未其妙者。逢蒙之弟子曰鸿超,怒其妻而怖之。引乌号之弓,綦卫之箭,射其目。矢来注眸子而眶不睫,矢隧地而尘不扬。'是岂智者之言与?"公子牟曰:"智者之言固非愚者之所晓。后镞中前括,钧后于前。矢注眸子而眶不睫,尽矢之势也。子何疑焉?"乐正子舆曰:"子,龙之徒,焉得不饰其阙?吾又言其尤者。龙诳魏王曰:'有意不心。有指不至。有物不尽。有影不移。发引千钧。白马非马。孤犊未尝有母。'其负类反伦,不可胜言也。"公子牟曰:"子不谕至言而以为尤也,尤其在子矣。夫无意则心同。无指则皆至。尽物者常有。影不移者,说在改也。发引千钧,势至等也。白马非马,形名离也。孤犊未尝有母,非孤犊也。"乐正子舆曰:"子以公孙龙之鸣皆条也。设令发于余窍,子亦将承之。"公子牟默然良久,告退,曰:"请待余日,更谒子论。"

第十四章:尧治天下五十年,不知天下治欤,不治欤? 不知亿兆之愿戴己欤? 不愿戴己欤? 顾问左右,左右不知。问外朝,外朝不知。问在野,在野不知。尧乃微服游于康衢,闻儿童谣曰:"立我蒸民,莫匪尔极。不识不知,顺帝之则。"尧喜问曰:"谁教尔为此言?"童儿

曰："我闻之大夫。"问大夫。大夫
曰："古诗也。"尧还宫，召舜，因禅
以天下。舜不辞而受之。

　　第十五章：<u>关尹喜曰："在己无
居，形物其箸。其动若水，其静若
镜，其应若响。</u>故其道若物者也。
物自违道，道不违物。善若道者，亦
不用耳，亦不用目，亦不用力，亦不
用心。欲若道而用视听形智以求
之，弗当矣。瞻之在前，忽焉在后；
用之弥满，六虚废之，莫知其所。亦
非有心者所能得远，亦非无心者所
能得近。唯默而得之而性成之者得
之。知而亡情，能而不为，真知真能
也。发无知，何能情？发不能，何能
为？聚块也，积尘也，虽无为而非
理也。"

　　卷第五　　汤问篇
　　第一章：殷汤问于夏革曰："古
初有物乎？"夏革曰："古初无物，今
恶得物？后之人将谓今之无物，可
乎？"殷汤曰："然则物无先后乎？"
夏革曰："物之终始，初无极已。始
或为终，终或为始，恶知其纪？然自
物之外，自事之先，朕所不知也。"
殷汤曰："然则上下八方有极尽
乎？"革曰："不知也。"汤固问。革
曰："无则无极，有则有尽；朕何以
知之？然无极之外复无无极，无尽
之中复无无尽。无极复无无极，无
尽复无无尽。朕以是知其无极无尽
也，而不知其有极有尽也。"汤又问
曰："四海之外奚有？"革曰："犹齐
州也。"汤曰："汝奚以实之？"革曰：

　　《庄子·天下》：<u>关尹曰："在己
无居，形物自著。其动若水，其静若
镜，其应若响。</u>芴乎若亡，寂乎若
清，同焉者和，得焉者失。未尝先人
而常随人。"

"朕东行至营,人民犹是也。问营之东,复犹营也。西行至豳,人民犹是也。问豳之西,复犹豳也。朕以是知四海、四荒、四极之不异是也。故大小相含,无穷极也。含万物者,亦如含天地。含万物也故不穷,含天地也故无极。朕亦焉知天地之表不有大天地者乎?亦吾所不知也。然则天地亦物也。物有不足,故昔者女娲氏炼五色石以补其阙;断鳌之足以立四极。其后共工氏与颛顼争为帝,怒而触不周之山,折天柱,绝地维;故天倾西北,日月辰星就焉;地不满东南,故百川水潦归焉。汤又问:"物有巨细乎?有修短乎?有同异乎?"革曰:"渤海之东不知几亿万里,有大壑焉,实惟无底之谷,其下无底,名曰归墟。八纮九野之水,天汉之流,莫不注之,而无增无减焉。其中有五山焉:一曰岱舆,二曰员峤,三曰方壶,四曰瀛洲,五曰蓬莱。其山高下周旋三万里,其顶平处九千里。山之中间相去七万里,以为邻居焉。其上台观皆金玉,其上禽兽皆纯缟。珠玕之树皆丛生,华实皆有滋味;食之皆不老不死。所居之人皆仙圣之种;一日一夕飞相往来者,不可数焉。而五山之根无所连箸,常随潮波上下往还,不得蹔峙焉。仙圣毒之,诉之于帝。帝恐流于西极,失群仙圣之居,乃命禺彊使巨鳌十五举首而戴之。迭为三番,六万岁一交焉。五山始峙而不动。而龙伯之国有大人,举足不

盈数步而暨五山之所，一钓而连六
鳖，合负而趣归其国，灼其骨以数
焉。于是岱舆员峤二山流于北极，
沉于大海，仙圣之播迁者巨亿计。
帝凭怒，侵减龙伯之国使阨，侵小龙
伯之民使短。至伏羲神农时，其国
人犹数十丈。从中州以东四十万里
得僬侥国，人长一尺五寸。东北极
有人名曰诤人，长九寸。荆之南有
冥灵者，以五百岁为春，五百岁为
秋。上古有大椿者，以八千岁为春，
八千岁为秋。朽壤之上有菌芝者，
生于朝，死于晦。春夏之月有蠓蚋
者，因雨而生，见阳而死。终北之北
有溟海者，天池也，有鱼焉，其广数
千里，其长称焉，其名为鲲。有鸟
焉，其名为鹏，翼若垂天之云，其体
称焉。世岂知有此物哉？大禹行而
见之，伯益知而名之，夷坚闻而志
之。江浦之间生么虫，其名曰焦螟，
群飞而集于蚊睫，弗相触也。栖宿
去来，蚊弗觉也。离朱子羽方昼拭
眦扬眉而望之，弗见其形；魿俞师旷
方夜擿耳俛首而听之，弗闻其声。
唯黄帝与容成子居空峒之上，同斋
三月，心死形废；徐以神视，块然见
之，若嵩山之阿；徐以气听，砰然闻
之，若雷霆之声。吴楚之国有大木
焉，其名为櫾。碧树而冬生，实丹而
味酸。食其皮汁，已愤厥之疾。齐
州珍之，渡淮而北而化为枳焉。鹳
鹆不逾济，貉逾汶则死矣；地气然
也。虽然，形气异也，性钧已，无相
易已。生皆全已，分皆足已。吾何

以识其巨细？何以识其修短？何以
识其同异哉？"

第二章：太形王屋二山，方七百
里，高万仞；本在冀州之南，河阳之
北。北山愚公者，年且九十，面山而
居。惩山北之塞，出入之迂也，聚室
而谋，曰："吾与汝毕力平险，指通
豫南，达于汉阴，可乎？"杂然相许。
其妻献疑曰："以君之力，曾不能损
魁父之丘。如太形王屋何？且焉置
土石？"杂曰："投诸渤海之尾，隐土
之北。"遂率子孙荷担者三夫，叩石
垦壤，箕畚运于渤海之尾。邻人京
城氏之孀妻有遗男，始龀，跳往助
之。寒暑易节，始一反焉。河曲智
叟笑而止之，曰："甚矣！汝之不
惠！以残年余力，曾不能毁山之一
毛；其如土石何？"北山愚公长息
曰："汝心之固，固不可彻；曾不若
孀妻弱子。虽我之死，有子存焉。
子又生孙，孙又生子；子又有子，子
又有孙：子子孙孙，无穷匮也；而山
不加增，何苦而不平？"河曲智叟亡
以应。操蛇之神闻之，惧其不已也，
告之于帝。帝感其诚，命夸蛾氏二
子负二山，一厝朔东，一厝雍南。自
此，冀之南、汉之阴无陇断焉。

第三章：夸父不量力，欲追日
影，逐之于隅谷之际。渴欲得饮，赴
饮河渭。河渭不足，将走北饮大泽。
未至，道渴而死。弃其杖，尸膏肉所
浸，生邓林。邓林弥广数千里焉。

《山海经·大荒北经》：大荒之
中，有山名曰成都载天。有人珥两
黄蛇，把两黄蛇，名曰夸父。后土生
信，信生夸父。夸父不量力，欲追日
景，逮之于禺谷。将饮河而不足也，
将走大泽，未至，死于此。应龙已杀
蚩尤，又杀夸父，乃去南方处之，故

第四章：大禹曰："六合之间，四海之内，照之以日月，经之以星辰，纪之以四时，要之以太岁。神灵所生，其物异形；或夭或寿，唯圣人能通其道。"夏革曰："然则亦有不待神灵而生，不待阴阳而形，不待日月而明，不待杀戮而夭，不待将迎而寿，不待五谷而食，不待缯纩而衣，不待舟车而行，其道自然，非圣人之所通也。"

第五章：禹之治水土也，迷而失涂，谬之一国。滨北海之北，不知距齐州几千万里。其国名曰终北，不知际畔之所齐限，无风雨霜露，不生鸟兽、虫鱼、草木之类。四方悉平，周以乔陟。当国之中有山，山名壶领，状若甀甄。顶有口，状若员环，名曰滋穴。有水涌出，名曰神瀵，臭过兰椒，味过醪醴。一源分为四埒，注于山下。经营一国，亡不悉遍。土气和，亡札厉。人性婉而从物，不竞不争。柔心而弱骨，不骄不忌；长幼侪居。不君不臣；男女杂游，不媒不聘；缘水而居，不耕不稼。土气温适，不织不衣；百年而死，不夭不病。其民孳阜亡数，有喜乐，亡衰老哀苦。其俗好声，相携而迭谣，终日不辍音。饥倦则饮神瀵，力志和平。过则醉，经旬乃醒。沐浴神瀵，肤色脂泽，香气经旬乃歇。周穆王北游

南方多雨。（第十五章）（袁珂《山海经校译》，上海古籍出版社1985年9月版）

《山海经·海外南经》：地之所载，六合之间，四海之内，照之以日月，经之以星辰，纪之以四时，要之以太岁。神灵所生，其物异形，或夭或寿，唯圣人能通其道。（第一章）（毕沅曰：《列子》正用《山海经·海外南经》。杨伯峻注引）

《淮南子·坠形训》：墬形之所载，六合之间，四极之内，照之以日月，经之以星辰，纪之以四时，要之以太岁。

（晋）张晔《博物志·异俗》：越之东有骇沐之国，其长子生则解而食之，谓之宜弟。父死则负其母而弃之，言鬼妻不可与同居。（第一章）

楚之南有炎人之国，其亲戚死，朽之肉而弃之，然后埋其骨，乃为孝也。（第二章）

秦之西有义渠国，其亲戚死，聚柴积而焚之熏之，即烟上谓之登遐，然后为孝。此上以为政，下以为俗，中国未足为非也。此事见《墨子》。（第三章）

《墨子·鲁问（下）》：子墨子为鲁阳文君曰："世俗之君子，皆知小物而不知大物。今有人于此，窃一犬、一彘，则谓之不仁；窃一国、一都，则以为义。譬犹小视白，谓之白；大视白，则谓之黑。是故世俗之

过其国,三年忘归。既反周室,慕其国,憾然自失。不进酒肉,不召嫔御者,数月乃复。管仲勉齐桓公因游辽口,俱之其国,幾克举。"隰朋谏曰:"君舍齐国之广,人民之众,山川之观,殖物之阜,礼义之盛,章服之美;妖靡盈庭,忠良满朝。肆咤则徒卒百万,视撝则诸侯从命,亦奚羡于彼而弃齐国之社稷,从戎夷之国乎? 此仲父之耄,奈何从之?"桓公乃止,以隰朋之言告管仲。仲曰:"此固非朋之所及也。臣恐彼国之不可知之也。齐国之富奚恋? 隰朋之言奚顾?"

第六章:南国之人祝发而裸,北国之人鞨巾而裘,中国之人冠冕而裳。九土所资,或农或商,或田或渔;如冬裘夏葛,水舟陆车。默而得之,性而成之。<u>越之东有辄沐之国,其长子生,则鲜而食之,谓之宜弟。其大父死,负其大母而弃之,曰:鬼妻不可以同居处。楚之南有炎人之国,其亲戚死,夯其肉而弃之,然后埋其骨,迺成为孝子。秦之西有仪渠之国者,其亲戚死,聚紫积而焚之。燻则烟上,谓之登遐,然后成为孝子。此上以为政,下以为俗,</u>而未足为异也。

第七章:<u>孔子东游,见两小儿辩斗。问其故。一儿曰:"我以日始出时去人近,而日中时远也。一儿以日初出远,而日中时近也。"一儿曰:"日初出大如车盖;及日中,则</u>

君子,知小物而不知大物者,此若言之谓也。"

鲁阳文君语子墨子曰:"<u>楚之南,有啖人之国者,[桥];其国之长子生,则解而食之,谓之'宜弟'。美,则以遗其君;君喜,则赏其父。岂不恶俗哉?</u>"

《墨子·节葬(下)》:<u>昔者,越之东有□沐之国者,其长子生,则解而食之,谓之宜弟;其大父死,负其大母而弃之,曰:"鬼妻不可与居处。"此上以为政,下以为俗,为而不已,操而不择;则此岂实仁义之道哉? 此所谓便其习而义其俗者也。楚之南有[炎]人国者,其亲戚死,[朽]其肉而弃之,然后埋其骨,乃成为孝子。秦之西,有仪[秉]之国者,其亲戚死,聚柴薪而焚之,熏上谓之"登遐",然后成为孝子,此上以为政,下以为俗,</u>为而不已,操而不择,则此岂实仁义之道哉? 此所谓便其习而义其俗者也。(《墨子》商务印书馆 1930 年 3 月版)

杨伯峻:《列子》此文与《博物志》相同。今本《博物志》固非张华原著,然《列子》伪作于西晋末至东晋初,得以见张华原著,极可能剽窃《博物志》。

《博物志·卷八·史补》:<u>孔子东游,见二小儿辩斗。问其故,一小儿曰:"我以日始出时,去人近,而日中时远也。"一小儿曰:"以日出而远而日中时近。"一小儿曰:"日</u>

如盘盂：此不为远者小而近者大乎？"一儿曰："日初出沧沧凉凉；及其日中如探汤：此不为近者热而远者凉乎？"孔子不能决也。两小儿笑曰："孰为汝多知乎？"

初出时大如车盖，及日中时如盘盂，此不为远者小而大者近乎？"一小儿曰："日初出沧沧凉凉，及其中而探汤，此不为近者热而远者凉乎？"孔子不能决，谓两小儿曰："孰谓汝多知乎？"亦出《列子》。（第十章）

杨伯峻：今本《博物志》亦载此，且言："亦出《列子》"，则正如《四库全书·博物志提要》所云好事者剽窃《列子》诸书饾钉成帙者也。又《注》："所谓'六合之外，圣人存而不论'"，"六合"句见《庄子·齐物论》。

《金楼子·立言篇九上》：孔子东游，见两小儿相斗。一儿曰："我以日初出，去人近。"一儿曰："日中近。"一儿曰："初日如车盖，至中裁如盘盂，岂不近者大远者小？"一儿曰："日初出沧沧凉凉，至日中有如探汤，此非远者凉近者热耶？"孔子亦不知。日中天而小，落扶桑而大，为政亦如是矣。滇日用不知如中天之小也，滇赫赫然此盖落日之治，不足称也。

第八章：均，天下之至理也，连于形物亦然。均发均县，轻重而发绝，发不均也。均也，其绝也莫绝。人以为不然，自有知其然者也。詹何以独茧丝为纶，芒针为钩，荆篠为竿，剖粒为饵，引盈车之鱼，于百仞之渊、汩流之中；纶不绝，钩不伸，竿不桡。楚王闻而异之，召问其故。詹何曰："臣闻先大夫之言，蒲且子之弋也，弱弓纤缴，乘风振之，连双

《博物志·卷八·史补》：詹何以独茧丝为纶，芒斜为钩，荆筱为竿，割粒为饵，引盈车之鱼于百仞之渊，汩流之中，纶不绝，钩不申，竿不挠。（第十五章）

鸽于青云之际。用心专,动手均也。臣因其事,放而学钓。五年始尽其道。当臣之临河持竿,心无杂虑,唯鱼之念;投纶沈钩,手无轻重,物莫能乱。鱼见臣之钩饵,犹沈埃聚沫,吞之不疑。所以能以弱制强,以轻致重也。大王治国诚能若此,则天下可运于一握,将亦奚事哉?"楚王曰:"善。"

第九章:鲁公扈赵齐婴二人有疾,同请扁鹊求治。扁鹊治之。既同愈。谓公扈齐婴曰:"汝曩之所疾,自外而干府藏者,固药石之所已。今有偕生之疾,与体偕长;今为汝攻之,何如?"二人曰:"愿先闻其验。"扁鹊谓公扈曰:"汝志强而气弱,故足于谋而寡于断。齐婴志弱而气强,故少于虑而伤于专。若换汝之心,则均于善矣。"扁鹊遂饮二人毒酒,迷死三日,剖胸探心,易而置之;投以神药,既悟如初。二人辞归。于是公扈反齐婴之室,而有其妻子;妻子弗识。齐婴亦反公扈之室,有其妻子;妻子亦弗识。二室因相与讼,求辨于扁鹊。扁鹊辨其所由,讼乃已。

第十章:瓟巴鼓琴而鸟舞鱼跃,郑师文闻之,弃家从师襄游。柱指钧弦,三年不成章。师襄曰:"子可以归矣。"师文舍其琴,叹曰:"文非弦之不能钧,非章之不能成。文所存者不在弦,所志者不在声。内不得于心,外不应于器,故不敢发手而动弦。且小假之,以观其后。"无幾

《淮南子·说山》:瓟巴鼓瑟而淫鱼出听,介子歌龙蛇而文君垂泣。

《论衡·感虚》:传书言:瓟芭皷瑟渊鱼出听,师旷皷琴六马仰秣。

《荀子·劝学》:瓟巴鼓瑟而流鱼出听,伯牙鼓琴而六马仰秣。

何,复见师襄。师襄曰:"子之琴何如?"师文曰:"得之矣。请尝试之。"于是当春而叩商弦以召南吕,凉风忽至,草木成实。及秋而叩角弦以激夹锺,温风徐回,草木发荣。当夏而叩羽弦以召黄钟,霜雪交下,川池暴沍。及冬而叩征弦以激蕤宾,阳光炽烈,坚冰立散。将终,命宫而总四弦,则景风翔,庆云浮,甘露降,澧泉涌。师襄乃抚心高蹈曰:"微矣! 子之弹也! 虽师旷之清角,邹衍之吹律,亡以加之。彼将挟琴执管而从子之后耳。"

第十一章:薛谭学讴于秦青,未穷青之技,自谓尽之;遂辞归。秦青弗止;饯于郊衢,抚节悲歌,声振林木,响遏行云。薛谭乃谢求反,终身不敢言归。秦青顾谓其友曰:"昔韩娥东之齐,匮粮,过雍门,鬻歌假食。既去而余音绕梁欐,三日不绝,左右以其人弗去。过逆旅,逆旅人辱之。韩娥因曼声哀哭,一里老幼悲愁,垂涕相对,三日不食。遽而追之。娥还,复为曼声长歌。一里老幼喜跃抃舞,弗能自禁,忘向之悲也。乃厚赂发之。故雍门之人至今善歌哭,放娥之遗声。"

《博物志·卷八·史补》:薛谭学讴于秦青,未穷青之旨,于一日遂辞归。秦青乃饯于郊衢,抚节悲歌,声震林木,响遏行云。薛谭乃谢求返,终身不敢言归。秦青顾谓其友曰:"昔韩娥东之齐,遗粮,过雍门,鬻歌假食而去,余响遶梁,三日不绝,左右以其人弗去。过逆旅,凡人辱之,韩娥因曼声哀哭,一里老幼喜欢忭舞,弗能自禁,乃厚赂而遣之。故雍门人至今善歌哭,效娥之遗声也。"(第十六章)

《金楼子·志怪》:青谓友人曰:"韩娥东之齐,至雍门鬻歌,既而余响绕梁,三日不绝,遇逆旅人辱之,娥因举声哀哭,一哭老少悲愁三日不食,娥复举声长歌,一里抃舞,不能自禁,忘向之悲也,乃厚赂之,雍门人至今善歌。案:别卷载金楼子一条,其事同,其文互异,又不着篇名,附录于此,以备考。薛谭学讴于秦□,未穷青之旨,于一日遂辞归,秦青乃饯于郊衢,抚节悲歌,声震林木,响遏行云。薛谭乃谢求返,终身不敢言归。秦青谓其友曰:"昔韩娥东之齐,匮粮,过雍门,鬻歌假食既去,而响绕梁,三日不绝,左右以其人弗去。过逆旅,逆旅之人辱之,韩娥因曼声哀哭,一里老幼悲愁涕泣,相对三日不食,遽追而谢之,娥复曼声长歌,一里老幼喜欢抃舞,弗能自禁,乃厚赂而遣之。故雍门之人至今善歌善哭,效娥之遗声。"

第十二章:伯牙善鼓琴,锺子期善听。伯牙鼓琴,志在登高山。锺子期曰:"善哉!峨峨兮若泰山!"志在流水。锺子期曰:"善哉!洋洋兮若江河!"伯牙所念,锺子期必得之。伯牙游于泰山之阴,卒逢暴雨,止于岩下;心悲,乃援琴而鼓之。初为霖雨之操,更造崩山之音。曲每奏,锺子期辄穷其趣。伯牙乃舍琴而叹曰:"善哉,善哉,子之听夫!志想象犹吾心也。吾于何逃声哉?"

《韩诗外传·卷九·第五章》:伯牙鼓琴,钟子期听之。方鼓琴,志在太山。钟子期曰:"善哉鼓琴,巍巍乎如太山!"莫景之间,志在流水。钟子期曰:"善哉鼓琴,洋洋乎若江河!"钟子期死,伯牙擗琴绝弦,终身不复鼓琴,以为世无足与鼓琴也。非独鼓琴如此,贤者亦有之。苟非其时,则贤者将奚由得遂其功哉?(汉·韩婴:《韩诗外传集释》,许维遹校释,中华书局1980年6月版)

《吕氏春秋·本位》:凡贤人之德,有以知之也。伯牙鼓琴,钟子期聴之。方鼓琴而志在太山,钟子期曰:"善哉乎鼓琴!巍巍乎若太山。"少选之间,而志在流水,钟子期又曰:"善哉乎鼓琴!汤汤乎若流水。"钟子期死,伯牙破琴绝弦,终身不复鼓琴,以为世无足复为鼓琴者。非独琴若此也,贤者亦然。

虽有贤者而无礼以接之,贤奚由尽忠?犹御之不善,骥不自千里也。(第三章)

《说苑·尊贤》:或曰:"将谓桓公仁义乎?杀兄而立,非仁义也;将谓桓公恭俭乎?与妇人同舆,驰于邑中,非恭俭也;将谓桓公清洁乎?闺门之内,无可嫁者,非清洁也。此三者亡国失君之行也,然而桓公兼有之,以得管仲隰朋,九合诸侯,一匡天下,毕朝周室,为五霸长,以其得贤佐也;失管仲隰朋,任竖刁易牙,身死不葬,虫流出户,一人之身,荣辱俱施者,何者?其所任异也。"由此观之,则任佐急矣。周公旦白屋之士,所下者七十人,而天下之士皆至;晏子所与同衣食者百人,而天下之士亦至;仲尼修道行,理文章,而天下之士亦至矣。伯牙子鼓琴,钟子期听之,方鼓而志在太山,钟子期曰:"善哉乎鼓琴!巍巍乎若太山。"少选之间,而志在流水,钟子期复曰:"善哉乎鼓琴!汤汤乎若流水。"钟子期死,伯牙破琴绝弦,终身不复鼓琴,以为世无足为鼓琴者。非独鼓琴若此也,贤者亦然,虽有贤者而无以接之,贤者奚由尽忠哉!骥不自至千里者,待伯乐而后至也。(第七章)

第十三章:周穆王西巡狩,越昆仑,不至弇山。反还,未及中国,道有献工人名偃师,穆王荐之,问曰:"若有何能?"偃师曰:"臣唯命所是。然臣已有所造,愿王先观之。"

穆王曰:"日以俱来,吾与若俱观之。"越日偃师谒见王。王荐之,曰:"若与偕来者何人邪?"对曰:"臣之所造能倡者。"穆王惊视之,趣步俯仰,信人也。巧夫鎮其颐,则歌合律;捧其手,则舞应节。千变万化,惟意所适。王以为实人也,与盛姬内御并观之。技将终,倡者瞬其目而招王之左右侍妾。王大怒,立欲诛偃师。偃师大慑,立剖散倡者以示王,皆傅会革、木、胶、漆、白、黑、丹、青之所为。王谛料之,内则肝、胆、心、肺、脾、肾、肠、胃,外则筋骨、支节、皮毛、齿发,皆假物也,而无不毕具者。合会复如初见。王试废其心,则口不能言;废其肝,则目不能视;废其肾,则足不能步。穆王始悦而叹曰:"人之巧乃可与造化者同功乎?"诏贰车载之以归。夫班输之云梯,墨翟之飞鸢,自谓能之极也。弟子东门贾禽滑厘闻偃师之巧以告二子,二子终身不敢语艺,而时执规矩。

第十四章:甘蝇,古之善射者,彀弓而兽伏鸟下,弟子名飞卫,学射于甘蝇,而巧过其师。纪昌者,又学射于飞卫。飞卫曰:"尔先学不瞬,而后可言射矣。"纪昌归,偃卧其妻之机下,以目承牵挺。二年之后,虽锥末倒眦,而不瞬也。以告飞卫。飞卫曰:"未也;必学视而后可。视小如大,视微如着,而后告我。"昌以氂悬虱于牖,南面而望之。旬日之间,浸大也;三年之后,如车轮焉。

以睹余物,皆丘山也。乃以燕角之弧、朔蓬之簳射之,贯虱之心,而悬不绝。以告飞卫。飞卫高蹈拊膺曰:“汝得之矣!”纪昌既尽卫之术,计天下之敌己者,一人而已;乃谋杀飞卫。相遇于野,二人交射;中路矢锋相触,而坠于地,而尘不扬。飞卫之矢先穷。纪昌遗一矢;既发,飞卫以棘刺之端扞之,而无差焉。于是二子泣而投弓,相拜于涂,请为父子。克臂以誓,不得告术于人。	
第十五章:造父之师曰泰豆氏。造父之始从习御也,执礼甚卑,泰豆三年不告。造父执礼愈谨,乃告之曰:“古诗言:‘良弓之子,必先为箕;良冶之子,必先为裘。’汝先观吾趣。趣如吾,然后六辔可持,六马可御。”造父曰:“唯命所从。”泰豆乃立木为涂,仅可容足;计步而置,履之而行。趣走往还,无跌失也。造父学之,三日尽其巧。泰豆叹曰:“子何其敏也?得之捷乎!凡所御者,亦如此也。曩汝之行,得之于足,应之于心。推于御也,齐辑乎辔衔之际,而急缓乎唇吻之和,正度乎胸臆之中,而执节乎掌握之间。内得于中心,而外合于马志,是故能进退履绳而旋曲中规矩,取道致远而气力有余,诚得其术也。得之于衔,应之于辔;得之于辔,应之于手;得之于手,应之于心。则不以目视,不以策驱;心闲体正,六辔不乱,而二十四蹄所投无差;回旋进退,莫不中节。然后舆轮之外可使无余辙,马	《淮南子·主术》:圣主之治也,其犹造父之御:齐辑之于辔衔之际,而急缓之于唇吻之和,正度于胸臆之中,而执节于掌握之间,内得于心中,外合于马志,是故能进退履绳,而旋曲中规,取道致远,而气力有余,诚得其术也。是故权势者,人主之车舆也;大臣者,人主之驷马也。体离车舆之安,而手失驷马之心,而能不危者,古今未有也。是故舆马不调,王良不足以取道;君臣不和,唐、虞不能以为治。执术而御之,则管、晏之智尽也;明分以示之,则蹠、蹻之奸止矣。(第十八章)

蹄之外可使无余地;未尝觉山谷之
险,原隰之夷,视之一也。吾术穷
矣。汝其识之!"

　　第十六章:魏黑卵以暱嫌杀丘
邴章,丘邴章之子来丹谋报父之讐。
丹气甚猛,形甚露,计粒而食,顺风
而趋。虽怒,不能称兵以报之。耻
假力于人,誓手剑以屠黑卵。黑卵
悍志绝众,力抗百夫。节骨皮肉,非
人类也。延颈承刀,披胸受矢,铓锷
摧屈,而体无痕挞。负其材力,视来
丹犹雏鷇也。来丹之友申他曰:
"子怨黑卵至矣,黑卵之易子过矣,
将奚谋焉?"来丹垂涕曰:"愿子为
我谋。"申他曰:"吾闻卫孔周其祖
得殷帝之宝剑,一童子服之,却三军
之众,奚不请焉?"来丹遂适卫,见
孔周,执仆御之礼,请先纳妻子,后
言所欲。孔周曰:"吾有三剑,唯子
所择;皆不能杀人,且先言其状。一
曰含光,视之不可见,运之不知有。
其所触也,泯然无际,经物而物不
觉。二曰承影,将旦昧爽之交,日夕
昏明之际,北面而察之,淡淡焉若有
物存,莫识其状。其所触也,窃窃然
有声,经物而物不疾也。三曰宵练,
方昼则见影而不见光,方夜见光而
不见形。其触物也,骟然而过,随过
随合,觉疾而不血刃焉。此三宝者,
传之十三世矣,而无施于事。匣而
藏之,未尝启封。"来丹曰:"虽然,
吾必请其下者。"孔周乃归其妻子,
与斋七日。晏阴之间,跪而授其下
剑,来丹再拜受之以归。来丹遂执

剑从黑卵。时黑卵之醉偃于牖下,自颈至腰三斩之。黑卵不觉。来丹以黑卵之死,趣而退。遇黑卵之子于门,击之三下,如投虚。黑卵之子方笑曰:"汝何蚩而三招予?"来丹知剑之不能杀人也,叹而归。黑卵既醒,怒其妻曰:"醉而露我,使我嗌疾而腰急。"其子曰:"畴昔来丹之来,遇我于门,三招我,亦使我体疾而支彊。彼其厌我哉!"

第十七章:周穆王大征西戎,西戎献锟铻之剑,火浣之布。其剑长尺有咫,练钢赤刃;用之切玉如切泥焉。火浣之布,浣之必投于火;布则火色,垢则布色;出火而振之,皓然疑乎雪。皇子以为无此物,传之者妄。萧叔曰:"皇子果于自信,果于诬理哉!"

(汉)孔鲋《孔丛子·卷五·陈士义第十五》:秦王得西戎利刀,以之割玉如割水焉,以示东方诸侯。魏王问子顺曰:"古亦有之乎?"对曰:"周穆王大征西戎,西戎献锟鋙之剑、火浣之布,其剑长尺有咫,练钢赤刃,用之切玉如泥焉,是则古亦有也。"王曰:"火浣之布,若何?"对曰:《周书》:火浣布垢,必投诸火,布则火色,垢乃灰色,出火振之,皢然,疑乎雪焉。"王曰:"今何以独无?"对曰:"秦贪而多求,求欲无厌,是故西戎闭而不致此,以素防绝之也。然则人主贪欲,乃异物所以不至,不可不慎也。"(第三章)(《四部备要》本)

《列子集释》第 190 页:光聪谐曰:此指魏文《典论》中火浣布事。皇子者,魏文也。是此书建安时尚有人增窜。

《列子集释》第 191 页:而《列子·汤》篇云云,《列子》晋人王浮葛洪以后书也。以《仲尼》篇言圣者,《汤问》篇言火浣布知之。

卷第六　力命篇

第一章:力谓命曰:"若之功奚若我哉?"命曰:"汝奚功于物而欲比朕?"力曰:"寿夭、穷达,贵贱、贫富,我力之所能也。"命曰:"彭祖之智不出尧舜之上,而寿八百;颜渊之才不出众人之下,而寿十八。仲尼之德不出诸侯之下,而困于陈蔡;殷纣之行不出三仁之上,而居君位。季札无爵于吴,田恒专有齐国。夷齐饿于首阳,季氏富于展禽。若是汝力之所能,奈何寿彼而夭此,穷圣而达逆,贱贤而贵愚,贫善而富恶邪?"力曰:"若如若言,我固无功于物,而物若此邪,此则若之所制邪?"命曰:"既谓之命,奈何有制之者邪? 朕直而推之,曲而任之。自寿自夭,自穷自达,自贵自贱,自富自贫,朕岂能识之哉? 朕岂能识之哉?"

第二章:北宫子谓西门子曰:"朕与子并世也,而人子达;并族也,而人子敬;并貌也,而人子爱;并言也,而人子庸;并行也,而人子诚;并仕也,而人子贵;并农也,而人子富;并商也,而人子利。朕衣则裋褐,食则粢粝,居则蓬室,出则徒行。子衣则文锦,食则粱肉,居则连欐,出则结驷。在家熙然有弃朕之心,在朝谔然有敖朕之色。请谒不及相,遨游不同行,固有年矣。子自以德过朕邪?"西门子曰:"予无以知其实。汝造事而穷,予造事而达,此厚薄之验欤? 而皆谓与予并,汝之颜厚矣。"北宫子无以应，自失而归。中途遇东郭先生。先生曰："汝奚往而反，偊偊而步，有深愧之色邪？"北宫子言其状。东郭先生曰："吾将舍汝之愧，与汝更之西门氏而问之。"曰："汝奚辱北宫子之深乎？固且言之。"西门子曰："北宫子言世族、年貌、言行与予并，而贱贵、贫富与予异。予语之曰：'予无以知其实。汝造事而穷，予造事而达，此将厚薄之验欤？而皆谓与予并，汝之颜厚矣。'"东郭先生曰："汝之言厚薄不过言才德之差，吾之言厚薄异于是矣。夫北宫子厚于德，薄于命，汝厚于命，薄于德。汝之达，非智得也；北宫子之穷，非愚失也。皆天也，非人也。而汝以命厚自矜，北宫子以德厚自愧。皆不识夫固然之理矣。"西门子曰："先生止矣！予不敢复言。"北宫子既归，衣其褐褐，有狐貉之温；进其茙菽，有稻粱之味；庇其蓬室，若广厦之荫；乘其筚辂，若文轩之饰。终身逌然，不知荣辱之在彼也，在我也。东郭先生闻之曰："北宫子之寐久矣，一言而能寤，易悟也哉！"

第三章：管夷吾鲍叔牙二人相友甚戚，同处于齐。管夷吾事公子纠，鲍叔牙事公子小白。齐公族多宠，嫡庶并行。国人惧乱。管仲与召忽奉公子纠奔鲁，鲍叔奉公子小白奔莒。既而公孙无知作乱，齐无君，二公子争入。管夷吾与小白战于莒，道射中小白带钩。小白既立，

《管子·小称》：管仲有病，桓公往问之曰："仲父之病病矣，若不可讳而不起此病也。仲父亦将何以诏寡人？"管仲对曰："微君之命臣也，故臣且谒之。虽然，君犹不能行也。"公曰："仲父命寡人东，寡人东；令寡人西，寡人西。仲父之命于寡人，寡人敢不从乎？"管仲摄衣冠

胁鲁杀子纠,召忽死之,管夷吾被囚。鲍叔牙谓桓公曰:"管夷吾能,可以治国。"桓公曰:"我雠也,愿杀之。"鲍叔牙曰:"吾闻贤君无私怨,且人能为其主,亦必能为人君。如欲霸王,非夷吾其弗可。君必舍之!"遂召管仲。鲁归之,齐鲍叔牙郊迎,释其囚。桓公礼之,而位于高国之上,鲍叔牙以身下之,任以国政,号曰仲父。桓公遂霸。管仲尝叹曰:"吾少穷困时,尝与鲍叔贾,分财多自与;鲍叔不以我为贪,知我贫也。吾尝为鲍叔谋事而大穷困,鲍叔不以我为愚,知时有利不利也。吾尝三仕,三见逐于君,鲍叔不以我为不肖,知我不遭时也。吾尝三战三北,鲍叔不以我为怯,知我有老母也。公子纠败,召忽死之,吾幽囚受辱;鲍叔不以我为无耻,知我不羞小节而耻名不显于天下也。生我者父母,知我者鲍叔也!"此世称管鲍善交者,小白善用能者。然实无善交,实无用能也。实无善交实无用能者,非更有善交,更有善用能也。召忽非能死,不得不死;鲍叔非能举贤,不得不举;小白非能用雠,不得不用。<u>及管夷吾有病,小白问之,曰:"仲父之病病矣,可不讳。云至于大病,则寡人恶乎属国而可?"夷吾曰:"公谁欲欤?"小白曰:"鲍叔牙可。"曰:"不可;其为人也,洁廉善士也,其于不己若者不比之人,一闻人之过,终身不忘。使之理国,上且钩乎君,下且逆乎民。其得罪于</u>

起,对曰:"臣愿君之远易牙、竖刁、堂巫、公子开方。夫易牙以调和事公,公曰:惟烝婴儿之未尝,于是烝其首子而献之公。人情非不爱其子也,于子之不爱,将何有于公? 公喜宫而妒,竖刁自刑而为公治内。人情非不爱其身也,于身之不爱,将何有于公? 公子开方事公十五年,不归视其亲。齐卫之间不容数日之行,臣闻之,务为不久。"

《吕氏春秋·贵公》:<u>管仲有病,桓公往问之,曰:"仲父之疾病矣。溃甚,国人弗讳,寡人将谁属国?"管仲对曰:"昔者臣尽力竭智,犹未足以知之也。今病在于朝夕之中,臣奚能言?"桓公曰:"此大事也,愿仲父之教寡人也。"管仲敬诺,曰:"公谁欲相?"公曰:"鲍叔牙可乎?"管仲对曰:"不可。夷吾善鲍叔牙。鲍叔牙之为人也,清廉洁直;视不己若者,不比于人;一闻人之过,终身不忘。"勿已,则隰朋其可乎? 隰朋之为人也,上志而下求,丑不若黄帝,而哀不己若者。其于国也,有不闻也;其于物也,有不知也;其于人也,有不见也。勿已乎,则隰朋可也。"</u>

《庄子·徐无鬼》:<u>管仲有病,桓公问之,曰:"仲父之病病矣,可不(谓)[讳]云,至于大病,则寡人恶乎属国而可?"管仲曰:"公谁欲与?"公曰:"鲍叔牙。"曰:"不可。其为人絜廉善士也,其于不己若者不比之,又一闻人之过,终身不忘。</u>

君也,将弗久矣。"小白曰:"然则孰可?"对曰:"勿已,则隰朋可。其为人也,上忘而下不叛,愧其不若黄帝而哀不已若者。以德分人谓之圣人,以财分人谓之贤人。以贤临人,未有得人者也;以贤下人者,未有不得人者也。其于国有不闻也,其于家有不见也。勿已,则隰朋可。"然则管夷吾非薄鲍叔也,不得不薄;非厚隰朋也,不得不厚。厚之于始,或薄之于终;薄之于终,或厚之于始。厚薄之去来,弗由我也。

第四章:邓析操两可之说,设无穷之辞,当子产执政,作竹刑。郑国用之,数难子产之治。子产屈之。子产执而戮之,俄而诛之。然则子产非能用竹刑,不得不用;邓析非能屈子产,不得不屈;子产非能诛邓析,不得不诛也。

第五章:可以生而生,天福也;可以死而死,天福也。可以生而不生,天罚也;可以死而不死,天罚也。可以生,可以死,得生得死,有矣;不可以生,不可以死,或死或生,有矣。然而生生死死,非物非我,皆命也。智之所无奈何。故曰:"窈然无际,天道自会;漠然无分,天道自运。"天地不能犯,圣智不能干,鬼魅不能欺。自然者默之成之,平之宁之,将之迎之。

第六章:杨朱之友曰季梁。季梁得病,七日大渐。其子环而泣之,请医。季梁谓杨朱曰:"吾子不肖如此之甚,汝奚不为我歌以晓之?"

使之治国,上且钩乎君,下且逆乎民。其得罪于君也,将弗久矣!"公曰:"然则孰可?"对曰:"勿已,则隰朋可。其为人也,上忘而下畔,愧不若皇帝而哀不己若者。以德分人谓之圣,以财分人谓之贤。以贤临人,未有得人者也;以贤下人,未有不得人者也。其于国有不闻也,其于家有不见也。勿已,则隰朋可。"

杨朱歌曰:"天其弗识,人胡能觉?匪祐自天,弗孽由人。我乎汝乎!其弗知乎!医乎巫乎!其知之乎?"其子弗晓,终谒三医。一曰矫氏,二曰俞氏,三曰卢氏,诊其所疾。矫氏谓季梁曰:"汝寒温不节,虚实失度,病由饥饱色欲。精虑烦散,非天非鬼。虽渐,可攻也。"季梁曰:"众医也。亟屏之!"俞氏曰:"女始则胎气不足,乳湩有余。病非一朝一夕之故,其所由来渐矣,弗可已也。"季梁曰:"良医也。且食之!"卢氏曰:"汝疾不由天,亦不由人,亦不由鬼。禀生受形,既有制之者矣,亦有知之者矣。药石其如汝何?"季梁曰:"神医也。重赒遣之!"俄而季梁之疾自瘳。

第七章:生非贵之所能存,身非爱之所能厚;生亦非贱之所能夭,身亦非轻之所能薄。故贵之或不生,贱之或不死;爱之或不厚,轻之或不薄。此似反也,非反也;此自生自死,自厚自薄。或贵之而生,或贱之而死;或爱之而厚,或轻之而薄。此似顺也,非顺也;此亦自生自死,自厚自薄。鬻熊语文王曰:"自长非所增,自短非所损。算之所亡若何?"老聃语关尹曰:"天之所恶,孰知其故?"言迎天意,揣利害,不如其己。

第八章:杨布问曰:"有人于此,年兄弟也,言兄弟也,才兄弟也,貌兄弟也;而寿夭父子也,贵贱父子也,名誉父子也,爱憎父子也。吾惑之。"杨子曰:"古之人有言,吾尝识之,将以告若。不知所以然而然,命也。今昏昏昧昧,纷纷若若,随所为,随所不为。日去日来,孰能知其故?皆命也夫。信命者,亡寿夭;信理者,亡是非;信心者,亡逆顺;信性者,亡安危。则谓之都亡所信,都亡所不信。真矣悫矣,奚去奚就?奚哀奚乐?奚为奚不为?《黄帝之书》云:'至人居若死,动若械。'亦不知所以居,亦不知所以不居;亦不知所以动,亦不知所以不动。亦不以众人之观易其情貌,亦不谓众人之不观不易其情貌。独往独来,独出独入,孰能碍之?"

第九章:墨尿、单至、啴咺、憋懯四人相与游于世,胥如志也。穷年不相知情,自以智之深也。巧佞、愚直、婩斫、便辟四人相与游于世,胥如志也;穷年而不相语术;自以巧之微也。媶伢、情露、謰极、凌谇四人相与游于世,胥如志也;穷年不相晓悟,自以为才之得也。眠娗、諈诿、勇敢、怯疑四人相与游于世,胥如志也;穷年不相谪发,自以行无戾也。多偶、自专、乘权、只立四人相与游于世,胥如志也;穷年不相顾眄,自以时之适也。此众态也。其貌不一,而咸之于道,命所归也。

第十章:佹佹成者,俏成也,初非成也。佹佹败者,俏败者也,初非败也。故迷生于俏,俏之际昧然。于俏而不昧然,则不骇外祸,不喜内福;随时动,随时止,智不能知也。

信命者于彼我无二心。于彼我而有二心者,不若掩目塞耳,背坂面隍亦不坠仆也。故曰:死生自命也,贫穷自时也。怨夭折者,不知命者也;怨贫穷者,不知时者也。当死不惧,在穷不戚,知命安时也。其使多智之人量利害,料虚实,度人情,得亦中,亡亦中。其少智之人不量利害,不料虚实,不度人情,得亦中,亡亦中。量与不量,料与不料,度与不度,奚以异?唯亡所量,亡所不量,则全而亡丧。亦非知全,亦非知丧。自全也,自亡也,自丧也。

第十一章:齐景公游于牛山,北临其国城而流涕曰:"美哉国乎!郁郁芊芊,若何滴滴去此国而死乎?使古无死者,寡人将去斯而之何?"史孔梁丘据皆从而泣曰:"臣赖君之赐,疏食恶肉可得而食,驽马棱车可得而乘;且犹不欲死,而况吾君乎?"晏子独笑于旁。公雪涕而顾晏子曰:"寡人今日之游悲,孔与据皆从寡人而泣,子之独笑,何也?"晏子对曰:"使贤者常守之,则太公桓公将常守之矣;使有勇者而常守之,则庄公灵公将常守之矣。数君者将守之,吾君方将被蓑笠而立乎畎亩之中,唯事之恤,行假念死乎?则吾君又安得此位而立焉?以其迭处之迭去之,至于君也,而独为之流涕,是不仁也。见不仁之君,见谄谀之臣。臣见此二者,臣之所为独窃笑也。"景公惭焉,举觞自罚。罚二臣者各二觞焉。

《晏子春秋·内篇谏上》:景公游于牛山,北临其国城而流涕曰:"若何滂滂去此而死乎!"艾孔、梁丘据皆从而泣。晏子独笑于旁,公刷涕而顾晏子曰:"寡人今日游悲,孔与据皆从寡人而涕泣,子之独笑,何也?"晏子对曰:"使贤者常守之,则太公、桓公将常守之矣;使勇者常守之,则庄公、灵公将常守之矣。数君者将守之,则吾君安得此位而立焉?以其迭处之,迭去之,至于君也,而独为之流涕,是不仁也。不仁之君见一,谄□之臣见二,此臣之所以独窃笑也。"(第十七章)

《韩诗外传·卷十》:齐景公游于牛山之上,而北望齐,曰:"美哉国乎!郁郁蓁蓁,使古而无死者,则寡人将去此而何之!"俯而泣下沾襟。国子高子曰:"然!臣赖君之赐,疏食恶肉可得而食也,驽马柴车可得而乘也,且犹不欲死,而况君乎!"又俯而泣。晏子笑曰:"乐哉,今日婴之游也! 见怯君一而谀臣二。使古而无死者,则太公至今犹存。吾君方今将被蓑笠而立乎畎亩之中,惟农事之恤,何暇念死乎!"景公惭而举觯自罚,因罚二臣。(第十一章)

第十二章:魏人有东门吴者,其子死而不忧。其相室曰:"公之爱子,天下无有。今子死不忧,何也?"东门吴曰:"吾常无子,无子之时不忧。今子死,乃与向无子同,臣奚忧焉?"

《战国策·秦策三》:应侯失韩之汝南。秦昭王谓应侯曰:"君亡国,其忧乎?"应侯曰:"臣不忧。"王曰:"何也?"曰:"梁人有东门吴者,其子死而不忧。其相室曰:'公之爱子也,天下无有。今子死不忧,何也?'东门吴曰:'吾尝无子,无子之时不忧。今子死,乃即与无子时同也,臣奚忧焉?'臣亦尝为子,为子时不忧。今亡汝南,乃与即为梁余子同也,臣何为忧?"秦王以为不然,以告■傲曰:"今也寡人一城围,食不甘味,卧不便席。今应侯亡地而言不忧,此其情也?"■傲曰:"臣请得其情。"■傲乃往见应侯曰:"傲欲死。"应侯曰:"何谓也?"曰:"秦王师君,天下莫不闻,而况于秦国乎? 今傲势得秦,为王将将兵,臣以韩之细也,显逆诛,夺君地,傲尚奚生? 不若死。"应侯拜■傲曰:"愿委之卿。"■傲以报于昭王,自是之后,应侯每言韩事者,秦王弗聴也,以其为汝南疠也。(第十五章)(《战国策》,高诱注,商务印书馆 1934 年 3 月版)

《列子集释》第 215 页,杨伯峻案:《战国策·秦策》应侯答秦昭王

第十三章：农赴时，商趣利，工追术，仕逐势，势使然也。然农有水旱，商有得失，工有成败，仕有遇否，命使然也。

卷第七　杨朱篇

第一章：杨朱游于鲁，舍于孟氏。孟氏问曰："人而已矣，奚以名为？"曰："以名者为富。""既富矣，奚不已焉？"曰："为贵。""既贵矣，奚不已焉？"曰："为死。""既死矣，奚为焉？"曰："为子孙。""名奚益于子孙？"曰："名乃苦其身，燋其心。乘其名者，泽及宗族，利兼乡党；况子孙乎？""凡为名者必廉，廉斯贫；为名者必让，让斯贱。"曰："管仲之相齐也，君淫亦淫，君奢亦奢。志合言从，道行国霸。死之后，管氏而已。田氏之相齐也，君盈则己降，君敛则己施。民皆归之，因有齐国；子孙享之，至今不绝。若实名贫，伪名富。"曰："实无名，名无实。名者，伪而已矣。昔者尧舜伪以天下让许由、善卷，而不失天下，享祚百年。伯夷叔齐实以孤竹君让，而终亡其国，饿死于首阳之山。实伪之辩，如此其省也。"

第二章：杨朱曰："百年，寿之大齐。得百年者千无一焉。设有一者，孩抱以逮昏老，几居其半矣。夜眠之所弭，昼觉之所遗，又几居其半矣。痛疾哀苦，亡失忧惧，又几居其半矣。量十数年之中，逌然而自得亡介焉之虑者，亦亡一时之中尔。

亦用此事，伪作《列子》者盖本之。

则人之生也奚为哉？奚乐哉？为美厚尔，为声色尔。而美厚复不可常厌足，声色不可常玩闻。乃复为刑赏之所禁劝，名法之所进退；遑遑尔竞一时之虚誉，规死后之余荣；偶偶尔顺耳目之观听，惜身意之是非；徒失当年之至乐，不能自肆于一时。重囚累梏，何以异哉？太古之人知生之暂来，知死之暂往；故从心而动，不违自然所好；当身之娱非所去也，故不为名所劝。从性而游，不逆万物所好；死后之名非所取也，故不为刑所及。名誉先后，年命多少，非所量也。”

第三章：杨朱曰："万物所异者生也，所同者死也。生则有贤愚、贵贱，是所异也；死则有臭腐、消灭，是所同也。虽然，贤愚、贵贱非所能也，臭腐、消灭亦非所能也。故生非所生，死非所死；贤非所贤，愚非所愚，贵非所贵，贱非所贱。然而万物齐生齐死，齐贤齐愚，齐贵齐贱。十年亦死，百年亦死。仁圣亦死，凶愚亦死。生则尧舜，死则腐骨；生则桀纣，死则腐骨。腐骨一矣，孰知其异？且趣当生，奚遑死后？"

第四章：杨朱曰："伯夷非亡欲，矜清之邮，以放饿死。展季非亡情，矜贞之邮，以放寡宗。清贞之误善之若此！"

第五章：杨朱曰："原宪窭于鲁，子贡殖于卫。原宪之窭损生，子贡之殖累身。""然则窭亦不可，殖亦不可；其可焉在？"曰："可在乐

刚岩案：该段中的语言更像是对话性语言，可证该段应是后人摘抄《杨朱》等书所致。

生,可在逸身。故善乐生者不窭,善逸身者不殖。"

第六章:杨朱曰:"古语有之:'生相怜,死相捐。'此语至矣。相怜之道,非唯情也;勤能使逸,饥能使饱,寒能使温,穷能使达也。相捐之道,非不相哀也;不含珠玉,不服文锦,不陈牺牲,不设明器也。

第七章:晏平仲问养生于管夷吾。管夷吾曰:'肆之而已,勿壅勿阏。'晏平仲曰:'其目奈何?'夷吾曰:'恣耳之所欲听,恣目之所欲视,恣鼻之所欲向,恣口之所欲言,恣体之所欲安,恣意之所欲行。夫耳之所欲闻者音声,而不得听,谓之阏聪;目之所欲见者美色,而不得视,谓之阏明;鼻之所欲向者椒兰,而不得嗅,谓之阏颤;口之所欲道者是非,而不得言,谓之阏智;体之所欲安者美厚,而不得从,谓之阏适;意之所欲为者放逸,而不得行,谓之阏性。凡此诸阏,废虐之主。去废虐之主,熙熙然以俟死,一日、一月、一年、十年,吾所谓养。拘此废虐之主,录而不舍,戚戚然以至久生,百年、千年、万年,非吾所谓养。'管夷吾曰:'吾既告子养生矣,送死奈何?'晏平仲曰:'送死略矣,将何以告焉?'管夷吾曰:'吾固欲闻之。'平仲曰:'既死,岂在我哉?焚之亦可,沈之亦可,瘗之亦可,露之亦可,衣薪而弃诸沟壑亦可,衮衣绣裳而纳诸石椁亦可,唯所遇焉。'管夷吾顾谓鲍叔黄子曰:'生死之道,吾二人进之矣。'"

第八章:子产相郑,专国之政;三年,善者服其化,恶者畏其禁,郑国以治。诸侯惮之。而有兄曰公孙朝,有弟曰公孙穆。朝好酒,穆好色。朝之室也聚酒千钟,积麴成封,望门百步,糟浆之气逆于人鼻。方其荒于酒也,不知世道之安危,人理之悔吝,室内之有亡,九族之亲疏,存亡之哀乐也。虽水火兵刃交于前,弗知也。穆之后庭比房数十,皆择稚齿婑媠者以盈之。方其耽于色也,屏亲昵,绝交游,逃于后庭,以昼足夜;三月一出,意犹未惬。乡有处子之娥姣者,必贿而招之,媒而挑之,弗获而后已。子产日夜以为戚,密造邓析而谋之,曰:"侨闻治身以及家,治家以及国,此言自于近至于远也。侨为国则治矣,而家则乱矣。其道逆邪?将奚方以救二子?子其诏之!"邓析曰:"吾怪之久矣,未敢先言。子奚不时其治也,喻以性命之重,诱以礼义之尊乎?"子产用邓析之言,因闲以谒其兄弟,而告之曰:"人之所以贵于禽兽者,智虑。智虑之所将者,礼义。礼义成,则名位至矣。若触情而动,耽于嗜欲,则性命危矣。子纳侨之言,则朝自悔而夕食禄矣。"朝穆曰:"吾知之久矣,择之亦久矣,岂待若言而后识之哉?凡生之难遇而死之易及。以难遇之生,俟易及之死,可孰念哉?而欲尊礼义以夸人,矫情性以招名,吾以此为弗若死矣。为欲尽一生之

欢,穷当年之乐。唯患腹溢而不得
恣口之饮,力惫而不得肆情于色;不
遑忧名声之丑,性命之危也。且若
以治国之能夸物,欲以说辞乱我之
心,荣禄喜我之意,不亦鄙而可怜
哉? 我又欲与若别之。夫善治外
者,物未必治,而身交苦;善治内者,
物未必乱,而性交逸。以若之治外,
其法可暂行于一国,未合于人心;以
我之治内,可推之于天下,君臣之道
息矣。吾常欲以此术而喻之,若反
以彼术而教我哉?"子产忙然无以
应之。他日以告邓析。邓析曰:
"子与真人居而不知也,孰谓子智
者乎? 郑国之治偶耳,非子之
功也。"

　　第九章:卫端木叔者,子贡之世
也。藉其先赀,家累万金。不治世
故,放意所好。其生民之所欲为,人
意之所欲玩者,无不为也,无不玩
也。墙屋台榭,园囿池沼,饮食车
服,声乐嫔御,拟齐楚之君焉。至其
情所欲好,耳所欲听,目所欲视,口
所欲尝,虽殊方偏国,非齐土之所产
育者,无不必致之;犹藩墙之物也。
及其游也,虽山川阻险,涂径修远,
无不必之,犹人之行咫步也。宾客
在庭者日百住,庖厨之下,不绝烟
火,堂庑之上,不绝声乐。奉养之
余,先散之宗族;宗族之余,次散之
邑里;邑里之余,乃散之一国。行年
六十,气幹将衰,弃其家事,都散其
库藏、珍宝、车服、妾媵。一年之中
尽焉,不为子孙留财。及其病也,无

药石之储；及其死也，无瘗埋之资。一国之人受其施者，相与赋而藏之，反其子孙之财焉。禽骨釐闻之，曰："端木叔，狂人也，辱其祖矣。"段干生闻之，曰："端木叔，达人也，德过其祖矣。其所行也，其所为也，众意所惊，而诚理所取。卫之君子多以礼教自持，固未足以得此人之心也。"

第十章：孟孙阳问杨朱曰："有人于此，贵生爱身，以蕲不死，可乎？"曰："理无不死。""以蕲久生，可乎？"曰："理无久生。生非贵之所能存，身非爱之所能厚。且久生奚为？五情好恶，古犹今也；四体安危，古犹今也；世事苦乐，古犹今也；变易治乱，古犹今也。既闻之矣，既见之矣，既更之矣，百年犹厌其多，况久生之苦也乎？"孟孙阳曰："若然，速亡愈于久生；则践锋刃，入汤火，得所志矣。"杨子曰："不然，既生，则废而任之，究其所欲，以俟于死。将死，则废而任之，究其所之，以放于尽。无不废，无不任，何遽迟速于其间乎？"

第十一章：杨朱曰："伯成子高不以一毫利物，舍国而隐耕。大禹不以一身自利，一体偏枯。古之人损一毫利天下不与也，悉天下奉一身不取也。人人不损一毫，人人不利天下，天下治矣。"禽子问杨朱曰："去子体之一毛以济一世，汝为之乎？"杨子曰："世固非一毛之所济。"禽子曰："假济，为之乎？"杨子

弗应。禽子出语孟孙阳。孟孙阳
曰:"子不达夫子之心,吾请言之。
有侵若肌肤获万金者,若为之乎?"
曰:"为之。"孟孙阳曰:"有断若一
节得一国,子为之乎?"禽子默然有
间。孟孙阳曰:"一毛微于肌肤,肌
肤微于一节,省矣。然则积一毛以
成肌肤,积肌肤以成一节。一毛固
一体万分中之一物,奈何轻之乎?"
禽子曰:"吾不能所以答子。然则
以子之言问老聃关尹,则子言当矣;
以吾言问大禹墨翟,则吾言当矣。"
孟孙阳因顾与其徒说他事。

　　第十二章:杨朱曰:"天下之美
归之舜、禹、周、孔,天下之恶归之桀
纣。然而舜耕于河阳,陶于雷泽,四
体不得暂安,口腹不得美厚;父母之
所不爱,弟妹之所不亲。行年三十,
不告而娶。及受尧之禅,年已长,智
已衰。商钧不才,禅位于禹,戚戚然
以至于死:此天人之穷毒者也。鲧
治水土,绩用不就,殛诸羽山。禹纂
业事雠,惟荒土功,子产不字,过门
不入;身体偏枯,手足胼胝。及受舜
禅,卑宫室,美绂冕,戚戚然以至于
死:此天人之忧苦者也。武王既终,
成王幼弱,周公摄天子之政。邵公
不悦,四国流言。居东三年,诛兄放
弟,仅免其身,戚戚然以至于死:此
天人之危惧者也。孔子明帝王之
道,应时君之聘,伐树于宋,削迹于
卫,穷于商周,围于陈蔡,受屈于季
氏,见辱于阳虎,戚戚然以至于死:
此天民之遑遽者也。凡彼四圣者,

生无一日之欢，死有万世之名。名者，固非实之所取也。虽称之弗知，虽赏之不知，与株块无以异矣。桀藉累世之资，居南面之尊，智足以距群下，威足以震海内；恣耳目之所娱，穷意虑之所为，熙熙然以至于死：此天民之逸荡者也。纣亦藉累世之资，居南面之尊；威无不行，志无不从；肆情于倾宫，纵欲于长夜；不以礼义自苦，熙熙然以至于诛：此天民之放纵者也。彼二凶也，生有从欲之欢，死被愚暴之名。实者，固非名之所与也，虽毁之不知，虽称之弗知，此与株块奚以异矣。彼四圣虽美之所归，苦以至终，同归于死矣。彼二凶虽恶之所归，乐以至终，亦同归于死矣。"

第十三章：杨朱见梁王，言治天下如运诸掌。梁王曰："先生有一妻一妾而不能治，三亩之园而不能芸；而言治天下如运诸掌，何也？"对曰："君见其牧羊者乎？百羊而群，使五尺童子荷箠而随之，欲东而东，欲西而西。使尧牵一羊，舜荷箠而随之，则不能前矣。且臣闻之：吞舟之鱼，不游枝流；鸿鹄高飞，不集污池。何则？其极远也。黄钟大吕不可从烦奏之舞。何则？其音疏也。将治大者不治细，成大功者不成小，此之谓矣。"

第十四章：杨朱曰："太古之事灭矣，孰志之哉？三皇之事若存若亡，五帝之事若觉若梦，三王之事或隐或显，亿不识一。当身之事或闻

《说苑·政理》：杨朱见梁王，言治天下如运诸掌然，梁王曰："先生有一妻一妾不能治，三亩之园不能芸，言治天下如运诸手掌何以？"杨朱曰："臣有之，君不见夫羊乎，百羊而群，使五尺童子荷杖而随之，欲东而东，欲西而西；君且使尧牵一羊，舜荷杖而随之，则乱之始也。臣闻之，夫吞舟之鱼不游渊，鸿鹄高飞不就污池，何则？其志极远也，黄钟大吕，不可从繁奏之舞，何则？其音疏也。将治大者不治小，成大功者不小苟，此之谓也。"（第三十章）

或见,万不识一。目前之事或存或废,千不识一。太古至于今日,年数固不可胜纪。但伏羲已来三十余万岁,贤愚、好丑,成败、是非,无不消灭;但迟速之间耳。矜一时之毁誉,以焦苦其神形,要死后数百年中余名,岂足润枯骨?何生之乐哉?"

第十五章:杨朱曰:"人肖天地之类,怀五常之性,有生之最灵者也。人者,爪牙不足以供守卫,肌肤不足以自捍御,趋走不足以从利逃害,无毛羽以御寒暑,必将资物以为养,任智而不恃力。故智之所贵,存我为贵;力之所贱,侵物为贱。然身非我有也,既生,不得不全之;物非我有也,既有,不得而去之。身固生之主,物亦养之主。虽全生,不可有其身;虽不去物,不可有其物。有其物,有其身,是横私天下之身,横私天下之物。不横私天下之身,不横私天下物者,其唯圣人乎!公天下之身,公天下之物,其唯至人矣!此之谓至至者也。"

第十六章:杨朱曰:"生民之不得休息,为四事故:一为寿,二为名,三为位,四为货。有此四者,畏鬼,畏人,畏威,畏刑:此谓之遁民也。可杀可活,制命在外。不逆命,何羡寿?不矜贵,何羡名?不要势,何羡位?不贪富,何羡货?此之谓顺民也。天下无对,制命在内。故语有之曰:人不婚宦,情欲失半;人不衣食,君臣道息。周谚曰:田父可坐杀。晨出夜入,自以性之恒;啜菽茹藿，自以味之极；肌肉粗厚，筋节䐈急，一朝处以柔毛绨幕，荐以粱肉兰橘，心痛体烦，内热生病矣。商鲁之君与田父侔地，则亦不盈一时而惫矣。故野人之所安，野人之所美，谓天下无过者。昔者宋国有田夫，常衣缊黂，仅以过冬。暨春东作，自曝于日，不知天下之有广厦隩室，绵纩狐貉。顾谓其妻曰：'负日之暄，人莫知者；以献吾君，将有重赏。'里之富室告之曰：'昔人有美戎菽，甘枲茎芹萍子者，对乡豪称之。乡豪取而尝之，蜇于口，惨于腹，众哂而怨之，其人大惭。子，此类也。'"

第十七章：杨朱曰："丰屋美服，厚味姣色。有此四者，何求于外？有此而求外者，无厌之性。无厌之性，阴阳之蠹也。忠不足以安君，适足以危身；义不足以利物，适足以害生。安上不由于忠，而忠名灭焉；利物不由于义，而义名绝焉。君臣皆安，物我兼利，古之道也。鬻子曰：'去名者无忧。'老子曰：'名者实之宾。'而悠悠者趋名不已。名固不可去，名固不可宾邪？今有名则尊荣，亡名则卑辱。尊荣则逸乐，卑辱则忧苦。忧苦，犯性者也；逸乐，顺性者也。斯实之所系矣。名胡可去？名胡可宾？但恶夫守名而累实。守名而累实，将恤危亡之不救，岂徒逸乐忧苦之间哉？"

卷第八　说符篇

第一章：子列子学于壶丘子林。壶丘子林曰："子知持后，则可言持

身矣。"列子曰:"愿闻持后。"曰:
"顾若影,则知之。"列子顾而观影:
形枉则影曲,形直则影正。然则枉
直随形而不在影,屈申任物而不在
我。此之谓持后而处先。

关尹谓子列子曰:"言美则响
美,言恶则响恶;身长则影长,身短
则影短。名也者,响也;身也者,影
也。故曰:'慎尔言,将有和之;慎
尔行,将有随之。'是故圣人见出以
知入,观往以知来,此其所以先知之
理也。度在身,稽在人。人爱我,我
必爱之;人恶我,我必恶之。汤武爱
天下,故王;桀纣恶天下,故亡,此所
稽也。稽度皆明而不道也,譬之出
不由门,行不从径也。以是求利,不
亦难乎? 尝观之神农有炎之德,稽
之虞、夏、商、周之书,度诸法士贤人
之言,所以存亡废兴而非由此道者,
未之有也。"

严恢曰:"所为问道者为富。
今得珠亦富矣,安用道?"子列子
曰:"桀纣唯重利而轻道,是以亡。
幸哉余未汝语也。人而无义,唯食
而已,是鸡狗也。强食靡角,胜者为
制,是禽兽也。为鸡狗禽兽矣,而欲
人之尊己,不可得也。人不尊己,则
危辱及之矣。"

第二章:列子学射,中矣,请于
关尹子。尹子曰:"子知子之所以
中者乎?"对曰:"弗知也。"关尹子
曰:"未可。"退而习之。三年,又以
报关尹子。尹子曰:"子知子之所
以中乎?"列子曰:"知之矣。"关尹

《吕氏春秋·审己》:子列子常
射中矣,请之于关尹子。关尹子曰:
"知子之所以中乎?"答曰:"弗知
也。"关尹子曰:"未可。"退而习之
三年,又请。关尹子曰:"子知子之
所以中乎?"子列子曰:"知之矣。"

子曰:"可矣;守而勿失也。非独射也,为国与身亦皆如之。故圣人不察存亡而察其所以然。"

第三章:列子曰:"色盛者骄,力盛者奋,未可以语道也。故不班白语道,失,而况行之乎?故自奋则人莫之告。人莫之告,则孤而无辅矣。贤者任人,故年老而不衰,智尽而不乱。故治国之难在于知贤而不在自贤。"

第四章:宋人有为其君以玉为楮叶者,三年而成。锋杀茎柯,毫芒繁泽,乱之楮叶中而不可别也。此人遂以巧食宋国。子列子闻之,曰:"使天地之生物,三年而成一叶,则物之有叶者寡矣。故圣人恃道化而不恃智巧。"

关尹子曰:"可矣,守而勿失。"非独射也,国之存也,国之亡也,身之贤也,身之不肖也,亦皆有以。圣人不察存亡、贤不肖,而察其所以也。

《韩非子·喻老》:夫物有常容,因乘以导之,因随物之容。故静则建乎德,动则顺乎道。宋人有为其君以象为楮叶者,三年而成。丰杀茎柯,毫芒繁泽,乱之楮叶之中而不可别也。此人遂以功食禄于宋邦。列子闻之曰:"使天地三年而成一叶,则物之有叶者寡矣。"故不乘天地之资而载一人之身,不随道理之数而学一人之智,此皆一叶之行也。故冬耕之稼后稷不能羡也;丰年大禾,臧获不能恶也。以一人力,则后稷不足;随自然,则臧获有余。故曰:"恃万物之自然而不敢为也。"

《淮南子·泰族》第二章:宋人有以象为其君为楮叶者,三年而成,茎柯豪芒,锋杀颜泽,乱之楮叶之中而不可知也。列子曰:"使天地三年而成一叶,则万物之有叶者寡矣。夫天地之施化也,呕之而生,吹之而落,岂此契契哉!"故凡可度者,小也;可数者,少也。至大,非度之所能及也；至众，非数之所能领也。故九州岛岛岛不可顷亩也，八极不可道里也，太山不可丈尺也，江海不可斗斛也。故大人者，与天地合德，日月合明，鬼神合灵，与四时合信。故圣人怀天气，抱天心，执中含和，不下庙堂而衍四海，变习易俗，民化而迁善，若性诸己，能以神化也。《诗》云："神之听之，终和且平。"夫鬼神视之无形，听之无声，然而郊天望山川，祷祠而求福，雩兑而请雨，卜筮而决事。《诗》云："神之格思，不可度思，矧可射思！"此之谓也。

《论衡·自然》：草木之生，华叶青葱，皆有曲折，象类文章，谓天为文字，复为华叶乎？<u>宋人或刻木为楮叶者，三年乃成。孔子曰："使〔天〕地三年乃成一叶，则万物之有叶者寡矣。如孔子之言，万物之叶自为生也。自为生也，故能并成。如天为之，其迟当若宋人刻楮叶矣。"</u>

第五章：<u>子列子穷，容貌有饥色。客有言之郑子阳者曰："列御寇盖有道之士也，居君之国而穷，君无乃为不好士乎？"郑子阳即令官遗之粟。子列子出见使者，再拜而辞。使者去。子列子入，其妻望之而拊心曰："妾闻为有道者之妻子，皆得佚乐。今有饥色，君过而遗先生食。先生不受，岂不命也哉？"子列子笑谓之曰："君非自知我也。以人之言而遗我粟，至其罪我也，又且以人之言，此吾所以不受也。"其卒，民果作难而杀子阳。</u>

《新序·节士》：<u>子列子穷，容貌有饥色。客有言于郑子阳者曰："子列子御寇，盖有道之士也，居君之国而穷，君无乃为不好士乎。"子阳令官遗之粟，数十秉。子列子出见使者，再拜而辞。使者去，子列子入，其妻望而拊心曰："闻为有道者妻子，皆得佚乐。今妻子皆有饥色矣，君过而遗先生，先生又辞，岂非命也哉。"子列子笑而谓之曰："君非自知我者也，以人之言而知我，以人之言而遗我粟也；其罪我也，又将以人之言，此吾所以不受也。且受</u>

人之养,不死其难,不义也;死其难,是死无道之人,岂义哉。"其后民果作难,杀子阳,子列子之见微除不义远矣。且子列子内有饥寒之忧,犹不苟取,见得思义,见利思害,况其在富贵乎。故子列子通乎性命之情,可谓能守节矣。(第十八章)(刘向:《新序校释》,石光瑛校释,中华书局 2001 年 1 月版。)

《吕氏春秋·观世》:子列子穷,容貌有饥色。客有言之郑子阳者,曰:"列御寇,盖有道之士也,居君之国而穷,君无乃为不好士乎?"郑子阳令官遗之粟十秉。子列子出见使者,再拜而辞。使者去,子列子入,其妻望而拊心曰:"闻为有道者之妻子,皆得逸乐。今妻子有饥色矣,君过而遗先生食。先生又弗受也。岂非命也哉?"子列子笑而谓之曰:"君非自知我也,以人之言而遗我粟也,至已而罪我也,又且以人言。此吾所以不受也。"其卒民果作难,杀子阳。受人之养而不死其难,则不义;死其难,则死无道也。死无道,逆也。子列子除不义、去逆也,岂不远哉?且方有饥寒之患矣,而犹不苟取,先见其化也。先见其化而已动,达乎性命之情也。

《庄子·让王》:子列子穷,容貌有饥色。客有言之于郑子阳者曰:"列御寇,盖有道之士也,居君之国而穷,君无乃为不好士乎?"郑子阳即令官遗之粟。子列子见使者,再拜而辞。使者去,子列子入,其妻望之而拊心曰："妾闻为有道者之妻子,皆得佚乐,今有饥色。君过而遗先生食,先生不受,岂不命邪?"子列子笑谓之曰："君非自知我也。以人之言而遗我粟,至其罪我也又且以人之言,此吾所以不受也。"其卒,民果作难而杀子阳。

　　第六章:鲁施氏有二子,其一好学,其一好兵。好学者以术干齐侯;齐侯纳之,以为诸公子之傅。好兵者之楚,以法干楚王;王悦之,以为军正。禄富其家,爵荣其亲。施氏之邻人孟氏同有二子,所业亦同,而窘于贫。羡施氏之有,因从请进趋之方。二子以实告孟氏。孟氏之一子之秦,以术干秦王。秦王曰:"当今诸侯力争,所务兵食而已。若用仁义治吾国,是灭亡之道。"遂宫而放之。其一子之卫,以法干卫侯。卫侯曰:"吾弱国也,而摄乎大国之间。大国吾事之,小国吾抚之,是求安之道。若赖兵权,灭亡可待矣。若全而归之,适于他国,为吾之患不轻矣。"遂刖之,而还诸鲁。既反,孟氏之父子叩胸而让施氏。施氏曰:"凡得时者昌,失时者亡。子道与吾同,而功与吾异,失时者也,非行之谬也。且天下理无常是,事无常非。先日所用,今或弃之;今之所弃,后或用之。此用与不用,无定是非也。投隙抵时,应事无方,属乎智。智苟不足,使若博如孔丘,术如吕尚,焉往而不穷哉?"孟氏父子舍然无愠容,曰:"吾知之矣。子勿重言!"

第七章:晋文公出会,欲伐卫,公子锄仰天而笑。公问:"何笑?"曰:"臣笑邻之人有送其妻适私家者,道见桑妇,悦而与言。然顾视其妻,亦有招之者矣。臣窃笑此也。"公寤其言,乃止。引师而还,未至,而有伐其北鄙者矣。

《说苑·正谏》:赵简子举兵而攻齐,令军中有敢谏者罪至死,被甲之士,名曰公卢,望见简子大笑;简子曰:"子何笑?"对曰:"臣有夙笑。"简子曰:"有以解之则可,无以解之则死。"对曰:"当桑之时,臣邻家夫与妻俱之田,见桑中女,因往追之,不能得,还反,其妻怒而去之,臣笑其旷也。"简子曰:"今吾伐国失国,是吾旷也。"于是罢师而归。(第十四章)

第八章:晋国苦盗。有郄雍者,能视盗之貌,察其眉睫之间,而得其情。晋侯使视盗,千百无遗一焉。晋侯大喜,告赵文子曰:"吾得一人,而一国盗为尽矣,奚用多为?"文子曰:"吾君恃伺察而得盗,盗不尽矣,且郄雍必不得其死焉。"俄而群盗谋曰:"吾所穷者郄雍也。"遂共盗而残之。晋侯闻而大骇,立召文子而告之曰:"果如子言,郄雍死矣!然取盗何方?"文子曰:"周谚有言:'察见渊鱼者不祥,智料隐匿者有殃。'且君欲无盗,莫若举贤而任之;使教明于上,化行于下,民有耻心,则何盗之为?"于是用随会知政,而群盗奔秦焉。

第九章:孔子自卫反鲁,息驾乎河梁而观焉。有悬水三十仞,圜流九十里,鱼鳖弗能游,鼋鼍弗能居,有一丈夫方将厉之。孔子使人并涯止之,曰:"此悬水三十仞,圜流九十里,鱼鳖弗能游,鼋鼍弗能居也。

《说苑·杂言》:孔子观于吕梁,悬水四十仞,环流九十,鱼鳖不能过,鼋鼍不敢居。有一丈夫方将涉之,孔子使人并崖而止之曰:"此悬水四十仞,圜流九十里,鱼鳖不敢过,鼋鼍不敢居,意者难可济也!"

意者难可以济乎?"丈夫不以错意,遂度而出。孔子问之曰:"巧乎?有道术乎? 所以能入而出者,何也?"丈夫对曰:"始吾之入也,先以忠信;及吾之出也,又从以忠信。忠信错吾躯于波流,而吾不敢用私,所以能入而复出者,以此也。"孔子谓弟子曰:"二三子识之! 水且犹可以忠信诚身亲之,而况人乎?"

丈夫不以错意,遂渡而出。孔子问:"子巧乎? 且有道术乎? 所以能入而出者何也?"丈夫曰:"始吾入,先以忠信,吾之出也,又从以忠信;忠信错吾躯于波流,而吾不敢用私。吾所以能入而复出也。"孔子谓弟子曰:"水而尚可以忠信,义久而身亲之,况于人乎?"(第二十三章)

《孔子家语·卷二·致思》:孔子自卫反鲁,息驾于河梁而观焉。有悬水三十仞,圜流九十里,鱼鳖不能导,鼋鼍不能居,有一丈夫方将厉之。孔子使人并涯止之,曰:"此悬水三十仞,圜流九十里,鱼鳖鼋鼍不能居也,意者难可济也。"丈夫不以措意,遂渡而出。孔子问之曰:"子乎? 有道术乎? 所以能入而出者,何也?"丈夫对曰:"始吾之入也,先以忠信,及吾之出也,又从以忠信,忠信措吾躯于波流,而吾不敢以用私,所以能入而复出也。"孔子谓弟子曰:"二三子识之,水且犹可以忠信,成身亲之,而况于人乎?"(第十四章)

《仲尼》篇也有此章:

孔子观于吕梁,悬水三十仞,流沫三十里,鼋鼍鱼鳖之所不能游也,见一丈夫游之。以为有苦而欲死者也,使弟子并流而承之。数百步而出,被发行歌,而游于棠行。孔子从而问之,曰:"吕梁悬水三十仞,流沫三十里,鼋鼍鱼鳖所不能游,向吾见子道之。以为有苦而欲死者,使弟子并流将承子。子出而被发行歌,吾以子为鬼也。察子,则人也。请问蹈水有道乎?"曰:"亡,吾无道。吾始乎故,长乎性,成乎命,与赍俱入,与汨偕出。从水之道而不为私焉,此吾所以道之也。"孔子曰:"何谓始乎故,长乎性,成乎命也?"曰:"吾生于陵而安于陵,故也;长于水而安于水,性也;不知吾所以然而然,命也。"

第十章:白公问孔子曰:"人可与微言乎?"孔子不应。白公问曰:"若以石投水,何如?"孔子曰:"吴之善没者能取之。"曰:"若以水投水,何如?"孔子曰:"淄渑之合,易牙尝而知之。"白公曰:"人固不可与微言乎?"孔子曰:"何为不可?唯知言之谓者乎!夫知言之谓者:不以言言也。争鱼者濡,逐兽者趋,非乐之也。故至言去言,至为无为。夫浅知之所争者末矣。"白公不得已,遂死于浴室。

《吕氏春秋·精谕》:白公问于孔子曰:"人可与微言乎?"孔子不应。白公曰:"若以石投水,奚若?"孔子曰:"没人能取之。"白公曰:"若以水投水,奚若?"孔子曰:"菑、渑之水合者,易牙尝而知之。"白公曰:"然则人固不可与微言乎?"孔子曰:"何胡为不可?唯知言之谓者为可耳?"白公弗得也。知谓则不以言矣。言者谓之属也。求鱼者濡,争兽者趋,非乐之也。故至言去言,至为无为。浅智者之所争则末矣。此白公之所以死于法室。

《淮南子·道应》:白公问于孔子曰:"人可以微言?"孔子不应。白公曰:"若以石投水中,何如?"曰:"吴、越之善没者能取之矣。"曰:"若以水投水,何如?"孔子曰:"菑渑之水合,易牙尝而知之。"白公曰:"然则人固不可与微言乎?"孔子曰:"何谓不可?谁知言之谓者乎?夫知言之谓者,不以言言也。"争鱼者濡,逐兽者趋,非乐之也。故至言去言,至为无为。夫浅知之所争者,末矣。白公不得也,故

第十一章：赵襄子使新稺穆子攻翟，胜之，取左人中人；使遽人来谒之。襄子方食而有忧色。左右曰："一朝而两城下，此人之所喜也；今君有忧色。何也?"襄子曰："夫江河之大也，不过三日；飘风暴雨不终朝，日中不须臾。今赵氏之德行无所施于积，一朝而两城下，亡其及我哉!"孔子闻之曰："赵氏其昌乎! 夫忧者所以为昌也，喜者所以为亡也。胜非其难者也；持之，其难者也。贤主以此持胜，故其福及后世。齐、楚、吴、越皆尝胜矣，然卒取亡焉，不达乎持胜也。唯有道之主为能持胜。孔子之劲，能拓国门之关，而不肯以力闻。墨子为守攻，公输般服，而不肯以兵知。故善持胜者以强为弱。"

死于浴室。故老子曰："言有宗，事有君，夫唯无知，是以不吾知也。"白公之谓也。

《吕氏春秋·慎大》：赵襄子攻翟，胜老人、中人，使使者来谒之，襄子方食搏饭，有忧色。左右曰："一朝而两城下，此人之所以喜也，今君有忧色，何也?"襄子曰："江河之大也，不过三日。飘风暴雨，日中不须臾。今赵氏之德行，无所于积，一朝而两城下，亡其及我乎!"孔子闻之曰："赵氏其昌乎?"夫忧所以为昌也，而喜所以为亡也。胜非其难者也，持之其难者也。贤主以此持胜，故其福及后世。齐荆吴越，皆尝胜矣，而卒取亡，不达乎持胜也。唯有道之主为能持胜。孔子之劲，举国门之关，而不肯以力闻。墨子为守攻，公输般服，而不肯以兵知。故善持胜者，以术强弱。

《淮南子·道应》：赵襄子攻翟而胜之，取尤人、终人。使者来谒之，襄子方将食而有忧色。左右曰："一朝而两城下，此人之所喜也，今君有忧色，何也?"襄子曰："江、河之大也，不过三日；飘风暴雨，日中不须臾。今赵氏之德行无所积，今一朝两城下，亡其及我乎!"孔子闻之曰："赵氏其昌乎!"夫忧所以为昌也，而喜所以为亡也。胜非其难也，持之者其难也。贤主以此持胜，故其福及后世。齐、楚、吴、越，皆尝胜矣，然而卒取亡焉，不通乎持胜也。唯有道之主能持胜。孔子劲杓

第十二章：宋人有好行仁义者，三世不懈。家无故黑牛生白犊，以问孔子。孔子曰："此吉祥也，以荐上帝。"居一年，其父无故而盲。其牛又复生白犊，其父又复令其子问孔子。其子曰："前问之而失明，又何问乎？"父曰："圣人之言先迕后合。其事未究，姑复问之。"其子又复问孔子。孔子曰："吉祥也。"复教以祭。其子归致命。其父曰："行孔子之言也。"居一年，其子又无故而盲。其后楚攻宋，围其城；民易子而食之，析骸而炊之；丁壮者皆乘城而战，死者太半。此人以父子有疾皆免。及围解而疾俱复。

国门之关，而不肯以力闻；墨子为守攻公输般服，而不肯以兵知。善持胜者，以强为弱，故老子曰："道冲而用之，又弗盈也。"

《淮南子·人间》：昔者，宋人好善者，三世不解。家无故而黑牛生白犊，以问先生，先生曰："此吉祥，以飨鬼神。"居一年，其父无故而盲。牛又复生白犊，其父又复使其子以问先生。其子曰："前听先生言而失明，今又复问之，奈何？"其父曰："圣人之言，先忤而后合。其事未究，固试往复问之。"其子又复问先生，先生曰："此吉祥也，复以飨鬼神。"归，致命其父。其父曰："行先生之言也。"居一年，其子又无故而盲。其后楚攻宋，围其城。当此之时，易子而食，析骸而炊。丁壮者死，老病童儿皆上城牢守而不下。楚王大怒，城已破，诸城守者皆屠之。此独以父子盲之故，得无乘城。军罢围解，则父子俱视。夫祸福之转而相生，其变难见也。

《论衡·福虚》：宋人有好善行者，三世不改，家无故黑牛生白犊，以问孔子。孔子曰："此吉祥也，以享鬼神。"即以犊祭。一年，其父无故而盲。牛又生白犊，其父又使其子问孔子。孔子曰："吉祥也，以享鬼神。"复以犊祭。一年，其子［又］无故而盲。其后楚攻宋，围其城。当此之时，易子而食之，析骸而炊之，此独以父子俱盲之故，得毋乘城。军罢围解，父子俱视。此修善积行神报之效也。曰：此虚言也。夫宋人父子修善如此，神报之，何必使之先盲后视哉？不盲常视，不能护乎？此神不能护不盲之人，则亦不能以盲护人矣。使宋、楚之君合战顿兵，流血僵尸，战夫禽获，死亡不还，以盲之故，得脱不行，可谓神报之矣。

第十三章：宋有兰子者，以技干宋元；宋元召而使见。其技以双枝，长倍其身，属其胫，并趋并驰，弄七剑迭而跃之，五剑常在空中。元君大惊，立赐金帛。又有兰子又能燕戏者，闻之，复以干元君。元君大怒曰："昔有异技干寡人者，技无庸，适值寡人有欢心，故赐金帛。彼必闻此而进复望吾赏。"拘而拟戮之，经月乃放。

第十四章：秦穆公谓伯乐曰："子之年长矣，子姓有可使求马者乎？"伯乐对曰："良马可形容筋骨相也。天下之马者，若灭若没，若亡若失。若此者绝尘弭辙。臣之子皆下才也，可告以良马，不可告以天下之马也。臣有所与共担纆薪菜者，有九方皋，此其于马非臣之下也。请见之。"穆公见之，使行求马。三月而反报曰："已得之矣，在沙丘。"穆公曰："何马也？"对曰："牝而黄。"使人往取之，牡而骊。穆公不说，召伯乐而谓之曰："败矣，子所使求马者！色物、牝牡尚弗能知，又何马之能知也？"伯乐喟然太息曰："一至于此乎？是乃其所

《淮南子·道应》：秦穆公谓伯乐曰："子之年长矣，子姓有可使求马者乎？"对曰："良马者，可以形容筋骨相也。相天下之马者，若灭若失，若亡其一。若此马者，绝尘弭辙。臣之子皆下材也，可告以良马，而不可告以天下之马。臣有所与供儋缠采薪者九方堙，此其于马，非臣之下也。请见之。"穆公见之，使之求马。三月而反报曰："已得马矣，在于沙丘。"穆公曰："何马也？"对曰："牡而黄。"使人往取之，牝而骊。穆公不说。召伯乐而问之曰："败矣！子之所使求者，毛物牝牡弗能知，又何马之能知！"伯乐喟然大息曰："一至此乎！是乃其所以

以千万臣而无数者也。若皋之所观天机也,得其精而忘其粗,在其内而忘其外;见其所见,不见其所不见;视其所视,而遗其所不视。若皋之相者,乃有贵乎马者也。"马至,果天下之马也。

第十五章:楚庄王问詹何曰:"治国奈何!"詹何对曰:"臣明于治身而不明于治国也。"楚庄王曰:"寡人得奉宗庙社稷,愿学所以守之。"詹何对曰:"臣未尝闻身治而国乱者也,又未尝闻身乱而国治者也。故本在身,不敢对以末。"楚王曰:"善。"

第十六章:狐丘丈人谓孙叔敖曰:"人有三怨,子之知乎?"孙叔敖曰:"何谓也?"对曰:"爵高者,人妒之;官大者,主恶之;禄厚者,怨逮之。"孙叔敖曰:"吾爵益高,吾志益下;吾官益大,吾心益小;吾禄益厚,吾施益博。以是免于三怨,可乎?"

千万臣而无数者也!若埋之所观者天机也,得其精而忘其粗,在内而忘其外,见其所见而不见其所不见,视其所视而遗其所不视。若彼之所相者,乃有贵乎马者。"马至而果千里之马。故老子曰:"大直若屈,大巧若拙。"

《淮南子·道应》:楚庄王问詹何曰:"治国奈何?"对曰:"何明于治身,而不明于治国。"楚王曰:"寡人得立宗庙社稷,愿学所以守之。"詹何对曰:"臣未尝闻身治而国乱者也,未尝闻身乱而国治者也,故本任于身,不敢对以末。"楚王曰:"善。"故老子曰:"修之身,其德乃真也。"

《吕氏春秋·执一》:楚王问为国于詹子,詹子对曰:"何闻为身,不闻为国。"詹子岂以国可无为哉?以为为国之本,在于为身。身为而家为,家为而国为,国为而天下为。故曰以身为家,以家为国,以国为天下。此四者,异位同本。故圣人之事,广之则极宇宙,穷日月,约之则无出乎身者也。慈亲不能传于子,忠臣不能入于君,唯有其材者为近之。

《淮南子·道应》:狐丘丈人谓孙叔敖曰:"人有三怨,子知之乎?"孙叔敖曰:"何谓也?"对曰:"爵高者士妒之,官大者主恶之,禄厚者怨处之。"孙叔敖曰:"吾爵益高,吾志益下;吾官益大,吾心益小;吾禄益厚,吾施益博:是以免三怨可乎?"

故老子曰："贵必以贱为本,高必以下为基。"(第三十三章)

今本《文子·符言》:老子曰:"人有三怨:爵高者人妬之,官大者主恶之,禄厚者人怨之。夫爵益高者意益下,官益大者心益小,禄益厚者施益博,修此三者怨不作。故贵以贱为本,高以下为基。(第二十一章)"

《荀子·尧问》篇:语曰:缯丘之封人,见楚相孙叔敖曰:"吾闻之也:处官久者士妒之,禄厚者民怨之,位尊者君恨之。今相国有此三者而不得罪楚之士民,何也?"孙叔敖曰:"吾三相楚而心愈卑,每益禄而施愈博,位滋尊而礼愈恭,是以不得罪于楚之士民也。"

《韩诗外传·卷七》:孙叔敖遇狐丘丈人。狐丘丈人曰:"仆闻之,有三利必有三患,子知之乎?"孙叔敖蹴然易容曰:"小子不敏,何足以知之。敢问何谓三利? 何谓三患?"狐丘丈人曰:"夫爵高者,人妬之。官大者,主恶之。禄厚者,怨归之。此之谓也。"孙叔敖曰:"不然。吾爵益高,吾志益下。吾官益大,吾心益小。吾禄益厚,吾施益博。可以免于患乎?"狐丘丈人曰:"善哉言乎! 尧舜其犹病诸。"《诗》曰:"温温恭人,如集于木。惴惴小心,如临于谷。"(第十二章)

《说苑·敬慎》:孙叔敖为楚令尹,一国吏民皆来贺,有一老父衣麤衣,冠白冠,后来吊,孙叔敖正衣冠

第十七章:孙叔敖疾,将死,戒其子曰:"王亟封我矣,吾不受也。为我死,王则封汝。汝必无受利地!楚越之间有寝丘者,此地不利而名甚恶。楚人鬼而越人禨,可长有者唯此也。"孙叔敖死,王果以美地封其子。子辞而不受;请寝丘,与之,至今不失。

而出见之,谓老父曰:"楚王不知臣不肖,使臣受吏民之垢,人尽来贺,子独后来吊,岂有说乎?"父曰:"有说,身已贵而骄人者民去之;位已高而擅权者君恶之;禄已厚而不知足者患处之。"孙叔敖再拜曰:"敬受命,愿闻余教。"父曰:"位已高而意益下,官益大而心益小,禄已厚而慎不敢取;君谨守此三者足以治楚矣。"(第十七章)

《吕氏春秋·异宝》:四曰:古之人非无宝也,其所宝者异也。孙叔敖疾,将死,戒其子曰:"王数封我矣,吾不受也。为我死,王则封汝,必无受利地。楚、越之间有寝之丘者,此其地不利,而名甚恶。荆人畏鬼,而越人信禨。可长有者,其唯此也。"孙叔敖死,王果以美地封其子,而子辞,请寝之丘,故至今不失。孙叔敖之知,知不以利为利矣。知以人之所恶为己之所喜,此有道者之所以异乎俗也。

《淮南子·人间》:天下有三危:少德而多宠,一危也;才下而位高,二危也;身无大功而受厚禄,三危也。故物或损之而益,或益之而损。何以知其然也?昔者楚庄王既胜晋于河、雍之间,归而封孙叔敖,辞而不受,病疽将死,谓其子曰:"吾则死矣,王必封女,女必让肥饶之地,而受沙石之间有寝丘者,其地确石而名丑。荆人鬼,越人禨,人莫之利也。"孙叔敖死,王果封其子以肥饶之地,其子辞而不受,请有寝之

第十八章:牛缺者,上地之大儒也,下之邯郸,遇盗于耦沙之中,尽取其衣装车,牛步而去。视之,欢然无忧吝之色。盗追而问其故。曰:"君子不以所养害其所养。"盗曰:"嘻! 贤矣夫!"既而相谓曰:"以彼之贤,往见赵君,使以我为,必困我。不如杀之。"乃相与追而杀之。燕人闻之,聚族相戒,曰:"遇盗,莫如上地之牛缺也!"皆受教。俄而其弟适秦。至關下,果遇盗;忆其兄之戒,因与盗力争。既而不如,又追而以卑辞请物。盗怒曰:"吾活汝弘矣,而追吾不已,迹将箸焉。既为盗矣,仁将焉在?"遂杀之,又傍害其党四五人焉。

丘。楚国之俗,功臣二世而爵禄,惟孙叔敖独存。此所谓损之而益也。

《吕氏春秋・必已》:牛缺居上地,大儒也。下之邯郸,遇盗于耦沙之中。盗求其橐中之载,则与之;求其车马,则与之;求其衣被,则与之。牛缺步而去,盗相谓曰:"此天下之显人也,今辱之如此,此必愬我于万乘之主。万乘之主必以国诛我,我必不生,不若相与追而杀之,以灭其迹。"于是相与趋之,行三十里,及而杀之。此以知故也。

《淮南子・人间》:人或问孔子曰:"颜回何如人也?"曰:"仁人也。丘弗如也。""子贡何如人也?"曰:"辩人也。丘弗如也。""子路何如人也?"曰:"勇人也。丘弗如也。"宾曰:"三人皆贤夫子,而为夫子役,何也?"孔子曰:"丘能仁且忍,辩且讷,勇且怯。以三子之能,易丘一道,丘弗为也。"孔子知所施之也。秦牛缺径于山中,而遇盗,夺之车马,解其橐笥,拖其衣被。盗还反顾之,无惧色忧志,嚣然有以自得也。盗遂问之曰:"吾夺子财货,劫子以刀,而志不动,何也?"秦牛缺曰:"车马所以载身也,衣服所以掩形也,圣人不以所养害其养。"盗相视而笑曰:"夫不以欲伤生,不以利累形者,世之圣人也。以此而见王者,必且以我为事也。"还反杀之。此能以知知矣,而未能以知不知也;能勇于敢,而未能勇于不敢也。凡有道者,应卒而不乏,遭难而能免,

	故天下贵之。今知所以自行也,而未知所以为人行也,其所论未之究者也。人能由昭昭于冥冥,则几于道矣。《诗》曰:"人亦有言,无哲不愚。"此之谓也。 《论衡·幸偶》:鲁人为父报仇,安行不走,追者舍之;牛缺为盗所夺,和意不恐,盗还杀之。文德与仁义同,不走与不恐等,然文公、鲁人得福,偃王、牛缺得祸者,文公、鲁人幸,而偃王、牛缺不幸也。
第十九章:虞氏者,梁之富人也,家充殷盛,钱帛无量,财货无訾。登高楼,临大路,设乐陈酒,击博楼上。侠客相随而行。楼上博者射,明琼张中,反两㩉鱼而笑。飞鸢适坠其腐鼠而中之。侠客相与言曰:"虞氏富乐之日久矣,而常有轻易人之志。吾不侵犯之,而乃辱我以腐鼠。此而不报,无以立慬于天下。请与若等戮力一志,率徒属必灭其家为等伦。"皆许诺。至期日之夜,聚众积兵以攻虞氏,大灭其家。	《淮南子·人间》:物类之相摩近而异门户者,众而难识也。故或类之而非,或不类之而是,或若然而不然者,或不若然而然者。谚曰:"鸢堕腐鼠,而虞氏以亡。"何谓也?曰:虞氏,梁之大富人也。家充盈殷富,金钱无量,财货无赀。升高楼,临大路,设乐陈酒,积博其上。游侠相随而行楼下,博上者射朋张,中反两而笑,飞鸢适堕其腐鼠而中游侠。游侠相与言曰:"虞氏富乐之日久矣,而常有轻易人之志。吾不敢侵犯,而乃辱我以腐鼠。如此不报,无以立务于天下。请与公僇力一志,悉率徒属,而必以灭其家。"此所谓类之而非者也。
第二十章:东方有人焉,曰爰旌目,将有适也,而饿于道。狐父之盗曰丘,见而下壶餐以餔之。爰旌目三哺而后能视,曰:"子何为者也?"曰:"我狐父之人丘也。"爰旌目曰:"譆!汝非盗邪?胡为而食我?吾义不食子之食也。"两手据地而欧	《吕氏春秋·介立》:东方有士焉,曰爰旌目,将有适也,而饿于道。狐父之盗曰丘,见而下壶餐以餔之。爰旌目三餔之而后能视,曰:"子何为者也?"曰:"我狐父之人丘也。"爰旌目曰:"嘻!汝非盗耶?胡为而食我?吾义不食子之食也。"两

之，不出，喀喀然，遂伏而死。狐父之人则盗矣，而食非盗也。以人之盗因谓食为盗而不敢食，是失名实者也。

第二十一章：柱厉叔事莒敖公，自为不知己，去，居海上。夏日则食菱芰，冬日则食橡栗。莒敖公有难，柱厉叔辞其友而往死之。其友曰："子自以为不知己，故去。今往死之，是知与不知无辨也。"柱厉叔曰："不然；自以为不知，故去。今死，是果不知我也。吾将死之，以丑后世之人主不知其臣者也。"凡知则死之，不知则弗死，此直道而行者也。柱厉叔可谓怼以忘其身者也。

手据地而吐之，不出，喀喀然遂伏地而死。

《新序·节士》：东方有士曰袁旌目，将有所适，而饥于道。狐父之盗曰丘，见之，下壶餐以与之。袁旌目三餔而能视，仰而问焉，曰："子谁也？"曰："我狐父之人丘也。"袁旌目曰："嘻，汝乃盗也，何为而食我？以吾义不食也。"两手据地而欧之，不出，喀喀然，遂伏地而死。县名胜母，曾子不入；邑号朝歌，墨子回车。故孔子席不正不坐，割不正不食，不饮盗泉之水，积正也。旌目不食而死，洁之至也。（第二十五章）

《金楼子·杂记上》篇：东方有士曰袁旌，因将有适而饥于道，狐邱之盗父见之，下壶飧以予之，问："子谁也？"曰："我狐邱之盗父也。"曰："吾不食也。"两手据地而呕之，不出，喀喀然伏地而死也。

《吕氏春秋·恃君》：柱厉叔事莒敖公，自以为不知，而去居于海上。夏日则食菱芡，冬日则食橡栗。莒敖公有难，柱厉叔辞其友而往死之。其友曰："子自以为不知故去，今又往死之，是知与不知无异别也。"柱厉叔曰："不然。自以为不知故去，今死而弗往死，是果知我也。吾将死之，以丑后世人主之不知其臣者也，所以激君人者之行，而厉人主之节也。行激节厉，忠臣幸于得察。忠臣察则君道固矣。"

《说苑·立节》：莒穆公有臣曰

朱厉附,事穆公,不见识焉,冬处于山林食杼栗,夏处于洲泽食菱藕。穆公以难死,朱厉附将往死之。其友曰:"子事君而不见识焉,今君难吾子死之,意者其不可乎!"朱厉附曰:"始我以为君不吾知也,今君死而我不死,是果不知我也;吾将死之,以激天下不知其臣者。"遂往死之。(第十九章)

第二十二章:杨朱曰:"利出者实及,怨往者害来。发于此而应于外者唯请,是故贤者慎所出。"

第二十三章:杨子之邻人亡羊,既率其党,又请杨子之竖追之。杨子曰:"嘻!亡一羊,何追者之众?"邻人曰:"多歧路。"既反,问:"获羊乎?"曰:"亡之矣。"曰:"奚亡之?"曰:"歧路之中又有歧焉,吾不知所之,所以反也。"杨子戚然变容,不言者移时,不笑者竟日。门人怪之,请曰:"羊,贱畜;又非夫子之有,而损言笑者,何哉?"杨子不答。门人不获所命。弟子孟孙阳出,以告心都子。心都子他日与孟孙阳偕入,而问曰:"昔有昆弟三人,游齐鲁之间,同师而学,进仁义之道而归。其父曰:'仁义之道若何?'伯曰:'仁义使我爱身而后名。'仲曰:'仁义使我杀身以成名。'叔曰:'仁义使我身名并全。'彼三术相反,而同出于儒。孰是孰非邪?"杨子曰:"人有滨河而居者,习于水,勇于泅,操舟鬻渡,利供百口。裹粮就学者成徒,而溺死者几半。本学泅,不学溺,而利害如此。若以为孰是孰非?"心都子嘿然而出。孟孙阳让之曰:"何吾子问之迂,夫子答之僻? 吾惑愈甚。"心都子曰:"大道以多歧亡羊,学者以多方丧生。学非本不同,非本不一,而末异若是。唯归同反一,为亡得丧。子长先生之门,习先生之道,而不达先生之况也,哀哉!"

第二十四章:杨朱之弟曰布,衣素衣而出。天雨,解素衣,衣缁衣而反。其狗不知,迎而吠之。杨布怒,将扑之。杨朱曰:"子无扑矣! 子亦犹是也。向者使汝狗白而往,黑而来,岂能无怪哉?"

第二十五章:杨朱曰:"行善不以为名,而名从之;名不与利期,而利归之;利不与争期,而争及之;故君子必慎为善。"

第二十六章:昔人言有知不死之道者,燕君使人受之,不捷,而言者死。燕君甚怒,其使者将加诛焉。幸臣谏曰:"人所忧者莫急乎死,己所重者莫过乎生。彼自丧其生,安能令君不死也?"乃不诛。有齐子亦欲学其道,闻言者之死,乃抚膺而恨。富子闻而笑之曰:"夫所欲学不死,其人已死而犹恨之,是不知所以为学。"胡子曰:"富子之言非也。凡人有术不能行者有矣,能行而无其术者亦有矣。卫人有善数者,临死,以决喻其子。其子志其言而不能行也。他人问之,以其父所言告之。问者用其言而行其术,与其父

《韩非子·说林下》:杨朱之弟杨布衣素衣而出,天雨,解素衣,衣缁衣而反。其狗不知而吠之,杨布怒,将击之。杨朱曰:"子毋击也,子亦犹是。曩者使女狗白而往,黑而来,子岂能毋怪哉!"

无差焉。若然,死者奚为不能言生术哉?"

第二十七章:邯郸之民以正月之旦献鸠于简子,简子大悦,厚赏之。客问其故。简子曰:"正旦放生,示有恩也。"客曰:"民知君之欲放之,故竞而捕之,死者众矣。君如欲生之,不若禁民勿捕。捕而放之,恩过不相补矣。"简子曰:"然。"

第二十八章:齐田氏祖于庭,食客千人。中坐有献鱼雁者,田氏视之,乃叹曰:"天之于民厚矣!殖五谷,生鱼鸟以为之用。"众客和之如响。鲍氏之子年十二,预于次,进曰:"不如君言。天地万物与我并生,类也。类无贵贱,徒以小大智力而相制,迭相食;非相为而生之。人取可食者而食之,岂天本为人生之?且蚊蚋噆肤,虎狼食肉,非天本为蚊蚋生人、虎狼生肉者哉?"

第二十九章:齐有贫者,常乞于城市。城市患其亟也,众莫之与。遂适田氏之厩,从马医作役而假食。郭中人戏之曰:"从马医而食,不以辱乎?"乞儿曰:"天下之辱莫过于乞。乞犹不辱,岂辱马医哉?"

第三十章:宋人有游于道、得人遗契者,归而藏之,密数其齿。告邻人曰:"吾富可待矣。"

《周易集说》卷32:《韩子》云:宋人得契,密数其齿,谓以刀分之,有相入之齿缝也。

第三十一章:人有枯梧树者,其邻父言枯梧之树不祥,其邻人遽而伐之。邻人父因请以为薪。其人乃不悦,曰:"邻人之父徒欲为薪而教吾伐之也。与我邻,若此其险,岂

《吕氏春秋·去宥》:邻父有与人邻者,有枯梧树,其邻之父言梧树之不善也,邻人遽伐之。邻父因请而以为薪。其人不说曰:"邻者若此其险也,岂可为之邻哉?"此有所

可哉?"

第三十二章:人有亡鈇者,意其
邻之子,视其行步,窃鈇也;颜色,窃
鈇也;言语,窃鈇也;动作态度,无为
而不窃鈇也。俄而抇其谷而得其
鈇,他日复见其邻人之子,动作态度
无似窃鈇者。

第三十三章:白公胜虑乱,罢朝
而立,倒杖策,錣上贯颐,血流至地
而弗知也。郑人闻之曰:"颐之忘,
将何不忘哉?"意之所属箸,其行足
踬株陷,头抵植木,而不自知也。

第三十四章:昔齐人有欲金者,
清旦衣冠而之市。适鬻金者之所,
因攫其金而去。吏捕得之,问曰:
"人皆在焉,子攫人之金何?"对曰:

宥也。夫请以为薪与弗请,此不可
以疑枯梧树之善与不善也。

《吕氏春秋·去尤》:人有亡鈇
者,意其邻之子。视其行步,窃鈇
也;颜色,窃鈇也;言语,窃鈇也;动
作态度,无为而不窃鈇也。抇其谷
而得其鈇,他日复见其邻之子,动作
态度,无似窃鈇者。其邻之子非变
也,己则变矣。变也者无他,有所
尤也。

《韩非子·喻老》:白公胜虑
乱,罢朝,倒杖而策锐贯頣,血流至
于地而不知。郑人闻之曰:"頣之
忘,将何为忘哉!"故曰:"其出弥遂
者,其智弥少。"此言智周乎远,则
所遗在近也,是以圣人无常行也。
能并智,故曰:"不行而知。"能并
视,故曰:"不见而明。"随时以举
事,因资而立功,用万物之能而获
利其上,故曰:"不为而成。"(第十
五章)

《淮南子·道应》:白公胜虑
乱,罢朝而立,倒杖策,錣上贯颐,血
流至地而弗知也。郑人闻之曰:
"颐之忘,将何不忘哉!"此言精神
之越于外,智虑之荡于内,则不能漏
理其形也。是故神之所用者远,则
所遗者近也。故老子曰:"不出户
以知天下,不窥牖以见天道,其出弥
远,其知弥少。"此之谓也。

《吕氏春秋·去宥》:齐人有欲
得金者,清旦,被衣冠,往鬻金者之
所,见人操金,攫而夺之。吏搏而束
缚之,问曰:"人皆在焉,子攫人之

"取金之时,不见人,徒见金。"

金,何故?"对吏曰:"殊不见人,徒见金耳。"此真大有所宥也。

《淮南子·泛论》:事或欲之,适足以失之;或避之,适足以就之。楚人有乘船而遇大风者,波至而自投于水。非不贪生而畏死也,惑于恐死而反忘生也。故人之嗜欲亦犹此也。齐人有盗金者,当市繁之时,至掇而走。勒问其故曰:"而盗金于市中,何也?"对曰:"吾不见人,徒见金耳。"志所欲,则忘其为矣。是故圣人审动静之变,而适受与之度,理好憎之情,和喜怒之节。

后　　记

　　《列子》一书的争议之声,千百年来从未断绝。这既是该书的悲哀,也是此书的魅力所在。很多时候,正是这些争议引导着我们在学术的海洋里不懈地遨游,在先人的智慧天地中不断地学习、进步。

　　第一次深入接触《列子》一书,已是十多年之前的事情了。当时刚到武大,跟随尚先生做进站博后,因为自己当时刚完成《文子》一书的文献考辨工作,打算继续在道家文献领域耕耘探索,加之《列子》一书学术争议较大,可做性较强,故而在征求先生意见后确立了以《列子》为研究对象的学术选题。一转眼,十余年过去了,尚先生已是耳顺之年,当年为我评阅《〈列子〉研究》出站报告的李中华先生、张三夕先生、岳珍先生皆已荣退。生活中的一切都发生了变化,但内心对《列子》一书的关注却从未改变,当年认为该书非"魏晋伪书"的学术感觉亦未曾改变,相反,随着学术基础的不断积累,原初的学术判断反而变得愈加坚定。自己也说不清楚,对于这种"坚定",是出于自己性格的固执,还是这一学术观点的正确可信?对于这种"迟滞",是源于对学术的敬畏?对羽毛的珍惜?还是天份的愚笨?但有一点是肯定的,自14年以来自己潜心于读书,醉心于学术探索,这是毫无疑问的。一年五十二个周末,自己至少有一百天的时间是在学术讨论中度过的,正如韦伯所说,"任何人如果不能,打个比方,带起遮眼罩,认定他的灵魂的命运就取决于他能否在这篇草稿的这一段里作出正确的推测,那么他还是离学术远点好些。他对学问将永远不会有所谓的'个人体验'。没有这种圈外人嗤之以鼻的奇特的'陶醉感',没有这份热情,没有这种'你来之前数千年悠悠岁月已逝,未来数千年在静默中等待的'壮志——全看你是否能够成功地做此臆测——你将永远没有从事学术工作的召唤,那么你应该去做别的事情"。必须承认,七、八年之前的自己确实没有醉心于学术的心理期盼,也没有建立"陶醉感"的心理优势,自己也时常会陷入到相关名利的进退取舍痛苦之中。时光会催人老,也会改变一个人的心理和心态。有了这几年的心理积淀,相信自己会有一种"圈外人嗤之以鼻的奇特的'陶醉感'",会有一种"你来之前数千年悠悠岁月已逝,未来数千年在静默中等待的"芸芸心态,也会树立韦氏所说的沉默中灭亡的那份"壮志"。

　　2013年,《〈列子〉研究》获得国家后期出版资助,因为其中的某些观点总感觉论述力欠缺,故与尚先生、曹兄建国等就此问题时常切磋,也因而一拖再拖。转眼又是八年,又是一个生命的周期音符,时至今日方才定稿,实感惭愧。2020年,幸得人民出版社同仁青睐,予以付梓出版,在此深表谢意!

刚岩　谨志

2021年端午于武大振华楼工作室

责任编辑:夏 青

图书在版编目(CIP)数据

《列子》成书研究/葛刚岩 著. —北京:人民出版社,2022.11
(国家社科基金后期资助项目)
ISBN 978－7－01－025249－0

Ⅰ.①列⋯　Ⅱ.①葛⋯　Ⅲ.①《列子》-研究　Ⅳ.①B223.25

中国版本图书馆 CIP 数据核字(2022)第 211303 号

《列子》成书研究
LIEZI CHENG SHU YANJIU

葛刚岩　著

人民出版社 出版发行
(100706　北京市东城区隆福寺街 99 号)

北京汇林印务有限公司印刷　新华书店经销

2022 年 11 月第 1 版　2022 年 11 月北京第 1 次印刷
开本:710 毫米×1000 毫米 1/16　印张:19.5
字数:340 千字

ISBN 978－7－01－025249－0　定价:65.00 元

邮购地址 100706　北京市东城区隆福寺街 99 号
人民东方图书销售中心　电话 (010)65250042　65289539